자유, 사랑, 능력에 관하여

On Freedom, Love, and Power
by Jacques Ellul

자유, 사랑, 능력에 관하여

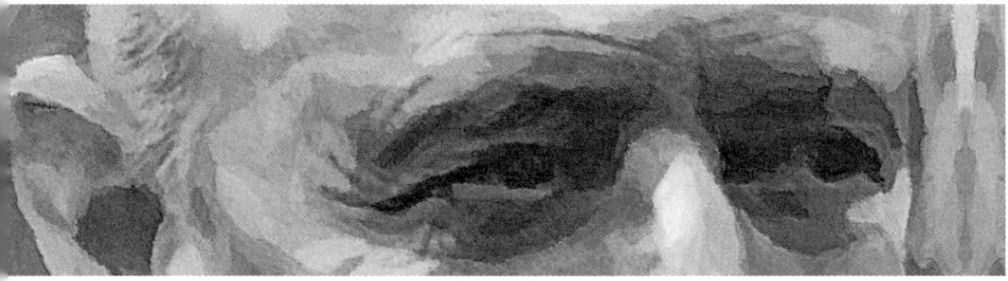

ON FREEDOM, LOVE, AND POWER

자크 엘륄

빌렘 반더버그 엮음, 전의우 옮김

비아토르

일러두기

1. 저자 자크 엘륄은 성경을 인용할 때 어느 번역을 지칭하며 정확히 인용하는 게 아니라 개인적인 번역을 사용한다. 따라서 이 책에서도 그의 개인적인 번역을 한글로 그대로 옮기고, 필요한 경우 개역개정판이나 새번역을 비롯한 다른 번역들을 사용했다.
2. '서문'과 '에필로그' 부분은 엮은이의 글이기에 평어체로 옮겼고, 나머지 부분은 자크 엘륄의 강의이기에 경어체로 옮겼다.

가장 큰 자는 가장 작은 자입니다.

바꾸어 말하면, 믿음으로든, 행위로든, 인간적인 자질로든,

지성으로든, 영적 자질로든 간에, 어떤 식으로도

자신이 가장 크다고 주장할 수 없는 자가 가장 큰 자입니다.

차
례

서문 _빌렘 반더버그 8

1 도덕과 종교로부터의 자유 창세기 1-3장

1. 서론 34
2. 첫 번째 창조 기사 55
3. 두 번째 창조 기사 94
4. 하나님과 인간의 단절 126
5. 하나님과 인간의 단절이 낳은 결과 152

2 우리를 찾는 사랑 욥기 32-42장

6. 서론 192
7. 엘리후(32-37장) 199
8. 하나님의 출현(38-39장) 223
9. 두 짐승(40-41장) 238
10. 욥의 회심(42장) 253
11. 화해(42장) 261

3 유대교의 절정: 사랑의 나라

12. 서론 272

13. 처음 세 가지 비유(마태복음 13:1-43) 290

14. 두 번째 비유들(마태복음 13:44-50) 304

15. 빚진 자의 비유(마태복음 18:23-35) 313

16. 일꾼의 품삯 비유(마태복음 20:1-16) 324

17. 혼인 잔치의 비유(마태복음 22:1-14) 337

18. 열 처녀 비유와 달란트 비유(마태복음 25:1-30) 350

19. 천국에 관한 그 밖의 언급들 363

4 태초에 모두 다 있었다 요한복음 1:1-2

20. 태초에 시작된 사랑 376

에필로그: 역사와 화해 _빌렘 반더버그 387

주 411

서문

1974년의 어느 쌀쌀한 가을 저녁이었다. 줄을 당기자 벽에 달린 진짜 종이 울리더니 대문이 열렸다. 안내를 받으며 대문을 지나 통로를 따라 걷다가 계단을 몇 개 올라가니 문이 나왔다. 잠시 후, 문이 열렸고 안으로 들어서니 큰 식당이었다. 몇 명의 사람들이 허물없이 대화를 나누고 있었다. 모임을 시작할 시간이 되자 모두들 한 테이블에 반원을 그리며 앉았다. 자크 엘륄은 그 테이블 뒤에 이미 자리를 잡고 앉아 있었다. 그곳에 모인 대부분의 사람들은 엘륄이 교수로 재직하는 보르도 대학에서 그를 알게 되었고, 매우 실존적인 질문을 가지고 그를 찾아갔다가 이 자리에 초대받았다. 모인 사람들은 다양한 종교적 배경을 가지고 있었고 개신교인, 가톨릭교인, 유대교인, 불가지론자의 숫자가 얼추 비슷했다. 성경 함께 읽기가 모임의 목적이었다. 먼저 자크 엘륄이 히브리어 본문이나 그리스어 본문의 의미를 최대한 반영한 프랑스어 번역을 신중히 선택해 읽었다. 그러고 나면 전반적인 논의가 이어졌는데, 이때 엘륄이 본문의 의미를 정연하게 설명했다. 또다시 논의가 이어졌고, 그런 후 다음 단락으로 넘어갔다. 대체로 모일 때마다 이런 과정을 두세 차례 반복했다. 나는 눈이 보이지 않아 필기를 할 수 없었기 때문에, 강의 전체를 녹음하는 것을 허락받았다.

놀랍게도 이 모임에서 배운 것은 각기 다른 네 나라에서 교회를 다니며 들었던 그 어떤 메시지와도 달랐다. 그것은 결코 나 혼자만 느낀 것이 아니었다. 예를 들면, 1994년 자크 엘륄이 세상을 떠났을 때, 나는 기념 심포지엄을 기획해달라는 요청을 받았다. 그때 내가 발표자로 초대한 대학교수들 가운데 한 사람을 제외하고 모두가 자크 엘륄의 책을 읽고 그리스도인이 되었다는 사실을 알고 깜짝 놀랐다. 그러나 모두 조직화된 종교를 매우 불편해했다. 고백하고 넘어가야 할 게 또 있다. 이 책을 읽는데 앞에서 말한 '성경 함께 읽기'라는 표현이 눈에 띄었다면, 나는 책을 덮어 책장에 도로 꽂았을 것이다. 성경 함께 읽기는 절망스럽고 고통스런 경험을 숱하게 안겨줄 것이기 때문이다. 이런 반응에 자크 엘륄은 이 시대에 하나님이 침묵하시는 게 아닐까 하는 의문을 가졌다. 교회는 부동산을 유지하고 늘리는 데 집중하거나, 유행하는 철학이나 신학을 차례로 좇으며 목적 없이 표류한다. 그래서 구성원들은 갈팡질팡하거나 좌절하는 것으로 보인다(그래도 교회를 떠나지 않고 남아 있다면 말이다). 그러므로 교회가 당신의 필요를 잘 채워준다면, 이 책은 당신을 위한 게 아니라고 분명히 말할 수 있다. 그러나 이따금 교회에 나갈 때마다 좌절하거나, 이미 오래전에 교회를 떠났거나, 일요일 아침마다 교회에서 도대체 무슨 일이 벌어지는지 궁금하다면, 이 책은 당신을 위한 것이다.

이 책 1부에서 자크 엘륄은 상당히 좋은 소식을 전한다. 창세기 처음 몇 장이 소개하는 하나님은 종교와 도덕과 마술의 신(들)과 전혀 관계가 없다는 것이다. 물론 우리가 본문을 이해하려고 가져다 쓰는 종교 자료와 이 좋은 소식을 구분하기란 쉽지 않다. 그러나 적어도 원칙적으로, 이 좋은 소식은 우리가 전혀 다른 뭔가를 찾아낼 수 있도록 길을 말끔히 치워준다. 이것은 모든 인간 공동체와 사회와 문명이 꼭 필요해서 해야 하는 일과는 전혀 관련이 없다. 다시 말해 세상을 이해하고 세상에서 살아가는 한 방식인 문화 창조와는 전혀 관련이 없다. 여기에는 실재reality 속에 존재하는 깊은 영적 뿌리와 방향점이 포함된다. 이것은 인간이란 존재의 종교적 측면이다. 그러나 이것이 주는 희망과 위안과 목적은 우리의 자유를 대가로 얻어지고 이뤄진다.

이 책 2부에서 자크 엘륄은 욥기를 다루면서, 인간이 겪는 고통의 문제를 제기하고 이 고통의 책임이 누구에게 또는 무엇에 있는지 묻는다. 이번에도 자크 엘륄은 욥과 친구들 간의 논쟁으로 대변되는 모든 일반적 대답을 한쪽으로 제쳐놓음으로써 매우 다른 시각이 들어설 자리를 마련한다. 하나님은 인간이 겪는 혼란에 직접적이거나 간접적인 책임이 있는 구경꾼이 아니다. 선과 악이 끝까지 싸우는 광경을 멀리서 지켜보면서 인간이 희생되도록 내버려두시는 분이 아니라는 것이다. 이번에도 엘륄은 우리의 생각을 한쪽으로 제쳐놓는다. 우리는 이런저런 이유로 세상에 악이 존재한다고 판단하며, 최소한 부분적으로라도 하나님에게 그 책임을 돌린다. 그러나 우리를 찾아내고 우리를 화해시키려 준비하는 사랑이 이러한 우리의 생각을 바꿔놓는다.

이 책 3부에서 자크 엘륄은 마태복음에 나오는 천국에 대한 비유와 하나님나라에 대한 비유의 차이가 유대교 성경에 깊이 뿌리를 둔 기독교를 정의한다고 말한다. 자유와 사랑과 무권력non-power에 기초하는 천국의 방식은 우리 문명의 방식과 정반대다. 우리 문명의 방식은 과학과 기술의 힘을 끝없이 키우려 한다. 이러한 방식은 인간 생활과 세상에서 모든 것의 상호 의존성을 조직적으로 심화한다. 따라서 비경제적이고 사회적으로 실행할 수 없으며 환경적으로 지속될 수 없다. 그 결과, 우리의 방식은 모든 생명을 대규모로 공격한다.

4부에서 자크 엘륄은 창세기의 메시지로 돌아온다. 다시는 종교와 도덕과 마술이 족쇄를 채워서는 안 되는 자유의 한 방식으로서의 궁극적인 사랑을 다루면서 이야기를 마무리한다.

마지막에 자크 엘륄의 계시록 연구를 부족하지만 간략하게 요약해 덧붙였다. 계시록은 기독교 성경의 다른 어느 책보다 더 심한 난센스와 일탈을 낳는 데 자주 이용되었을 뿐만 아니라 나머지 책을 모두 합친 것보다 많이 이용되었다. 내가 엘륄의 계시록 연구를 덧붙인 데는 이유가 있었다. 진정한 소망과 진정한 믿음과 진정한 사랑이 절실히 필요한 시대에 궁극적인 사랑 이야기를 좋은 소식으로 아름답게 요약해 전할 수 있기 때문이다.

지금쯤이면 독자들은 굉장히 짜증이 나기 시작할 게 틀림없다. 모두 같은 성경을 읽는데도 한 사람만 이해하고 대부분의 사람들은 이해하지 못한다는 식으로 말할 만큼, 어쩌면 그토록 오만할 수 있는가? 이런 나의 태도를 어느 정도 정당화해줄 설명이 여럿 있다. 자크 엘륄은 교회에서 자라지 않았다. 그러므로 역사가이자 사회학자인 엘륄은 단순히 직업적 관심에서 기독교 메시지를 과거 서구 문명에 끼친 의미 있는 영향으로 여겼을 것이다. 교회는 (우리 시대의) 문제가 무엇인지 전혀 모른 채 예수가 해답이라고 주장함으로써, 기독교 메시지의 현대적 적합성을 심각하게 약화시켰다. 비록 엘륄이 이와 관련된 원고를 죽기 전에 태워버렸지만, 하나님이 그의 삶에 개입하신 후 이 모든 것이 달라졌다. 그러나 나는 자크 엘륄이 대부분의 역사가와 철학자와 신학자가 쏟아부은 노력과 관련짓지 않고 기독교 메시지를 이해하려 했던 또 다른 이유가 있다고 믿는다. 이들 대부분은 여러 학문과 전문성을 가지고 세상을 파악하고 세상을 다루는 작업을 고도로 특별한 방식으로 분리하는 데 빠져 있다. 이러한 학문적 토양은 과학과 기술이 비극적으로 재발견한 사실을 깡그리 무시했다. 즉, 세상을 살아가는 인간의 삶을 구성하는 모든 것이 나머지 모든 것과 연결되어 있다는 사실을 무시한 것이다. 우리가 겪는 고통과 절망의 많은 부분은 이러한 상호연관성을 이처럼 무시하는 데 있다. 그러므로 나는 자크 엘륄의 삶에 일어난 개입이, 다른 누군가의 경우와는 반대로 우연이라고 생각하지 않는다. 자크 엘륄이 사회학자이자 역사가로서 20세기 후

반기에 과학과 기술이 문명에 침투해 이루어낸 중요한 발전을 거의 모두 정확히 예견했다는 사실은 누군가 이미 지적했다. 나는 굳이 그 점을 곱씹지는 않을 것이다.

인간의 삶과 사회에서 일어나는 일에 대한 이러한 이해와 관련해, 자크 엘륄은 이 시대에 그리스도인의 존재가 어떠할 수 있을지 모색한다. 그 결과, 엘륄은 종교적인 연구나 철학이나 신학 같은 학문의 시각과는 매우 다른 시각을 갖게 된다. 앞으로 설명할 테지만, 이것은 지대한 영향을 미치는 결과를 낳는다.

우리는 모두 특정 문화에서 태어난다. 따라서 우리의 도덕적, 종교적 신념은 자신이 속한 문화의 신념과 다르지 않을 개연성이 높다. 예를 들면, 나는 네덜란드에서 태어났는데 당시 네덜란드 국민의 80퍼센트 이상이 일요일 아침이면 개신교 예배나 가톨릭 미사에 참석했다. 대부분의 젊은이처럼 나도 나의 가족과 지역사회의 도덕적, 종교적 신념을 받아들였다. 그러나 만약 내가 다른 사회와 문화에 태어났다면 나의 신념은 매우 달랐을 것임을 완전히 확신한다. 사실 나는 전 세계를 돌아다니며 어느 신념 체계가 다른 모든 신념 체계보다 더 참된지 확인하지 않았지만, 나 자신의 신념 체계가 가장 참된 진리인 것처럼 믿으며 살아간다. 만약 내가 유대교나 이슬람이나 불교 전통이 빚어낸 문화에서 태어났다면, 마찬가지로 그 신념 체계가 다른 어느 신념 체계보다 참된 것처럼 살았을 것이다.

이것을 인정한다고 해서 문화 상대주의로 향하는 첫걸음을 내딛는 것은 아니다. 오히려 이것은 사회문화적, 역사적으로 우리의 도덕적, 종교적 신념이 (매우 다양한 방식으로) 우리 삶과 공동체가 해체되지 않도록 우리를 보호해왔음을 인정하는 것일 뿐이다. 우리 문화에는 상대주의와 허무주의와 아노미의 심연을 덮도록 도와주는 절대화된 요소들이 있다. 이것은 우리가 정면으로 맞서야만 하는 상황이다.

누구든지 유대교 성경이나 기독교 성경을 읽을 때, 특정 언어로 읽으며 따라서 특정 문화 속에서 읽는다. 무의식적인 집단적 신념에 깊이 뿌리를 내리고 서로 연결된 일련의 의미와 가치가 여기에 포함된다. 이러한 신념은 독자가 본문을 이해하기 위해 의존하는 수단이 된다. 문화에 기초한 이러한 상징화는 우리가 알고 살아가는 나머지 모든 것과 본문을 연결하는데, 이로써 본문은 우리의 방식과 세계에 잘 어울리게 된다. 이러한 적합화accommodation의 과정을 통해 본문의 의미가 달라진다. 우리의 언어와는 거리가 먼 언어인 히브리어에서 번역될 때 특히 그런 과정이 일어난다. 여기에 또 다른 문제가 겹친다. 본문이 우리의 방식과 우리가 살아가는 세계를 초월한 계시에 관한 것이라면 어떻게 되는가? 자신을 계시하는 하나님에 관해 성경은 그분의 길이 우리의 길과 다르다고 분명히 말한다. 우리에게 (우리의 문화에) 전적으로 '타자other'인 대상을 어떻게 상징화할 수 있는가?

간단한 유비가 핵심을 설명하도록 도와줄 것이다. 새로운 곳에 다녀온 어떤 사람이 아주 아름다운 풍경화를 그리고 싶어 한다고 해보자. 그날은 햇살이 강해서 그녀는 선글라스를 썼다. 그래서 선글라스를 쓰지 않았다면 사물이 무슨 색이었을지 상상해보아야 한다. 이 일을 수행하기 위해 그녀는 선글라스 너머로 이곳저곳을 보고 선글라스를 벗고 보기를 반복한다. 자신이 색을 인식하는 데 선글라스가 어떤 영향을 미치는지 알기 위해서다. 이와 마찬가지로, 우리는 다른 문화들이 색깔의 세계를 사뭇 다르게 만들어냈다는 것을 안다. 따라서 특정 문화에서 자라났다는 사실은 특정 색깔의 선글라스를 끼고 그 문화만의 독특한 방식으로 색깔의 세계를 대하는 것과 어느 정도 비슷하다. 단지 특정 문화와 관련된 안경은 벗을 수 없다는 게 다를 뿐이다. 따라서 색깔의 세계를 어느 문화와도 무관한 관점에서 대하기란 불가능하다. 더욱이 문화는 단지 색깔의 세계만 만들어내는 데 그치지 않는다. 문화는 일련의 의미와 가치관과 신념을 우리에게 '입히고', 이것들을 통해 우리가 사는 세상을 이해하며 목적을 갖고 살아가도록 가르친다.

모든 일이 일어나는 데는 이유가 있다. 모든 일상 경험은 신경 및 시냅스의 변화를 통해 뇌-마음the brain-mind 구조를 키운다. 이러한 변화를 통해 일상적인 특정한 경험이 (뇌-마음 구조 내에서) 상징화된다. 그러면 그 경험은 (뇌-마음 구조 내에서) 이미 상징화되어 있는 모든 경험의 맥락 속에 살아 있게 된다. 이렇게 뇌-마음 구조는 우리의 삶을 지탱해준다. 단기 기억상실증을 앓는 사람들이나 알츠하이머가 상당히 진행된 사람들을 만날 때, 이것의 중요성은 고통스러울 정도로 분명해진다. 이들은 병이 생기기 전에 살았던 삶에서 조각조각 분리된 순간들만 경험할 수 있다. 그룹이나 사회의 수준에서 이러한 상징화는 삶의 방식을 만들어내고 수정하며 발전시키고 사람들의 역사를 만드는 데 필수적이다. 문명의 흥망은 상징적으로 창조된 문화가 그 구성원들의 삶에 의미와 방향과 목적을 얼마나 잘 제시하는지를 반영한다.

우리의 모든 삶은 이러한 의미와 가치관과 신념 위에 세워지며, 따라서 이것들을 결코 완전히 포기할 수는 없다. 우리는 마치 알게 된 실재가 실재 그 자체인 것처럼 살아간다. 아직 발견되고 삶으로 옮겨져야 하는 몇몇 세세한 부분이 있긴 하지만 말이다. 이렇게 해서, 알려지지 않은 것은 더 이상 우리의 삶을, 궁극적으로 알 수 없는 실재 안에서 무수한 관계로 짜여진 삶을 위협하지 않을 뿐만 아니라 전복하지도 않는다. 바꾸어 말하면, 우리는 원칙적으로 우리가 알고 살아가는 어떤 것이 모든 실재를 포함한다고 추론했다. 따라서 무엇이든 근본적으로 '타자'인 것을 위해서는 그 어떤 자리도 남겨두지 않았다. 우리가 알고 살아가는 동안 절대화하는 것은 그 대상이 무엇이든 우리 공동체 경험에서 너무나 중요하고 가치 있다. 그래서 우리와 우리의 세상을 지금처럼 되게 만든 모든 것이 그 대상에 포함된다. 우리가 경험한 최고선이 절대선이 되고, 이를 초월해 살거나 상상할 수 있는 더 중요하고 가치 있는 것은 없다. 우리의 깊은 영적 뿌리와 준거점을 어느 정도 인식할 수 있는 유일한 길은, 서로 다른 문화들을 비교하거나, 같은 문화를 그 문화에 속한 사람들이 만들어낸 역사의 서로 다른 시대에 따라 비교해보는 것이다. 이런 비교를 통해 우리의 집단적 문화 여정들이 내포하는 영적 차원이 드러난다. 이 모두는 문화인류학, 종교사회학, 심층심리학 같은 분야에서 잘 알려져 있다. 어떤 의미로 잠재의식이 만들어낸 절대적인 것들, 일반적으로 신화라 불리는 것들이 궁극적으로 알 수 없는 실재 가운데 살아가는 우리의 삶이 나아갈 방향을 정하고 우리의 삶을 떠받치는 '문화 DNA'를 구성한다.

그렇다면 자신의 길이 우리의 길과는 다르고, 우리에게 거룩하라고, 자신의 길을 배움으로써 세상과 구별되라고 요구하시는 하나님을 이해하려 노력할 때, 무슨 일이 일어나는가? 어떻게 우리는 완전히 '타자'이며, 우리 문화에서 상응하는 의미와 가치와 신념을 찾아볼 수 없는 대상을 이해할 수 있는가? 우리의 생활방식과 문화에 의미와 가치와 신념을 부여하는 행위를 가리켜, 우리를 노예로 삼으려는 우상들을 섬기는 행위라고 규정하는 계시를 우리는 어떻게 이해해야 하는가? 이러한 계시가 과학적이고 합리적이며 세속적인 현대 문화에 여전히 유효한가? 설령 우리가 계시되고 있는 것을 받아들이더라도, 우리는 우리의 '문화 안경'을 벗을 위치에 있지 않다. 이 때문에 이 계시를 믿는 사람들은 끔찍한 곤경에 처한다. 우리의 (문화적) 옛 본성old nature, 옛사람을 벗고 우리의 삶에 의미와 방향과 목적을 제시한 모든 것을 포기하기란 결코 쉽지 않다. 그래서 우리는 절대적 아노미(또는 무의미)에 빠져드는데, 잘 알다시피 이러한 절대적 아노미는 사람들을 낙담과 절망과 자살로 몰아간다. 우리의 옛 본성을 벗고 다시 태어나 새 본성new nature, 새사람을 입는 것은 중요하다. 그러나 실제로 어떻게 이런 삶을 사는가?

우리가 읽는 내용을 무비판적으로 상징화하고 우리의 문화와 생활방식에 받아들이면 이러한 딜레마를 피할 수는 있다. 그러면 계시는 우리 자신의 문화를 비롯해 인류 역사의 모든 문화가 낳은 것들보다 우월한 도덕과 종교와 철학-신학 체계로 탈바꿈한다. 신자들은 자기 정당화에 빠지고, 이러한 도덕과 종교의 잣대로 타인들을 판단하며, 극단적인 경우에는 기독교 제도를 갖춘 기독교 사회를 건설하려 한다. 문제는 이럴 경우 계시가 자신을 보여주는 바와는 정반대의 것으로, 다시 말해 반反도덕과 반종교와 반형이상학으로 변한다는 것이다. 자크 엘륄은 창세기 1-3장에 대한 설명을 시작으로 이것을 거듭 보여준다.

앞서 언급한 근본적인 갈등에 대한 해결 방법은 가장 객관적이고 조심스럽고 합리적이고 자기 비판적이라고 여겨지는 인간의 지식인 과학으로 정리되었다. 그러나 관찰 대상이 근본적으로 '타자'이기 때문에 관찰자의 지식과 신념을 위협할 때 상당한 왜곡이 일어난다. 특히 사회과학에서 우리는 대개 그 어느 현장 관찰도 관찰자가 어떻게 반응할 것인가를 알아보는 실험일 뿐이라는 사실을 잊어버린다. 사회과학 이론들에 잘 정리되어 있듯이, 이러한 행동을 배제한다면, 우리들 대부분이 이러한 상황에 처할 때 보이는 잘 알려진 반응들을 무시하게 된다. 관찰 대상을 재해석하려는 강력하지만 무의식적인 경향이 있는데, 심지어 관찰 대상과 관찰자 사이에 더 나은 조화를 만들어내고 그럼으로써 긴장과 불안을 줄이려고 관찰 대상을 왜곡하기까지 한다. 예를 들면, 어느 문화인류학자가 자신의 방식과 신념에 큰 문제를 일으키는 현상을 관찰하면, 관찰 대상과 문화에 거의 언제나 해로운 해석을 하게 된다. 비의도적이고 무의식적인 자기 정당화의 요소들이 들어서기 때문이다. 이렇게 되면 관찰 대상이 되는 사람들을 같은 인간으로 대하기가 거의 불가능하다. 만약 이 문화인류학자가 그 문화에서 자랐다면 틀림없이 매우 다르게 관찰했을 것이기 때문이다. 이런 모든 일이 과학에서 일어날 수 있다면, 성경 읽기에서도 마찬가지로 일어날 수 있다.

우리는 성경을 읽을 때, 한편으로 우리에게 계시되는 것과, 다른 한편으로 우리가 읽는 것을 이해하기 위해 필연적으로 사용하는 일련의 의미와 가치와 신념 사이에서 궁극적 충돌을 피하기란 실존적으로 불가능하다는 사실을 알아야 한다. 하나님의 길은 인간의 문화와 문명이 만들거나 살거나 상상할 수 있는 그 무엇과도 전혀 다르다는 사실을 깨달아야 한다. 그러므로 우리 자신을 아노미로부터 보호하려고 본문을 왜곡하지 않도록 주의해야 한다. 이것을 알고 살아가는 그만큼 하나님께 사랑을 받으며, 그만큼 신화에 사로잡혀 있고 신화에 뿌리내린 우리의 상황을 직시할 수 있다. 그러나 이것을 인정하는 것과 이런 삶을 사는 것은 별개의 문제다. 유대 민족의 역사와 교회의 역사는 이들이 읽은 대상과 이들이 읽을 때 사용한 도구가 충돌함으로써 계시가 정반대의 것으로 바뀌었음을 보여준다. 인간의 삶이 세상에서 문화에 부과하는 필요를 만족시키려고 도덕과 종교로 바뀐 것이다. 지적인 면에서 기독교 신학들과 철학들은 그들의 시대와 장소와 문화를 대표해왔지만, 그것은 당혹스러울 정도로 후회스러운 방식이었다.

유대교와 기독교가 이미 인간이 다양한 문화를 통해 만들어낸 숱한 도덕과 종교에 또 하나를 더했을 뿐이라면, 우리는 한 공동체가 자신을 정당화해야 한다는 필요성과 그 구성원들이 타인들과 자신을 판단하게 해야 한다는 필요성에 동의할 것이다. 도덕과 종교를 만들어내야 한다는 모든 문화가 가진 필요성을, 변화를 일으키는 소금이나 누룩이 되라는 부름으로 절대 혼동해서는 안 된다. 이 부름에는 하나님의 무조건적 사랑을 증언하고, 어떻게 이 사랑이 우리로 자유를 맛보게 하는지를 증언하며, 이 자유를 조금이라도 맛보면 어떻게 사랑할 능력이 커지는지를 증언하는 일이 포함된다. 과학적 지식과 기술적 행동의 시대에, 국가 권력과 다국적 기업에(현재 세계 100대 기업 가운데 다수가 다국적 기업이다) 크게 힘을 실어주는 시대에 이것은 쉬운 문제가 아니다. 현대인은 근본적으로 과학이 모든 것을 알고, 따라서 과학에는 한계가 없다고 믿고 있지 않는가? 우리는 인간 지식의 영역에서 과학에 신의 위치를 부여함으로써 인간의 노력에 대한 신화를 만들어내고 있다. 최신 기술에 미치지 못하면, 우리는 정체되고 퇴보될 거라고 믿지 않는가? 우리는 도시화, 산업화, 정보화된 생활환경에서 거의 모든 행동이 직접적으로나 간접적으로 이런저런 기술에 의존할 수밖에 없는 환경에서 자랐고 평생을 살았다. 그래서 우리의 경험과 삶은 뇌-마음 조직에서 만약 과학과 기술이 없으면 우리가 어떻게 될지, 어떻게 살지, 이 세상이 어떤 모습일지 더 이상 상상할 수도 없는 실존적 상황으로 상징화되는 것 같다. 과학과 기술이 우리와 우리의 세상을 지금 상태로 만들었다. 국가와 다국적 기업은 이러한 힘의 중심일 뿐만 아니라 이러한 힘을 갖는 조건 자체다. 우리가 무엇을 알 수 없다거나 기술적으로 무엇을 할 수 없다고 과연 누가 말할 수 있겠는가? 우리 가운데 아주 적은 사람들만이 이 질문에 답할 수 있다면, 우리는 도구가 망치뿐이라면 우리의 모든 문제가 못처럼 보이게 된다는, 에이브러햄 매슬로가 묘사한 입장에 처한 것이 아닌가? 우리는 지식과 행위에서 신화의 노예가 되어 있지 않은가? 그리고 설령 신화가 세속적 형태를 띠었더라도, 어떤 식으로든 인간 조건 human condition을 바꾸지 않는가? 이것을 단지 과학과 기술 '때리기' 라고 한다면, 벽에 붙은 온도조절기가 (방 온도에 따라 보일러를 계속 제어한다고 해서) 보일러를 '때린다'고 주장하는 것과 어떻게 다른가? 세속적 신화들이 없다면, 우리는 실존적으로 살 수 없는 상황에 빠지게 될 것이다. 왜냐하면 우리가 매우 선하다고 선언한 그 무엇이, 심지어 우리가 아는 최고선인 그 무엇이 우리를 경제적으로 더 가난하게 만들고, 사회적으로 더 살기 어렵게 만들고, 환경적으로 더 견디기 어렵게 만들고 있기 때문이다. 심히 이기적인 행동이라도 이보다는 낫다.

이 부분에서 나는 자크 엘륄의 삶과 사역이 획기적으로 기여한다고 믿는다. 앞에서 말했듯이, 자크 엘륄은 유대교 회당이나 기독교 교회의 영향을 받지 않고 성장했다. 나는 이것이 매우 중요하다고 믿는다. 왜냐하면 신학이 한 분야 중심 접근법을 받아들였기 때문이다. 그것은 각각의 분야는 세상에서 이뤄지는 인간의 삶에 대한 우리의 이해를 다른 분야들과는 비교적 독립된 상태로 발전시킬 수 있다는 전제에 기초한다. 따라서 대부분의 신학자는 일련의 의미와 가치와 신념을 토대로 일을 하면서도 이것들에 대한 비판적 인식이 거의 없거나 전혀 없다. 그 결과, 객관성의 환상을 다루고 문화적 관점, 뿌리, 거리 두기를 다룰 때처럼, 신학자들은 앞서 말한 문제들에 제대로 준비되어 있지 않다.

법학사학자로 시작한 자크 엘륄은 곧 법률 제도를 한 사회와 문화의 제도적 틀 전체에서 분리하면 이것을 제대로 이해하지 못하고 심하게 왜곡한다는 것을 알았다. 이 때문에 자크 엘륄은 자신이 전공한 학문 분야와 멀어졌는데, 자신의 분야가 언제나 법률 제도를 그 자체로 이해할 수 있다는 듯이 진행되어왔기 때문이다. 그의 사회적, 역사적 분석의 밑바닥에는 인간의 삶과 사회에는 결코 나뉠 수 없는 무엇이 있다는 강한 확신이 자리했다. 그는 대공황과 파시즘의 등장으로 어려움에 처한 세상을 이해하려 할 때도 이것을 깨달았다. 1979년 여름 캐나다 공영방송CBS과 인터뷰를 할 때, 엘륄은 이것을 "세계적으로 사고할" 필요성으로 표현했다. 세상에서 인간의 삶이 서로 연결되어 있음을 존중할 필요가 있다는 것이다. 이 개념에는 한 분야 중심 접근법의 한계를 인정한다는 의미가 내포되어 있다.

따라서 자크 엘륄은 특정 범주의 현상을 (이를테면 경제적, 사회적, 정치적, 법률적, 도덕적, 또는 종교적 현상을) 연구할 때, 나머지 모든 범주를 배경으로 삼았던 19세기와 20세기 초의 위대한 사상가들 대부분과 어울렸다. 그는 이러한 사상가들 가운데 몇 사람과 같은 신념을 가졌는데, 노예 상태는 인간의 삶에서 결코 받아들일 수 없는 형태라는 신념이었다. 따라서 우리의 삶과 세계의 이해할 수 없는 복잡성을 이해할 수 있는 복잡성으로 축소하려는 모든 이론적 행위는 인간의 자유를 위협하는 부분에 특별히 주의를 기울여야 한다. 카를 마르크스는 자본주의가 부자와 가난한 자를 똑같이 노예로 만들었다고 보았다. 그 결과, 인간을 해방하기 위해서는 이러한 사회·경제 질서를 바꿔야 했다. (이것은 전체주의 정권들이 마르크스의 이름으로 자행한 일과는 전혀 무관했다.) 20세기에 이러한 사회·경제 질서는 갈수록 새로운 현상의 지배를 받게 되었는데, 막스 베버는 이것을 '합리성'이라고 불렀다. 베버는 합리성이 인간을 철창에 가두고 있다고 경고했다. 훨씬 나중에, 당시 프랑스에 사실상 알려지지 않은 베버와는 상관없이, 자크 엘륄은 이러한 합리성의 훨씬 발전된 형태로 간주될 법한 것의 발흥을 연구했는데, 그는 이것을 기술technique이라고 불렀다. 그는 사회적으로나 역사적으로, 20세기 후반부에 사람들이 이러한 인간 형성 과정the evolution of human creation(창조론과 진화론을 비롯해 인간의 출현에 관련된 모든 이론을 아우르는 표현이다—옮긴이)에 미친 영향은 인간 개개인과 집단의 삶에 미친 영향에 비하면 훨씬 적었다는 것을 보여주었다. 다시 한 번, 우리의 자유가 위협받았다.

'기술'에 기초한 인간의 삶은 많은 면에서 문화에 기초한 인간의 삶과 정반대다. 후자는 상징화를 통해, 모든 것을 나머지 모든 것과 연결해 이해하고 발전시키려 한다. 간단히 말해, '기술'은 행위에 대해서도 과학적이고 한 분야에 기초해 지식을 얻는, 널리 사용되는 방식과 비슷한 기술적 접근을 취한다. 그 결과, 지적이고 전문적인 노동이 분리되어 전문가 집단practitioners의 전문 영역으로 한정된다. 이들이 인간의 삶과 사회와 생물권biosphere에 대해 아는 것은 각자의 영역에서 향상improvement을 이루기 위해 세상으로부터 받는 것에 한정되며, 이런 향상이 이뤄진 후에는 세상으로 되돌려지는 것에 한정된다. 이러한 '투입물inputs'이 '산출물outputs'로 바뀌는 일은 전문가 집단의 전문화된 영역들과 어울리는 부분에서 이루어진다. 향상을 구성하는 것이 무엇인지를 결정하는 기준은, 무엇이 인간의 삶과 사회와 생물권에 더 나은가와 연결될 수 없다. 왜냐하면 이 부분은 전문 영역을 초월하기 때문이다. 향상은 전문가 집단이 알고 있는 것에 기초해야 하며, 효율성과 생산성과 수익성을 기준으로 '투입물'에서 가능한 가장 큰 '산출물'을 얻어내는 일이 이들이 할 수 있는 최선의 결과다. 이러한 기술적 접근은 우리 문명의 성공과 실패를 설명해준다. 우리는 모든 것의 성과를 향상시키는 일에는 눈부신 성공을 거두지만, 이 모든 향상이 인간의 삶과 사회와 생물권에 맞아들고 이것들과 양립할 수 있게 하는 일에는 보기 좋게 실패한다. 다시 한 번, 우리는 우리를 섬기라고 만든 시스템을 도리어 섬기는 처지가 되고 말았다.

앞에서 말한 삶에 일어난 개입으로, 자크 엘륄은 자신의 세계적인 사고와 세상에서의 인간의 삶이 서로 연결되어 있다는 인식에 모든 것을 바꿔놓을 결정적인 요소가 빠져 있다는 것을 깨달았다. 다시 말해, 세상에서 인간과 함께하는 하나님이 빠져 있었던 것이다. 그는 이 문제를 해결하려고 애썼으나, 성직자와 신학자에게 거의 아무런 도움도 기대할 수 없다는 것을 곧 알게 되었다.

자크 엘륄은 자신의 문화와 역사를 빈틈없이 잘 알았으며 이것을 성경 읽기에 투입했다. 그뿐 아니라, 그는 이 둘이 화해가 불가능한 관계라는 것도 잘 알았다. 세상에서 이루어지는 인간의 삶에 대해 그가 이해한 것은 성경 메시지에 대해 그가 이해한 것에 동화될 수 없었을 뿐만 아니라, 성경 메시지 또한 인간의 삶에 대해 자신이 이해한 것에 동화될 수 없었다. 양쪽이 본질적인 역할을 하는 과정에서, 한쪽은 다른 한쪽을 바꿔놓았다. 예를 들면, 우리가 사는 시대와 장소와 문화의 사람들처럼, 신화를 통해 뿌리를 내리고 삶의 방향을 정해야 할 필요성이 우리를 어떻게 속박하는지를 알지 못하면 인간의 자유라는 문제를 이해할 수 없다. 그리고 해방과 자유가 하나님의 무조건적 사랑에 기초한다는 확신이 없다면, 이러한 뿌리들이 드러날 때 절망에 빠질 수밖에 없다. 성경은 이것을 분명하게 밝힌다. 계시는 우리가 일상 활동에서 다른 길을 찾도록 돕는 빛이다. 우리가 책임을 갖고 다른 길을 찾도록, 성경은 우리가 어디에 있으며 어디로 가는지에 관한 물음도 던진다. 우리는 이런 물음과 씨름할 때 자신과 세상에 관해 새로운 것들을 발견하며, 성경은 우리가 이것들을 이해하도록 우리를 빛으로 되돌려보낸다.

내가 생각할 수 있는 가장 좋은 유비는 이른바 임사臨死 체험을 한 사람들의 이야기다. 이들의 이야기에는 한 인간의 삶 돌아보기라는 요소가 공통적으로 등장한다. 그러나 중요한 차이가 하나 있다. 임사 체험은 이들이 자신들의 삶에서 다른 사람들에게 어떻게 영향을 끼쳤는지를 훨씬 더 잘 이해하게 해주며, 이러한 이해가 다시 자신들의 삶에 어떻게 영향을 미쳤는지를 훨씬 더 잘 이해하게 해준다. 대부분의 경우, 임사 체험은 다른 사람들과 자신에게 끼친 깊은 해악을 드러낸다. 그리고 이 모든 일은 사랑의 빛이 사방으로 감싼 상태에서 일어나지 않는다면, 이러한 해악을 알게 될 때 견딜 수 없게 된다. 바꾸어 말하면, 우리가 우리 문화의 신화에 노예가 되면, 실제로 무슨 일이 일어나고 있는지 제대로 알고 우리 삶의 한순간을 사는 건 거의 불가능하다. 우리는 사랑받으며 모든 노예 상태에서 해방되었다. 이 사실을 받아들이고 이를 확신하며 살기 시작할 때, 이 어둠을 헤쳐갈 수 있다. 새로운 이론적 통찰을 적용함으로써가 아니라 우리의 삶을 위한 새로운 길을 찾아냄으로써 그런 삶이 가능하다. 자유는 헌신과 사랑의 전제 조건이라는 사실을 반드시 기억해야 한다. 예를 들면, 노예는 타인에게 자신을 헌신할 수 없다. 주인이 다음날 그를 팔아버릴 수도 있기 때문이다. 해방과 사랑의 복음이 기독교 도덕이나 종교로 변질된다면, 새로 얻은 자유를 잃게 될 것이다. 모든 정답을 가진 신학 체계에 종속된 질문이란 있을 수 없다. 이렇게 할 경우, 인간의 삶은 거기 포함된 각종 원리와 세계관을 포함해 그 신학 체계에 예속된다. 그러나 하나님의 자유는 계명들의 본래 목적을 회복한다. 그 목적이란 사랑과 자유를 실현할 뿐 아니라 사랑 안에서 더 멀리까지 나아갈 가능성을 열어주는 세상을 만드는 것이다. 이 모든 것에서 절대 잊지 말아야 할 것이 있다. 이러한 예속은 우리가 다른 사람들과 자신에게 무엇을 하고 있는지 제대로 깨닫지 못하도록 지금껏 우리를 막아왔고, 더 낮은 수준에서 살아가도록 우리를 계속 막을 것이다. 이런 삶은 우리를 절망으로 몰아갈 뿐이다. 우리는 믿음과 소망과 사랑 앞에 있을 때에야 비로소 자신의 노예 상태를 직시할 수 있다.

앞에서 임사 체험이 우리가 사는 동안 일어나는 일을 설명하는 유용한 유비가 된다고 말했다. 이것은 우리가 구원(사랑받음), 죄(노예 됨), 심판(알곡과 가라지 나누기, 또는 생명에 이르는 것과 죽음에 이르는 것 나누기)을 이해하도록 도와준다. 심판은 또한 금을 정제하는 과정으로 비유되는데, 이 과정에서 불은 불순물을 표면으로 밀어내 제거할 수 있게 해준다. 마치 암 조직을 몸에서 제거해 우리를 살리시는 의사 하나님과 같다. 계시의 빛으로 비출 때, 인간의 역사는 바로 이와 같다. 계시의 빛이 없다면, 인간의 역사는 셰익스피어가 말한 것처럼, "백치가 지껄이는 이야기, 시끄럽고 정신없으나 아무 뜻이 없는 이야기"로 보인다.

기독교는 자유(사랑의 관계를 위한 전제 조건)와 죄(노예화)의 관계를 자주 뒤집었다. 우리는 자신이 해방되었다는 것을 안 다음에야, 소외된다는 것이 무슨 뜻인지 어느 정도 알 수 있다. 자유는 하나님의 사랑과 용서와 새 생명을 받은 결과이지, 이것들을 향해 나아가는 한걸음이 아니다. 우리는 이 사랑과 용서와 자유를 누리며 살아가는 꼭 그만큼, 우리가 소외되었음을 알게 된다. 결코 순서가 반대일 수 없다.

이 모두는 현재 보수주의 기독교와 자유주의 기독교의 분열과 관련해 몇 가지 깊은 의미를 지닌다. '오직 성경*Sola Scriptura*'에는 의문이 있을 수 없다. 내 말은, 계시란 나뉠 수 없는 전체이므로 각 본문을 나머지 모든 본문의 맥락에서 이해해야 한다는 뜻이 아니다. 성경을 예속(노예화)의 관점에서 읽어서는 안 된다는 뜻이다. 피할 수 없는 본문 왜곡을 최소화하려면, 우리가 세상에서 특정 문화 가운데 산다는 사실을 이해해야 한다. 바꾸어 말하면, 신학은 결코 학문의 한 분야discipline가 되어서는 안 된다. 대신에 신학은 성경과 우리의 삶과 세상에 대해 우리가 이해한 방식 사이에 오가는 대화로 이루어져야 한다. 그렇지 않으면, 계시의 빛에만 주로 초점을 맞추는 보수주의의 오류를 범하게 된다. 그러면 우리는 그 빛에 익숙해져서 우리가 살아가는 어두운 세상 속에서는 볼 수 없게 된다. 또는 반대로, 자유주의의 오류에 빠지면 동료 인간에 대한 동정과 세상의 고통을 보느라 어둠에 익숙해져서 계시의 빛에 눈이 멀게 된다. 우리가 해야 할 일은 빛이 우리의 눈을 멀게 하는 게 아니라 우리 앞에 놓인 길을 비추도록 한 손에 빛을 붙잡는 것이다. 그렇다. 남은 한 손을 도움이 필요한 사람들에게 내밀어야 한다. 그러나 우리가 빛을 충실하게 비춘다면, 그들이 노예 상태에서 해방되리라고 선언할 것이다.

요약하면, 나는 자크 엘륄의 작업이 '사회·역사' 연구와 '성경' 연구 사이의 대화로서, 계시의 '수직적' 측면과 '수평적' 측면을 재결합한다고 믿는다. 이런 방식으로, 엘륄의 작업은 마치 음식에 들어간 소금과 반죽에 들어간 누룩과 같이, 기독교 공동체를 세상에서 변화를 일으키는 존재라는 위치로 회복시켰다. 그가 사회와 역사에 관해 쓴 글은, 지속될 수 없고 불의한 방식들과 우리를 다시 연결하기 위해 기술이 어떻게 우리를 땅과 단절시켰는지 이해하도록 도와준다. 엘륄은 또한 어떻게 기술이 우리를 과거의 도덕 및 종교로부터 해방시키지 못하고, 오히려 잠재적으로 훨씬 큰 소외와 위험을 가져다줄 새로운 세속의 신들과 연결했는지도 보여준다. 물론 변화를 일으키는 방식으로 개입할 기회의 창이 있을 때, 아무도 경고에 주목하지 않았다. 기술은 이제 우리 삶의 환경과 체계가 되었는데, 이는 우리가 전적으로 효율성에 예속되었기 때문이다. 따라서 변화를 일으키는 개입은 훨씬 더 어려워졌으며, 적어도 한동안은 이런 상황이 달라지지 않을 것이다. 이런 까닭에, 우리 자신과 우리가 사는 세상을 파멸로 이끄는 길을 바꾸는 변화의 능력이 되기 위해서는 더욱더 믿음과 소망과 사랑을 실천하며 살아야 한다. 인간의 역사에서 이 시대를 사는 동안 계시를 '우리의 발에 등불'로 삼고 걸어가는 것 자체가 자크 엘륄이 우리에게 남긴 선물이다. 우리가 해방된 것은 우리의 하나님과 우리의 이웃을 사랑하며 살기 위해서다. 그래서 부정직하거나 훔치거나 탐내거나 거짓말하거나 그 외에 노예화(예속) 상태로 하게 된 모든 것을 할 필요가 없게 하기 위해서다. 오늘 우리는 과학, 기술, 일시적인 것, 국가를 비롯해 곳곳에 만연한 선전이 지배하는, 이른바 세속 시대에 이렇게 하라는 부름을 받았다.

이 책이 어떻게 출간되었는지 간략하게 소개하겠다. 1부와 3부는 맨 앞에서 말했듯이 녹음한 것이다. 2부와 4부는 자크 엘륄이 프랑스 개혁교회Église Réformée의 페사크-메리냐크Pessac-Mérignac 교구에서 행한 일련의 강연을 프랑크 브뤼거롤Frank Brugerolle 박사가 녹음한 것이다. 이 파일들을 비롯해 여러 연구 자료를 복사해준 그에게 깊이 감사하며, 또한 복사물을 미국의 어느 공항에서 열린 모임에 가져와 내게 건네준 뷔르네 메다르Burney Médard에게도 깊은 감사를 전한다. 나는 공항에서 출력물을 받아 집으로 가져왔다. 모든 참석자가 자신의 생각을 거리낌 없이 말할 수 있도록, 누군가 질문을 할 때마다 나는 녹음을 중단했고, 자크 엘륄이 대답할 때 다시 녹음을 했다. 이런 까닭에, 본문에 "여러분의 질문에 답해보겠습니다"라는 말을 덧붙였다. 이 말로 독자에게 도움이 되고 질문 없이

도 이해할 수 있는 대답이 시작된다. 2부와 4부에서도 이런 방식을 따랐다. 녹음을 마이크 하나로 해서, 질문이 녹음되기는 했지만 대체로 알아들을 수 없었기 때문이다. 안타깝게도, 욥기 강의 앞부분을 녹음한 테이프는 잃어버렸다. 자크 엘륄은 원래 요한복음 1장 1-5절과 몇몇 뒷부분을 다루려고 계획했지만(이 강의들은 녹음이 되었다), 병환으로 4부를 끝마치지 못했다.

이러한 단편들을 대할 때, 초고를 읽은 사람들과 나는 많은 번역 성경이 적절하지 못하고 이따금 경계 지점에서 정직하지 못하다고 느꼈다. 특히 독자에게 히브리어 원어가 문자적으로 다른 뜻이라고 정중하게 경고하지 않은 채 번역된 본문을 재배열하거나 문학적으로 표현하는 것은, 약간의 혼란을 주는 데서 그치지 않는다. 내가 기록한 강의들에서, 자크 엘륄의 식당 테이블은 언제나 히브리어나 헬라어 원어 성경과 그의 친구 앙드레 슈라키André Chouraqui 같은 사람들의 번역들, 곧 원어 본문에 최대한 가까운 프랑스어 번역들로 가득했다. 내가 아는 한, 영어에는 이런 번역들이 없다.

친절하게 히브리어 단어들을 음역해준 캘빈 시어벨트Calvin Seerveld와 앨 월터스Al Wolters에게 감사한다. 나는 자크 엘륄의 구술 강의들을 (또는 그 일부를) 읽기 쉬운 텍스트로 바꾸었다. 프랑스어를 영어로 번역한 원고를 점검하는 한 과정으로, 몇몇 친구들은 초고를 읽고 기탄없이 평가해주었다. 그 후에 내가 원고를 다시 다듬었다. 익명의 검토자들이 몇몇 추가 각주에 대해 탁월한 제안들을 해주었다. 이들 모두에게 진심으로 감사한다. 도미니크Dominuque, 장Jean, 이브 엘륄Yves Ellul은 이 프로젝트를 아주 열심히 후원해주었다. 가장 큰 도움을 준 토론토 대학 출판부의 버질 더프Virgil Duff와 마거릿 버제스Margaret Burgess에게도 감사한다. 마지막으로 특히 나의 아내 리타의 도움이 없었다면 이 힘든 일을 결코 끝낼 수 없었을 것이다. 리타는 세상에서 나의 눈이다.

나의 부모님이신 베벌리 반더버그와 개리 반더버그Berverly and Gary Vanderburg가 남긴 약간의 재산으로, 메시지를 다양한 공동체에서 숱한 사람들에게 전하는 위치에 있는 사람들의 손에 들려줄 수 있었다. 내 부모님도 제도 교회에 강한 거부감을 보이셨는데, 이 책이 완성되는 모습을 보지 못하신 게 못내 아쉽다.

마지막으로 이 책은 자크 엘륄의 녹음된 강의를 문자 그대로 옮긴 게 아니라는 점을 분명하게 밝혀두고 싶다. 나는 내 능력을 최대로 발휘해 자크 엘륄의 구술 강의를 최대한 읽기 쉬운 글로 옮겼다. 제도 교회에서 자크 엘륄과 같은 사람은 이전에도 없었고 앞으로도 없을 것이다. 이 책은 내가 이 궁극적인 사랑 이야기를 이해하도록 도와준 자크 엘륄을 기억하는 사랑의 수고였다.

빌렘 반더버그

창세기 1-3장

On Freedom, Love, and Power

Jacques Ellul

도덕과 종교로부터의 자유

1

1. 서론

영감

창세기의 처음 몇 장을 이해하려는 모든 시도는 곧바로 몇 가지 문제에 부딪힙니다. 첫째, 창조 이야기가 두 가지입니다. 7일로 구성된 창조 기사가 먼저 나오고, 뒤이어 하나님이 창조하신 하늘들heavens과 땅의 기원으로 시작하는 또 다른 창조 기사가 나옵니다. 주석가들이 지적한 숱한 모순에서 분명하게 드러나듯이, 두 기사는 일치하지 않습니다. 그중에 하나만 말씀드리자면, 전형적인 것입니다. 첫 번째 기사는 처음에 물밖에 없었고 하나님의 영이 그 위를 움직였다고 말합니다. 반면에, 두 번째 기사는 나중에 비의 형태가 된 물이 있는 땅으로 시작합니다. 그런가 하면, 이 두 기사와 우리가 아는 과학적 지식 사이에도 모순이 있습니다.

둘째, 또 다른 문제는 두 기사가 일반적으로 모세의 다섯 책을 말하는 오경五經에 포함되어 있다는 사실에서 비롯됩니다. 그러나 언어학적 이유에서, 모세는 두 기사의 저자였을 리가 없습니다. 본문에서 사용된 히브리어는 후대의 것이므로, 모세가 본문의 히브리어를 사용했을 것 같지 않기 때문입니다. 19세기 말에 바빌로니아와 이집트의 창조 기사들이 발견되었습니다. 이후 주석가들은 창세기 창조 기사들이 이 기사들과 유사할 뿐만 아니라, 바빌로니아의 창조 기사에서 영감을 얻었으리라고 주장했습니다. 앞선 시대의 친親성경적 입장이 있었듯이, 이런 주장들은 십중팔구 반反성경적 입장을 보입니다. 셋째, 마지막 문제는 나머지 두 문제보다 훨씬 명확합니다. 인간은 자신들이 창조되기도 전에 무슨 일이 있었는지 도대체 어떻게 알 수 있었을까요? 마지막 질문이 '본문이 어떻게 영감 되었는가'라는 문제를 제기하기 때문에, 마지막 질문을 가장 먼저 다루겠습니다.

4세기부터 기독교 신학자들은 이 질문에 놀랍도록 쉽고도 아주 단순하게 대답했습니다. 인간이 자신들이 창조되기 전에 일어난 일을 알 수 있었던 것은 하나님께 직접 영감을 받았기 때문이라는 것입니다. 바꾸어 말하면, 성령께서 말씀하셨고 성경 저자들이 받아 적었다는 것입니다. 여기서 꼭 짚고 넘어가야겠습니다. 유대교에는 이런 해석이 없습니다. 직접 영감론의 어려운 점은 본문에 모순의 여지를 남기지 않는다는 것입니다. 그래서 수 세기 동안 주석가들은 본문에서 모순을 보지 못했습니다. 일부러 보지 않았다는 뜻이 아닙니다. 본문을 읽노라면 우리가 보지 못하는 것들이 있습니다. 마치 자신도 모르게 앞이 캄캄해지는 것처럼 말입니다. 사람들은 성경 무오설을 믿고 살았고, 따라서 성경에는 오류가 있을 수 없었습니다.

그런가 하면, 또 다른 신학적 흐름이 있었는데 저는 이 흐름이 옳다고 믿습니다.[1] 이 흐름은 성경 자체가 오류가 없는 영감과 양립할 수 없다고 주장했습니다. 하나님은 결코 인간을 기계로 만들지 않으셨고, 따라서 성경 저자들을 일종의 구술 녹음기로 전락시키지 않으셨습니다. 반대로, 성경이 계시하는 하나님은 무엇보다도 사람들을 해방하시는 분입니다.[2] 하나님이 사람들을 소외에서 해방하시는 목적은 또다시 이들을 다른 것들의 노예로 삼기 위한 것이 아닙니다. 어느 본문을 해석하든, 이것은 지극히 기본입니다. 예를 들어, 이런 시각으로 보면 십계명을 하나님이 사람들에게 일종의 외부 의지external will로 주신 명령이라고 해석할 수 없습니다. 십계명의 의도는 정확히 반대입니다. 다시 말해, 인간이 살게 하는 것입니다.[3] 성경의 하나님이 해방하시는 분이라면, 인간을 짓누르거나 공포에 몰아넣거나 기계처럼 조종하지 않으십니다. 하나님이 말씀하실 때, 인간은 새로운 제약을 받는 위치에 놓이는 게 아니라 그 반대로 책임을 맡고 결정을 내려야 하는 위치에 놓입니다. 하나님은 사람들에게 질문하고 그들 스스로 결정하게 하십니다. 제가 보기에, 성경과 관련해 이것은 부정할 수 없는 사실입니다. 따라서 하나님이 자신을 계시하실 때, 사람들은 구술 녹음기가 되는 게 아닙니다. 사람들은 자신의 수단과 지식과 언어와 문화를 가진 존재로서 하나님의 말씀을 듣고 반응합니다. 이들이 철자법을 잘 모른다면 철자법에서 실수할 것입니다. 제가 이렇게 말하는 것은 히브리어에서 철자법이 얼마나 중요한지 알기 때문입니다. 히브리어 본문은 자주 철자법으로 재주를 부립니다. 따라서 어느 성경 저자가 철자법에서 실수한다면, 매우 심각한 결과를 초래할 수 있습니다. 물론 이들 주위에는 이러한 본문을 숙고하고 그 본문에서 하나님의 말씀을 듣는 사람들이 있었습니다. 바꾸어 말하면, 이들은 구술 녹음기가 아니었고, 자신의 문화와 그 문화의 모든 수단을 활용했습니다. 따라서 이들은 자신의 문화와 시대의 '지적 오류들'을 범하곤 했던 인간 저자입니다. 예를 들면, 자주 인정되는 사실이 있습니다. 과학의 눈으로 볼 때, 예수님은 결코 그 시대 사람들보다 많이 아셨던 게 아닙니다. 마찬가지로, 창세기 1-2장을 쓴 사람들은 자신이 속한 문화와 시대의 사람들과 동일한 일련의 믿음을 가졌습니다. 이러한 믿음은 하나님의 말씀을 이해하는 데 꼭 필요한 게 아닙니다.

성경의 영감을 이렇게 이해할 때, 창조 기사가 하나뿐일 수는 없습니다. 무오 영감설을 한 번 더 생각해보십시오. 이것은 하나님이 한 사람을 선택하고 그 사람에게 모든 것을 말씀하시며 그것으로 끝이라는 것을 암시합니다. 아무것도 덧붙일 필요가 없습니다. 그러나 구약성경은 이런 식으로 전개되지 않습니다. 구약성경은 새로운 시작들, 긴 여정, 심지어 이따금 새로운 출발을 포함하는 일종의 긴 기사입니다. 구약성경은 점진적인 발전을 보여주지 않습니다. 퇴보도 있기 때문입니다. 우리는 그 속에서 사람들을 봅니다. 이들은 차례로 하나님께 이런저런 것을 들었고, 자신이 들었다고 생각되는 것을 자신이 알고 있는 것을 활용해 기록했습니다. 이런 까닭에 계시들이 계승되고 서로 새롭게 합니다. 그 어떤 계시도 마지막 계시가 아닙니다. 그 어떤 계시도 이전에 들었던 계시보다 훌륭한 것이 아닙니다. 이를테면 매번 말씀을 다른 각도나 시각에서 보게 된다고 말하고 싶습니다. 더 나아가 우리는 역사의 과정에서 전개되는 저작들을 만나는데, 이것은 지극히 기본적입니다. 이러한 구약성경의 하나님은 철학의 하나님이 아니고 형이상학의 하나님도 아니며, 인간의 역사에 들어와 인간의 길을 걷는 하나님, 따라서 역사 속의 하나님historical God입니다. 바꾸어 말하면, (어떤 신학적 해석들이 주장하듯이) 하나님은 이를테면, 자신을 계시하려고 인간을 자신이 있는 자리로 이끌어 올리시지 않습니다. (다른 해석들이 주장하듯이) 오히려 그 반대로, 하나님은 인간이 있는 곳으로 내려와 역사에 들어오십니다. 이러한 두 방향은 유대교 사상에서도 나타납니다.

서로 다른 본문들이 서로 다른 시각과 관점을 포함하며, 사람들은 이러한 시각과 관점을 통해 계시된 말씀을 이해합니다. 따라서 본문의 의미를 파악하려면, 본문을 서로 비교해보아야 합니다. 그 어느 본문도 완전할 수 없습니다. 하나님은 결코 형이상학이나 철학이나 시스템을 계시하지 않으신다는 사실이 이것을 한층 더 뒷받침합니다. 가장 큰 실수 가운데 하나는 성경을 형이상학으로 바꾼 것입니다. 이것이 모든 교리교육의 문제인데, 모든 교리교육은 참인 동시에 거짓입니다. 예를 들면, 아이들은 하나님이 영원하고 변하지 않으신다는 것과 여러 가지를 배울 때, 성경이 결코 말하지 않는 것을 배웁니다. 저는 심지어 성경이 정반대로 말한다고 주장하고 싶습니다. 예를 들면, 신학적 형이상학이 하나님은 하나님이기 때문에 고통받을 수 없다고 단언할 때, 성경 전체는 정반대로 말합니다. 교리교육이 이런 종류의 것들을 말하는 것은 이해할 수 있습니다. 그러나 교리교육은 성경과는 전혀 다른 형이상학을 세웁니다. 이와 비슷하게, 엿새로 구성된 창조 기사가 창조의 형이상학으로 바뀌었습니다. 그러나 성경 본문은 전혀 다른 것을 말합니다.

본문의 의미

핵심은 본문의 의미 문제입니다. 그래서 이 문제를 세 부분으로 나누어 다루려 합니다. 첫째, 본문 자체의 의미가 있습니다. 둘째, 본문은 우리에게 사실 기사factual account가 아니라 의미를 전달하는 일종의 실존적 방향성을 갖습니다. 셋째, 각 요소는 나머지 요소들과 연결 지어 해석해야 합니다.

첫째 부분에 관해, 저는 성경의 그 어떤 본문도 그 자체만으로 이해해서는 안 된다고 주장했습니다. 본문을 문자 그대로 이해하거나 본문이 완전하다고 여겨서는 안 됩니다. 본문을 나머지 본문들에서 분리해서는 안 됩니다. 본문은 전체의 한 조각이며 홀로 설 수 없기 때문입니다. 그래서 여러 의미가 있을 수 있습니다. 주석가들은 본문의 의미를 일반적으로 셋으로 나눕니다. 첫째, 문자적 의미가 있습니다. 둘째, 영적 의미가 있습니다. 이것은 본문을 하나님의 계시라는 시각에서 비추어볼 때 본문이 갖는 의미입니다. 예를 들면, '하늘들the heavens'이란 용어는 창공sky과 우주 공간을 가리키지 않으며, 우리 위에 있고 하나님이 사시는 일종의 덮개를 가리키지도 않습니다. '하늘들'의 영적 의미는 하나님의 거처입니다. 인간의 말에는 이 거처를 표현할 용어가 없기 때문에, 성경은 우리 눈에 보이는 대상을 가리킬 때는 '창공'이라고 단수를 쓰고 하나님의 거처를 가리킬 때는 '하늘들'이라고 복수를 씁니다. '하늘들'의 이러한 영적 의미는 상당히 중요합니다. 이것은 하나님의 거처가 땅처럼 창조되었다는 뜻이기 때문입니다. 바꾸어 말하면, 하나님과 천군heavenly host이 거하는 영원한 영적 영역이란 없습니다. 하나님의 '세상'도 우리의 세상처럼 창조되었으며, 각각의 세상에는 각각의 '백성'이 있습니다. 마지막으로, 본문의 비밀스런 의미가 있는데, 이것은 숨겨져 있습니다. 예를 들면, 유대교의 카발라는 히브리어 알파벳 하나하나에 숫자를 부여함으로써 이러한 의미를 발전시켰는데, 지금도 사람들은 이러한 숫자를 끼워 맞춰 본문의 숨은 의미를 찾으려 합니다. 컴퓨터의 도움으로, 이 부분에서 거의 무한한 가능성이 열렸습니다. 특히 히브리어는 자음밖에 없기 때문입니다. 모음은 단어를 발음하려고 덧붙인 것입니다. 같은 자음들이라도 다른 모음들을 붙이면 다른 단어들이 됩니다. 예를 들면, 창세기 2장에 나오는 하나님의 이름은 YHWH인데, 모음을 붙여 야웨 또는 예호바(여호와)로 읽을 수 있습니다. 이 경우는 어려움이 전혀 없습니다. 하나님의 이름은 어떤 식으로든 발음될 수 없기 때문입니다. 카발라는 이 부분을 길게 탐구했습니다. 그러나 저는 흥미롭기는 해도, 이러한 탐구가 궁극적으로는 거짓이라고 믿습니다.

기독교 신학자들도 비밀스런 의미를 발전시켰습니다. 예를 들면, 4-10세기에 이들은 이것은 저것을 상징한다고 단언함으로써 카발라와 비슷한 것을 만들어냈습니다. 이럴 경우, 본문은 다른 뜻으로 바뀝니다. 아가서에서 '사랑하는 자'는 영혼이나 교회나 그 외에 그 무엇이든 중요한 것을 가리킨다고 볼 수 있게 됩니다. 이런 식으로, 신학자들은 문이 활짝 열린 상징적 해석을 내놓았습니다.

현대 개신교는 본문에서 그리스도 중심적인 의미를 찾는데, 모든 본문은 예수 그리스도에 관한 예언이라고 주장합니다. 그러므로 예를 들면, 구약성경의 모든 본문에서 그리스도에 관한 예언을 찾아야 한다는 것입니다. 이것은 잘못입니다. 빌헬름 비셔Wilhelm Visher의 주목할 만한 저서 《구약에서 예수 그리스도를 예언한 첫 예언자들*The First Prophets of Jesus Christ in the Old Testament*》이 있지만, 이 책도 철두철미하다고 보기는 어렵습니다.[4]

어떤 역사가들, 과학자들, 합리주의자들, 실증주의자들은 성경 본문이 우리에게 아무런 의미도 없다고 주장합니다. 성경 본문은 여느 모든 본문처럼 문학 텍스트나 역사 텍스트라는 것입니다. 이게 무슨 뜻일까요? 예를 들면, 우리가 창세기 1장을 읽을 때, 창세기 1장은 예수 그리스도가 태어나기 800년 전에 유대인들은 자신들을 어떻게 표현했고, 이들이 순전히 문학적이고 문화적인 수준에서 어떻게 생각했는지를 들려줄 수 있을 뿐이라는 뜻입니다. 앞서 말한 접근법들은 완전하다고 말하기 어렵습니다. 균형 있는 시각을 유지하기 위해, 랍비의 말을 인용하고 싶습니다. 각 본문은

77개 의미와 단 하나의 참된 의미를 갖는데, 그 의미는 하나님만 아신다는 것입니다. 그래서 본문의 의미를 이렇게 또는 저렇게 볼 여지가 충분합니다.

이 모든 점들은 두 가지 가능성을 남깁니다. 첫째, 우리는 이 모든 가능한 의미에 낙담해, 모든 것을 몇 가지 간단한 진리로 축소하려 해야 할까요? 어떤 그리스도인들은 역사가들이나 실증주의자들의 공격을 받는 동안 이런 태도에 자주 내몰렸습니다. 설명하자면 이렇습니다. "괜찮아. 창세기 1-2장은 오류가 가득하고 진실이 거의 없으니 얼마든지 포기할 수 있어! 그러면 서너 개념만 남을 거야! 모든 것의 시작점이었던 어느 순간이 있었다거나, 남자와 여자가 각각 서로 간의 관계에서 창조되었다거나, 우리가 우리의 주권을 행사할 때 하나님의 본래 계획을 따르도록 하나님이 세상을 인간에게 복속시켰다거나 하는 개념들 말이야." 이것은 셴 신부 Father Chaine가 700페이지짜리 창세기 주석에서 했던 주장과 별반 다르지 않습니다.[5]

둘째 가능성은, 본문은 무한히 풍성하고 무한히 깊다는 것입니다(이것은 제 입장이기도 합니다). 저는 앞으로 그 점을 보여드리려 할 것입니다. 그러나 히브리어에 모음을 어떻게 붙이느냐에 따라 의미가 여러 가지로 달라진다면, 우리가 좋아하는 무엇이든 끼워 넣어 본문을 읽는 게 가능하지 않을까요? 수십 가지 해석을 보면서, 어떤 사람들은 이런 결론에 이르렀습니다. 저는 본문을 문맥에서 따로 떼어내지 않고는 이런 결론에 이를 수 없다고 믿습니다. 한 조각을 나머지에서 떼어내거나 한 본문을 나머지 본문에서 떼어낸다면, 실제로 우리가 원하는 거의 모든 의미를 본문에 부여할 수 있습니다. 그러나 본문을 전체 본문의 더 넓은 문맥에서 해석함으로써 본문의 온전함과 일반적인 방향성을 존중한다면, 가능한 해석의 수는 상당히 제한됩니다. 이런 까닭에, 저는 카발라나 상징적 해석 같은 접근 방식을 받아들일 수 없습니다. 이것들은 계시의 전체적인 핵심을 깡그리 무시하기 때문입니다. 따라서 다양한 의미가 있지만, 모든 의미가 다 가능하지는 않습니다. 예를 들면, 구약성경에서 각각의 본문을 비교하고 가늠하는 대상이 될 다양한 전개와 핵심을 찾아내는 게 가능합니다. 너무나 자주, 우리는 본문 자체와 무관하게 미리 판단하거나 방향을 정해놓고 본문을 읽습니다. 예를 들면, 특히 3세기 말에 그리스 철학이 신학자들을 통해 유입되면서부터 창세기 1-2장 읽기에 대한 모든 것이 왜곡되었습니다. 문제는 그리스 철학이 성경이 조금도 답하려 하지 않는 질문들을 던진다는 것입니다. 그리스인들은 세상의 기원에 관심이 있었습니다. 그러나 앞으로 살펴볼 테지만, 창세기 1-2장은 이 주제에 전혀 관심이 없습니다. 신학자들이 그리스 철학의 노선들을 따라 생각하기 시작하면서, 창세기 1-2장을 세상의 기원에 관한 해답으로 해석하기 시작했습니다. 바꾸어 말하면, 이들은 창세기 1-2장을 철학적 질문이나 형이상학적 질문에 대한 대답으로 읽기 시작했으며, 그 결과 본문이 말하고자 하는 바를 완전히 왜곡했습니다. 거듭 말씀드리지만, 창세기 1-2장은 세상의 기원을 말하려는 게 아닙니다.

객관적 지식 같은 그리스 개념들을 받아들이면서 비슷한 문제들이 생기기 시작했습니다. 유대교 사상에서 객관적 지식은 완전히 낯선 개념입니다. 따라서 우리는 확실한 예방책을 취해야 합니다. 특정 본문을 어떻게 읽어야 하는지 알아야 합니다. 예를 들어, 중세 본문을 현대 소설처럼 읽어서는 안 됩니다. 둘은 맥락이 전혀 다릅니다.

이제 두 번째 문제로 넘어가겠습니다. 본문은 의미를 전달하기 위해 있습니다. 이번에도, 우리는 과학과 관련된 일반적 오해를 접합니다. 16세기부터 신학자들과 과학자들은 진리와 실재truth and reality를 혼동했습니다.[6] 대부분의 신학자는 하나님이 세상의 실재를 창조했으며, 따라서 하나님이 우리에게 실재를 아는 지식을 주셨다고 주장합니다. 이것은 정말로 성경과 동떨어진 주장입니다. '역사서'도 과학적 역사를 제공하지 않습니다. 우리가 역사를 연구한다면 그 결과로 나올 법한 기사를 제공하지 않는다는 말입니다. 역사서는 우리에게 사실을 제시할 수는 있었어도, 저자에는 관심이 없었습니다. 역사서는 다른 것들을 더 중요하게 여기기 때문입니다. 물론, 역사서는 과학적 접근과 전승이 없었기 때문에 창조의 실재에 관한 사실을 확립할 수 없었을 것입니다. 그러나 더 근본적으로, 역사서를 선점한 것은 이것이 아닙니다. 진리와 실재를 가장 먼저 혼동한 장본인은 신학자들입니다. 이들은 계시된 진리가 실재라고 생각함으로써, 진리와 실재를 혼동했습니다. 성경은 전혀 다른 것, 곧 의미를 다룹니다. 예를 들면, 성경은 우리에게 역사적 사건을 말할 때, 그 사건이 그 시대 사람들에게 갖는 의미, 또는 인류 전체에게 갖는 의미를 말합니다. 성경 저자들은 역사적 객관성을 찾고 있었던 게 아닙니다. 자신들이 하나님의 계시라고 여기는 것을 마주했을 때, 성경 저자들은 자신에게 물었습니다. 하나님이 이 사건을 통해 우리에게 무엇을 말씀하고 계시는가? 마찬가지로, 우리가 창조에 관해 말할 때, 본문은 우리에게 정확히 무슨 일이 일어났는지 객관적으로 말하려 애쓰지 않고, 대신에 그 사건이 무엇을 의미하는지 말하려 애씁니다. 최종적으로, 물리적 사실이 정확한지 그렇지 않은지는 전달되는 의미보다 훨씬 덜 중요합니다.

문제는 의미 자체가 의미를 전달할 수는 없다는 것입니다. 세상에는 폴 리쾨르Paul Ricoeur가 '의미의 의미'라고 부른 것을 전달할 언어가 없습니다.[7] 의미의 의미는 그 무엇에 끼워 넣거나 그 무엇으로 옷을 입혀야 하는데, 그 무엇이란 바로 기사account, 설명입니다. 우리가 이 본문을 사실 기사로 읽는다면 그것은 끔찍한 실수입니다. 기사는 그 무엇도 아닌 의미를 전달하기 위해 있습니다. 따라서 본문에 오류가 있을 수 없다고 믿는다면, 사실에 관해서가 아니라 살아내는 의미에 관해서 그렇다는 것입니다. 예를 들면, 성경은 다윗이 어떤 사건을 어떻게 경험했다고 말할 때, 그가 그 사건에서 본 의미를 말하고, 이 의미를 자신의 하나님 및 백성과 어떻게 연결했는지를 말합니다.

이런 시각에서 보면, 과학과 계시, 또는 과학과 신앙 간의 모든 충돌은 물질적인 것과 영적인 것 사이의 대립과는 아무런 관련이 없습니다. 결국 영적인 것은 사건들을 기록한 성경 기사들에 완전히 끼워 넣어지고, 기사는 어떤 의미를 우리에게 드러내기 위해 존재합니다.

의미에 관한 세 번째이자 마지막 문제에 접근할 때에는 그 의미가 얼마나 일반적이거나 구체적이어야 하는가 하는 질문을 던져야 합니다. 예를 들면 이렇습니다. 우리가 하나님이 그 의미라고 말한다면, 이 말은 너무 모호하고 포괄적이라 아무것도 의미하지 않습니다. 반대로, 기사의 모든 것이 기사의 의미와 일치한다면, 기사의 의미는 비교적 정확할 수 있습니다. 기사가 전달될 의미를 '입기' 위해 그 자리에 있다면, 기사의 모든 요소는 당연히 의미의 전달자일 것입니다. 이런 점에서, 본문에 대한 구조주의적 접근은 중요한 기여를 합니다. 구조주의가 전체 의미가 구조 안에 있다고 단언하거나, 더 나아가 거기에는 아무 의미도 없다고 단언할 때, 저는 구조주의가 틀렸다고 믿습니다. 그렇더라도 구조주의는 한 본문의 구조가 모든 요소를 의미가 통하는 방식으로 연결하는 계획을 반영한다는 점을 정확하게 지적합니다. 개인적으로 저는 성경 본문의 구조, 모든 요소의 세밀한 구성, 그리고 이 모든 것이 얼마나 중요한지에 대해 늘 굉장히 놀랍니다. 구조만 의미를 주는 게 아닙니다. 한 단어가 바뀌면 전체 의미가 영향을 받을 정도로, 단어 하나하나가 의미에 기여합니다. 아브람의 이름이 아브라함으로 바뀐 경우를 예로 들 수 있는데, 이것은 그의 삶에서 일어난 한 사건의 의미를 잘 보여줍니다. 우리가 모순된 기사들을 접할 때, 이 모든 것은 무엇을 의미합니까? 많은 해석자들뿐만 아니라 과학자들도 이런 본문들을 대수롭지 않게 여기는 경향을 보였습니다. 특별한 훈련을 받고 특별한 사상을 가진 저자가 이러한 본문들을 구성했다는 것을 받아들인다면, 진정한 과학적 질문은 왜 저자들이 모순된 기사들을 포함시켰느냐는 것입니다. 바꾸어 말하면, 저자들은 이러한 모순을 몰랐던 것이 아니라 모순된 기사들이 무엇인가를 의미하기 때문에 본문에 포함시켰다는 것입니다. 이런 시각에서 보면, 본문의 의미와 관련해 의도적이지 않은 게 하나도 없습니다. 저자들은 계시를 가능한 한 최상의 상태로 표현하기 위해 의도적으로 본문을 모순적으로 구성했습니다. 그러지 않으면 계시가 표현될 수 없기 때문입니다.

어쨌든 계시하는 주체가 하나님이라면, 계시는 표현될 수 없습니다. 하나님이 하나님이라면, 하나님을 표현할 단어나 이미지가 없습니다. 따라서 성경 저자들은 이미지를 비롯해 사용할 수 있는 다른 수단을 활용해 우회할 수밖에 없었으며, 더없이 신중하고 의도적인 방식으로 우회했습니다. 그럴 때라도 이러한 방식은 하나님의 계시일지 모를 것의 한 부분을 전달하는 유일한 수단으로 여전히 간접적인 것이어야 했습니다.

본문의 구성

오경 본문이 어떻게 생겨났는지에 관해 널리 받아들여지는 역사적 이론이 하나 있습니다. 이 이론에 따르면, 적어도 세 명의 편집자가 중요한 역할을 했습니다. 이 이론은 추천할 만한 구석이 많습니다. 창세기 1장에서 하나님은 언제나 '엘로힘*Elohim*'이라 불리는데 반해, 2장에서는 '야웨'라 불립니다. 하나님을 때로 엘로힘이라 부르고 때로 야웨라 부르는 본문들이 있습니다. 언어와 문체도 부분 부분이 다릅니다. 하나님을 야웨라 부르는 본문은 더 오래된 문법을 사용합니다. 더욱이 하나님을 야웨라 부르는 모든 본문을 따로 모으면, 앞뒤가 잘 맞는 앙상블이 됩니다. 하나님을 엘로힘이라고 부르는 본문들도 마찬가지입니다. 가장 최근 문법을 사용하는 본문들은 지적으로 가장 엄격하다는 점에서 나머지 두 본문과 다른 특징을 갖습니다(왜 그런지는 잠시 후에 살펴보겠습니다). 이 본문들은 신학자들의 작품으로 보이며, 일반적으로 제사장 전승이라 불립니다. 야웨 전승은 기원전 900년 무렵에, 엘로힘 전승은 기원전 800년 무렵에, 제사장 전승은 기원전 700년 무렵에 생겨났습니다.

한 편집자가 세 그룹의 본문을 지금 우리가 읽는 본문으로 통합했습니다. 기원전 600-500년 무렵으로 생각됩니다. 세 본문의 '저자들'은 각각 한 사람이 아니라 각자 자신만의 방향성을 가진 학파였음이 분명하지만, 모두가 다른 본문들을 활용했던 것으로 보입니다. 야웨 전승은 세 전승 중에서 가장 오래되었는데, 둘에 의존했던 것으로 보입니다. 하나는 기원전 1000년 무렵에 종교 의식에서 신성한 본문으로 사용된 매우 오래된 신앙고백credo이지만, 이 본문의 기원은 분명하지 않습니다. 물론 이것은 무오 영감설과는 모순됩니다. 야웨주의자들은 애초에 구전이었을 법한 이야기에 이미 의존했기 때문입니다. 이들은 아브라함, 이삭, 야곱을 비롯해 자신들의 조상에 관한 몇 가지 기사도 활용했습니다. 편집자들은 이 모든 것을 녹여 하나의 연속 기사를 만들었는데, 기사의 주된 방향을 구원의 역사에 맞췄습니다.

야웨주의자들에게 하나님은 무엇보다도 구원하고, 생명을 유지하며, 악을 바로잡고, 상처를 치료하며, 죽음을 제거하는 분이며, 일반적으로는 은혜의 하나님입니다. 이것이 야웨 전승의 핵심 방향입니다. 예를 들면, 야웨 전승은 창세기 2장에 나옵니다.

지리적으로 더 북쪽에 뿌리를 둔 엘로힘 전승 또한 이런저런 전승들을 보존했으나, 그 기원은 마찬가지로 분명하지 않습니다. 엘로힘 전승은 대중성이 더 강했던 것으로 보이는데, 부분적으로는 하나님께 사용된 이름 때문입니다. 엘로힘이라는 이름은 가나안 족속들이 사용한 이름과 다소 비슷합니다. 반대로, 야웨 전승이 하나님께 사용한 이름은 다른 무엇과도 닮지 않았고 비슷하지 않은 신성한 이름인데, 그 기원은 알 수 없습니다. 그러므로 엘로힘 전승이 대중적으로 더 깊이 뿌리를 내린 것으로 보입니다. 하나님이 인간에게서 멀리 떨어져 있다고 주장한다는 사실에서 잘 드러나듯이, 엘로힘 전승이 지향하는 방향은 야웨 전승과 매우 다릅니다. 엘로힘 전승의 하나님은 소통할 수 없고 직접 접근할 수도 없어서 중재가 필요한 존재입니다.

제사장 전승은 창세기 1장에 나옵니다. 야웨 전승이 경건주의자의 전승이고 엘로힘 전승이 대중적 전승이라면, 제사장 전승은 전문 신학자들이 만든 지적인 전승입니다. 제사장 전승도 그것만의 방향이 있는데, 이러한 방향은 엘로힘 본문들을 토대로 전개됩니다. 이스라엘 주변 민족의 비슷한 기사들을 주시하며 본문을 전개한다는 점이 제사장 전승만의 특징입니다. 이 신학자들은 주변 민족의 종교 전승들을 알았으며, 이것들을 본래 생각되었던 방식과는 정반대로 사용했습니다. 처음에 학자들은 기원전 1400-1300년경에 다양한 종교적, 문화적 믿음을 가진 유대인들이 이집트에서 건너왔고, 그들의 믿음들이 점차 발전해 마침내 이 본문들을 낳았다고 믿었습니다. 그런데 더 면밀히 연구한 결과, 사실은 전혀 그렇지 않다는 게 드러났습니다. 사실, 정반대였습니다. 어쨌든 만약 정말로 이스라엘 민족이 가졌던 다양한 종교적 믿음이 제사장 전승을 만들어냈다면, 가장 오래된 성경 본문들은 이집트 본문 및 바빌로니아 본문과 가장 유사해야 합니다. 그런데 정반대입니다. 최근 본문일수록 이집트 본문 및 바빌로니아 본문과 더 비슷합니다. 이 신학자들은 이들 다른 종교 전승들과 자신들의 본문들을 세밀하게 연구해, 자신들이 이해하는 계시에 맞는 것과 맞지 않는 것으로 나누었습니다. 성경 본문들이 주변 여러 민족의 다양한 전설이나 우주생성론이나 신화적 기사와 전혀 다른 것은 바로 이런 이유 때문입니다.

제 말의 핵심을 설명하기 위해, 바빌로니아 창조 설화의 일부를 읽어드리겠습니다. 어떤 사람들은 이 설화가 창세기 기사를 닮았다고 생각합니다.[8]

> 아주 오래전, 하늘도 없고 땅도 없었다. 세상에는 물과 그것을 다스리는 두 존재만 있었고, 그 외에는 아무것도 없었다. 민물은 압수Apsu의 영역이었고, 짠물은 그의 아내 티아마트Ti'amat의 영역이었다. 그때는 두 영역이 합쳐졌고, 그래서 강도 없고 바다도 없었다. 압수와 티아마트의 결합으로 거대한 두 생명체가 태어났다. 라흐무Lahmu와 그의 아

내 라하무Lahamu였다. 이들에게서 차례로 안샤르Anshar와 키샤르Kishar가 태어났다. 안샤르는 위에 있는 모든 것을 상징했고 키샤르는 아래 있는 모든 것을 상징했다. 이들에게서 하늘의 신 아누Anu가 태어났고, 아누는 에아Ea를 낳았다. 에아는 강한 만큼 지혜로웠고, 부모를 비롯해 누구보다 월등히 뛰어났다. 에아가 태어난 후, 신의 종족은 빠르게 늘어났으나, 아주 시끄럽고 소란스러운 무리였다. 하늘의 아이들이 사방으로 서로를 뒤쫓아 다니며 소리치고 큰 소리로 울었는데, 그 정도가 너무 심해 불쌍한 할머니 티아마트는 신경이 곤두섰다. 그러나 티아마트는 이 상황을 조용히 견뎠을 뿐 불평하지는 않았다. 티아마트는 이렇게 생각했다. "애들이니까 애들처럼 구는 거야! 바꿀 수 없으면 참아야지." 그러나 할아버지 압수는 달랐다. 어느 날 압수는 이들의 시끄러운 소리를 더는 참을 수 없어 그에게 조언을 해주고 그를 즐겁게 해주는 난쟁이 뭄무Mummu를 불렀다. 뭄무는 이렇게 말했다. "함께 티아마트 님을 찾아가 이 모든 걸 말씀드리시지요." 그래서 이들은 아이들 문제를 의논하러 티아마트를 찾아갔다. 그러나 압수는 차분하게 의논할 기분이 아니었다. 그래서 압수는 소리쳤다. "잘 들어요. 나는 더 이상 못 참겠소. 낮에는 잠시도 평화가 없고, 밤에도 도무지 눈을 붙일 수가 없소. 우리는 평화와 고요가 필요하오. 그래서 나는 이 시끄러운 신들을 모조리 없애버리겠소." 이 말을 들은 티아마트는 화를 참을 수 없었다. "그게 무슨 소리예요?" 티아마트는 고래고래 소리를 질렀다. "우리가 창조한 아이들을 죽인다고요? 녀석들이 우리를 짜증나게 하는 건 사실이에요. 하지만 늙은이들을 짜증나게 하지 않는 아이들이 어디 있겠어요? 그저 참고 견뎌야 하는 수밖에 없어요."

이 창조 설화는 25페이지나 더 계속되는데, 그 부분은 창조 설화와 거의 관련이 없습니다. 그중에 마르두크Marduk에서 시작되는 부분을 읽어드리겠습니다. 하나같이 매우 복잡하지만 요약하자면, 더 많은 신들과 아이들이 태어나고 마르두크와 티아마트 사이에 싸움이 벌어지며, 결국 마르두크가 원시 여신 티아마트를 죽입니다. 마르두크는 새 일을 하느라 바쁩니다. 티아마트의 죽음은 자신이 주도권을 쥔 새로운 질서의 시작일 뿐이기 때문입니다. 이제 또 다른 부분을 읽어드리겠습니다.

> [마르두크는] 자신의 대적 티아마트의 시체를 굴 껍데기를 쪼개듯 둘로 쪼갰다. 그중 한쪽을 공중에 들어 올려 하늘, 궁창을 만들었다. 그리고 티아마트의 시체 가운데 나머지 반쪽으로 하늘 아래 있는 모든 물을 포박하고 측량했다. 이것이 땅의 기초였다. 그는 아누를 궁창 위에 자리한 왕국의 주인으로 세웠다. 그는 엔릴Enlil에게 궁창과 땅 사이의 영역을 주었다. 에아는 지하수의 주인이었다. 이렇게 아누는 하늘의 신이 되었고, 엔릴은 공중의 신이 되었으며, 에아는 지하depths의 신이 되었다. 마르두크는 또한 여러 곳을 다른 신들에게 나눠주었고, 별들을 창조해 하늘에서 빛나게 했다. 그는 미명에 태양이 나올 수 있도록 동쪽 문을 열었으며, 땅거미가 질 때 태양이 돌아갈 수 있도록 서쪽 문을 열었다. 모든 것이 끝났을 때, 신들이 마르두크 주위에 모여 격하게 불만을 토했다. 이들은 이렇게 소리쳤다. "주 마르두크시여, 당신께서는 저희에게 영역과 영예를 주셨고, 저희들 각자에게 일을 맡기셨습니다. 그러나 당신께서는 저희를 섬기고 저희의 일을 도울 존

재를 하나도 주시지 않았습니다. 누가 저희의 집을 돌보고 청소하며 저희가 먹을 음식을 준비한단 말입니까?" 마르두크는 이들의 말을 듣고 한참을 생각하더니 갑자기 고개를 들었다. 그러고는 혼잣말로 중얼거렸다. "뭘 해야 할지 알겠어. 물과 피를 취해 작은 꼭두각시를 만들고 인간이라 불러야겠어. 그러면 신들이 자기 일을 하는 동안, 인간은 신들을 섬기고 신들의 집을 돌볼 거야."

여러분이 보듯이, 지금 소개한 창조 설화와 창세기의 창조 기사 사이에는 공통점이 하나 있습니다. 둘 다 처음에 물이 있었습니다. 그 외에, 지금 소개한 창조 설화의 시각은 창세기의 창조 기사가 보이는 시각과는 정반대입니다. 둘은 공통점이 전혀 없으며, 인간 창조 부분에서는 더더욱 그렇습니다. 이제 앞서 말했던 핵심으로 돌아가겠습니다. 창세기 1장의 저자들은 이러한 종류의 기사들을 매우 잘 알았으며, 자신들의 기사를 나머지 기사들과 싸우는 방식으로 전개했습니다. 창세기 1장은 세상의 신화에 도전합니다. 이 세상은 신의 시체 두 조각으로 창조되지 않았습니다. 창세기는 또한 수십에 이르는 신들을 거론하지 않음으로써 모든 다신론과 싸웁니다. 창세기는 또한 다양한 신과 관련된 모든 우주 발생설에 도전하며, 인간은 일종의 종이나 꼭두각시일 뿐이라는 개념에 맞서 싸웁니다. 창세기는 그 정반대인, 창조 세계를 다스리는 인간을 말합니다. 창세기 본문들이 이러한 본문들에서 파생되었다고 보는 사람들의 판단은 섣부른 것 같습니다. 창세기는 분명 바빌로니아 본문과 관련이 있지만, 그것은 단지 그 본문과 싸우며 그 본문을 논박하기 위해서일 뿐입니다. 이것이 창세기 1장을 낳은 제사장 전승의 방향입니다.

2. 첫 번째 창조 기사

처음에

본문을 공부하기 전에, 두 가지를 짚고 넘어가겠습니다. 첫째, 우리는 유대인들이 창조 이야기를 맨 앞에 배치할 정도로 창조 이야기는 아주 기본적인 것이라고 생각하는 데 익숙합니다. 따라서 일반적으로 창조론이라 불리는 이 본문을 유대교 사상의 결정적 출발점으로 생각합니다. 그러나 기원전 8세기와 7세기 사이에 생겨난(기원전 7세기 중에 기록된 것으로 여겨진다) 이러한 생각에 대해 가장 최근 연구들은 이게 아니라는 것을 보여줍니다. 광범위한 논의가 필요한 창조 '문제'는 없었습니다. 유대교 사상에서 가장 중요한 기능이자 출발점은 인간의 구원과 이스라엘과 맺은 언약이었습니다. 유대인들은 구원에서 시작했으며, 인간이 구원받았다고 배웠기 때문에 이런 질문을 던졌습니다. 무엇으로부터 구원받았는가? 죽음으로부터, 악으로부터, 또는 다른 무엇으로부터 구원받았는가? 이 모든 구원이 어떻게 전개되었는가? 바꾸어 말하면, 유대인들의 생각 열차는 우리가 익숙한 방향과는 정반대 방향으로 달렸습니다. 유대인들은 인간이 하나님으로부터 분리되어 길을 잃었고 구원이 필요했기에, 구원자와 하나님의 선택과 언약을 비롯해 그 외에 여러 가지가 필요하다는 인식으로 창조론에서 시작한 것이 아니었습니다. 유대교 사상은 정반대로 전개되었고, 현재 위치에서 뒤로 거슬러 올라갔습니다. 이것은 모세의 다섯 책인 오경에 기록된 대부분의 기사 배후에 이 본문이 있는 이유를 설명하는 데 도움을 줍니다.

둘째, 우리는 이 본문을 이해하려 할 때 이 본문의 목적을 늘 염두에 두어야 합니다. 이 본문은 세상이 어떻게 창조되었는지 설명하지 않습니다. 잠시 후 증거를 제시하겠지만, 이것은 이 본문의 목적이 아닙니다. 이 본문의 핵심은 창조 신앙이 아닙니다. 이 본문이 여기에 위치한 목적은 정확히 무슨 일이 일어났는지를 알려주기 위해서가 아니라, 자신을 이스라엘에게 계시하신 하나님에 관해 가르치기 위해서입니다. 이 둘은 전혀 다른 문제입니다.

어떻게 이 본문의 저자들이 처음부터 이러한 시각을 확립하길 원했는지 알아보기 위해 창세기 1장 1-2절을 함께 살펴봅시다. 저자들은 땅에 관해 말합니다. 나중에 10절에서 우리는 땅이 창조되었다는 것을 알게 됩니다. 실증주의에 매인 19세기 주석가들은 저자들이 본문을 지적으로 세련되게 전개하지 못했다고 지적합니다. 이미 1절에서 땅을 언급해놓고 10절에서 땅이 창조된다고 말함으로써 둘 사이에 존재하는 모순을 알지 못했다고 단순하게 결론지었습니다. 그렇더라도 본문은 저자들이 모든 세세한 부분에, 신약성경의 표현을 빌리자면 '일점일획'까지 꼼꼼하게 주의를 기울인 학식이 높은 랍비들이었다는 증거를 보여줍니다. 본문의 어느 한 부분도 우연히 자리한 게 아니라는 것은 나중에 살펴보겠습니다. 본문은 조금도 구닥다리이거나 신화이거나 원시적이지 않습니다. 그렇다면 왜 저자들이 본문에서 처음부터 땅을 말하는 걸까요?

(일반적으로 '땅'으로 번역되는) '에레츠*eretz*'라는 용어는, (이 본문이 기록된) 7세기 유대인들에게 본질적으로 이스라엘의 '땅'을 의미했고, 하나님이 이스라엘에게 주신 땅으로 이해되었습니다. 바꾸어 말하면, 처음부터 독자는 앞으로 들을 모든 이야기가 매우 중요하긴 하지만 세상의 기원에 관한 이야기가 아니라는 경고를 받습니다. 본문은 훨씬 더 제한된 것을 말합니다. 이스라엘 땅의 하나님에 대해, 그리고 이스라엘 백성과 하나님의 관계에 대해 말합니다. 하나님은 그 관계를 통해 계시됩니다. 요약하면, 창세기 1장 1절에서 이스라엘 땅이 언급된다는 사실이 독자에게 주는 신호라고 할 수 있는데, 그것은 이 본문이 우주생성론cosmogony이 아니라는 것입니다. 이 본문은 바빌로니아인들(또는 갈대아인들)과 이집트인들의 우주생성론과 완전히 다릅니다. 이 본문은 이스라엘 하나님의 계시로, 어떻게 하나님과 인간의 관계가 시작되었는지를 보여주고, 왜 이스라엘 '땅'이 처음부터 이 본문에 자리하는지를 보여줍니다.

저는 다양한 번역이 있을 수 있다고 했습니다. 여러분이 이러한 본문을 해석하는 일이 얼마나 어려운지 조금 맛볼 수 있도록, 19세기 초의 히브리 학자 파브르 돌리베르Fabre d'Olivert, 1767-1825의 번역을 인용해보겠습니다. '복원 히브리어*La langue hébraique restituée*'라는 이름이 붙은 이 번역은 제가 아는 가장 아름다운 번역이지만 쉽지 않습니다.

> At-first-in-principle, he-created, Ælohîm (he caused to be, he brought forth in principle, HE-the-Gods, the-Being-of-beings), the-selfsameness-of-heavens, and-the-selfsameness-of-earth. And-the-earth was contingent-potentiality in-a-potentiality-of-being: and-darkness (a hard-making-power)-was on-the-face of-the-deep (fathomless-contingent-potentiality of being) and-the-breath of-HIM-the-Gods (a light- making-power) was-pregnantly-moving upon-the-face of-the-waters (universal passiveness).[1]

> 원칙적으로-처음에, 엘로힘 그가 똑같은-그-하늘들을, 그리고-똑같은-그-땅을 창조했다(그가 존재하게 했다, 그가 원칙적으로 가져왔다, 그가-그-하나님들이, 그-존재들-의-존재가). 그리고-그-땅은 임시적-잠재성이었고 잠재적-존재였다. 그리고 그-깊음(헤아릴 수 없는-잠재적-존재의 가능성)의 표면에 어둠이(무엇인가를-만드는-강한-힘이) 있었고 그분-그-하나님들의 그-호흡이(빛을-만드는-힘이) 잉태한-채 물(우주적

소극성)-표면을 움직이고 있었다.

이 번역은 언뜻 보면 단순하게 보이는 본문이 다양한 의미를 내포한다는 것을 보여주는 한 예입니다. HeElohimcreates(그는-엘로힘-창조한다)라는 어구에서 보듯, 히브리어에서는 주어와 동사를 분리할 수 없습니다. 세 단어를 히브리어 본문의 순서대로 배열하면 HecreatesElohim(그는-창조한다-엘로힘)입니다. 문자적으로, HetheGods(그가-그-하나님들)란 어구는 엘로힘이 복수지만 단수라는 것을 보여줍니다. Beingsofbeings(존재들-의-존재)라는 어구가 히브리어 엘로힘의 정확한 의미입니다. 이 번역은 히브리어 단어들과 어구들의 깊은 의미를 전달합니다. 좋은 번역입니다.

창세기 1장 1-25절에서는 이 본문이 말하는 엘로힘 하나님과 창조에 초점을 맞추겠습니다. '엘로힘'은 일반적으로 '하나님'으로 번역되는데, 셈어에서 엘*El*, 엘로하*Eloha*, 엘 엘리욘*El'elion*을 비롯해 숱한 신들과 관련이 있습니다. 성경에서 하나님을 일컫는 아주 중요한 단어가 두 개 있는데, 엘로힘과 야웨입니다. 야웨는 무엇보다도 자신을 이스라엘에게 계시한 분의 유일한 이름입니다. 그분의 이름은 발음할 수 없다는 사실과 그 이유는 나중에 살펴보겠습니다. 반면에 앞서 말했듯이, 엘로힘이란 이름은 이스라엘 주변 민족들이 사용한 다양한 이름과 관련이 있습니다. 이것은 창세기 1장에서 매우 중요합니다. 왜냐하면 엘로힘은 자신을 이스라엘에게 친히 계시하는 하나님이 아니기에 일반적인 이름generic name이고, 어떤 의미에서 객관적인 이름이기 때문입니다. 히브리인들에게 이 둘은 본질적으로 전혀 다릅니다. 멀리 있으며 혼자 지내는 하나님이 있는데, 엘로힘입니다. 자신을 인간에게 계시하는 하나님이 있는데, 야웨입니다. 바꾸어 말하면, 엘로힘은 인간이 온 세상 뒤에 있다고 느끼는 신적인 능력들이나 힘들divine powers or forces입니다. 구원의 하나님과 반대되는 창조의 하나님입니다.

그러나 어려움이 남습니다. 다른 민족들이 사용하는 신들의 이름은 언제나 단수인 반면, 엘로힘은 언제나 복수입니다. 그러나 유대인들은 처음으로 종교적인 표현을 할 때부터 언제나 유일신론을 견지했습니다. 그런데 다양한 민족들 가운데 왜 유대인들만 엘로힘을 복수로 표현했을까요? 정확히 이 부분에서 가나안의 엘*El*과 유대인의 엘로힘이 다릅니다. 가나안 민족들은 다신론자들이었고 유대인들은 유일신론자들이었습니다. 그런데 이 모든 문제를 더욱 복잡하게 만드는 사실이 있습니다. 엘로힘이 수반하는 동사가 언제나 단수이며, 복수형 단수plural singular를 뜻한다는 것입니다(the Godscreates). 유대인들은 틀림없이 단수 하나님을 만났으나, 이 하나님은 너무나 복잡한 분이라서 그분 자신 안에서 복수라고 생각했습니다. 유대인들에게 하나님은 한 분뿐입니다. 그러나 이 하나님은 표현이 불가능하고 너무나 많은 것을 내포하기에, 그분을 복수로 표현한 것입니다.

기독교 전체가, 특히 교부敎父들이 이것을 하나님이 세 위three persons로 존재한다는 확증으로 여겼습니다. 이것은 한 분과 그 한 분의 복수를 설명합니다. 우리가 살펴보는 본문에 적어도 신성의 세 '요소'가 나오는 게 사실입니다. 먼저 Elohimcreates(엘로힘-창조한다)라는 표현이 나오고, 그다음으로 물들의 표면에서 움직이는 엘로힘의 영 또는 숨이 나옵니다. 히브리어 단어 '루아흐*ruach*'는 숨과 영, 두 가지를 다 의미합니다. 사울에게 임한 영을 말할 때도 같은 단어가 사용됩니다. 이 영은 이미 창조 때 매우 분명한 역할을 수행합니다. 물들의 표면에서 시작해 엘로힘과 하나님이 아닌 것 사이의 관계를 확립한 것입니다. 영의 역할을 표현하는 단어는 가능한 의미가 세 가지이기 때문에 번역하기가 어렵습니다. 이 동사는 새처럼 '활공하다', '휘젓거나 흔들어대다', 또는 암탉이 알을 품듯이 '품다'라는 뜻입니다. 저는 마지막 두 번역을 선호하는데, 이 두 번역이 영과 하나님이 아닌 것 사이에 확립된 관계의 종류를 분명하게 말해주기 때문입니다.

2절은 땅이 '토후 와보후*tohu wabohu*'했다고 말하는데, 대부분의 번역은 "땅이 꼴을 갖추지 못했고 비어 있었다"라고 옮깁니다. 이런 번역이 어느 정도 이치에 맞아 보입니다. 그렇더라도, 이 어구는 실제로 아무것도 의미하지 않습니다. 히브리어 '토우 와보후'는 아무 의미도 없습니다. 다른 어떤 단어를 대신 썼더라도 아무런 차이가 없었을 것입니다. 이 두 히브리어 단어는 언어학적 뿌리가 없으며, 유대인들의 주변 민족들이 사용했던 언어들에서도 비슷한 단어를 전혀 찾을 수 없습니다. 저는 저자들이 두 단어를 임의로 사용한 것은 인간의 언어로 번역될 수 없는 무엇인가를 말하기 위해서였다고 믿습니다. 두 단어를 혼돈chaos이나 심연abyss으로 옮긴다면 우리가 개념을 가진 그 무엇으로 만들어버리는 것이며, 이것은 유대인들이 강력하게 거부했던 행위였습니다. 유대인들은 토후 와보후 이전에, 그 너머에 말이나 언어로 표현할 수 없는 그 무엇이 있다고 인식했습니다. 창조 전에, 뭐라고 말할 수 없는 토후 와보후가 있었습니다. 어쨌든 본문은 구원에 관심이 있을 뿐, 우리의 과학적 호기심을 채우는 데는 관심이 없습니다.

그다음으로, 심연(깊음)과 그것을 덮은 어둠(흑암)이 나옵니다. 심연은 히브리어 단어 '테홈*tebom*'의 번역어로 자주 사용되는데, 테홈은 토후의 쌍수雙數에서 온 복수형입니다. 그러나 우리는 이 단어를 어느 정도 이해할 수 있습니다. 이 단어가 성경에서 큰 물고기가 사는 바다 깊은 곳이라는 의미로 여러 차례 사용되기 때문입니다. 이 단어는 다양하게 번역될 수 있는데, 그중에서 '심연'이 가장 인상적입니다. 그 뒤에 훨씬 중요한 것, 즉 물들the waters이 나옵니다. 구약성경 전체에서 물은 매우 분명한 역할을 하기 때문에, 우리는 이 단어를 이해할 수 있습니다. 물은 소멸과 무無의 힘으로, 창조 세계를 재정복하려 하고, 모든 것의 창조된 형태를 잃게 만듭니다. 굽지 않은 진흙이 물에 '녹는' 방식을 아주 잘 알았던 사람들은 이것을 쉽게 이해했습니다. 하나님이 형태를 창조하고 물이 그 형태를 해체할 수 있다는 뜻입니다. 이것이 구약성경에서 물이 갖는 의미입니다.

그렇다고 물이 악을 지칭한다고 결론 내려서는 안 됩니다. 물은 창조 세계를 무로 되돌리려는 일종의 부정적인 힘입니다. 본문은 이웃 민족들의 신들을 맹렬하게 비난하는 게 분명합니다. 바빌로니아 신화와 이집트 신화에서 물은 언제나 긍정적인 힘을 의미하기 때문입니다. 바빌로니아 신들이나 바다의 신들 앞에서, 유대인들은 물이 창조 세계를 위협하기 때문에 파괴적인 힘을 대표한다고 주장했습니다. 본문은 창조 전에 무슨 일이 있었는지 말하지 않습니다. 그것은 말로 표현될 수 없기 때문입니다. 이를테면 하나님이 세계를 창조할 때, 무에서 시작했다고도 말하지 않습니다.

3절에서 첫 행위가 나타납니다. "엘로힘이 말한다"("하나님이 이르시되"). 이 행위는 창조 기사 전체에서 되풀이됩니다. 이것은 하나님에 관한 또 다른 중요한 계시로, 하나님이 자신의 말씀으로 창조하신다는 계시입니다. 여기서 말씀은 하나님과 분명히 구분되는 동시에 어떤 의미에서 하나님 자신입니다. 구약성경에서 말은 매우 중요한 역할을 하며, 히브리어에는 말을 뜻하는 두 가지 단어가 있습니다. 일반적인 단어는 '다바르*dabar*'인데, 말을 가리키는 동시에 행동을 가리키기 때문에 번역하기가 매우 어렵습니다. 히브리어는 말과 행동을 절대적으로 구분하지 않습니다. 이런 까닭에 "하나님이 말씀하신다"라고 번역된 표현은 "하나님이 행동하신다"라고 번역될 수도 있습니다. 말은 그 무엇엔가 영향을 미치기 때문에, 히브리어에서 두 단어는 같은 말입니다. 말은 단지 단어들을 가리키는 게 아닙니다. 지나는 길에 말씀드리자면, 현대 언어학은 말the word과 단어들words을 구분하고 언어와 담론discourse도 구분하는데, 그것은 언어가 가진 힘 때문입니다. 히브리어에서 말은 질서를 가져오고 관계를 확립하는 이중 효과를 내는 힘입니다. 하나님이 말씀하실 때, 두 가지 모두 포함됩니다. 나머지 한 단어는 이 본문에 나오는 단어인 '아마르*amar*'인데, '다바르'와 약간 다릅니다. '아마르'는 '명령하다' 또는 '선언하다'라는 뜻입니다. 구약성경에서 하나님이 말씀하자 빛이 생기거나 물이 나왔다고 말할 때, 이것은 사람들이 말할 때 그런 것처럼, 하나님이 자신이 아닌 무엇인가를 일으킨다는 뜻인 동시에 자신을 전달하거나 주신다는 뜻입니다. 바꾸어 말하면, 말씀the Word이 창조하는 동시에 계시합니다. 세상이 생겨나게 할 만큼 강력한 하나님의 말씀이 있고, 계시하지만 훨씬 모호하고 이해하기 어려운 또 다른 말씀이 있는 게 아닙니다. 그 사실을 깨닫는 것이 매우 중요합니다(그리고 이것은 신약성경을 이해하는 데 필수적입니다).[2] 둘은 동일한 말씀입니다. 하나님의 계시는 누군가에게 주어질 때, 그 사람을 일깨우고 자극하며 다시 만듦으로써 새 사람을 창조합니다. 창조와 계시는 같은 말입니다.

그러므로 하나님이 말씀하실 때 역사의 전체적 움직임이 시작되고, 그 말씀 덕에 역시 말하는 인간과의 소통과 상호작용과 맞바꿈이 생긴다고 말할 수도 있습니다. 이것은 모든 민족 가운데 유대 민족은 왜 하나님이 말씀하신다고 주장했을까 하는 궁금증을 일으킵니다. 유대인들의 종교 사상은 왜 다른 모든 민족의 종교 사상과 구분됩니까? 말씀을 통해 인간과 관계를 맺고 인간 세계에 개입하는 것을 하나님의 특징이라고 생각하기 때문입니다. 저는 이것이 우리에게 말해주는 바가 있다고 믿습니다. 이제 관계가 확립되었다는 것이며, 이 관계는 말씀의 관계이기 때문에 듣는 사람에게 자유를 준다는 것입니다. 우리는 말씀을 들을 때 복종할 의무가 없습니다. 하나님이 말씀하실 때 자신 아닌 다른 무엇을 창조하시기 때문에 거리가 있습니다. 말씀은 대화를 암시합니다. 우리는 여기서 성육신의 시작을 봅니다. 처음 몇 절이 엘로힘에 관해 계시하는 내용입니다. 이것을 크게 확대해 삼위일체 하나님에 이르렀습니다. 삼위일체란 엘로힘과 엘로힘의 영과 엘로힘의 말씀 사이의 삼위일체를 말합니다. 이것이 신약성경으로 넘어왔고, 신학자들은 이것을 토대로 성부 하나님, 성육한 말씀 하나님, 성령 하나님이라는 개념을 만들어냈습니다. 저는 이것이 창세기 1장 1-3절을 비롯한 본문들을 극단으로 몰아간다고 생각합니다. 저는 엘로힘이 복수라는 사실만 다시 짚고 넘어갈 뿐, 여기에 대해서는 말하지 않겠습니다.

처음 닷새

이제 전통적으로 창조라 불리는 장면에 이르렀습니다. 제가 했던 말을 떠올려보십시오. 그리스인들에게는 자신들이 만들어낸 우주론이 있었지만, 이들과 달리 유대인들에게는 일반적인 창조론이 없었습니다. 그뿐 아니라 유대인들은 천문학에 관심이 없었고, 천문학을 갈대아인들만큼 알지 못했던 게 분명합니다. 앞으로 살펴볼 테지만, 유대인들에게 별은 하늘에 걸린 빛일 뿐이었기 때문에, 더 이상은 알려고도 하지 않았습니다. 또한 세상을 조직화된 집으로 생각했던 갈대아인들과 달리, 유대인들은 세상을 보는 객관적이거나 과학적인 시각이 없었습니다. 유대인들은 사물이 공간을 채운다고 보는 공간적 세계관과 반대되는 시간적 세계관을 가지고 있어, 세상을 시간 속에서 일어나는 한 사건으로 보았습니다. 다른 모든 민족은 공간에서 시작했으나 유대인들은 시간에서 시작했습니다. 뭔가가 일어나고 발전하며 지속적으로 벌어지고 있는 사건으로 세상을 바라보는 개념은 잠언, 전도서, 아가서 등에서 더 자세히 펼쳐집니다. 그 결과, 유대인들은 창조를 그리스인들과 여러 민족들과는 전혀 다르게 이해합니다. 유대인들에게는 나머지 모든 것의 근원이자 그전에 아무것도 존재하지 않았던 원초적 행위라는 개념이 없습니다. 하나님은 창조에서 형태를 부여하는 분으로, 빛과 어둠을 나누고 물과 물을 나누며 땅과 바다 등을 나누는 분으로 나타납니다. 하나님의 행위는 나누는 행위입니다. 그와 동시에 하나님은 형태나 꼴이 없는 것에 형태나 꼴을 부여하십니다. 하나님은 '토후 와보후'였던 것이 표현되고 이해될 수 있게 하십니다. 이것은 아주 근본적인 문제입니다. 왜냐하면 예를 들어 유대인들에게 중요한 문제는 태양이 어떻게 존재하게 되었는가가 아니라, 한 인간으로서 내가 태양과 어떤 관계이고 태양을 어떻게 이해할 수 있는가 하는 것이기 때문입니다. 그 어디서도 유대인들은 하나님이 어떻게 태양을 지으셨는지 말하지 않습니다. 대신에, 유대인들은 전에는 이해할 수 없었던 대상을 이해하게 하시는 하나님에 관해 듣습니다. 하나님은 표현될 수 없었던 것을 말할 수 있게 하십니다. 이 모든 것은 하나님이 말씀으로 무엇인가를 창조하신 일과 관련이 있으며, 이때부터 우리는 그것의 이름을 말할 수 있었습니다. 하나님은 말씀으로 빛을 창조하십니다. 그리고 그것에 이름을 붙이십니다. 그래서 우리는 그것이 무엇인지 압니다. 말씀이 있기 전에는 아무것도 없었습니다. 우리는 창조를 이런 시각에서 보아야 합니다.

일반적으로 '태초에in the beginning, 처음에'라고 번역되는 표현은 출발점을 의미하지 않습니다. 그것은 주목해야 할 중요한 점입니다. '시작 안에within the beginning', '첫째로to begin with', '우선first of all'이 더 나은 번역일 것입니다. 이것은 빈번하게 사용되는 표현입니다. 예를 들면, 역대기에서 이 표현은 "~왕 때in the days of king~"란 표현과 함께 사용되는데, 어떤 왕의 이야기가 이제 시작된다는 것을 의미합니다. 이것은 문학적인 표현으로, 뒤에 콜론(:)으로 이어지는 도입 어구, 즉 이제 이야기가 시작된다는 것을 알리는 콜론으로 이어지는 '첫째로'와 다르지 않습니다.

그다음은 날들에 관한 문제가 나옵니다. 자신의 주석에서 셴 신부는 우리뿐 아니라 유대인들에게도 하루는 24시간을 의미한다고 주장합니다.[3] '날day'로 번역된 히브리어 단어 '욤*yom*'은 '시간'을 의미할 수도 있습니다. 우리가 이 단어를 '날'이라고 번역하는 이유는 뒤이어 나오는 저녁과 아침에 맞추어 24시간의 시간 주기를 얻기 위해서입니다. 히브리어 단어 '욤'은 전체로 표현되는 일정 기간, 즉 얼마간의 시간 경과를 의미합니다. 시편 90편 4절은 하나님 앞에서는 천년이 하루 같다고 말하면서 이 부분을 언급합니다. 히브리어에서 어느 숫자에 0을 여럿 더하면 무한을 뜻합니다. 따라서 시편 90편의 말은 무한한 연수가 하나님이 보기에는 하루 같다는 뜻입니다. 본문은 이것이나 저것을 창조하는 데 24시간이 걸렸다고 말하는 것이 아니라, 하나님이 세우신 창조 질서의 한 부분으로 여러 단계가 있었다는 의미입니다.

주목해야 할 부분이 또 있습니다. 하루는 저녁에 시작된다는 것입니다. "저녁이 있었고 아침이 있었으니, 하루였다." 여기서 우리는 성경적 사고에서 부정적 요소가 먼저 오고 마지막에 긍정적 요소인 하나님의 행위가 오는 것을 봅니다. 처음에는 밤이 있고, 마지막에 빛이 있습니다. 처음에는 아무것도 없고, 마지막에 생명과 인간이 있습니다. 여기서도 우리는 일종의 문화 돌연변이를 만납니다. 그리스인들과 로마인들에게(그리고 우리도 여전히 똑같이 생각합니다) 하루는 일출로 시작해 밤으로 끝나기 때문입니다. 이것은 우리가 생명으로 시작하고 죽음으로 마친다고 마음 깊이 확신한다는 뜻입니다. 그러나 유대인들은 반대로 생각합니다. 우리는 죽음으로 시작하고 생명으로 마칩니다.

다음으로, 이어지는 몇몇 구절의 더 깊은 의미에 대해 몇 마디 하려 합니다. 앞서 말했듯이, 실증주의에 사로잡힌 주석가들은 창조 기사에 여러 개의 모순이 있다고 지적했습니다. 예를 들면, 빛은 처음에 창조되었습니다. 그런데 뒤에 나오는 14, 15절은 땅을 비추는 해와 달이 창조되었다고 말합니다. 해가 없는데 어떻게 빛이 있을 수 있을까요? 이번에도 문제는 이것이 유대교 신학자들이 생각하고 있었던 게 전혀 아니라는 것입니다. 빛이 시간을 의미한다는 점에서, 이들의 생각은 우리의 생각에 더 가까웠습니다. 제가 이렇게 말하는 근거는 1세기의 어느 유대교 주석에 있습니다. 유대인들은 이러한 해석을 하기 위해 아인슈타인을 기다릴 필요가 없었습니다. 이러한 시각에서 보면, 하나님의 첫 창조 행위는 세상과 인간을 위한 일종의 맥락이나 틀로 볼 수 있으며, 이를 통해 역사가 움직이게 되었습니다. 지나는 길에 바빌로니아의 태양신, 갈대아 신들, 모든 하늘 신들을 겨냥한 맹렬한 비판의 또 다른 핵심을 말씀드릴 것입니다. 다른 모든 것들처럼 빛과 시간도 **창조되었다**고 단언하기 위해서입니다. 그리스인들은 시간이 신들을 지배한다고 생각했습니다. 다시 말해, 크로노스*Chronos*가 신들을 먹는데, 유난히 비관적인 운명관입니다. 반면에 유대인들은 이렇게 생각하지 않았습니다. 하나님이 시간을 창조하셨기 때문입니다. 이와 비슷하게 바빌로니아인들은 빛이 모든 것의 근원이라고 생각한 반면에, 유대인들은 빛이 창조되었다고 주장했습니다.

시간 창조에 이어, 6절은 공간 창조를 말합니다. 앙드레 슈라키는 "물들 가운데 천장이 있으라"라고 옮겼습니다.[4] 물과 물 사이의 이러한 광활한 공간은 문자적으로 단단한 날solid blade인 '레키아 *reqeia*'를 의미하는데, 이것이 공간적 질서를 위해 [물과 물을] 나눕니다. 뒤이어 위의 물들과 아래의 물들이 나오는데, 물론 당시 문화에서 나온 이미지입니다. 위의 물들과 아래의 물들은 모두가 보고 공유하는 자연현상이며, 여기에는 특별히 문제가 없습니다.

뒤이어 셋째 날, 넷째 날, 다섯째 날의 연이은 창조가 나옵니다. 이번에도 본문은 우리에게 어떤 식으로 일들이 일어났다고 말하려는 것이 아니라, 어떤 질서, 어떤 주기를 말하려 합니다. 덧붙이자면 저는 이것이 근본적으로 중요하다고 믿습니다. 여기서 번역의 차이는 다시 심각한 결과를 낳을 수 있습니다. 모두가 알다시피, 수세기 동안 이 본문들은 창조론, 고정론fixism(종이 '현재 그대로' 창조되었으며 진화하지 않았다는 이론), 진화론 사이에서 벌어지는 논쟁에 기름을 끼얹었습니다. 전통적 신학자들은 이 본문들을 근거로 다윈

이 틀렸다고 증명하려 했으나, 틀린 것은 오히려 그들이었습니다. 그들이 이 본문들을 부정확하게 번역했기 때문입니다. 번역 오류는 되풀이되는 어구와 관련이 있습니다. "식물들은 씨를 **각기 그 종류대로**(또는 종species대로) 내라" 또는 "생명체들은 **그들의 종류대로** 내라"에서 "각기 종류대로" 또는 "각기 종류를 따라"와 같은 번역들은 히브리어 단어인 '라메드*lamet*'와 완전히 정반대의 뜻을 지닙니다. 라메드는 "…할 목적으로"라는 뜻입니다. 바꾸어 말하면, 히브리어는 출발점의 확립을 말합니다. 모든 것은 자신의 종을 창조할 목적으로 씨를 맺습니다. 따라서 본문은 진화의 시각에서 완벽하게 이해할 수 있도록 읽히게 됩니다. 본문은 분명 하나님이 창조하신 세상이 오늘까지 바뀌지 않았다고 말하지 않습니다. 이제 우리는 이 본문과 현대 과학의 시각들 사이의 수렴점을 강조하고픈 유혹이 들지 모릅니다. 그러나 이것은 아무 의미도 없을 것입니다. 이러한 시각에 입각해, 저는 어떤 결론도 내려서는 안 된다는 것에서부터 수렴점을 언급하고 싶습니다. 실증주의 시대에는 과학과 우리가 살펴보는 본문 사이에 화해할 수 없는 대립이 있었습니다. 이러한 실증주의 시대가 지난 후, 모든 것은 어마어마한 에너지의 파도로 시작되었다고 주장하는 '빅뱅' 이론의 시대에 들어섰습니다. 그다음으로 프린스턴의 그노시스the Gnosis of Princeton도 있었습니다. 여기서 한 그룹의 수학자들과 물리학자들과 천문학자들은 무엇이든 일어나기 전에 일종의 계획과 말씀이 있었다고 주장했습니다. 이 모든 것이 대단히 흥미롭지만, 저는 여기서 그저 과학은 진화한다고 결론 내리고 싶을 뿐입니다.[5] 지금부터 그리 오래되지 않았을 때에는 이러한 것들을 생각할 수도 없었을 것입니다. 어쩌면 모순들은 사람들이 한때 믿었던 만큼 그렇게 심하지 않습니다.

인간 창조로 이어지는 첫 번째 창조 기사의 이 부분에 관한 공부를 마무리하면서 두 가지만 언급하겠습니다. 모든 단계에서 본문은 하나님이 '좋다'고 말씀하신다고 말합니다. 이런 의미를 전달하기에는 기존 번역들이 다소 약합니다. 슈라키는 그것의 히브리어를 문자적으로 번역합니다. "엘로힘이 본다: '오, 이것이 선이다.'"[6] 하나님이 눈앞에 펼쳐진 광경에 깜짝 놀라며 "이것이 선이다"라고 외치십니다. 모든 시대마다 선한 것이 나타난다는 것은 매우 흥미롭습니다. 그러나 그 선은 하나님이 **말씀하시는** 무엇이지 어떤 사물 자체는 아닙니다. 하나님보다 앞서는 선은 없습니다. 왜냐하면 하나님은 "여기 선에 부합되는 게 있다"라고 말씀하지 않고, 대신에 "이것이 선이다"라고 말씀하시기 때문입니다. 이를테면, 마치 하나님이 선을 특별한 곳에 특별한 방식으로 두시는 것 같습니다. 선은 자연적으로 생기는 것이 아니고 보편적으로 생기는 것도 아닙니다. 선은 하나님의 선언입니다. 하나님이 선하다고 선언하실 때부터, 우리는 빛이 선하고, 땅과 바다 등이 선하다는 것을 압니다. 바꾸어 말하면, 우리는 주변 세상의 모든 요소가 하나님에 대해 긍정적 의미를 내포한다는 것을 알게 됩니다. 예를 들면, 이 모든 개념들은 생태 문제를 숙고할 때 매우 중요합니다. 이 세상과 이 세상의 모든 요소 하나하나를 하나님은 선하다good, 좋다고 선언하십니다. 이것은 우리가 이 세상을 우리 마음대로 사용할 권리가 없다는 뜻입니다. 세상의 요소들과 하나님이 선언하신 선 사이에 어떤 관계가 존재합니다. 히브리 사고에서는, 한편으로 도덕적 세계나 영적 세계가 따로 있고(따로 있다면 선과 영적인 것들의 세계일 겁니다) 다른 한편으로 물질의 세계가 따로 있는 것이 아닙니다. 유대인들에게 둘은 같은 것입니다. 물질과 영이 같은 것이듯이 말입니다. 우리가 앞에서 히브리어 단어 '다바르'에 대해 했던 말과 비슷합니다. '다바르'는 말인 동시에 행동이라고 했습니다. 말과 영도 같은 것입니다. 둘은 서로 엮여 있고 연결되어 있습니다. 하늘은 선합니다. 도덕적으로, 영적으로 선합니다. 땅도 마찬가지입니다. 우리는 도덕적 삶과 영적 삶을 자주 날카롭게 분리하고 어떤 것을 영적이라고 생각합니다. 그러나 이러한 분리는 잘못입니다. 도덕적 삶과 영적 삶은 분리되지 않습니다. 우리는 물질적인 것들은 선하지 않다고 말하며, 그리스인들의 사고방식대로 몸은 선하지 않고 영은 선하다고 생각합니다. 유대인들은 전혀 그렇게 생각하지 않습니다. 몸은 매우 선하며, 인간의 몸에 관해 말하는 빼어난 본문들이 몸에 찬사를 보냅니다. 이 모든 것은 이 창조 기사와 "이것이 선이다"라는 하나님의 선언과 매우 깊은 관련이 있습니다.

창조 기사의 이 부분에 관해 말하고 싶은 것이 또 하나 있습니다. 22절에서 하나님은 모든 짐승과 모든 생물에게 복을 주십니다. 이 복 때문에 짐승들과 나머지 피조물이 달라집니다. 짐승들은 나머지 피조물과 마찬가지로, 선하다고 선언됩니다. 게다가 하나님은 이들에게 말씀하심으로써 복을 주십니다. 복의 의미는 세 가지입니다. 첫째는 '무릎 꿇다'라는 뜻인데, 누가 무릎을 꿇는지 모르기 때문에 다소 이상합니다. 무릎 꿇는 자가 복을 주는 자인지 아니면 복을 받는 자인지 모릅니다. 창세기 말미의 몇몇 본문을 보면 복을 주는 사람, 즉 우월한 행위를 하는 사람이 무릎을 꿇음으로써 자신을 열등한 위치에 두는 것으로 보입니다. 우리는 그 반대에 익숙합니다. 복을 주는 자가 서 있고 복을 받는 자가 무릎을 꿇습니다. 그러나 성경은 이것을 당연하게 여기지 않습니다. 예수께서 제자들의 발을 씻어주신 일을 떠올려보십시오. 이것은 요한복음에서 예수님과 그분의 제자들 사이에 가장 큰 교감이 이뤄지는 순간인데, 예수님은 제자들 앞에 무릎을 꿇고 있습니다. 이와 마찬가지입니다. 엘로힘이 모든 생물에게 복을 준다는 말은 엘로힘이 그들 앞에서 절한다는 뜻일 수 있습니다.

둘째, 히브리어 단어 '바라크*barak*'는 '복을 주다'라는 뜻일 뿐만 아니라 '구원을 선포하다'라는 뜻이기도 합니다. 처음부터 하나님이 이들에게 하시는 말씀은 이들이 다른 것들처럼 '선'일 뿐 아니라 사랑받고 있다는 것입니다. 구원이라는 용어는 매우 모호하지만, 하나님께 사랑받는다는 의미로 이해할 수 있습니다. 이 모두가 짐승들이 특별하다는 것을 확인해줍니다.

마지막으로, 여섯째 날에 하나님은 남자와 여자에게도 복을 주십니다. 그러나 남자와 여자가 나타났을 때, 하나님은 "이것이 선이다"라고 말씀하시지 않습니다. 앞으로 살펴볼 테지만, 이것은 꽤 중요합니다.

이제 첫 번째 창조 기사의 나머지 부분을 살펴보겠습니다. 이 부분은 창세기 1장 24절에서 시작해 2장 3절에서 끝나는데, 하나님의 형상으로 이뤄진 인간 창조와 일곱째 날로 끝납니다. 본문을 읽을 때, 곧바로 눈에 띄는 게 있습니다. 하나님은 자신의 생각들을 모으시는 것 같습니다. 그리고 인간을 창조하기 전에 자신에게 말씀하십니다. 본문의 저자(들)는 이 행위가 얼마나 진지한지를 드러내고 싶었습니다. 밖으로 내뱉는 말, 이를테면, "있으라"라는 말은 어딘지 부족합니다. 하나님은 안을 향해 자신에게 말씀하십니다. 이제 창조될 존재는 그 말을 들을 존재이기 때문입니다. 땅이나 해와 같은 객체들을 창조할 때와는 다릅니다. 하나님은 "우리가 아담을 만들자"라고 말씀하실 때, 자신에게 말씀하십니다. 이제 창조될 존재는 일종의 숙고, 하나님 안에서 오간 대화가 맺은 열매입니다.

본문은 아담의 창조가 낳은 결과만을 이야기하고 아담의 창조에 관해 아무것도 말하지 않습니다. 아담의 창조냐 진화냐를 두고 벌어지는 논쟁과 관련해, 저는 시인 G. K. 체스터턴이 아주 훌륭하고 명확하게 정리해주었다고 믿습니다.[7] 인간이 한때 원숭이였다고 인정하게 되면, 아주 이상한 일이 일어날 것입니다. 어느 날 인간은 원숭이를 그릴 테지만 결코 원숭이는 인간을 그리지 않을 것입니다(그는 1890년 무렵에 이 글을 썼습니다). 체스터턴의 말은 하나님이 인간을 의식과 지성 등을 갖춘 완전한 존재로 창조했든, 아니면 인간이 동물 종들의 진화 과정에서 생겨났든 간에 인간의 존재는 똑같이 기적이라는 뜻입니다. 인간의 의식이 돌연변이 진화의 결과이든 처음부터 그대로였든 간에, 결국 마찬가지라는 것입니다. 구약성경은 이 문제에 대해 완전히 침묵합니다. 다른 것들을 말합니다.

이 본문은 인간이 모호한 존재라는 것을 보여줍니다. 첫째, 이러한 모호함은 인간이 동물계에 포함된다는 데서 비롯됩니다. 본문에 반복이 나오는 것은 이런 까닭입니다. 인간 창조 이야기가 또다시 동물에서 시작됩니다. 모든 동물이 다섯째 날에 창조되었기 때문에(20, 21, 22절), 처음에는 이것이 다소 이상해 보일지 모릅니다. 이야기는 다시 시작되는 것으로 보이며(24, 25절), 조류와 양서류를 비롯한 동물들이 다시 등장합니다. 그런데 왜 기사가 둘이냐는 의문이 듭니다. 다섯째 날에 관한 기사가 하나 있고 여섯째 날에 관한 기사가 하나 있습니다. 해답은 인간이 일련의 동물에 포함된다는 것입니다. 먼저 동물들이 창조되고 나중에 인간이 창조됩니다. 그러나 본문은 인간이 전체 동물의 일부라는 사실을 상기시킵니다. 그렇더라도, 인간은 동물과 뚜렷이 구분됩니다. 본문이 동물들에 관해 말할 때, 이에 관한 분명한 첫째 요소가 나옵니다. 본문은 "자신들의 종류를 (또는 종을) 목적으로 하는 생물들"을 말합니다. 출발점과 발전을 포함해 우리가 이미 논의한 종류의 움직임을 갖고 있는 생물들을 말합니다. 이것은 뒤따라 나오는 내용이 종의 다양성에 관한 것임을 말해줍니다. 그러나 인간에 관해 더 이상 자세하게 언급하지 않습니다. 인간 창조는 종의 문제가 아닙니다. 인종들이나 여러 종류의 인간에 관한 문제가 아닙니다. 동물의 다양성과 비교할 때, 인간의 경우에는 서로 구분되는 그룹들이 없습니다. 인간은 단일하고 유일무이한 동물입니다. 반면에 나머지 동물들은 종류가 다양합니다. 이러한 차이는 인간이 하나님의 형상으로(또는 하나님의 꼴이나 모양으로) 창조되었다는 데서 비롯됩니다.

이것은 하나님의 형상이라는 문제로 이끄는데, 이와 관련해서는 숱한 도서관을 다 채우고도 남을 만큼 많은 책이 나왔습니다. 본문은 엘로힘이 아담(인간)을 '우리의 형상대로' 창조했다고 말하는데, 이 말이 무슨 뜻일까요? 아주 이상한 점이 있습니다. '형상image'이란 단어는 지금껏 본문의 나머지 부분과 관계없이 해석되었다는 것입니다. 주석가들은 '형상'이란 단어에 집중했고, 인간이 어떤 면에서 하나님의 형상인지를 찾아내려 했습니다. 전통적인 가톨릭 신학에서, 인간은 자유의지나 지성을 가졌기 때문에 하나님의 형상입니다. 이따금 그러나 원칙적으로 정교회 신학에서 인간은 거대 우주인 하나님의 소우주이기 때문에 하나님의 형상입니다. 하나님을 전체라고 보는데, 인간이 그 전체의 소우주요 비침reflection이라는 것입니다. 칼뱅에게 하나님의 형상은 하나님께 부여받은 성품을 뜻합니다. 저는 이런 해석을 해결하려면 본문에 집중해야 한다고 믿습니다. 27절은 분명하게 말합니다. "엘로힘이 자신의 형상으로(또는 자신의 꼴로) 인간을 창조했다, 엘로힘의 형상으로 그가 그를(또는 그녀를) 창조했다, 남자와 여자로 그가 그들을 창조했다." 너무나 간단한 말입니다. 이 본문에서 하나님의 형상이란, 남자와 여자라는 것입니다. 이것이 하나님의 형상입니다. 그러나 이것은 무엇보다도 성별性別의 문제가 아니라 인간이 하나 속의 둘two in one

이라는 문제입니다. 본문은 무척 흥미롭습니다. "엘로힘이 인간, 아담을 창조했다"(여기서 '아담'은 단수입니다). "자신의 꼴/형상으로, 엘로힘의 꼴로 그가 그를(또는 그녀를) 창조했다"(여기서 '그'와 '그녀'는 단수입니다). 그리고 이렇게 이어집니다. "남자와 여자로 그가 그들을 창조했다"(여기서 '그들'은 복수입니다). 히브리어 본문은 구두점이 없기 때문에 이렇게도 읽을 수 있습니다. "엘로힘의 형상으로 그가 그를(또는 그녀를) 남자와 여자로 창조했다. 그가 그들을 창조했다." 그러므로 하나님이 **그를** (남자와 여자로) 창조하시고, 나중에 하나님이 그들을 창조하십니다. 어떤 면에서 이것이 하나님의 형상일까요? 엘로힘이 복수형 단수라는 사실을 기억하십시오. 다시 말해, 엘로힘이라는 이름은 복수형이지만 문법적으로 언제나 단수로 취급됩니다. 그러므로 하나님은 하나 속의 여럿입니다. 인간은 두 형태로 분리된 한 인격체로 창조된 유일한 존재입니다. 저는 본문이 이것을 말한다고 믿습니다.

이것은 하나인 이 둘의 관계가 무엇이냐는 의문을 불러일으킵니다. 오직 사랑일 수밖에 없습니다. 남자와 여자의 관계는 사랑이며, 예수께서 나중에 말씀하시듯이, 이 둘은 둘이 아니라 하나가 되는 근본적인 관계를 말합니다. 여기서 우리는 복잡한 문제에 맞닥뜨립니다. 왜냐하면 이 사랑은 성적이고 육체적인 사랑이자 온 존재의 영적인 사랑이며, 동시에 분리할 수 없는 방식으로 존재하기 때문입니다. 성경은 이 두 요소를 구별하지 않습니다. 그러므로 하나님의 형상은 사랑입니다. 이것은 본문이 이미 엘로힘에 관해 우리에게 가르친 것, 하나님은 사랑이라는 것과 정확히 일치합니다. 우리가 하나님의 단수성 안에 있는 복수성을 말할 때, 사실 하나님이 맺는 유일한 관계는 사랑의 관계라고 말하고 있는 것입니다. 이것은 우리가 이 본문의 맨 처음부터 줄곧 보았던 바를 확인해줍니다. 엘로힘은 창조하는 동시에 자신을 계시하는 존재라는 것입니다. 이 때문에 관계가 수립되는데 바로 사랑의 관계입니다. 물론 사랑이라는 단어가 전혀 언급되지 않는다는 사실은 저도 인정합니다. 한 남자와 한 여자의 관계가 성경 전체에서 매우 중요한 것은 바로 이런 이유 때문입니다. 저는 이것이 사랑이라는 하나님의 형상을 보여주고, 하나 속의 둘이라는 한 남자와 한 여자의 사랑을 보여주는 비전이라고 믿습니다. 모든 인간은 스스로 행동해야 한다는 말은 이 비전과 일치합니다. 하나님의 형상 문제는 나중에 다시 살펴보겠습니다. 그리고 히브리어 '아담'이 집합명사라는 것도 살펴보겠습니다. 그러므로 이것은 나머지 인류의 조상인 한 남자와 한 여자의 문제가 아닙니다. 아담은 '인간humanity'으로 번역되고, 이 사랑의 비전을 통해 이해될 수 있습니다. 얼마나 많은 사람이 창조되었느냐는 문제도 아닙니다. 이 모호한 존재의 문제입니다. 동물이지만 유일무이하고, 사랑한다는 점에서 하나님의 형상인 존재의 문제입니다.

어쨌든 인간은 형상일 뿐입니다. 이번에도 히브리어 '첼렘*tzelem*'은 의미를 해석하기 어려운 단어입니다. 슈라키의 번역처럼, 첼렘은 형상(또는 꼴)을 의미합니다.[8] 해석이 어려운 이유는 히브리 단어 '첼렘'의 어근이 '모호하게 하다'를 뜻하는 동사에서 파생되었으며, 따라서 '그림자'라고 번역해도 전혀 문제가 없기 때문입니다.

바꾸어 말하면, 이 구절을 "우리가 우리의(엘로힘의) 그림자 안에서 인간을 창조하자"라고 옮겼어도 아주 훌륭했을 것입니다. 여기에는 언어유희가 있기 때문입니다. 어쨌든 우리는 이 구절을 "우리의 형상**으로**/그림자**로***in* 인간을 창조하자"라고 번역할 수 없습니다. 이렇게 번역하면, 앞서 '처음**에***in* the beginning'로 부정확하게 번역된 어구에서 보았듯이, 똑같은 잘못을 저지르는 꼴이기 때문입니다. 두 경우 모두, 동일한 히브리어 전치사 '베*be*'는 'in'이 아니라 'within'이라는 뜻입니다.

몇몇 랍비들이 이러한 종류의 설명에 매료되어 모든 단어와 철자를, 심지어 철자의 형태까지 꼼꼼하게 살폈다는 것은 잘 알려져 있습니다. 때로는 이런 철저한 분석이 매우 중요합니다. 여기서 히브리어 단어 '베'의 형태가 이런 경우에 해당합니다. 그리고 히브리어의 경우, 오른쪽에서 왼쪽으로 읽는다는 사실도 반드시 기억해야 합니다. 그래서 랍비들은 이것이 다음과 같은 의미라고 주장합니다. 인간 창조가 이렇게 시작된다면 이것은 인간이 아래 (또는 지하에) 있지도 않고 위에 있지도 않으며 과거에 있지도 않다. '베'에 찍힌 두 점은(히브리어 철자 아래 콜론 형태로 찍힌 이 두 점을 셰와라고 하는데 이 경우는 유성 셰와라고 해서 약한 e 음가를 갖는다—옮긴이) 사랑을 향하는데 이것은 인간이 사랑을 향한다는 뜻이다. 이것은 3세기 랍비들이 세세한 부분을 살펴 도출해낸 것입니다. 이들은 우리처럼 역사에 집착하지는 않았는데도, 인간은 무엇인가를 향해 나아가는 존재, 무엇인가를 향하는 성향을 가진 존재이며, 그 결과 일종의 역사가 시작되었고 그 꼴 안에서within the form 창조되는 순간부터 역사 속에 자리한다는 결론을 내렸습니다. 많은 경우 극도로 세세한 이러한 종류의 주석들을 살펴본다면, 무의미한 숱한 논의를 피할 수 있습니다. 인간이 처음부터 무엇인가를 향한 움직임과 성향 안에서 창조되었다고 말한다면, 창조냐 진화냐 하는 논쟁 전체를 초월하게 됩니다.

마지막으로 인간이 형상이라는 말은, 인간의 형상인 어떤 존재와 분리해 인간을 인간 자체로 생각할 수 없다는 뜻입니다. 철학적으로 표현하면, 인간 실존은 그 자체로 '현존재Dasein'일 수 없다는 뜻입니다. 그러므로 인간은 자율적 존재인 동시에 비자율적 존재이며, 마찬가지로 완전한 동시에 불완전합니다. 인간은 자유롭다는 점에서 자율적입니다. 인간은 하나님의 형상이며 따라서 필연적으로 자유롭기 때문입니다. (자유는 사랑의 전제 조건입니다.) 그와 동시에, 인간은 형상이기 때문에 자율적이지 않습니다. 여기서, 앞서 말한 것처럼, 이 본문은 원칙적으로 인간의 모호함을 일깨우는데 방향이 맞춰져 있다는 부분으로 돌아가겠습니다. 인간은 자유로운 동시에 자유롭지 못합니다. 인간은 하나님의 형상이기 때문에 자유롭지만, 형상이기 때문에 자유롭지 못합니다. 인간은 완전한 동시에 완전하지 못합니다. 완성되고 마무리된 존재로서 완전하지만, 여섯째 날의 창조가 보여주듯이 불완전한 존재이기도 합니다. 히브리어에서 6의 상징적 의미는 완전수인 7로 향하려는 불완전입니다. 따라서 여섯째 날에 창조되었다는 것은 인간의 불완전을 의미합니다.

인간의 모호함은 하나님이 앞선 여러 날 동안 무엇인가를 창조했을 때 매번 "이것이 선이다"라고 선언하신 점에서도 확인됩니다. 그러나 인간을 창조한 후에는 이렇게 말씀하지 않으시는데, 이는 유일한 예외입니다. 따라서 근본적인 차이가 드러납니다. 인간은 선이 아닙니다. 인간은 그 자체로 선하지 않습니다. 이 모든 것은 본문의 핵심과 맞아떨어집니다. 인간은 독립적이고 자유로우며, 따라서 그 자체로 선하지도 않고 악하지도 않습니다. 나중에 하나님이 자신이 지은 모든 것이 선하다고 선언하시는 것은 사실이지만, 이것은 창조 세계 전체를 가리킵니다. 그 안에서 이를테면 인간은 개방성을 확립하는 불확실한 요소를 대표합니다. 바꾸어 말하면, 인간에게는 운명이란 것이 없습니다. 예를 들면, 하나님이 선을 품는 인간의 역할을 고정할 말을 외부에서 선포하지 않으셨기 때문입니다. 인간은 끝이 아주 많이 열려 있는 모험을 합니다.

불완전함과 역사를 향하는 이러한 방향성은 인간이 자유롭게 창조되었다는 뜻입니다(하나님이 아주 처음부터 인간에게 말씀하셨다는 것이 이런 뜻입니다). 누군가에게 말을 하는 행위는 듣는 쪽의 자유를 전제합니다. 우리는 사물에게 말하지 않습니다. 누군가에게 말하고 대화한다는 것은 상대가 반응할 수 있다는 것을 암시합니다. 그러므로 반응할 수 있는 능력은 인간이 처음부터 가졌던 특징입니다.

엘로힘은 인간에게 복을 주며, 생육하고 번성하며 다스리라고 말합니다. 인간은 계명commandment을 받습니다. 또다시 우리는 오해에 부딪힙니다. 이것은 창조 질서나 법과 아무런 관련이 없기 때문입니다. 창조 질서가 있는 것은 분명합니다. 그러나 인간은 여기에 포함되지 않습니다. 같은 의미로, 인간은 법에 종속되지 않습니다.

우리는 히브리어 단어 '토라*torah*'를 이 단어가 갖는 현대적 의미인 '법(율법)'으로 번역함으로써 구약성경을 해석하는 데 큰 실수를 범했습니다. 왜냐하면 현대의 법은 객관적이고 이론적이며 추상적인 것이 되었기 때문입니다. 구약성경에서 계명은 언제나 인간관계에 있는 누군가에게 하는 인격적인 말입니다. 그러므로 본문은 하나님이 인간에게 하시는 이 말씀은 인간 내면에 어떤 본성을 창조하는 것이 아니라, 인간이 순종할 수도 있고 (어느 정도) 불순종할 수도 있는 대화의 시작점이 되는 말을 창조한다는 사실을 알려줍니다.

인간은 이 말씀의 결과로 창조 세계의 정상에 자리하며, 물고기와 새들과 들짐승 등을 다스릴 것입니다. 이것이 정확히 무엇을 의미하느냐는 본문 저자들의 신학적 시각에서 매우 중요합니다. 왜냐하면 여기서부터 자연에는 신이 없기 때문입니다. 자연의 위력도, 별들도, 짐승들도 그 자체에 지나지 않기 때문입니다. 이것들은 능력자powers가 아닙니다. 본문은 인간이 창조 세계를 다스릴 거라고 말하는데, 인간이 일련의 더 높은 힘forces의 농간에 종속되지 않으리라는 뜻입니다. 반대로 인간은 모든 창조 세계를 통치할 것입니다. 그래서 26절은 모든 다신론과 신화를 거부합니다. 본문은 온갖 신과 악한 권세들evil powers에게 지배받는 당시 세계와 그 세계에 속한 민족들의 온갖 문화를 비롯해 이와 관련된 모든 것에 철저히 맞섭니다.

28절은 많은 어려움을 일으키는 또 다른 본문입니다. "생육하고 번성하여 땅에 충만하라, 땅을 정복하라, 바다의 물고기와 하늘의 새와 땅에 움직이는 모든 생물을 다스리라"(개역개정). 산아 제한과

낙태 문제 때문에, "생육하고 번성하라be fruitful and multiply"는 부분이 최근에 많이 논의되었습니다. 이것은 분명 자녀를 많이 낳아야 한다는 것을 뜻하지 않습니다. 이것은 우리의 일을 수행한다는 뜻이고, 물론 여기에는 자녀를 낳는 일도 포함됩니다. '번성하다'는 흔히 자녀를 낳는다는 의미로 축소되는데, 이 구절로 인해 많은 자녀를 하나님이 주시는 복이라고 생각하는 경향이 생겼습니다. 본문은 "열매를 맺으라"고 말합니다. 그러나 자녀가 유일한 열매는 아닙니다. 자녀 외에도 열매는 많습니다. 영적 열매도 있고, 지적 열매도 있으며, 도덕적 열매도 있습니다. 하나님은 인간에게 이러한 다양한 종류의 열매를 모두 맺으라고 요구하십니다. 따라서 이를테면 자녀를 갖지 않으려는 부부를 정죄하는 데 이 본문을 사용해서는 안 됩니다.

앞서 말했듯이, 하나님은 인간에게 물고기와 새 등을 다스리라고 하십니다. 다만, 인간의 다스림이 하나님의 다스림과 같지 않을 뿐입니다. 인간은 세상을 지휘하기 위해 존재합니다. 본문의 이미지는 궁극적으로 인간과 땅의 관계가 하나님과 창조 세계 전체의 관계와 같다는 걸 표현합니다. 이것은 인간이 하나님의 형상 안에서 다스리라는 명령을 받았으며, 결과적으로 하나님이 사용하신 방법만 사용할 수 있다는 뜻입니다. 바꾸어 말하면, 하나님이 세상을 다스릴 때 힘이 아니라 사랑으로 다스리시듯이 인간도 사랑으로, 사랑을 통해 다스려야 합니다. 이것이 이어지는 사건들에 얼마나 중요한지 곧 살펴보겠습니다.

이 본문들에서 도덕적, 윤리적, 형이상학적 결과들을 도출하려고 사람들은 엄청난 노력을 기울였습니다. 그러나 이 본문들은 이런 목적을 갖지 않습니다. 이 본문들은 도덕적이거나 윤리적이거나 형이상적이지 않고, 실존적입니다. 이 본문들은 인간과 하나님의 관계를 비롯해 인간이 무엇인지를 밝히려 합니다. 인간의 본성이나 영속성이나 가변성에 대해서는 한마디도 하지 않습니다. 따라서 이 본문들에서 이런 문제들과 관련해 그 무엇이라도 도출하려는 시도는 끔찍한 실수일 뿐입니다. 이 본문들에서 우리 자신의 행동에 적용할 만한 그 어떤 도덕적 함의를 도출하는 것도 불가능합니다. 이 본문들은 이런 의도를 갖고 있지 않다는 사실뿐만 아니라, 이 본문들이 하나님과 인간 사이의 관계 단절을 기술하는 본문들 앞에 의도적으로 배치되었다는 사실을 우리는 늘 잊어버립니다. 인간이 하나님과 단절되기 이전에 처했던 상황에서 현재에 적용할 만한 그 어떤 함의도 도출할 수 없습니다. 예를 들면, 이 본문들은 채식주의를 주창하지 않습니다. 그뿐 아니라, 오늘의 세계에서 일어나는 부의 착취를 정당화하거나 땅을 지배하기 위한 기술의 사용을 정당화하는 데도 사용될 수 없습니다. 이러한 해석 오류들은 대부분 그리스 철학에 얽매인 데서 비롯되었습니다.[9]

이 모든 것은 31절에서 이런 선언으로 끝납니다. "이것은 큰 선이다" 또는 "하나님이 보셨더니, 이것이 매우 선했다." 이미 말했듯이, 이것은 하나님이 통일된 전체로 창조하신 모든 것, 전체와 관련이 있습니다. 이것은 창조 세계 전체가 일종의 나눠지지 않은 하나이며, 창조자 안과 창조자와의 관계에 공동체성이 존재한다는 뜻입니다. 이러한 전체 앙상블에 일치와 조화가 있습니다. 이런 전체로서 인간 안에 하나님의 형상을 갖습니다. 이것은 창조 세계 전체가 단순히 하나님을 위한 대상이 아니며, 단지 하나님의 사랑의 대상도 아니라는 뜻입니다. 하나님은 자신 앞에 있는 것을 사랑하시지만, 우리가 뭔가를 사랑하는 것처럼 사랑하시지는 않습니다. 이러한 전체 안에 이제 하나님의 형상이 있습니다. 이것은 창조 세계 안에 하나님의 사랑에 반응할 가능성이 있다는 뜻입니다. 이 창조 세계 안에 한 중재자가 있습니다. 하나님은 사랑하십니다. 창조 세계는 이 사랑에 반응해야 합니다. 그러나 사물에 지나지 않는 것은 그러지 못합니다. 이제 우리는 인간이 창조 세계를 다스린다는 말의 온전한 의미를 깨닫게 됩니다. 인간이 창조 세계 전체의 사랑을 하나님에게 드릴 수 있게 하는 것입니다. 이것이 본문이 인간에게 부여하는 주된 소명입니다.

이것으로 둘째 가능성이 열립니다. 다시 말해, 이 사랑에 반응하라고 부름받은 자가 마찬가지로 반응하지 않을 수도 있습니다. 사랑의 관계에는 그 어떤 제약이나 강제도 있을 수 없기 때문입니다. 그러므로 인간은 반응하지 않기로 결정할 수 있었습니다. 완전함과 불완전함, 자유와 부자유라는 주제가 이어지는데 이것들은 아담의 태도에서 표현되며, 엘로힘은 아담의 반응을 기다립니다.

저는 성경이 말하는 사랑의 관계는 두 요소로 특징지을 수 있다고 믿습니다. 첫째, 사랑의 관계는 전체적 관계이며 하나됨이기에, 어떤 의구심도 없이 뛰어들고 존재 전체를 내어줍니다. 예를 들면, 선지자들은 자기 백성을 향한 하나님의 사랑을 말할 때면 늘 매우 생생하게 표현될 수 있는 육체적 사랑을 뜻하는 어휘를 사용합니다. 하나님의 사랑은 영성에 관한 것이 아니고 '구름 속의' 어떤 모호한 사랑도 아니며, 하나님의 존재 전체를 포함하고 내어주는 관계라는 것을 매우 분명히 하기 위해서입니다. 둘째, 성경이 말하는 사랑의 다른 요소는 자유롭게 참여하는 관계이며, 사랑하는 자는 사랑받는 자에게 지속적으로 헌신합니다. 저는 이것이야말로 성경 전체의 근본적인 방향성이라고 믿습니다. 하나님은 사랑이라고 말하는 것은 하나님이 인간의 주권에 그분 자신을 맡긴다는 뜻입니다. 예를 들면, 신약성경에서 예수 그리스도께서는 하나님의 사랑과 그 사랑의 성육신을 보여주는 증인으로 계시됩니다. 이것은 예수 그리스도께서 인간이 자신에게 무엇을 하려 하든지 전적으로 자신을 내어주었기 때문입니다. 산상설교에서도 사랑은 이처럼 다른 사람들이 자신보다 우월한 위치에 오는 것을 받아들인다는 것을 암시합니다. 저는 이것들이 성경이 말하는 사랑의 관계를 구성하는 주된 두 가지 요소라고 믿습니다.

사랑 없이 세상을 다스린다는 것이 무엇을 암시하는지는 하나님과 인간이 단절된 후 분명해집니다. 창세기 9장으로 훌쩍 넘어가면 지금까지 살펴본 본문의 일부가 다시 나오지만, 차이점이 있습니다. "생육하고 번성하여 땅에 충만하라. 땅의 모든 짐승과 공중의 모든 새와 땅에 기는 모든 것과 바다의 모든 물고기가 너희를 두려워하며 너희를 무서워하리니 이것들은 너희의 손에 붙였음이니라"(창 9:1-2, 개역개정). 앞의 상황에서는 모든 것이 조화를 이루고 소통하기 때문에 두려움이 없습니다. 두 번째 본문에서의 다스림은 두려움을 일으키는 폭력적인 다스림입니다. 두 본문에서 인간과 동물 간의 관계는 매우 다릅니다. 나중에 볼 테지만, 첫 번째 다스림은 말을 통한 다스림입니다. 아담은 동물들에게 이름을 지어 줍니다. 그럼으로써 모든 피조물과 창조 세계 전체가 그 자신과의 관계에서 어느 정도 자율성을 갖게 합니다. 두 번째 경우, 모든 피조물은 이러한 새로운 종류의 인간의 다스림을 두려워합니다.

하나님의 사랑이 내포하는 엄청난 의미를 우리가 제대로 이해하는 것 같지는 않습니다. 예를 들면, 지금껏 살펴본 본문들을 결혼 제도의 근거로 삼아서는 안 됩니다. 인간이 결혼 제도를 만들었습니다. 그렇다고 결혼 제도가 나쁘다는 뜻이 아닙니다. (하나님이 아니라) 인간이 결혼 제도를 만들었다는 뜻일 뿐입니다. 바꾸어 말하면, 하나님은 인간이 벗어날 수 없거나 불순종할 수 없는 일련의 제도를 세우지도 않고 운명을 정하지도 않으십니다. 인간은 운명이 없으며 대신에 매우 많은 가능성 앞에 놓인다는 말은 바로 이런 뜻입니다.

일곱째 날

첫 번째 창조 기사의 결론은 창조의 일곱째 날을 다룹니다.[10] 7은 완전한 숫자이기 때문에, 여기서 숫자 7은 중요한 의미를 갖습니다. 이전 엿새의 경우, "저녁이다, 아침이다"라고 선언한 후 몇째 날이라고 말합니다. 일곱째 날의 경우, 저녁도 없고 아침도 없습니다. 아무 말도 없습니다. 따라서 일곱째 날은 끝이 열려 있는 기간입니다. 닫혀 있지 않은 에피소드인데, 지금 우리가 일곱째 날에 있다는 뜻입니다. 또는 달리 표현하자면, 이것은 모든 인간 역사가 일곱째 날에 일어난다는 뜻입니다. 첫 번째 창조 기사의 구조는 더없이 중요합니다. 처음 엿새 동안에 우주가 등장하고, 뒤이어 인간 역사가 등장합니다. 본문은 창조에서 그다음 행위를 보여주는데, 이 행위는 인간의 역사로 시작합니다.

일곱째 날의 핵심은 하나님의 '안식'입니다. 그리고 이 안식은 창조의 왕관입니다. 하나님은 자신의 창조 세계에서 한발 물러나고 더 이상 행동하지 않으십니다. 그것은 하나님이 창조자가 아닌 것이 아니라 더 이상 새로운 것을 만들지 않는다는 것입니다. 이러한 전개는 하나님 편의 어떤 자유를 암시합니다. 왜냐하면 만약 하나님이 '제일 원인first cause'이나 '원동자prime mover'이고 따라서 비인격체라면, 이 원인은 계속해서 작동하고 따라서 안식하려는 결정을 내릴 수 없기 때문입니다. 이를 비롯해 여러 가지 이유에서 이러한 시각은 심각한 신학적 오류를 드러냅니다. 비인격체인 '제일 원인'이라면 쉬지 않고 무한히 행동해야 하므로 안식하려는 그 어떤 결정도 불가능할 것입니다. 첫 번째 창조 기사의 이 부분은, 하나님이 안식하려는 결정을 통해 자신의 자유를 드러내신다는 것을 말해줍니다.

안식하려는 하나님의 결정은 역사 안에서 일어납니다. 이것이 무엇을 암시하는지는 분명합니다. 이 결정으로 하나님은 역사에서 인간에게 자유를 주신다는 것입니다. 하나님은 인간의 행위에 개입하지 않으려고 행동을 멈추십니다. 이번에도, 이러한 차이 때문에 이 계시는 근본적이며 다른 모든 종교에 대해 단호합니다. 하나님은 이 조화로운 세상 속에 사랑을 가져오고 자유를 암시하는 요소로 인간을 창조하셨습니다. 자신이 자유롭도록 창조한 대상을 창조하자마자 제약하려 하지 않으십니다. 하나님은 인간이 자유롭게 경기를 하도록 한발 물러나십니다. 하나님이 어떤 철학적 관념이 아니라 인격체라는 사실이 그토록 중요한 이유가 바로 이것입니다. 하나님이 인격체라는 말은 그분을 규정하려는 것이 아닙니다. 제 말은 이를테면, 그저 하나님이 우리가 자유롭게 경기를 하도록 둘 수 있는 인격체로 우리를 대하신다는 뜻일 뿐입니다.

우리는 이 본문에서 하나님이 무관심하다(또는 부재하다)는 결론을 내려야만 할까요? 이렇게 해석할 수는 없습니다. 왜냐하면 이런 해석은 이날이 일곱째 날이고 창조의 왕관이라는 사실에 역행하기 때문입니다. 그러므로 하나님이 단순히 물러나셨다고 해석할 수 없습니다. 특히 하나님과 인간의 사랑의 관계가 지속되기 때문입니다. 그 대신에 이런 일이 일어납니다. 역사에서 인간은 (자신의 온갖 계획과 독립된 행동으로) 하나님의 안식을 방해하는 데 성공합니다. 예를 들면, 시편이 이것을 분명하게 말합니다. 바꾸어 말하면, 우리는 하나님이 모든 것을 지휘하지는 않는다고 이해하게 됩니다. 심지어 하나님이 안식하고 그 무엇도 지휘하지 않는다는 놀라운 이해에 이릅니다. 이 하나님은 인간과의 변증법적 관계를 통해서만 역사에 개입하십니다. 하나님은 일이 되어가는 중간에 들어옴으로써 말 그대로 끼어들지만inter-vene 늘 자신이 선택한 안식을 누리면서 그렇게 하신다는 것입니다. 이것은 일정한 거리를 두고 인간의 삶에 개입하신다는 것을 암시합니다.

이것을 분명히 이해하는 것이 매우 중요합니다. 성경에 섭리 providence란 없습니다. 하나님은 세상에서 일어날 일을 단계별로, 분 단위로 지시하시지 않습니다. 그렇게 세상의 현실을 만드시지도 않습니다. 이러한 섭리 개념은 또 다른 끔찍한 신학적 오류입니다. 자유하게 창조되었고 적합해 보이는 방식으로 행동할 수 있는 인간에게 세상이 주어졌습니다. 이러한 인간이 하나님과 단절하면 독립하게 될 것입니다. 그러나 하나님은 자신과 인간 사이의 사랑의 관계를 깨뜨리지 않으시며, 따라서 인간이 정하는 행동 과정에 참여하십니다. 이것이 우리가 구약성경 전체에서 만나는 메시지이며, 예수 그리스도에게서 절정에 이르는 메시지입니다. 예수 그리스도를 통해 우리는 하나님이 인간의 결정에 완전히 자신을 내어주시는 것을 봅니다. 인간이 하나님께 하려는 행위를 받아들이기까지 자신을 내어주시는 것을 봅니다.

이런 까닭에 성경이 그렇게도 복잡합니다. 성경에서 인간은 내내 자신의 길을 고집합니다. 그리고 하나님은 인간의 행위들 중간에 들어오시는데, 그 목적은 오직 인간에게 의미나 방향을 제시하거나 인간의 행동이 낳을 결과를 경고하기 위해서입니다.[11] 후자의 가장 분명한 예는 왕정을 세우길 원하는 이스라엘 이야기일 것입니다. 이것이 사사 시대에 일어났다는 사실을 기억하십시오. 그때는 하나님이 이스라엘의 왕이었습니다. 그러나 이스라엘은 주변 모든 민족처럼 정부를 가지기로 합니다. 이스라엘은 주변 모든 나라처럼 왕을 갖고 싶어 합니다. 사무엘 선지자는 안 된다고 말합니다. 하나님을 버려서는 안 되기 때문입니다. 그러나 이스라엘은 고집을 꺾지 않습니다. 그러자 사무엘은 사사를 왕으로 대체하라는 백성의 요구에 대해 하나님께 묻습니다. 하나님은 이렇게 대답하십니다. "저들이 너를 버리려는 게 아니라 나를 버리려 한다. 그러니 너는 저들에게 무슨 일이 일어날지 알려주어야 한다." 뒤이어 사무엘은 왕정에 관해 경고합니다. "너희는 왕을 원하지만, 경고하겠다. 왕이 너희의 청년들을 데려가 군사로 삼고 너희의 딸들을 데려가 첩으로 삼으며 너희의 재산에 세금을 무겁게 물릴 것이다." 이러한 모든 경고에도, 이스라엘은 그래도 괜찮다면서 왕을 원한다고 대답합니다. 중요한 것은 주변 모든 민족처럼 되어 전쟁에서 자신들을 이끌 왕을 갖는 것입니다. 그래서 하나님은 이스라엘이 왕을 갖도록 허락하십니다. 그런데 여기서 이야기는 다소 이상하게 전개됩니다. 초대 왕 사울은 미칩니다. 그러나 두 번째 왕 다윗은 하나님에 의해 메시아를 예언하는 이미지로 바뀝니다. 전체 내용이 매우 복잡합니다. 하나님은 이스라엘에게 경고하고 이스라엘이 원하는 행동을 하도록 허락하십니다. 초대 왕이 미쳤을 때, 이스라엘은 그 결과를 봅니다. 하나님은 이스라엘이 한 행위를 영적인 수준으로 바꾸며, 여기에서 가능한 가장 큰 선을 도출하십니다. 하나님이 인간의 행동을 제약하거나 강제하는 것은 불가능합니다. 하나님은 인간을 하나님이 명한 일 외에는 아무런 선택도 할 수 없는 대상으로 바꿀 수 없습니다. 인간이 스스로 결정하고 자신의 역사를 만들어야 합니다.

하나님의 안식은 인간의 역사 전체에 주어진 목적입니다. 성경은 거의 마지막 부분에서, 최종 목적은 하나님의 안식에 들어가는 것이라고 말합니다. 이것은 잠이나 지루함이 아니라 완전한 사랑을 의미합니다. 이것이 하나님의 안식입니다. 하나님은 일곱째 날을 복되게 하셨습니다. 이것은 인간의 역사 전체가 하나님의 복을 받고 있다는 사실을 상기시켜줍니다. 어쨌든 역사 전체가 이 일곱째 날에 펼쳐집니다. 바꾸어 말하면, 일곱째 날은 온 창조 세계가 나아가야 할 방향을 선포하는데, 창조 세계는 하나님의 안식, 곧 완전한 사랑에 이르러야 하기 때문에 그다지 정적이지 않습니다. 그러나 인간과 하나님이 단절될 때, 사랑으로 하나될 수 없습니다. 인간은 더 이상 창조 세계에서 하나님의 사랑에 반응하는 자유로운 존재가 아니기 때문입니다. 따라서 매주 일곱째 날은 백성에게 하나님의 안식을 상기시키기 위해 거룩하게 구별될 것입니다.

유대인들에게는 안식일이, 그리고 그리스도인들에게는 일요일이 일반적으로 온갖 제약의 날로 바뀌었습니다. 안식일에 하나님의 안식에 들어간다는 것은 따분함을 뜻하지 않습니다. 대부분의 개신교인에게 일요일은 거의 모든 것이 금지된 날이었습니다. 유대인들에게 이런 문제가 생긴 것은 계명들을 제약으로 해석했기 때문입니다. 이러한 제약은 안식일에 가장 심했습니다. 그러나 안식일은 제약을 받지 않는 날, 일할 필요가 없고 대신에 하나님의 안식에 들어가는 날이어야 합니다. 일할 필요가 없다는 말은 일의 정죄, 세상 의무의 정죄, 심지어 죽음의 정죄를 받지 않는다는 뜻입니다. 이날 우리는 하나님과의 완전한 관계를 재발견할 수 있습니다. 일곱째 날의 의미를 발견하기 위해서는 이러한 하나님의 안식이 갖는 의미를 회복해야 합니다. 이날이 나머지 모든 날에 의미를 주기 때문입니다.

3. 두 번째 창조 기사

서론

이제 창세기 2장 4절에서 시작되는 두 번째 창조 기사에 이르렀습니다. 앞서 말했듯이, 많은 주석가들은 두 창조 기사가 이런저런 면에서 서로 모순된다고 주장했습니다. 예를 들면, 첫 번째 기사는 물로 시작합니다. 반면에, 곧 볼 테지만, 두 번째 기사는 물도 없고 그 어떤 성장도 없는 사막으로 시작합니다. 첫 번째 기사에서는 동물들이 먼저 창조되고 뒤이어 인간이 창조됩니다. 반면에, 두 번째 기사에서는 아담이 먼저 창조되고 뒤이어 아담을 돕는 배필helper이 있을지 보려고 동물들이 창조됩니다. 첫 번째 기사에서는 우주가 먼저 창조되고 인간이 마지막에 창조됩니다. 반면에 두 번째 기사에서는 인간이 먼저 창조되고 뒤이어 동산이 거처로 창조됩니다. 첫 번째 기사에서는 하나님이 말씀으로 특징되고, 두 번째 기사에서는 빚기와 세우기로 특징됩니다. 두 기사에서 사용되는 하나님의 이름도 다릅니다. 두 번째 기사가 첫 번째 기사보다 200-300년 정도 앞서고 더 인간 중심적으로 보입니다. 왜냐하면 인간이 먼저 나오고 뒤이어 동산이 나오며, 동물들도 인간과의 관계에서 인간을 위해 창조되기 때문입니다. 첫 번째 기사가 더 '지적'이지만, 두 번째 기사가 더 자세합니다.

진짜 문제는 둘 사이의 모순이 아니라, 왜 전체 본문을 작성한 저자들이 첫 번째 기사와 대비되는 두 번째 기사까지 다 성경에 넣었는가 하는 것입니다. 앞에서 과학과 진보에 붙잡힌 주석가들의 일반적 설명을 보았습니다. 그들은 두 본문을 나란히 배치한 저자들이 지금 우리가 누리는 과학적, 지적 발전을 누리지 못했으며, 따라서 숱한 모순을 알지 못하고 최선을 다해 두 기사를 통합했다고 설명합니다. 저는 이러한 종류의 설명을 전혀 받아들일 수 없습니다. 이런 설명들은 두 번째 기사가 매우 타당한 이유에서 그 자리에 있을 가능성을 살피려 들지도 않기 때문입니다. 이런 이유를 발견할 수 없을 때에야, 이 본문의 저자들이 수준 미달이었다는 가설을 생각해야 합니다. 그러지 않은 주석가들은 숙제를 하지 않은 것입니다. 바꾸어 말하면, 문제는 이것입니다. 두 번째 기사가 첫 번째 기사보다 뭔가 새롭고 중요한 것을 보여주는가? 어쩌면 훨씬 더 중요한 문제는 이것입니다. 두 번째 기사가 다루는 문제가 첫 번째 기사가 다루는 문제와 일치하는가? 첫 번째 기사를 쓰게 했던 문제와 두 번째 기사를 쓰게 했던 문제가 다르다면, 두 번째 기사는 첫 번째 기사의 복사판이라고 말할 수 없습니다.

이 핵심 질문에 답하기 위해, 각각 첫 번째 기사와 두 번째 기사에서 사용된 하나님의 이름부터 살펴보겠습니다. 두 번째 기사에서 하나님에게 사용된 이름을 가리켜 신성한 사자신명四字神名, tetragram이라고 하는데, 발음하지 않는 네 자음 YHWH로 구성됩니다. 이 이름은 각기 다른 모음을 붙여 '예호바'나 '야웨'처럼 읽을 수는 있으나 그 자체로는 발음할 수 없습니다. 그러나 실수하지 않기 위해, 유대인들은 사자신명을 절대 발음하지 않았습니다. 유대인들은 사자신명이 나올 때마다 주Lord를 뜻하는 '아도나이'로 대체했습니다. 사자신명의 글자 중에 하나도 발음하지 않음으로써 실수하지 않기 위해서였습니다.

하나님의 이름을 발음할 수 없다는 것은 무슨 뜻이며, 이 단어 자체는 어떤 뜻일까요? 전통적으로 널리 사용되는 여러 번역은 사자신명을 번역하려 하지 않고 때로 '영원한 자the Eternal'로 대체합니다. 이러한 번역이 형이상학적 의미의 영원과 관련이 있다면, 완전히 잘못된 것입니다. 이것을 빼면, 이 번역 자체는 전혀 잘못된 것이 아닙니다. 사자신명은 '존재하다to be', '이르다to arrive', '시작하다to begin'라는 세 가지 의미를 갖는 히브리어 동사 '하야*hayah*'에서 파생했기 때문입니다. 사자신명은 1인칭 동사 '하야'이며, 따라서 '나는 존재한다I am'라는 뜻입니다. 하나님은 존재하는 유일한 분입니다. 성경은 하나님의 존재에 대해 전혀 문제를 제기하지 않습니다. 하나님은 존재하는 분이기 때문입니다. [곁가지로, 저는 현대 철학에서 존재의 존재the Being of being에 관해 광범위한 논의가 이루어지고 있다는 것을 압니다. 그러나 이것은 전혀 다른 문제입니다.] 사자신명은 대략 이런 뜻입니다. 나는 존재한다, 나는 온다, 나는 시작한다.

성경이 자신을 계시하는 하나님에 대해 말할 때 사자신명은 하나님의 이름으로 사용됩니다. '엘로힘'이라는 이름은 성경이 하나님을 객관적 의미에서 말할 때 사용됩니다. 세상을 창조하는 하나님, 열방nations의 하나님, 멀리 있는 하나님, 또는 자신의 작품에서 지각되는 하나님을 의미합니다. 예를 들면, 마지막의 경우, 사람들은 별이나 우주를 생각할 때 하나님께 더 가까이 다가가는 장엄함을 경험할 수도 있습니다. 성경은 이런 사람이 경험하는 대상이 엘로힘이라고 말합니다. 그는 창조자가 있고 하나님이 있다는 것을 깨달으며, 자신이 자연에서 분별할 수 없는 그 무엇에게 이끌립니다. 다른 한편으로, 하나님이 한 인간과 인격적 관계를 맺으실 때면 그분은 엘로힘이 아니라 자신의 이름을 주는 분입니다. 따라서 자신을 모든 생명의 중심에 있고 자신의 이름을 건네는 분으로 계시하십니다. 하나님은 아브라함에게 자신을 야웨로 계시하셨지만, 모세와 모든 선지자들에게도 똑같이 계시하시지는 않았습니다. 야웨는 자신이 선택한 한 사람과 접촉하는 하나님이며, 이 하나님은 계시를 통해서만 알 수 있습니다. 자신을 존재들의 존재로 계시하는 야웨께서 우리에게 자신을 알리지 않으면, 우리는 그분을 알 수 없습니다. 반대로, 엘로힘은 그분이 하시는 일을 통해 알 수 있습니다.

유대교 사상에서 (이것은 당시 대부분의 중동 문화에서 전형적이었습니다) 누군가에게 자신의 이름을 밝힌다는 것은 그 사람이 자신을 장악하게 한다는 뜻이었습니다. 이름은 그 사람의 영적인 존재 그 자체였기 때문입니다. 그러므로 누군가의 이름을 안다는 것은 단지 그 사람을 부를 능력을 갖는다거나, 그 사람의 관심을 끈다거나, 무엇인가를 함께 시작한다는 뜻이 아니었습니다. 이를테면 누군가의 이름을 알 때, 여러분은 그 사람의 내면에 영향을 미치는 것이고 그 사람은 여러분에게 넘겨진 것입니다. 마치 다른 여러 문화에서 사람들이 사진 찍기를 싫어한 것과 비슷합니다. 그들이 사진 찍는 걸 싫어한 이유는 누군가의 이미지를 소유한다는 것은 그 사람에게 영향을 미칠 수 있다고 생각했기 때문입니다. 성경에서도 누군가의 이름을 안다는 말은 그 사람에게 영향을 미친다는 뜻입니다. 그 결과, 야웨께서 누군가에게 자신의 이름을 알려주신다는 말은 그 사람이 자신에게 영향을 미치는 것을 받아들이신다는 뜻입니다. 어느 정도 야웨께서는 자신을 백성에게 주십니다. 그러나 그분의 이름을 발음할 수 없다는 사실이 상징하듯, 제한이 있습니다. 하나님은 자신의 이름을 알려주시지만, 누구나 부를 수 있는 이름은 아닙니다. 이것을 자신을 계시하시는 숨은 하나님의 변증법적 움직임이라 불러도 좋지 않을까 싶습니다. 이 하나님이 자신을 계시하실 때, 우리는 그분이 숨은 하나님이라는 것을 압니다.

더 정확히 말하자면, 하나님이 자신을 우리에게 계시하지 않을 때, 우리는 그분에 관해 비교적 분명한 개념을 가질 수 있습니다. 우리는 무엇이든 자신이 좋아하는 것을 상상하고 그것을 자신이 원하는 방식으로 정확히 묘사할 수 있습니다. 하나님이 자신을 계시하지 않는 한, 인간은 하나님이 누군지 안다고 생각합니다. 그러나 하나님이 자신을 계시하실 때, 우리는 그분에 관해 생각했던 모든 것이 거짓이라는 것을 제일 먼저 깨닫습니다. 그때, 그분이 우리가 찾을 수 없는 숨은 하나님이라는 것을 알게 됩니다. 이것이 이름이 주어졌으나 발음할 수 없는 이름의 이중적 의미입니다. 하나님은 자신을 계시하는 하나님인 동시에 숨은 하나님입니다.

두 번째 창조 기사는 더 이상 엘로힘을 말하지 않고 야웨만 말합니다. 두 번째 기사에서 중요한 것은 더 이상 창조하고 조직하며 지휘하는 분이 아니라 하나님과 인간 사이에 존재하는 관계입니다. 이런 까닭에 이 본문은 인간에서 시작합니다. 첫 번째 기사에서는 하나님이 누군지를 우주 전체와의 관계에서 이해하는 것이 중요했습니다. 두 번째 기사에서 중요한 것은 하나님과 인간의 관계입니다. 이것은 전혀 다른 문제이며, 따라서 다른 반응을 요구합니다. 다시 말해 이것은 인간에게서 시작해 모든 것을 인간과의 관계에서 자리매김하는 서술입니다. 인간 중심주의의 문제가 아닙니다. 대신에 여기서 제시되는 두 번째 신학적 질문은 모든 것을 인간과 연결하라고 요구합니다.

어쨌든 7절은 인간의 영soul(유대교적 의미에서) 또는 존재에 관해 말합니다. 아담은 살아 있는 존재가 되는데, 이로서 그는 사람person의 자격을 갖춥니다. "그분이 그의 코에 생명의 숨을 불어넣으시니, 그는 인간man, 산 존재다(또는 자신의 존재에 대해 살아 있다, 또는 자신의 영에 대해 살아 있다)." '영'을 뜻하는 히브리어 단어 '네페쉬 *nefesh*'는 '사람'과 같은 뜻입니다. 그리고 본문에 따르면, 이 사람은, 단지 아담을 살아 있는 존재로 만드실 뿐만 아니라 자신의 영에 대해 살아 있는 존재로 만드신 하나님의 행위로 인해 존재합니다.

이 기사에서 많은 단어의 번역이 매우 중요합니다. 4절에서 히브리어 단어 '톨레도트*toledot*'는 일반적으로 '창조들'이나 '기원들'(하늘들과 땅이 창조될 때의 그 기원들)로 번역되는데, '세대들'을 뜻하며 성경에서 족보를 가리키는 말로 자주 사용됩니다. 여기서 본문은 1장의 창조 행위를 다루지 않고 후손들을 다룹니다. 즉, 사랑의 행위가 맺은 열매로 아기가 창조되는 방식을 다룹니다. 일련의 세대들이 바로 히브리어 '톨레도트'가 가리키는 것입니다. 바꾸어 말하면, 이 기사는 이 단어가 갖는 가장 강한 의미로 하늘들과 땅이 태어나는 데서 시작합니다. 이 본문 전체에 성관계와 출생과 매우 강한 관련을 가진 단어들이 나오는데, 일어난 모든 일이 선하다는 것을 암시하는 긍정적 성격을 갖습니다. 그런가 하면, 부정적 성격을 가진 단어들도 있는데, 잠재적으로 나쁜 일련의 요소를 암시합니다.

두드러진 또 다른 단어는 감각적 즐거움과 기쁨을 아우르는 성적 교감을 가리키는 '에덴'입니다(8, 10절). 말할 필요도 없이 에덴동산의 위치를 찾으려는 노력은 무의미합니다. 그런데도 대대로 주석가들은 에덴의 위치를 찾으려 했습니다. 이들은 용케도 그중에 두 강을 찾았습니다. 바로 티그리스와 유프라테스입니다. 예를 들면, 셴 신부는 에덴의 지리적 위치를 찾는 데 50페이지를 할애합니다. 저는 에덴의 이름만으로도 지리적 위치와 관련된 그 어떤 의미도 없다고 믿습니다. 에덴은 인간이 처한 어떤 상황을 가리키기 때문입니다.

본문은 에덴동산이 동쪽에 있다고 말하는데, '동쪽'은 성경에서 매우 중요한 용어입니다. '동쪽'으로 번역되는 히브리어 '케뎀 *quedem*'은 '메시아가 오는 곳으로부터' '메시아가 돌아갈 곳으로부터'라는 뜻입니다. 모음을 다르게 붙이면, '하나님의 영광'이라는 뜻입니다. 그러나 이 히브리어 단어는 문자적으로 '앞서가는 것'이라는 뜻인데, 해가 동쪽에서 뜨기 때문에 이해하기 어렵지 않습니다. 이 단어는 '처음에 있던 것'이라는 뜻일 수도 있습니다. 성경에서 동쪽은 동등한 두 가지 의미가 있다는 점은 주목할 만합니다. 다시 말해, 동쪽은 영원을 뜻하며, 은혜가 오는 곳을 뜻합니다. 물론 이것은 영원을 보는 우리의 시각과는 매우 다릅니다. 우리는 영원을 무한한 시간이라고 생각합니다. 그러나 성경에서 시간과 영원은 아무런 관련이 없습니다. 성경의 시각에서 영원은 매우 긴 시간이 아니며, 시간은 영원의 일부가 전혀 아닙니다. 둘은 아무 관계도 없습니다. 영원은 은혜가 오는 출처입니다. 우리가 영원을 보는 시각과는 전혀 다릅니다. 시간과 연결된 우리의 영원 개념을 배제해야 합니다. 에덴이 동쪽에 있다는 말은 이를테면 메시아가 중국에서 온다거나 예수 그리스도께서 중국으로 돌아가신다는 뜻이 아니라, 그분이 은혜가 있는 곳에서 오신다는 뜻입니다. 그러므로 동쪽에 있는 에덴은, 값없는 선물이라는 의미에서 은혜를 찾아야 하는 곳이었습니다. 따라서 성적 즐거움과 기쁨으로서의 에덴과 은혜로서의 에덴을 이처럼 놀랍게 연결해줍니다.

에덴에서부터 흘러가는 네 강의 이름은 매우 모호한 언어유희를 보여줍니다. 첫 번째 강 '비손*pishon*'은 '저 멀리 뻗은 것'이란 뜻입니다. 그러나 그 정도가 지나치기 때문에 부정적 의미를 가지고 있습니다. 그렇게 부르고 싶다면 경멸의 의미에서 멀리 뻗어 있습니다. 이것은 그리스어에서 '오만'과 같은 말이며, 무절제를 뜻합니다. 또한 넘어섬(침해, 죄)을 뜻하기도 합니다. 바꾸어 말하면, 이것은 지나침과 넘어섬을 뜻하는 '넘쳐흐르는 강'의 이미지입니다. 두 번째 강 '기혼*gibon*'은 긍정적 의미에서 조화를 이루며 점점 커진다는 점에서 첫 번째 강 비손과 대비됩니다. '기혼'은 '가하*gacha*'라는 동사에서 파생했는데, 아기가 태어날 때 머리가 보이는 순간을 말합니다. 매우 특징적인 단어입니다(이 동사는 시편 22:9에서 딱 한 번 이런 의미로 사용된다—옮긴이). 바꾸어 말하면, 첫 번째 강은 무절제, 광포, 넘어섬을 의미하는 데 반해, 두 번째 강은 생명의 등장을 의미합니다. 세 번째 강의 이름인 '힛데겔*bideqel*'도 날카롭고 포악하며 관통하는 단단한 그 무엇이라는 부정적 의미를 내포합니다. 네 번째 강의 이름인 '페라트*pberat*'는 열매가 풍성하고 생산적이라는 긍정적 의미를 내포합니다.

따라서 네 강의 이름은 두 쌍의 긍정적 요소와 부정적 요소를 이룹니다. 이것은 에덴이, 하나님이 인간에게 주신 우주로서 모든 가능성을 포함한다는 뜻입니다. 출생에 뒤따르는 조화로운 성장의 가능성이 있고, 죽음과 파멸의 가능성이 있으며, 광란과 광기의 가능성을 비롯해 모든 가능성이 다 포함됩니다.

저는 이러한 언어유희가 단순한 우연의 일치라고 믿지 않습니다. 첫 번째 강은 '하윌라*chawilah*' 온 땅을 두릅니다. "그 땅의 금은 순금이요 그곳에는 베델리엄과 호마노도 있으며." 보다시피 가난과 더불어 금이 있습니다. 여기에서 재치 있는 언어유희와 말장난이 펼쳐지는데, 인간과 어울리는 것 같은 우주의 모순들을 보여주기 위해서입니다.

에덴동산에는 두 그루의 나무가 있는데, 이 또한 상징적 의미를 갖습니다. 생명나무가 중앙에 있고, 선악을 알게 하는 나무도 있습니다. '알게 하는knowledge'이란 번역은 약합니다. '확인하는affirmation'이 더 나은 번역일 것입니다. 아담은 생명나무의 열매는 먹어도 되지만, 선악을 알게 하는 나무의 열매는 먹어서는 안 됩니다. 이것을 이해하려면 여기서 객관적 선이나 악을 알 가능성이 없다는 것을 인식해야 합니다. 성경의 시각에서 볼 때, '선'이라는 실재와 '악'이라는 실재가 있을 수 없습니다. 하나님이 말씀하시고 행하시는 게 '선'입니다. '선' 그 자체란 없습니다. 이유는 분명합니다. 선 그 자체가 있다면, 그것이 하나님보다 앞서며 하나님을 판단할 수 있기 때문입니다. 이것은 구약성경의 하나님이 전쟁과 대량학살을 명하셨기 때문에 끔찍하고 야만적이라고 주장하는 사람들이(예를 들면, 19세기 자유주의자들) 취하는 공통된 태도입니다. '선'에 대한 이런 시각에서 본다면, 하나님은 이렇게 하지 말아야 합니다. 바꾸어 말하면, 인간이 하나님 없이 선을 분별하며, 이를 토대로 하나님을 판단할 수 있습니다. 성경은 훨씬 철저합니다. '선'이란 하나님이 말씀하고 행하시는 것일 뿐입니다.

따라서 이 나무는 선과 악을 알게 해주는 나무가 아니라, 무엇이 선하거나 악한지를 결정하는 능력을 갖게 해주는 나무입니다. 하나님 없이 말입니다. 그런데 문제가 있습니다. 결정하는 분은 하나님인데, 그분을 대신해 무엇이 선한지 인간이 결정하게 해주는 나무가 있습니다. 물론 전통적인 기독론적 해석은 초대교회 교부인 테르툴리아누스Tertullianus까지 거슬러 올라가는데, 그는 두 나무가 같은 곳에 있었다며 날카로운 지적을 했습니다. 두 나무 모두 동산 중앙에 있을 수는 없습니다. 그러므로 둘은 하나여야 합니다. 여기서 기독교의 모형을 곧바로 볼 수 있습니다. 이것은 십자가를 상징하며, 이미 에덴동산 중앙에 십자가가 있었습니다. 이 나무의 열매, 즉 생명의 열매인 동시에 선악을 분별하게 하는 열매는 물론 예수 그리스도입니다. 예수 그리스도는 생명**이며** 그와 동시에 둘을 분리한다는 의미에서 선과 악을 분별하시는 유일한 분입니다. 초기 기독교의 해석은 기독교 역사 내내 되풀이되었습니다. 이러한 상징적 해석은 본문 자체에서 비롯된 게 전혀 아닙니다. 상황은 우리가 앞서 말한, 엘로힘을 삼위일체로 본 상황과 비슷합니다. 이것은 본문에 대한 기독교의 재해석이며, 예수 그리스도의 시각에서는 틀린 게 아니지만 이 본문만 놓고 본다면 본문의 지지를 받지 못합니다.

이제 우리가 성경에서 보는 숱한 번역 문제와 관련된 몇 가지 질문에 답하면서 서론적 언급을 마치겠습니다. 배경지식을 조금 알면 도움이 될 것입니다. 성 히에로니무스St. Eusebius Sophronius Hieronymus는 히브리어 본문을 그리스어로 다소 어설프게 번역했는데, 번역문이 원문과 의미가 다른 경우가 많았습니다. 이 본문은 뒤이어 라틴어로 번역되었는데, 여기에도 오역이 많았습니다. 설상가상으로 그리스 철학의 강력한 영향을 받으며 이 모든 일이 이뤄졌습니다. 그리고 이것이 많은 기독교적 사고의 기초가 되었습니다. 그러므로 본래의 히브리적 사고는 거의 남아 있지 않다는 데 놀라서는 안 됩니다.

예를 들면, 선과 악의 구별은 성경에서 근본적인 게 아닙니다. 신명기 30장 15절이 말하듯이, 생명과 죽음의 구별이 근본적입니다. "보라, 내가 너희 앞에 생명과 선, 죽음과 악을 두었노라." 선과 생명이 같은 것이며, 악과 죽음도 같은 것입니다. 이유는 간단합니다. 하나님은 살아 계신 분입니다. 따라서 하나님과 교제하면, 살아 있는 동시에 선에 속합니다. 둘은 같은 것입니다. 하나님과의 관계가 단절되면, 생명에서 분리되고 따라서 죽음과 악에 속합니다. 하나님은 이것이나 저것이 선이라고 말할 수 있는 유일한 분입니다. 하나님 바깥에, 하나님과 분리된 선이란 없습니다. 히브리 사고에는 선재先在하는 악이란 없으며, 인간이 말하는 것만이 악입니다. 절대적 악은 인간의 도덕입니다. 왜냐하면 이를 수단으로 인간이나 사회는 무엇이 선이고 악인지 분별할 수 있다고 주장하는데, 이것은 인간이 스스로를 하나님의 자리에 올려놓는 행위이기 때문입니다. 우리가 그 누구도, 그 무엇도 판단하지 말라고 끊임없이 경고를 받는 것도 바로 그 때문입니다. 오직 하나님만 판단하실 수 있습니다. 차이라면, 하나님은 선을 선포하시지 결코 악을 선포하지 않으신다는 것입니다. 후자는 불가능합니다. 왜냐하면 하나님의 말씀은 그 말씀이 낳는 행위와 분리될 수 없기 때문입니다. 하나님은 인간을 자유롭게 창조하셨는데, 이것은 불순종할 가능성과 분리될 수 없고, 따라서 선과 생명에서 끊어질 가능성과 분리될 수 없습니다.

이런 까닭에 두 번째 창조 기사는 결코 이것이나 저것이 선이라고 말하지 않습니다. 인간이 등장하자마자 두 가능성이 공존하기에 상황이 모호해집니다. 한편으로는 선과 생명의 가능성이 있고, 다른 한편으로는 악과 죽음의 가능성이 있습니다. 예를 들면, 우리는 본문이 금과 가난한 삶이 동시에 공존하는 모호한 상황을 어떻게 강조하는지 보았습니다.

히브리 사고에서 타락한 인간이나 타락한 천사란 없습니다. 예를 들면, 욥기 첫머리에 사탄이 등장하는데, 결코 사탄을 타락한 천사라고 말하지 않습니다. 하나님이 자신의 모든 피조물을 불러모으시는데, 사탄이 이들 가운데 있고 특별한 역할을 한다고 말할 뿐입니다. 사탄이 하나님을 지배하려 한다는 말은 전혀 없습니다. 이것도 그리스 신화입니다. 사탄은 고소인이며, 이것이 하나님 앞에서 사탄이 하는 역할입니다. 악한 일이 일어났다고 지적하는 것입니다. 하나님은 고소하지 않으십니다. 우리는 루시퍼와 관련된 이미지들을 쉽사리 버리지 못하는데, 이런 이미지들은 히브리 사고에서 완전히 낯선 것들입니다. 사탄은 하나님의 정의를 구할 뿐입니다. 사탄은 악을 행하는 자들에게 정의가 시행되도록 요구함으로써 이러한 하나님의 정의를 대행하는 자agent입니다.

이런 까닭에 사탄은 예수와 정반대입니다. 사탄이 하늘에서 번개같이 떨어지는 것을 본다는 예수의 말씀은 고소인이 더 이상 하나님 앞에 없다는 뜻입니다. 성경은 욥기에서만 사탄을 말하며, 자신을 하나님에게서 분리시킨 인간과 연결 지어 말합니다. 인간은 하나님이 기대하시는 것이 아닌 다른 뭔가를 행하는데, 이렇게 다른 뭔가를 행하는 것을 악이라 부를 것입니다. 사탄은 욥이 곤경에 처하는 순간 다른 모든 사람처럼 되리라고 주장합니다. 하나님은 사탄이 욥을 시험해 과연 욥이 선한 사람인지 알아보도록 허락하십니다. 이것이 무슨 뜻인지는 계시의 전체적 맥락에서 이해해야 합니다. 죽음을 비롯해 죽음과 함께 오는 모든 것을 악에 대한 형벌로 보지 말고, 살아 계신 분과 단절된 결과로 보아야 합니다. 이와 마찬가지로, 우리는 누군가를 고소할 때마다 사탄이 됩니다. 우리는 사람들 사이에 분열을 일으킬 때마다 악마가 됩니다. 왜냐하면 디아볼로스*Diabolos*는 분열을 일으키는 자이기 때문입니다. 성경은 고소하고 분열하는 이러한 상황에서 어떤 실재를 의인화할 때가 많다는 것을 이해하는 것이 중요합니다.

하나님과 단절된 후, 세상에서 심판 없이 사는 것이 가능합니까? 심판은 필연입니다. 세상은 더 이상 무죄하지 않기 때문입니다. 그렇더라도 인간은 판단할 권리가 없습니다. 선과 악을 분별할 의무는 있지만 말입니다.[1] 인간은 이러한 끔찍한 상황에 처했습니다. 하나님과 단절된 후, 우리는 사람이든 사물이든 간에 모든 것을 선과 악으로 구분해야 했습니다. 그러나 예수께서는 이 모든 것 가운데 들어오실 때, 모든 도덕을 구약성경에 맞춰 완전히 뒤집어엎으십니다. 예수께서는 우리가 도덕적으로 선하다고 선언하는 것이 선하지 못한 경우가 허다하다는 것을 끊임없이 보여주십니다. 그러나 예수께서는 절대로 선과 악을 구분하지 않으십니다. 예를 들면, 예수께서는 바리새인들을 판단하지 않으십니다. 그분은 "너희에게 화가 있으리라"라고 말씀하십니다. 이것은 저주가 아닙니다. 그분의 말씀은 이들이 행복하지 않다는 뜻입니다. 예수께서는 이들을 비난하지 않으시며, 이들이 근본적으로 실수했기 때문에 비참하다고 말씀하십니다. 예수께서는 이들에게 행복이란 세상의 길을 따르는 게 아니라 하나님의 길을, 사랑의 길을 따르는 것이라고 말씀하십니다.

인간의 에덴 생활

이제 창세기 2장이 인간에 관해 무엇을 계시하는지 살펴보겠습니다. 여기에는 이미 1장에서 살펴본 몇 가지가 포함됩니다. 아담의 이름, 자유의 문제, 섬김의 문제, 말씀의 문제, 이렇게 네 가지 요소가 가장 중요해 보입니다. 첫 인간은 '아담'이라 불리는데, 문자적으로 '붉은 땅' 또는 '흙'이라는 뜻입니다. '아담'은 보통명사이며, 히브리 본문에서 '**그** 아담*the* Adam'이라고 정관사가 붙습니다. 아담이 창조 세계의 물질에 속하며, 우리가 동물의 본성이라고 생각할 법한 것을 가졌다는 뜻입니다. 그와 동시에, 아담이란 이름은 유일무이하며(또는 그에게 특별하며) 인간을 뜻하며 독일어 '만*Mann*'이나 프랑스어 '옴므*l'homme*'와 유사한 히브리어 '이쉬*ish*'와는 다릅니다. 보통명사이자 유일무이한 이름이라는 것은 아담이 어떤 한 남자일 수 없다는 뜻입니다. 마찬가지로, 하와 역시 한 여자로 창조된 것이 아닙니다. 성경은 한 커플을 말하지 않습니다. 인류가 아담 안에서 창조되었으며, 이 일반적 통칭common and generic name은 정확히 이런 의미입니다. 따라서 히브리 사고에서는 처음에 한 커플뿐이었는지, 아니면 중국 중부나 남아프리카 등에서 발견된 것처럼 더 많은 사람들이 있었는지 그리고 언제 이 모든 일이 일어났는지와 관련해 아무런 과학적 문제도 없습니다. 본문의 히브리 저자들은 이런 문제에 관심이 없었습니다. 유대교 주석가들은 그들이 관심을 가졌을 법한 문제들에 관해 우리에게 실마리를 줍니다.

예를 들면, 기원전 1세기 주석인 하가다Hagadah는 '아담'으로 번역된 히브리어 단어가 왜 복수와 반대되는 개념인 단수로 표현되었는지 설명합니다. 한 사람밖에 없는 이유는 누구든지 한 사람을 파괴하는 자는 인류 전체를 파괴하는 자라는 것을 가르쳐주기 위해서입니다. 이것은 그 어느 인간도, 그 어느 그룹도, 그 어느 인종도 자신을 우월하게 여겨서는 안 된다는 것도 가르쳐줍니다. 바로 이런 이유로 히브리어에서 아담은 단수로 표현된 속명generic name일 뿐만 아니라 특정한 개인과 반대되는 모든 인간을 지칭하는 복수로 표현된 보통명사입니다. 그러나 단수로서, 아담은 한 사람으로 인간을 대표합니다.

자유의 문제에 관해, 본문은 두 가지를 단언합니다. 7절은 아담이 영으로 살았다는 것을 보여줍니다. 두 개의 히브리 단어가 같은 의미를 갖습니다. '네페쉬'는 히브리적 의미의 사람, 존재, 혼soul을 가리키고, '루아흐'는 영the spirit뿐 아니라 호흡의 숨을 가리킵니다. 이 말은 바람이 자신이 뜻하는 곳으로 불며(또는 영이 호흡한다) 바람 소리를 들을 때 그 바람이 어디서 와서 어디로 가는지 알지 못한다고 하신 예수의 말씀을 떠오르게 합니다. 이 말씀은 숨과 영의 모호성을 내포합니다. 동일한 히브리 주석은 우리가 숨을 오랫동안 우리 안에 눌러둘 수 없듯이 영도 그렇게 할 수 없다고 설명합니다. 숨과 영의 이러한 유사성은 아무도 영을 소유할 수 없다는 것을 가르쳐줍니다. 그 누구도 자신이 영을 소유할 수 있다거나, 하나님과 교감하는 신비가이거나, 영적 존재가 될 수 있다고 믿어서는 안 됩니다. 영과 숨은 바깥 세계와 연결된 움직임이나 맞바꿈과 같습니다. 여기서 말하는 숨은 살아 있다는 신호이자 상태입니다. 영의 경우도 다르지 않습니다. 이 모든 것은 인간의 자유에서 매우 중요한 첫 번째 측면을 드러냅니다. 인간이 소유에 매이지 않는다면 자유롭습니다. 인간은 호흡처럼 움직여야 하며, 언제나 움직이는 영을 대할 때도 그렇게 해야 합니다. 따라서 인간은 영이 자유로운 그만큼 자유롭습니다.

자유의 두 번째 측면은 다음과 같은 명령을 다루는 16, 17절에 나옵니다. "너희가 동산 모든 나무의 열매는 먹어도 좋지만, 선과 악을 분별하게 해주는 나무의 열매는 먹어서는 안 된다. 그 열매를 먹는 날, 너희는 죽었다have died." 많은 사람들에게 이 본문은 하나님이 선하지 않다는 증거로 작용합니다. 하나님이 이러한 금지 명령을 부과했기 때문입니다. 여기서 우리가 앞서 살펴본 내용, '이것은 선하고 저것은 악하다'고 말함으로써 선과 악을 선언하는 문제로 되돌아가보겠습니다. 이것은 사실 자신을 하나님의 자리에 둔다는 뜻입니다. 오직 하나님만 선을 말씀하십니다. 우리가 하나님이 말씀하시는 것을 말하거나 다른 무엇을 말하거나 간에, 곤란한 문제입니다. 우리 자신을 하나님의 자리에 두면, 필연적으로 하나님과의 관계가 단절됩니다. 그리고 하나님은 살아 계신 분(모든 존재의 총체)이기에, 그분을 대신하려는 모든 주장은 자신을 생명에서 단절시키며, 그 결과는 죽음입니다. 본문은 일반적으로 이렇게 번역됩니다. "너희가 그것을 먹는 날에(또는 날부터), 너희는 죽을 것이다." 그러나 히브리어 본문은 미완료 시제로 되어 있습니다. 따라서 미래 시제를 사용해서는 안 됩니다. 부과된 것은 결코 벌이 아닙니다. 본문의 문자적 의미는 "너희가 그것을 먹는 바로 그날부터 너희는 죽어 있을 것이다would be dead"입니다. "너희가 미래 어느 시점에 죽을 것이다"가 아닙니다. 이것은 너희가 무엇이 선하고 무엇이 악한지 선언하길 바라는 바로 그 순간부터, 너희는 이미 죽었다는 뜻입니다. 형벌의 문제가 아닙니다. 더 이상 하나님께 귀를 기울이지 않고, 자신을 하나님의 자리에 두며, 그분의 자리에 앉아 무엇이 선하고 무엇이 악한지 스스로 말함으로써 하나님과의 관계가 단절되는 과정의 문제입니다. 그 순간부터 우리는 죽기 시작합니다. 이 순간, 자유롭게 살기란 불가능합니다.

이 상황은 부모가 자녀에게 손을 델 테니 뜨거운 난로를 만지지 말라고 경고하는 상황과 비슷합니다. 아이가 손을 덴 것은 형벌이 아닙니다. 부모가 이렇게 말할 때에야 형벌이 있습니다. "난로를 만지려 하면 네 방에 보낼 거야!" 부모는 아이에게 사실을 경고합니다. 뜨거운 것을 만지면 손을 덴다고 경고합니다. 우리는 하나님의 경고와 계명을 속절없이 혼동합니다. 구약성경 전체에서 하나님은 자신의 백성이 이렇게 또는 저렇게 하면 무슨 일이 일어나는지 경고하실 뿐입니다.

그러므로 이 본문은 인간이 하나님과 교제할 때에야 인간은 자유로우며, 이 교통은 사랑의 관계라는 것을 보여줍니다. 우리는 내내 사랑과 성적 교제 등의 중요성을 보았는데, 이 모든 것은 하나님과 인간 사이의 사랑의 관계를 향합니다. 심지어 가장 육체적인 의미로 말입니다. 그러므로 일반적으로 계명으로 이해되는 것은 결코 인간에게 부과된 법이 아닙니다. 이것은 명령이나 제약이나 그 어떤 부정적인 것이 아니라 살아 있기 위한 조건입니다. 인간이 계속해서 살아 있으려면 생명나무의 열매를 먹는 것으로는 부족합니다. 하나님과의 관계를 유지하고, 자유의 한 요소로서 오고 또 가는 영을 받아야 합니다. 이 때문에 우리는 하나님의 말씀에 귀를 기울이지 않고 하나님을 대신해 무엇이 선이고 무엇이 악인지 결정할 권리가 우리에게 있다고 주장할 수 없습니다. 이것이 바로 자유의 조건입니다. 왜냐하면 하나님은 인간이 달리 행할 가능성을 열어두시기 때문입니다.

그다음은 섬김의 문제입니다. 15절은 야웨께서 인간을 에덴동산에 두고 그곳을 경작하며 지키게 하신다고 말합니다. 꽤 흥미롭게도, 많은 주석가들은 이것이 사실상 우스꽝스럽다고 말합니다. 에덴동산은 이미 온갖 종류의 과실을 스스로 맺는다고 했는데, 왜 에덴동산을 경작해야 할까요? 왜 에덴동산을 지켜야 할까요? 셴 신부는 자신의 주석에서, 저자가 그날 일수가 사나웠고 깜빡하기까지 했다는 결론을 내립니다. 저는 반대로 이 본문이 의미로 가득하다고 생각합니다.

인간은 섬김을 요구받지만, 그 섬김은 쓸모가 없는 것입니다.[2] 물론 에덴동산은 열매가 풍성하기 때문에 경작할 필요가 없었으며, 외부의 적이 없었기 때문에 지킬 필요도 없었습니다. 핵심은 일할 필요도 없고, 생산적일 필요도 없다는 것입니다. 거기 있는 모든 것은 하나님의 말씀입니다. 하나님은 인간에게 그들이 에덴동산에 있는 목적은 그곳을 경작하고 지키기 위해서라고 말씀하십니다. 그러므로 인간이 직면하는 것은 바로 이것입니다. "하나님은 내가 이것을 해야 하고 이것이 아무 목적에도 기여하지 못하리라고 말씀하시지만, 그래도 나는 이것을 할 것이다." 하나님이 말씀하시는 것이 선입니다. 반대로 인간이 "이게 무슨 소용이 있어?"라고 말하기 시작한다면, 이것은 선악을 알게 하는 나무와 같습니다. "에덴동산은 경작이 필요 없으니, 나는 일할 필요가 없어. 그리고 적이 없으니, 나는 이 동산을 지킬 필요도 없어. 그러니 나는 이 동산을 지키지 않을 거야." 이것이 악입니다. 이러한 반응이 도덕적으로는 타당할지 모릅니다. "이것은 아무런 목적에도 기여하지 못하니, 나는 이것을 하지 않을 거야." 그러나 하나님은 "이것을 해라" 하고 말씀하셨습니다. 문제는 하나님의 말씀을 확신하느냐 하지 않느냐입니다. 이것이 인간이 직면해야 했던 상황입니다. 어쨌든 이 유명한 본문들에서 일의 법칙을 도출할 수 없는 것이 분명합니다. 일 자체는 창조의 법칙으로 인간을 위해 존재하는 것이 아닙니다.

이 본문이 실제 일에 관한 것이 아니라는 사실은 에덴동산을 경작한다working고 할 때 사용된 히브리어 동사 '아바드*avoda*'의 쓰임에서 확인되는데, 이 단어는 '예배하다worship'라는 뜻입니다. 바꾸어 말하면 이렇습니다. "너희는 에덴동산을 경작하고 지키는 일이 불필요하다는 것을 알면서도 이렇게 함으로써 하나님을 예배할 것이다. 그러나 이것은 예배의 한 형태일 뿐이며, 너희는 이를 통해 그분을 높이고 숭배한다. 생산하기 위해서가 아니라 보답으로 높이기 위해서다." 초기 유대인 주석가들은 하나같이 하나님이 인간을 아무런 목적 없이 창조하지는 않았다고 강하게 주장했습니다. 하나님은 인간을 공허 속으로 밀어 넣지 않으셨다는 것입니다. 인간은 해야 할 역할이 있습니다. 여가는 삶이 아니며, 공허한 여가는 선이 아닙니다. 히브리어 동사 '아바드'에 따르면, 이 역할은 에덴동산 전체를 하나님 앞으로 이끌어, 모든 창조 세계가 이러한 인간의 섬김을 통해 하나님을 경배하게 하는 것입니다. 인간은 아무 목적 없이 하나님을 섬길 때, 창조 세계가 하나님을 예배하게 합니다.

저는 이것이 15-17절의 의미라고 믿습니다. 우리는 선과 악의 이야기가 어디서 오는지 보기 시작합니다. 인간은 일하길 거부할 수 있었습니다. 그러나 여기에는 이제 곧 살펴볼 결과들이 따를 것입니다. 목적 없이 일하길 거절하자 무엇인가를 위해 일해야 할 필요가 생겼습니다. 더 이상 선택권이 없었습니다.

이제 말씀의 문제를 살펴볼 차례입니다. 본문은 인상적인 장면을 묘사합니다. 하나님은 모든 동물이 인간 앞을 지나가게 하십니다. 인간은 각 동물에게 이름을 지어주며, 하나님은 이 이름들을 받아들이십니다. 앞서 보았듯이, 이름을 지어준다는 말은 인간이 창조 세계를 영적으로 다스린다는 뜻입니다. 바꾸어 말하면, 1장에서 인간은 물질세계를, 혹은 구체적인 대상을 다스리라는 명령을 받았습니다. 반면에 2장에서 인간은 영적으로 다스리라는 명령을 받습니다. 인간은 하나님이 다스리시듯이 말로 다스려야 합니다. 이름을 지어줌으로써, 인간은 창조 세계에 대한 하나님의 영적 다스림에 참여합니다. 인간은 말을 선물로 받았는데, 말은 오직 하나님만 주실 수 있는 선물입니다. 문제의 구절들은 14-15세기에 신학 논쟁의 중심에 있었습니다. 본문에 따르면, 인간은 이름을 지어줄 때 어떤 실재를 정의했습니다. 다시 말해, 아담이 어떤 동물을 특정한 이름으로 부를 때, 그것이 실제로 그 동물의 이름입니다. 이름과 실재 사이에 14세기에 보았던 것과 같은 차이는 없습니다. 본문에서 이름과 사물은 하나이고 같으며, 이름은 사물과 절대적으로 동일시됩니다. 지금 우리가 사는 20세기에는 사물과 언어적 형태가 완전히 분리됩니다. 언어적 형태가 더 이상 그 어떤 실재와도 반응하지 않습니다.[3] 반대로 이 본문에서는 인간의 말이 참이고, 무엇이 실재인지 정의하며, 그와 동시에 모든 창조 세계에 의미가 부여됩니다.

마지막으로 여러분의 몇 가지 질문에 좀 더 자세히 대답하겠습니다. 앞서 예를 들었던 아이의 경우로 돌아가보겠습니다. 아이는 뜨거운 난로를 만지지 말라는 경고를 받았습니다. 이 이야기는 지금껏 구약성경에 적용된 잘못된 해석에 관한 유비입니다. 내내 하나님은 끊임없이 경고하십니다. "너희가 이렇게 또는 저렇게 하면, 이렇게 또는 저렇게 될 것이다." 영원한 규범이란 없습니다. 하나님, 살아 계신 분이 '너희는 나와 단절되면 죽는다'고 경고하십니다. 창세기 1장의 시작부터 하나님은 이를테면 자신과는 이질적인 영역이 딱 하나 있는데 그것은 비존재non-being, 토후 와보후라는 것을 계시하십니다. 자유가 소개될 때, 자유는 이미 제한되지 않는다는 점을 이해하는 것이 중요합니다. 자유가 제약되면 자유라고 말할 수 없기 때문입니다. 저는 이러한 종류의 추론은 논리적이지만 성경적이지 않다는 것이 문제라고 믿습니다. 성경에는 제약이 없으며, 굳이 이렇게 부르고 싶다면 선택이라는 것도 없습니다. 대신에 방향성이나 조건이 있습니다. 자유란 무엇을 의미하며, 특히 신약에서 그리스도인의 자유란 무엇을 의미할까요? 자유란 확정되지 않거나 한정되지 않거나 규정되지 않는 자유라는 것입니다. 이것은 크기, 맛, 냄새를 비롯해 모든 면에서 똑같은 두 건초더미 사이에 있는 나귀의 자유가 아닙니다. 이럴 경우, 나귀는 한쪽이 아니라 반대쪽으로 가야 할 아무런 이유가 없습니다.

그리스도인의 자유는 사랑의 관계로 정의되며, 오직 사랑의 관계로만 정의됩니다. 신학적으로 말하자면, 자유와 사랑은 분리될 수 없도록 연결되어 있습니다.[4] 강압에 짓눌려 사랑할 수는 없습니다. 우리는 반드시 자유로워야 합니다. 우리는 사랑의 관계에서 자유로우며, 오직 사랑의 관계를 통해서만 자유롭습니다. 이것이 창세기 2장이 말하는 것입니다. 아담이 하나님을 사랑한다면, 하나님이 말씀하시는 것을 마땅히, 자발적으로 행해야 합니다. 이것이 양쪽 모두를 기쁘게 하기 때문입니다. 아담이 하나님을 사랑하지 않는다면 다른 무엇을 할 것이며, 그 시점에서 더 이상 살아 있지 않게 됩니다. 여러분과 배우자의 관계를 생각해보십시오. 여러분은 의무감이나 제약이나 필요나 져야 하는 십자가 같은 것들 때문에 배우자를 사랑하십니까? 아니면 자유로운 상태에서 사랑하십니까? 여러분은 자신이 배우자를 사랑하지 않으면 자신의 자유가 훨씬 더 커질 거라고 믿습니까? 본론으로 들어가자면, 아주 단순합니다. 여러분이 자유롭지 않다면 누군가를 사랑할 수 없습니다. 자유의 궁극적 형태는 미움이 아니라 사랑으로 표현됩니다. 우리는 상대방을 무너뜨림으로써 자유를 얻는 것이 아닙니다. 이에 관해서는 심리분석에서 충분히 듣습니다. 우리는 아버지를 죽일 때 자신을 해방한다는 개념에 대해서는 실컷 웃어도 좋습니다. 유대인들은 자신들의 하나님을 주인[히브리어로 '벨*Bel*']으로 대하려 할 때마다 거부를 당했는데, 하나님은 주인이라 불리는 것을 받아들이실 수 없기 때문입니다. 이유는 분명합니다. 하나님은 해방자이지 주인이 아닙니다. 이 모든 건 더없이 일관된 주장입니다.

남자와 여자

이제 여자가 등장하는 본문으로 넘어가 다섯 가지 문제를 살펴봅시다. 첫 번째는 여자의 이름입니다. 여자에게 이름을 지어준 것은 아담입니다. 23절에 따르면 동물들에게 이름을 지어줄 때처럼, 아담은 이렇게 말합니다. "이것을 남자[이쉬*iscb*]에게서 취하였은즉 여자[이샤*iscba*]라 부르리라." 동물의 이름을 지어주었듯이, 아담이 여자의 이름을 지어주었다는 사실은 그가 다스린다는 뜻일 수 있습니다.

놀라운 두 가지 사실을 지적하고 싶습니다. 첫째, 지구상에 알려진 대부분의 언어에서 여자와 남자는 어근이 다릅니다. 그런데 히브리어에서는 같습니다. '이쉬'는 주인master을 의미합니다. 그러나 아담이 여자에게 이름을 주었기 때문에, 아담은 주인의 권한mastery을 여자에게 넘긴 것입니다. '이샤'는 이제 주인이 될 자라는 뜻입니다.

실증주의에 사로잡힌 주석가 셴 신부는 의심할 여지없이 이것은 여가장제matriarchy, 모권제, 모계사회를 암시한다고 주장합니다.[5] 남자가 부모를 떠나 여자를 따른다고 말하는 24절이 이를 뒷받침한다는 것입니다. 저는 이 모든 것에 훨씬 더 많은 의미가 있다고 믿습니다. '이샤'는 '이쉬'에 어미가 붙은 형태인데, 이 어미는 정확히 '…방향으로'라는 뜻입니다. 따라서 '이샤'는 문자적으로 '남자의 방향으로'라는 뜻입니다. 바꾸어 말하면, 여자가 인간됨being human 쪽으로 방향을 정합니다. 남자는 그 상태 그대로는 아직 인간이 아닙니다. '인간이란 무엇인가'를 향해 방향을 정하는 것은 여자입니다. 여자가 남자를 온전히 인간이 되도록 몰아갑니다. 저는 이것이 굉장한 의미를 내포하는 '이샤'의 뜻이라고 믿습니다.

둘째, 아담은 여자를 만날 때 자신을 알아봅니다. "이는 내 뼈 중의 뼈요 살 중의 살이라." 양쪽 다 자신을 알려면 서로가 필요합니다. 본문은 남자가 여자를 알고 여자 덕분에 자신을 안다고 말합니다. 히브리어 동사 '야다*yada*'는 삼중적 의미를 갖습니다. 첫째는 성적으로 안다는 뜻이며, 둘째는 어떤 사람이나 사물의 가치를 경험한다는 뜻이고, 셋째는 참여한다는 뜻입니다. 따라서 남자는 여자 덕분에, 여자를 통해, 여자의 도움으로 자신을 알게 됩니다. 이것은 하나님이 "남자가 혼자 있는 것이 좋지 않다"(창 1:18, 새번역)고 인정하셨다는 점과도 일치합니다.

이것은 제게 또 다른 의문을 안겨줍니다. 하나님이 "좋지 않다"고 하실 때, 이것은 첫 번째 창조 기사 도처에서 하나님이 모든 것을 인정하며 "좋다"고 말씀하셨다는 사실과 정반대입니다. 바꾸어 말하면, 창조 세계에서 최초의 '좋지 않다'는 언급이 남자가 혼자 있는 것을 말합니다. 결과적으로, 악惡은 남자와 여자의 단절입니다. 그리고 이것이 성경 전체에서 절대적이고 본질적인 사실로 나타납니다. 이것은 일종의 존재론이나 전체적인 인간 개념이라 부를 수 있는 것에 기초합니다. 남자는 여자를 알지 않고는 자신을 알지 못하며, 여자도 남자를 알지 않고는 자신을 알지 못합니다. 그러므로 성경이 간음과 동성애에 대해 왜 그렇게 가혹한지 이해할 수 있습니다. 간음과 동성애는 인간에 대한 잘못된 개념입니다. 지금껏 이것을 이해하지 못한 이유는 단지 도덕 문제로 보았기 때문입니다. 일단 이렇게 보면, 길을 잃을 수밖에 없습니다. 도덕이나 본성 그 어느 쪽도 우리를 확실하게 인도하지 못하기 때문입니다. 성경에서 이것은 도덕 문제가 아니라 인간이란 무엇인가라는 문제이며, 이쉬-이샤 관계를 통해서만 알 수 있습니다. 간음이나 동성애를 도덕 문제로 여긴다면, 그리스도인이 타인을 판단하고 정죄하도록 계속 허용하는 것이며, 이것은 이중 오류입니다.[6] 본문은 일부일처제를 인정하는데, 기원전 10세기에는 일부일처제 사회가 없었으므로 아주 특별했습니다. 유대인들은 일부다처제 사회들에 완전히 둘러싸여 있었던 게 분명합니다. 이들이 도피성들을 세웠을 뿐 아니라 이렇게 일부일처제를 선택했다는 확언이 이들을 두드러지게 했다는 것은 의심할 여지가 없습니다. 일부일처제에 대한 유대인들의 태도는 분명했습니다. 이것은 인간됨의 문제이며, 인간이 하나님의 형상으로 창조되었다는 것에 대해 우리가 배운 바를 보완합니다.

세 번째 문제는 1장에서 인간이 하나님의 형상으로 창조되었음을 살펴보다가 중단한 부분에서 시작합니다. 여기서 우리는 둘인 한 존재, 또는 한 존재 안의 둘을 봅니다. 여기에 하나님이 사람을 지으셨다고 말하는 7절에 대한 하가다의 주목할 만한 설명을 덧붙일 수 있습니다. 이 부분은 사소하게 보일는지 모르지만, 꽤 흥미롭습니다. 여기에는 문법적인 문제가 있습니다. 여기에 사용된 히브리어 단어는 '와이이체르*wayyiser*'인데, 문법적으로 y로 표기되는 '요드*yod*'가 하나여야 합니다. 자음들로 구성된 언어에서 이것은 중대한 문제를 일으킵니다. 추가된 글자 하나를 간단히 무시해서는 안 되기 때문입니다. 그렇다면 왜 둘일까요? '요드'라는 글자는 피조물을 의미합니다. 그래서 하가다 주석은 요드를 하나만 썼다면 피조물이 하나뿐이었을 거라고 설명합니다. 요드가 두 개 사용될 때, 한 글자 안에, 한 행위 안에 두 피조물이 있다는 뜻입니다. 따라서 7절을 "하나님이 사람을 두 피조물로 지으신다"라고 읽을 수 있습니다. 이것은 하나님이 사람을 남자와 여자로 지으셨다고 말하는 1장과 일치합니다. 이것은 정확히 동일한 현상입니다. 우리는 구분과 나란히 일종의 하나됨을, 인간 존재 안에서 일어나는 일종의 찢어짐이나 갈라짐을 마주합니다. 그리고 이것은 우리가 여기에 묘사된 남자와 여자의 관계를 이해하도록 도와줍니다. 단순한 세부 사항이 몇 가지 있습니다. 남자를 위한 존재가 전혀 없다는 게 드러난 후, 여자는 남자를 돕는 이가 됩니다. 이를테면 여자는 남자의 영적 추진력의 일부가 됩니다. 이 모든 것은 나중에 여자가 남자의 영광이라는 말로 표현됩니다. 그러나 인간의 영광은 계시입니다. 따라서 남자의 실재를 계시하는 것은 여자입니다. 더욱이 여자는 남자의 유일한 짝이며, 남자는 부모보다 여자와 더 강하게 연결됩니다. 여기서 우리는 독특한 사상을 만납니다. 고대에는 남자가 가족을 떠나 여자를 따라가지 않았습니다. 일반적으로 그 반대였습니다.

따라서 상호성의 문제가 있습니다. 이와 관련해 이 본문에 대한 탁월한 연구를 소개하겠습니다. 우리 시대의 위대한 탈무드 주석가 에마뉘엘 레비나스Emmanuel Levinas의 연구입니다.[7] 레비나스에 따르면, 이 본문들이 우리에게 가르치는 것은, 여자에게, 남자는 가져야 할 인성humanity이 있다는 상징이어야 한다는 것입니다. 다시 말해, 여자는 남자가 사랑하도록 하게 할 뿐 아니라 자기 인성을 갖도록 돕는다는 것입니다. 여자의 경우도 다르지 않습니다. (탈무드의 표현을 빌리자면) 여자는 사랑을 지키는 자로서, 남자에게 그가 잃어버린 하나됨unity을 사랑 안에서 찾으리라는 것을 상징한다는 것입니다. 여기에 우리가 잃어버린 상호 역할이 있습니다. 우리가 기독교 안에서 이것을 지켜냈다면, 지금 겪는 모든 문제를 겪지 않았을 것입니다. 여자에게 남자는 획득해야 하는 인성의 상징이어야 합니다. 여자는 집에 붙어 있어야 하는 존재, 주부, 아기를 낳는 존재, 혼자 사랑을 지키는 자가 아닙니다. 여자는 모든 인간의 얼굴 가운데 하나를 띠는 존재입니다. 남자가 일이나 공적인 생활에서 잃어버린 하나됨을 결코 찾을 수 없으며 오직 사랑 안에서만 찾을 수 있다는 것을, 여자는 남자에게 끊임없이 가르쳐주어야 합니다. 이 모든 것은 단순히 보완 문제가 아닙니다. 서로를 보완하는 두 존재가 있는 것이 아닙니다. 말하자면, '이샤'는 단지 '이쉬'의 여성형이 아닙니다. 인간의 총체성을 바탕으로, 남성과 여성이 함께하는 것입니다.

마지막으로 아담의 갈비뼈라는 유명한 문제가 있습니다. 하나님은 남자의 갈비뼈를 취해 여자를 지으십니다. 숱한 설명이 있습니다. 토마스 아퀴나스Thomas Aquinas가 시작한 설명은 가장 그럴듯하지 않다고 생각합니다. 아퀴나스는 만약 하나님이 남자의 머리로 여자를 지으셨다면 여자가 교만으로 가득했을 것이며, 만약 하나님이 남자의 발로 여자를 지으셨다면 여자는 노예였을 것이므로, 갈비뼈처럼 모호한 것을 취해 여자를 지으신 것이 최선이었다고 설명했습니다. 이러한 주장의 변형이 많이 등장했습니다. 예를 들면 이런 것입니다. 만약 하나님이 남자의 심장으로 여자를 지으셨다면 어떻게 되었겠는가? 이 모든 논의는 무의미합니다. 누군가 내 갈비뼈라는 말은 나뉠 수 없는 우애를 의미한다는 아랍 속담에 근거한 설명이 조금 낫습니다. 그러나 이 설명은 1,000-1,200년이나 뒤에 나온 아랍 문헌에 근거한 것이기에, 저는 오히려 영향이 반대로 미쳤다고 믿습니다. 다시 말해, 알다시피 아랍인들은 성경 본문을 알았기에, 아랍 문헌이 히브리 문헌의 영향을 받았다는 것입니다. 따라서 저는 이것도 타당한 설명이 아니라고 믿습니다.

이제 가능한 세 가지 설명이 남았습니다. 첫 번째는 우리가 자주 말하는 모호성을 유지하기 때문에 제가 매우 높이 평가하는 설명입니다. 이 단어는 '갈비뼈'로 번역되었지만 '넘어짐'을 의미할 수도 있는 히브리어 단어 '첼라*tsela*'에 기초합니다. '첼라'는 '찰라*tsala*'에서 파생했는데, '찰라'는 '절뚝거리다', '주저하다', '넘어지다'라는 뜻입니다. 따라서 '첼라'는 갈비뼈뿐 아니라 넘어짐, 재앙, 불행을 의미하기도 합니다. 그래서 제가 보기에는, 여기에 사용된 이 단어는 숱한 의미가 있습니다. 뒤이은 내용에 비춰볼 때 그렇다는 것입니다. 우리는 여자가 갈비뼈에서 나왔기 때문에, 창조된 이후 줄곧 하나님과의 관계에서 단절의 주된 요인이었다고 말할 수 있습니다. 또는 남자에게서 체현된 단절에서 여자가 나왔다고 말할 수 있습니다. 남자가 타락하리라는 사실이 이미 그 속에 새겨졌고, 하나님은 이것을 도려내셨다는 것입니다. 이것은 숱한 설명처럼 언어유희에 근거한 가설에 지나지 않습니다. 어쨌든 이것은 가장 중요한 것이 아니며, 가장 심오한 것도 분명 아닙니다.

갈비뼈에 대한 다른 설명이 두 가지 남았습니다. 탈무드는 제가 방금 넘어짐이라는 해석과 함께 소개한 해석을 분명하게 거부합니다. 주석가들은 이러한 해석은 절대 불가능하다고 확신했기에 이 해석을 몸서리치며 거부했습니다. 대신에 글자 놀이에 유난히 능숙한 이들 주석가들은 다른 해석에 이르렀습니다. 그러나 이 부분을 두고 랍비들이 나뉘기 때문에 두 학파의 해석이 있습니다. 한 학파는 갈비뼈를 얼굴로 생각해야 한다고 주장합니다. 다른 학파는 역시 글자 놀이를 근거로, 갈비뼈는 실제 갈비뼈가 아니라 남자의 척추를 구성하는 마지막 뼈라고 주장합니다. 두 가지 해석 모두

가능합니다. 따라서 얼굴이라고 해석하는 사람들이 있고, 마지막 척추 뼈라고 해석하는 사람들이 있습니다!

아이러니하게도, 이러한 해석의 두 갈래 길은 같은 곳에 이릅니다. 여자가 남자의 얼굴에서 나왔다면, 여자는 쌍을 이루는 얼굴the other face입니다. 다시 말해 여자는 존엄의 절정이라는 점에서 남자와 절대적으로 동등합니다. 반대로 여자가 마지막 척추 뼈에서 나왔다면, 여자는 남자의 가장 쓸모없는 부속물입니다. 이것을 제거하더라도, 절대적으로 아무런 영향이 없습니다. 이것은 여자의 경우, 하나님은 세상을 창조할 때처럼 근본적인 창조 행위를 하셨다는 뜻입니다. 하나님은 혼돈에서, 무에서 세상을 창조하셨습니다. 마찬가지로 여자도 무에서 창조하셨습니다. 여자는 존엄의 절정이며, 아담보다 더 존엄합니다. 아담은 붉은 흙으로 지어졌으나 여자는 거의 무로 지어졌기 때문입니다. 그러므로 이것은 창조 행위의 절정입니다. 탈무드는 여자 창조를 중요하게 여깁니다. 이것은 레비나스에서 절정에 이르는데, 그는 하나님이 갈비뼈로 여자를 창조하신 것은 이로써 똑같은 상대the other를 창조하셨다는 점에서 그분이 생각해내신 가장 아름다운 방법이었다고 했습니다. 왜냐하면 사랑이 존재하려면, 상대가 다른 하나가 되어야 하지만, 둘은 진정으로 비슷하고 진정으로 같아야 하기 때문입니다. 아담에게서 무엇인가를 취해 여자를 창조했다는 말은 정말로 다른 한 존재인 이 상대 안에, 두 '같은 존재sames'가 있다는 뜻입니다. 다시 말해 아담 안에 둘이 있었습니다. 그러나 갈비뼈를 취한 결과 상처가 남았고 (레비나스에 따르면) 여자는 인간 안에 있는 이 상처를 함께 치료하려고 존재합니다. 그와 동시에 남자는 이러한 상처를 입어야만 여자를 만날 수 있습니다. 이를테면 이러한 상처를 입은 후 남자는 자신의 인성을 얻기 위해 여자를 완전히 의지합니다. 갈비뼈에 관한 이 본문 때문에, 우리는 이미 두 번이나 보았던 내용으로 되돌아옵니다. 한 번은 인간의 의미로 향하는 길을 가리키는 여자, 곧 '이샤'의 어미 '*ah*'를 살펴보면서 보았고, 또 한 번은 '와이이체르'에서 '요드'가 둘이라는 사실을 살펴보면서 보았던 것입니다. 줄곧 본문은 여자가 남자와 동등할 뿐 아니라 남자에게 삶의 의미를 주는 자라고 주장합니다. 저는 여자 창조를 다루는 이 본문의 핵심이 여기에 있다고 믿습니다.

남자와 여자에 대한 이러한 개념은 그 시대뿐 아니라 그 이후의 문헌에서 나타나는 그 무엇과도 전혀 다릅니다. 다른 어디에서도 한 남자와 한 여자의 관계를 가장 중요한 것으로 다루지 않습니다. 다시 말해 성경에서 한 남자와 한 여자의 관계는 하나님과 인간 사이의 관계를 보여주는 이미지입니다. 성경 전체에서 이 관계는 일반적으로 생각하는 것보다 개략적이거나 단순하지 않습니다. 이것은 매우 외교적인 관계이며 유동적이고 복잡합니다. 마지막으로 저는 기독교 공동체에서 여성에 관한 부정적인 태도와 신념이 어떻게 변호될 수 있었느냐는 점은 고사하고, 어떻게 생겨났는지 도무지 이해가 되지 않는다는 걸 고백해야겠습니다.[8]

4. 하나님과 인간의 단절

뱀

창세기 3장 1-6절은 흔히 악의 근원을 다룬다고 생각됩니다. 그러나 본문에서 본문이 말하지 않은 것을 끌어내서는 안 됩니다. 저는 본문의 세 가지 요소를 살펴보려 합니다. 첫 번째는 뱀이고, 두 번째는 유혹 자체이며, 세 번째는 전통적으로 타락이라 불리는 사건입니다. 그러면서 이 서술의 신화성 문제나 역사성 문제를 살펴보겠습니다.

뱀을 초자연적 존재로 보아서는 안 됩니다. 뱀은 마귀가 아니며, 뱀이 마귀라는 것은 훨씬 후대의 해석입니다. 또한 뱀은 계시록에 등장하는 용도 아닙니다. 본문은 뱀이 창조 세계의 일부라고 아주 분명하게 말합니다. "뱀은 여호와 하나님이 지으신 들짐승 중에 가장 간교하니라"(1절). 뱀은 분명히 창조 세계의 일부이며, 결코 형이상학적 악이 아닙니다. 이것은 다음과 같이 신학적으로도 확인할 수 있습니다.

왜 성경은 형이상학적 악이나 악의 기원 문제를 제기하지 않을까요? 성경은 하나님이 우리를 구원하기 위한 계획을 계시하시는 책입니다. 그래서 성경은 우리의 구원에 중요하고 하나님과 인간의 관계 회복에 중요한 내용을 담고 있습니다. 이것을 늘 기억하는 게 중요합니다. 성경은 교리를 담고 있지 않으며, 우리에게 지적 만족을 주려고 하지도 않습니다. 바꾸어 말하면, 성경은 마귀의 등장과 이어지는 하나님과 마귀의 싸움처럼 하늘에서 일어나는 신비롭거나 초월적인 것들을 계시하는 것이 아니라, 실존적 입장이라 불릴 만한 태도를 취할 수 있도록 돕습니다. 성경은 결코 이런 것들에 관해 말하지 않습니다. 이런 것들은 우리의 일이 아니기 때문입니다. 성경은 그 어디서도 천사들의 반란, 루시퍼(훨씬 나중에 기독교에서 나온 발명품입니다), 악 자체의 존재에 관해 말하지 않는다는 사실을 짚고 넘어가는 것이 중요합니다. 우리는 이러한 개념들을 본문에 넣어 본문을 이해하려는 유혹을 늘 받습니다. 그러나 성경은 계시록에서만 귀신의 존재나 심연의 짐승들이나 하늘에서 이스라엘이나 예수 그리스도와 맞서 전쟁하는 용을 말합니다.[1] 성경은 인간 역사가 시작될 때가 아니라 예수 그리스도께서 십자가에 달려 죽고 부활하신 후에야 이것들을 말한다는 뜻입니다. 바꾸어 말하면, 성경은 이런 일이 실제로 일어났으나 예수 그리스도께서 사랑과 생명이 승리하게 하셨다는 확신을 우리에게 줄 수 있을 때에야 이런 것들에 관해 말합니다.

성경은 하늘에서 펼쳐지지만 우리가 아무런 역할도 못하고 영향도 미치지 못하는 드라마처럼, 불확실이라는 일종의 비극적 관점에서 이것들을 말하지 않습니다. 성경은 일종의 추상적 지식을 주지 않고, 마지막에야 우리를 소망에 맡길 거라고 말합니다.[2] 만약 처음부터 하나님과 거의 맞먹고 인간을 타락시킬 사탄의 권세가 있다고 성경이 말했다면, 우리는 우리가 실존적으로 어떻게 해볼 도리가 없는 문제에, 철학적으로나 신학적으로 결코 해결할 수 없는 문제에 봉착했을 것입니다. 히브리 사고는 이러한 종류의 억측을 철저히 차단합니다. 이것들 중 어느 하나도 말하지 않습니다. 루시퍼도, 악도, 비슷한 다른 것도 말하지 않습니다. 성경은 예수 그리스도와 연결 짓고, 예수 그리스도로 얻는 구원 안에서 생각할 수 있을 때에야 악이나 용을 말합니다.

뱀이 피조물에 지나지 않다면, 뱀이 정확히 무엇인지, 또는 뱀이 말을 한다는 사실은 중요한 것이 아닌 게 분명합니다. 언젠가 카를 바르트Karl Barth는 뱀이 실제로 말을 했다고 믿느냐는 질문에, 중요한 것은 뱀이 말을 했느냐가 아니라, 무슨 말을 했느냐라고 정확히 답했습니다. 이것이 진짜 문제입니다. 대화가 있었고 뱀을 매개로 하는 유혹이 있었다면, 인간과 뱀 사이에 어떤 관계가 있었던 것이 분명하기 때문입니다. 사실, 본문은 이런 두 관계를 보여줍니다. 첫째, 인간과 마찬가지로 이 동물도 흙과 관련이 있습니다. 14절은 "너는 배로 다니고 흙을 먹을 것이다"라고 말하는데, 인간이 흙에서 나왔고 흙으로 돌아간다는 것은 이미 살펴보았습니다. 둘째, 히브리어 본문은 뱀이 교활하거나 간사하다고 훨씬 직설적으로 말합니다. 히브리어 단어 '아룸*arum*'은 곧바로 남자와 여자에 대한 관계를 설정하는데, 2장 25절은 남자와 그의 아내가 다 벌거벗었으나 부끄러워하지 않았다고 말합니다.

여기서 '벌거벗었다'로 번역된 히브리어 단어 '아루밈*arumim*'은 '아룸'의 복수형입니다. 따라서 '벌거벗었다'라는 단어와 '교활하다'라는 단어를 맞바꿔 쓸 수 있습니다. 둘은 연결됩니다. 남자와 그의 아내 다 벌거벗었고(아루밈) 뱀은 교활한데(아루밈), 이렇게 번역해도 좋습니다. "남자와 그의 아내 다 교활했고, 뱀은 벌거벗었다." 뱀뿐 아니라 남자와 여자에게 같은 단어가 사용되었는데, 이들 사이에 또 다른 유대가 있다는 뜻입니다.

남자와 여자가 벌거벗었다는 사실은 꽤 중요하지만, 일련의 잘못된 해석으로 이어졌습니다. 벌거벗음은 일반적으로 순수함으로 해석됩니다. 예를 들면, 그래서 벌거벗고 살면 순수하다고 주장하는 나체주의자와 같은 태도를 낳습니다. 성경에서 벌거벗음은 결코 이런 뜻이 아닙니다. 벌거벗었다는 말은 공격받기 쉽고 약하다는 뜻입니다. 이것은 언제나 힘과 방어 수단이 없다는 사실과 연결됩니다. 본문에서 남자와 여자가 벌거벗었다는 말은 이들의 유일한 보호 수단이 이들과 하나님의 관계뿐이라는 뜻입니다. 하나님이 친히 이들을 보호하시며, 이들에게 다른 보호 수단은 없습니다. 하나님의 표를 받은 가인의 경우도 다르지 않습니다. 하나님은 가인에게 자신이 그를 보호하겠다고 말씀하십니다. 가인이 아니라고 대답할 때, 히브리어 본문은 그가 더는 벌거벗길 원하지 않는다고 말합니다. 그것은 그가 현재 약하고 하나님의 보호 아래 있다는 뜻입니다. 그런데 가인은 더 이상 자신은 누구의 보호도 필요하지 않다고 생각하며, 다양한 '기술'과 도시 건설을 통해 자신만의 보호 수단을 만들기 시작합니다.[3]

뱀의 교활함은 인간의 약점을 이용해 인간을 하나님에게서 떼어 놓고, 그럼으로써 인간을 더 약하게 만들고 자신의 보호자에게서 더 멀어지게 하려는 수단입니다. 뱀의 전체 목적은 여자와 남자를 하나님에게서 멀어지게 하는 것입니다.

성경은 뱀이 교활하고 똑똑하다intelligent고 말합니다. 이것을 흠이나 악으로 해석해서는 안 됩니다. 성경은 뱀이 이 때문에 나쁘다고 말하지 않습니다. 사실, 예수께서는 우리에게 뱀처럼 교활하라cunning, 지혜로우라고 말씀하십니다. 더욱이 잠언에 따르면, 교활함에서 지혜가 나옵니다. 족장 가운데 한 사람인 야곱은 '교활한 자the cunning one, 속이는 자'라 불립니다. 본문이 하나님의 모든 피조물 중에 뱀이 지적으로 가장 발달했다고 말할 때, 우리는 본문에 그 무엇이라도 우겨넣어 본문을 읽지 않도록 주의해야 합니다. '모든 피조물 중에'(개역개정은 '들짐승 중에'—옮긴이)라는 말은 어떤 의미에서 뱀이 아담보다 많이 안다는 뜻입니다. 그런데 뱀이 아는 것이 무엇입니까?

'뱀'으로 번역된 히브리어 단어는 '나하쉬*nachash*'인데, 한 단어로 번역할 수 없는 두 가지 의미를 가진 동사에서 파생했습니다. 그것은 그 동사가 하나의 온전한 의미 문맥을 갖기 때문입니다. '나하쉬'는 첫 번째, '잘못된 방향으로 이끌다, 미래에 대한 관점을 잘못 인도하다'라는 뜻입니다. 성경에서 이 단어는 잘못된 선택을 내리며 따라서 원래 의도한 것과는 전혀 다른 방향으로 가게 되는 교차로 상황에서 자주 사용됩니다. 이 본문이 기록될 무렵, 이 단어는 '마술을 행하다'라는 의미도 갖기 시작했을 것입니다. 바꾸어 말하면, '나하쉬'는 그 이름 때문에, 마술로 얻은 지식을 의미합니다. 이것은 인간이 자기 지식의 한계를 뛰어넘도록 뱀이 인간을 이끈다는 뜻일 것입니다. 미래를 알기 위해서, 이용할 수 있는 힘들powers을 알기 위해 마술 같은 수단이 동원됩니다(이것은 한 면일 뿐이므로, 이것이 어떻게 전개되는지는 나중에 살펴보겠습니다). 이것은 이를테면 '나하쉬', 마술을 아는 자가 주는 지식입니다.

뱀에 관해 마지막으로 기억해야 할 사실이 있습니다. 특히 가나안 세계에서는 종교들의 중심에 뱀이 있었다는 사실입니다. 아시다시피 성경에서 이스라엘에게 거듭거듭 문제를 일으킨 짐승은 황소였는데, 황소는 이스라엘이 살았던 세계의 신들 가운데 하나였습니다. 그렇다고 하더라도, 뱀은 가장 중요한 신들 가운데 하나였고, 종교의 중심에서 생명과 풍요를 상징했습니다. 이번에도 본문은 매우 비판적입니다. 본문에서 뱀이 선택된 것은 우연이 아닙니다. 다시 말해 단지 '나하쉬'이기 때문이 아니라 이스라엘 주변 세계의 신이기 때문에 선택된 것입니다. 성경은 이 본문에서 뱀이 다른 모든 피조물 중에 하나일 뿐이며 그 이상의 존재가 아니라는 것을 보여줍니다. 뱀은 영원한 존재가 아닙니다. 뱀은 난공불락이 아닙니다. 뱀은 야웨의 책망에 복종해야 합니다. 그리고 뱀은 비록 똑똑하지만, 똑똑함을 나쁘게 사용하는 피조물일 뿐입니다. 따라서 뱀을 통해 본문은 모든 종교를 공격합니다. 저는 이것이 유혹의 두 번째 요소라고 믿습니다. 첫 번째 요소는 마술입니다. 뱀을 통해 마술과 종교를 다 공격합니다. 그리고 마술과 종교는 이 서술 이면에 자리한 중요한 두 주제입니다.[4] 가나안 종교들에서 생명의 요소였던 것이 이 이야기에서는 죽음의 요소가 됩니다. 뱀을 아담의 실수가 시작되는 지점으로 보았던 유대인들은 뱀이 상징하는 종교 현상이 악이라는 사실을 표현하고 싶었습니다. 이 본문은 처음부터 반종교적 성격을 강하게 띠었으며, 따라서 세상을 비신성화합니다.[5]

유혹

미리 형성된 그 어떤 개념을 본문에 집어넣어 왜 유혹이 여자를 통해 왔을지 판단하며 읽어서는 안 됩니다. 유혹이 여자를 통해 온 이유는 여자가 남자보다 약했거나 악했기 때문이 아닙니다. 여자는 의심할 여지없이 남자에게 상당한 영향을 미쳤습니다. 어쨌든 본문은 여자가 남자의 완벽한 돕는 자이며, 따라서 자신의 모든 삶을 남자와 함께했다고 말합니다. 제 생각에는, 유혹 자체에 대해 우리가 하는 일반적 해석도 제거해야 합니다. 첫 번째 해석은 이것이 하나님이 인간에게 시행한 일종의 시험이었다는 것입니다. 마치 하나님이 인간을 순종과 불순종 중에 한쪽을 선택하게 하셨다는 듯이 말입니다. 저는 이런 해석이 창조에 관한 서술 전체에 역행한다고 믿습니다. 유대교나 기독교를 비판하는 자들이 빈번하게 내세운 주장이 있습니다. 인간을 유혹에 빠뜨리기 좋아하는 하나님은 끔찍하기 이를 데 없다는 것입니다. 그러나 이런 주장은 본문을 완전히 잘못 해석한 데서 비롯되었습니다. 하나님과 피조물의 관계는 사랑의 관계인데, 어떻게 유혹이 있을 수 있을까요? 하나님이 자신의 피조물을 향해 내내 매우 좋다고 하셨는데, 그 후에 자신의 피조물을 시험하려고 피조물로부터 멀리 떨어지신다는 것은 있을 수 없습니다. 그러므로 저는 유혹에 대한 이러한 해석은 본문에 나오지 않으며 완전히 틀렸다고 믿습니다.

널리 퍼진 또 다른 해석이 있는데, 저는 이 해석도 본문과 어울리지 않는다고 믿습니다. 이 해석은 하나님이 금지 규정을 부과하는 게 어떻게 가능하냐고 묻습니다. 하나님이 "너희는 이것을 하지 말지니라"라고 말씀하셨다면, 그것을 하도록 부추길 기회를 가졌던 게 분명하다는 것입니다. 본문을 있는 그대로 읽으면, 하나님은 이런 종류의 말씀을 전혀 하지 않으십니다. 뱀이 먼저 "그러니까 하나님이 너희더러 동산에 있는 나무들의 열매를 먹지 말라고 하셨느냐?"라고 묻습니다. 그리고 이 물음에 여자는 하나님이 동산 중앙에 있는 나무의 열매를 먹지 말라고 하셨다고 대답합니다. 하나님은 어디서도 이렇게 말씀하지 않으셨습니다. 이 말은 하나님과 인간의 관계가 교제communion의 관계이기에, 인간이 이 교제를 통해 선을 알고, 또 하나님이 어떤 장애물도 두지 않으셨다는 뜻입니다. 말하자면, 반드시 해야 하는 것과 절대 하지 말아야 하는 것에 대한 객관적 지식은 없습니다. 하나님과 인간이 단절된 우리 세계에서 하나님과의 이러한 관계를 굳이 설명하고 싶다면 그것을 신비로운 관계라 부를 수도 있습니다. 이런 관계에서 우리가 반드시 해야 하는 것이나 절대 하지 말아야 하는 것은 없습니다. 이런 관계는 객관적 공식으로 옮길 수 없습니다. 아담과 하와에게는 아무런 문제도 일어나지 않기에, 이들에게는 아무런 금지 규정도 부과되지 않습니다.

본문이 묘사하는 것을 하나님과 인간의 단절을 향한 첫걸음으로 해석해도 좋을 것 같습니다. 뱀은 똑똑하지만 이런 관계를 알지 못합니다. 뱀은 "하나님이 참으로 너희에게 동산 모든 나무의 열매를 먹지 말라 하시더냐?"라고 물음으로써 하나님이 하신 말씀을 말로 표현합니다. 이때 우리는 유혹하려는 첫 수작과 마주칩니다. 이때 여자는 동산에 있는 모든 나무의 열매를 다 먹을 수 있지만(이제 여자가 법을 말합니다) 하나님이 동산 중앙에 있는 나무의 열매는 먹지 말라고 하셨다고 대답합니다. 이렇게 해서 삶의 교제에서 제가 '법적 분석'이라 부르려는 것으로 옮겨갑니다. 그때 논의가 바뀝니다. 하나님과의 관계가 더 이상 이전과 같지 않기 때문입니다. 여자는 법이 있다고 말함으로써 하나님과의 관계를 해석합니다. 지금까지 그저 이것을 누리며 살았을 뿐이기 때문에 이것을 알지 못했습니다. 이제 여자는 도덕의 유혹에 직면합니다. 이제 우리는 유혹의 세 측면을 들춰냈습니다. 이것이 문제의 핵심입니다. 첫 번째 측면은 마술이며, 두 번째 측면은 종교이고, 세 번째 측면은 도덕입니다. 이것이 이 본문을 이해하는 열쇠입니다. 하나님은 사랑을 위해, 영광을 위해, 찬양을 위해 세상을 창조하셨습니다. 그런데 인간은 세상으로 하나님이 의도하신 창조 세계와 반대되는 마술적이고, 도덕적이며, 종교적인 우주를 만들려 합니다.

뱀은 사실 "너희의 눈이 열려 너희가 선과 악을 알게 되리라"고 약속합니다. 이러한 뱀의 약속으로 방향이 전환됩니다. 이렇게 뱀은 여자의 마음에 의심을 일으키고 의문을 심습니다. 교활한 뱀이 일종의 소크라테스적 접근법을 사용했다고 말할 수도 있겠습니다. 뱀은 하나님이 동산에 있는 어느 나무의 열매도 먹지 말라고 하지 않으셨다는 것을 매우 잘 압니다. 우리는 뱀이 이러한 종류의 도발을 한다는 것도 압니다. 뱀은 여자가 이렇게 대답하게 유도합니다. "아니오. 하나님은 우리에게 금하지 않으셨소. 그러나 우리가 어떤 나무 한 그루의 열매는 절대로 만지거나 먹어서도 안 된다고 하셨소." 뱀은 이런 식으로 여자가 의문을 품도록 유도합니다. 여자는 욕망으로, 더는 그 누구도 의지하지 않고 자신만을 의지하길 바라며 그 열매를 먹고 싶은 욕망으로 이끌립니다. 뱀이 말할 때, 악은 아직 그 자체로 존재하지 않습니다. 뱀은 인간이 이 열매를 먹으면 선과 악을 알게 되리라고 말합니다. 뱀의 말은 사실이며, 그가 말한 그대로 됩니다.

뱀이 여자에게 죽지 않으리라고 말하는 장면에서 언어유희가 펼쳐집니다. 히브리어에서 "너희가 죽으리라"는 말은 '테무툰*temutun*'인데, 뱀은 "너희가 죽지 않으리라"고 말할 때 '모트 테무툰*mot temutun*'이라고 [같은 단어를] 반복합니다('모트'와 '테무툰'은 둘 다 원형이 '무트'인데 '죽다'라는 뜻이다—옮긴이). 이것은 히브리어의 독특한 형식인데, 행위의 신속성을 암시합니다. 문자 그대로 옮기면 "너희가 곧바로 죽지는 않을 것이다"입니다. 많은 히브리 학자들이 여기에 동의합니다. 이것이 뱀이 약속한 것이며, 이 또한 사실입니다. 그러나 전체는 진리와 거짓 사이에 서 있는 단 한 글자의 반복에 달려 있습니다.

3장 1절로 돌아가보면, 우리가 성경에 있는 하나님의 계시를 이해하려 할 때 우리 자신의 삶에서 유혹이 어떻게 펼쳐지는지 아는 것은 쉽습니다. 하나님이 실제로 이렇게 또는 저렇게 말씀하셨을까 의심이 일어나며, 의심과 함께 더 잘 알고 싶은 유혹이 일어납니다. 이것은 하나님을 더 잘 알려는 시도입니다. (이것이 방향 전환입니다.) 모든 해석자는 독립된 시각에서, 즉 자신만의 시각에서 이렇게 하려는 유혹에 직면하며, 이들은 어느 논의에서나 이렇게 합니다. 하나님이 "너희는 동산 중앙에 있는 나무의 열매를 먹지 말라"고 말씀하셨다고 확신합니까? 저는 의심을 유발하는 것이 아니라 질문을 하고 있습니다. 성경은 제가 그분의 뜻을 알고 그것이 참인지 아닌지에 관한 물음에 답할 수 있는 길은 하나님의 말씀에 복종하는 것뿐이라고 가르치더라도, 지성의 시각에서 보면 이것은 합리적인 질문입니다. 바꾸어 말하면, 제가 "하나님이 정말로 이렇게 말씀하셨을까?"라고 묻는다면 하나님의 말씀을 판단하는 것일까요? 제가 이것을 이해하려면 먼저 하나님의 말씀에 복종해야 할까요? 그런데 5절은 "너희가 그것을 먹을 때 (너희가 죽지 않을 뿐 아니라) 너희의 눈이 열려 너희가 신들처럼 되어 선과 악을 알게 되리라는 것을 하나님은 매우 잘 아신다"고 말합니다. 이 말은 하나님에 대한 고발에 가까우며, 하나님이 다른 존재들이 신이 되지 못하게 막음으로써 자신의 특권을 지키길 원하신다는 뜻입니다. 더 근본적으로 이것은 하나님이 특정한 것들을 숨기신다는 고발이며, 그래서 그분의 마음에 있는 의도를 우리가 알아야 한다는 것입니다. 이것이 "하나님이 매우 잘 아신다"는 말이 의미하는 것입니다. 바꾸어 말하면, 우리는 하나님의 신비에 관한 순전히 지적인 지식인 그노시스*gnosis*와 마주합니다. 하나님이 사랑의 맥락이 아니라 지적인 지식의 맥락에 놓인다는 뜻입니다.

방금 말한 두 단계, "하나님이 참으로 …하시더냐"와 "…을 하나님이 매우 잘 아신다"는 말은 이렇게 말하는 것과 마찬가지입니다. "하나님 안에 무엇이 사는지, 하나님이 무엇을 생각하시는지에 관해서라면 하나님이 자신을 계시하신 것보다 내가 더 잘 안다니까!" 따라서 우리는 이 두 단계에서 또다시 종교와 마주합니다. 모든 종교가 정확히 이렇게 말하기 때문입니다. 종교들은 너나없이 이 계시나 저 계시의 진리를 판단할 수 있다고 주장하며, 비밀스럽고 신비한 것들에 관한 지식을 전한다고 주장합니다. 이런 식으로 종교는 인간을 하나님에게서 떼어놓습니다.

뱀은 "너희의 눈이 열려 너희가 신들처럼 되어 선과 악을 알게 되리라"고 주장합니다. 이 주장은 미래에 관한 것이기에, 무슨 일이 일어날지 인간에게 말해줌으로써 인간이 현재와 멀어지게 합니다. 인간은 미래에 초점을 맞출 것이며 자신들이 지금 경험하는 것을 포기하고 장차 경험할 수 있는 것을 바라고 살게 될 것입니다. 그리고 그 중심에 선과 악을 아는 지식이 있습니다.

널리 받아들여지는 두 가지 해석이 있는데, 제가 보기에 둘 다 견실합니다. 첫 번째 해석은 히브리어에서 지식은 지성의 작용에 국한되지 않으며 단지 개념적인 단어가 아니라는 것입니다. 지식은 더 심오하고 깊은 관계를 암시하기 때문입니다. '안다', '말하다', '힘이 있다'는 서로 대체할 수 있는 표현입니다. 바꾸어 말하면, 선과 악을 안다는 말은 선과 악을 결정하고, 선과 악을 규정할 힘이 있다는 뜻입니다. 지금까지는 하나님의 뜻이 선이었습니다. 그리고 그 외에는 아무것도 없었기에 악이 없었습니다. 그런데 이제 인간은 "이것은 선하고 저것은 악하다"고 말할 힘, 하나님의 뜻과는 독립적으로 그렇게 말할 힘이 있습니다. 이것이 선과 악을 안다는 말에 대한 첫 번째 해석입니다.

게르하르트 폰 라트Gerhard von Rad는 길고 매우 아름다운 연구를 토대로 또 다른 해석을 제시하는데, 이 본문과 같은 시대의 유대교 문헌들에서 '선과 악'이라는 표현은 도덕적 내용을 전혀 갖지 않는다는 것을 보여줍니다.[6] 당시의 유대 세계에서는 모든 것이 선인지 악인지 판단했기 때문에, 이를테면 선과 악은 모든 것을 지칭하는 속기법이었습니다. 따라서 폰 라트는 "선과 악을 알다"라는 표현은 "무엇이든 할 수 있다"라는 뜻으로 보았습니다. 이러한 해석은 인간이 신들처럼 되어 모든 것을 할 수 있다는 보장과 아주 잘 맞아떨어집니다. 폰 라트는 본문이 도덕 문제를 말하는 것이 아니라 그가 '타이탄적titanesque'이라고 부르는 문제를 말한다고 결론 내립니다. 여기서 타이탄적인 것이란 인간의 오만이나 광기의 폭발, 광란, 모든 한계를 넘어서는 것을 말합니다(타이탄/티탄은 그리스 신화에 등장하는 거대하고 강력한 신의 종족이다—옮긴이).

저는 두 해석이 서로 전혀 모순되지 않다고 생각합니다. 첫 번째 해석에서는 인간이 선과 악을 결정합니다. 두 번째 해석에서는 오만을 부추기는 행위, 프로메테우스적인 노력이 선과 악을 결정합니다. 이러한 현상은 제가 앞서 다룬 현상, 곧 마술과 종교의 현상과 밀접하게 관련이 있습니다.

이제 살펴볼 유혹의 마지막 요소가 6절에 나옵니다. "여자가 보니…." 그러나 히브리어 본문을 문자 그대로 옮기면 "여자가 보니 그 나무는 분명히evidently 먹기에 좋더라"입니다. 바꾸어 말하면, 뱀은 증거evidence에 호소합니다. 성경에서 이것은 기본입니다. 성경은 언제나 증거를 신뢰하지 않기 때문입니다.[7] 데카르트와는 반대로, 여기서 증거는 분명히 악의 길입니다. 여자가 보니 "그 나무는 분명히 먹기에 좋고, 보기에 즐겁고, 이해하는 데 유용"합니다. '이해하는 데 유용하다'는 말은 지적 의미에서 그렇다는 뜻입니다. 이 본문은 육체의 정욕과 눈의 정욕과 영의 정욕을 말하는 요한일서 2장 16절과 아주 비슷합니다. 이것들은 이를테면 똑같은 세 가지 유혹입니다. 열매는 먹기에 좋고, 눈으로 보기에 아름다우며, 지성에 유용합니다. 여자는 이것을 분명하게 봅니다. 그 순간 여자의 눈이 열리고 어떤 의미에서 악이 시작됩니다. 여자가 무엇이 자신의 음식이 되고, 무엇이 자신의 심미안이 되며, 무엇이 자신의 지성이 될지 스스로 결정하기 때문입니다. 여자는 지금까지 선물이었고 축복이었으며 그로서 존재했던 것을 자기 것으로 만들어버립니다. 이제부터 그것은 이해하는 데 유용한 것이 되어야 합니다.

우리는 이제 본문의 방향을 파악하기 시작하는데, 본문은 우리가 유혹에 대해 기존에 가진 이해와는 거리가 멀고, 성性과도 아무 관련이 없습니다. 이 본문의 저자들이 철학적 교훈을 제시하지 않았으며, 지금 제가 하듯이 신학적 교훈조차 제시하지 않았다는 점을 짚고 넘어가는 것도 중요합니다. 대신에 이들은 본문을 시적이고 신화적인 형태로 제시하는데, 그것은 청중들이 이해할 만한 것이었습니다.

여러분의 질문에 답해보겠습니다. 살아 있는 하나님의 말씀은 법이 아니라는 점을 덧붙이고 싶습니다. 하나님의 말씀은 고정될 때만 법으로 바뀝니다. 이러한 과정은 시대를 막론하고 교회에서 일어난다는 것을 알게 됩니다. 우리는 글말written word과 입말spoken word의 차이를, 의식 언어ritual language와 새로운 것을 가져다주는 담화speech의 차이를 다시 한 번 감지하기 시작합니다. 교회 공동체에서 우리는 말이 현재 상황 가운데 살아 있는 말로, 언표된 말로 표현되고 그렇게 받아들여질 때 법의 지배를 받지 않는다는 것을 늘 경험합니다. 반대로, 이를테면 말이 지성적인 것이 되고 형식적인 것이 될 때 도덕이 다시 펼쳐진다는 것을 늘 경험했습니다. 종교개혁은 설교를 기본적으로 중요한 자리에 되돌려놓으려 했습니다. 결국 설교는 지금 여기서 일어나는 말씀의 행위act of the Word입니다. 하나님은 말씀하십니다. 설교가 끝난 후 그것을 보존하려 해봐야 소용없습니다. 그러나 종교개혁은 실패했습니다. 말씀을 믿고 적용하는 사람이 말씀을 다시 살아 있는 말로 바꿀 수 있습니다. 그러나 예를 들면, 우리는 십계명을 객관적인 법으로 여길 때 다시금

도덕 문제에 부딪힙니다. 이제 우리는 다른 사람들에게 부과할 수 있는 법을 만들었고 그 법을 이용해 다른 사람들을 판단하기 때문입니다. 이런 식으로 법은 거짓이 됩니다. 설령 기독교는 근본적으로 도덕과 상관없더라도, 법이 도덕이 됩니다. 마찬가지로 우리는 또다시 말씀이 종교에서 입막음을 당하는 상황에 직면합니다. 예를 들면, 사람들이 자신들의 질문이나 문제에 해답을 찾으리라고 확신하며 성경을 아무데나 펼 때처럼 마술의 수단으로 사용하는 종교에서 말입니다. 지금 우리 주변에서 말씀이 이렇듯 마술적으로, 도덕적으로 사용되고 있습니다. 우리는 진리 그 자체만큼 오류에 가까운 것이 없다는 사실을 늘 기억해야 합니다.

타락

타락은 널리 인정되는 개념입니다. 그러나 성경에 타락이란 없으며, 따라서 원죄도 없습니다. 인간이 악에 순종했을 여지가 없으며, 인간이 악을 선택했다고 말할 수도 없습니다. 대신에 본문에서 일어나는 일은 스스로 선택하고 소외되려는 인간의 바람과 관련이 있습니다. 간단히 말해 인간은 독립을 원합니다. 이것이 단절을 일으키고, 자율적으로 인간은 창조자가 되며 하나님의 뜻을 판단하는 재판관이 됩니다. 이러한 단절 상황에서 인간은 본문이 예견하는 것을 조금씩 펼쳐나갑니다. 인간은 종교와 마술과 도덕을 점진적으로 펼쳐나갑니다.

자율과 단절을 경험하는 인간은 하나님과 또 하나의 관계를 세웁니다. 우리가 보았다시피, 하나님은 창조할 때 아담에게 자유를 주셨는데, 이제 아담은 자유를 얻고, 자유가 독립으로 바뀌었습니다. 두 가지 다른 관계를 세우는 일련의 조건이 있습니다. 신뢰 속에서 자유로운 삶을 살았고, 자유는 사랑에 기초했습니다. 타자와 이런 관계가 있었고, 이것이 중심 요소였습니다. 다시 말해 하나님은 절대 타자이셨으나, 인간과 하나님 사이에 전적이고 완전한 관계가 있었습니다. 인간과 이 타자의 관계에 자유와 신뢰와 사랑이 있었습니다. 그런데 이제 인간이 독립하면서, 그림이 완전히 달라졌습니다. 이제 권력 의지와 자율이 생겨났고 관계가 사라졌으며 그 어떤 타자도 없습니다. 말하자면 이것이 인간이 창조한 새로운 세상입니다.

따라서 인간은 자율을 획득했고, 게다가 모든 것을 즉시 갖고 싶어 합니다. 이것이 단절의 본질적인 측면입니다. 앞서 말했듯이, 인간은 약했고 벌거벗었습니다. 남자와 여자의 관계처럼 하나님과 인간의 관계는 사랑의 관계였습니다. 이것은 지속적인 발전을 의미했습니다. 다시 말해 사랑은 결코 정적이거나 완전하거나 단번에 성취되는 것일 수 없습니다. 인간은 하나님의 형상이며, 첫 커플도 사랑, 즉 벌거벗은 사랑이라는 점에서 하나님의 형상입니다. 저는 이것을 팽창하는 사랑이라고 부르고 싶습니다. 이것은 사랑을 통해 지속적으로 새로워지는 하나님의 형상입니다. 사랑은 인내의 역사를 초대합니다. 성경에서 하나님의 사랑은 하나님이 인내하시는 이야기(또는 역사)입니다. 유혹을 말하는 이 본문이 임박한 단절에 관해 드러내는 사실이 있습니다. 인간은 모든 것을 즉시 원한다는 것입니다. 나무의 열매는 먹기에 좋아 보이고, 보고 싶은 욕구를 불러일으키며, 지혜롭게 할 만합니다. 그래서 인간은 즉시 그 열매를 따먹습니다.

여러분이 제기한 문제를 다루려면, 사람들이 자주 묻는 질문을 살펴보아야 합니다. 하나님이 실제로 하나님이라면, 왜 이런 일이나 저런 일이 일어나도록 허용하십니까? 여기서 우리가 알아야 할 사실이 있습니다. 하나님에게 관계란 사랑의 관계뿐이며, 이것은 사랑하는 대상에게 사랑받지 못할 위험을 감수한다는 뜻입니다. 이것은 우리를 핵심 문제로 이끕니다. 다시 말해 우리가 누군가를 사랑할 때 그 사람을 강요하거나 제약할 수 없으며, 그 사람이 우리를 사랑하지 않을 가능성을 받아들여야만 한다는 것입니다. 예를 들면, 하나님이 인간을 유혹해 사랑을 얻으려 하신다면 하나님은 하나님이 아니라 교활한 분일 것입니다. 이 교활한 분은 선물이어야 했던 것을 유혹으로 얻습니다. 카를 바르트의 말을 빌리자면, "하나님이 인간에게 '예스'라고 말씀하실 때, 인간이 '노'라고 말할 가능성을 인간에게 주십니다." 이것을 이해하지 못하면, 계시의 핵심을 이해하지 못합니다. 하나님은 인간에게 '예스'라고 말씀하실 때, 인간이 진행하며 발전시키고 있는 것에 대해 '예스'라고 말씀하시는데, 인간이 '노'라고 대답할 가능성을 하나님이 미리 열어두신다는 뜻입니다. 그러므로 숨겨진 선재先在 악이란 없으며, 사랑하기 때문에 상처입기 쉬운 하나님이 있을 뿐입니다. 하나님은 인간을 사랑하시기 때문에 인간이 자신과의 관계를 단절하고 자신 없이 살 가능성을 열어두십니다. 사랑한다는 말은 단절의 가능성을 허용하고 상대방에게 사랑 없이 관계를 지속하도록 강요하지 않는다는 말입니다. 저는 이것이 예수 그리스도 안에 있는 하나님의 계시에 담긴 가장 깊은 신비라고 믿습니다.

신화와 역사

제가 다루고 싶은 마지막 질문은 이 서술의 성격이 신화인지 역사인지 하는 점입니다. 우리는 정확히 무슨 일이 일어났는지 알지 못하며, 이는 창조의 처음 며칠에 관해서도 다르지 않습니다. 태초에는 아무도 없었고, 나중에 사람들이 있었을 때라도 이것을 다음 세대에 전해주지 않았습니다. 우리는 아담이 자녀들에게, 그 자녀들이 자신의 자녀들에게 무슨 말을 했는지 알지 못합니다. 따라서 이 서술은 신화적 성격을 갖습니다. 다시 말해 이 서술은 우리에게 세세한 사실을 말해주기 위해서가 아니라 우리 삶의 핵심에 닿는 근본 진리를 드러내기 위해 기록되었습니다.

그러나 신화적 서술에는 또 다른 면이 있는데, 이 부분에서 저는 폴 리쾨르와 견해가 다릅니다.[8] 오래된 어느 신학적 해석에 따르면, 그는 이 신화적 서술이 기원에 대해 말하는 것이 아니라 우리들 각자의 역사를 말한다고 봅니다. 바꾸어 말하면 이것은 하나님과 하와와 아담에 관한 이야기가 아니라, 각 사람 하나하나로 시작하고 또 시작하는 보편적이며 영구한 역사라는 것입니다. 이 해석에 따르면 우리는 각자의 삶에서 이 이야기를 새로 시작합니다. 따라서 이 서술은 모든 세대, 모든 사람의 개별적인 역사를 기술합니다. 전과 후가 없습니다. 이러한 단절 상황이 지금껏 있었던 전부이기 때문입니다. 저는 이러한 해석을 받아들일 수 없습니다. 이러한 해석은 우리가 창조에 관해, 인간 상황에 관해, 하나님과 인간의 관계에 관해 현재 알고 있고 살아가는 것이 하나님이 창조하셨고 원하셨던 것이라고 보기 때문입니다. 하나님과 인간의 관계가 사랑과 교제communion의 관계였던 **전***before*이 없고 이러한 관계가 단절된 **후***after*도 없다면, 리쾨르의 해석이 옳을 것입니다. 우리 모두가 살고 있는 상황은 우리들 각자에게서 시작할 것입니다. 그러나 하나님이 성경에 계시된 분이라면 지금 이 세상이, 우리의 삶이, 우리와 하나님의 관계가 결코 하나님이 창조하셨고 원하셨던 것일 수 없습니다. 그러므로 저는 어느 순간에 단절이 일어난 것은 분명하지만 이 순간이 시간 속에 위치했었는지를 우리가 알지 못할 뿐이라고 믿습니다. 어느 날짜도, 역사의 어느 시대도 이 순간이었다고 할 수 없을 것입니다. 그렇더라도 저는 하나님과 인간의 관계에 일어난 변화에 관한 참 지식(정확한 지식과는 다릅니다)을 우리에게 가르친다는 의미에서 이 서술이 명백하게 역사적이라고 믿습니다. 저는 한 사람을 지칭하는 것이 아니라 처음부터 인간의 잠재성을 지칭하는 '아담'이라는 이름이 이것을 뒷받침한다고 믿습니다. 그러므로 우리가 가진 서술은 우리 모두의 삶에서 되풀이되는 일에 관한 서술일 뿐만 아니라 창조되었던 것의 변화에 관한 서술이기도 합니다. 이런 의미에서 이 서술은 역사의 서술이지만, 과학적이고 역사적인 탐구에서 나온 서술은 아닙니다. 이것이 현재 벌어지는 해석학 논쟁의 핵심이라고 생각합니다.

성경이 보여주는 것은 하나님의 믿기 어려운 모험 이야기입니다. 그것은 하나님이 피조물을 유혹하거나 강요하지 않으면서 어떻게 사랑으로 되찾으시는지를 보여줍니다. 이것은 예수께서 우리에게 판단하지 말라고 그토록 강하게 경고하시는 이유를 이해하는데 도움이 됩니다. 단순히 악의 문제가 아닙니다. 우리는 그 무엇이 선하다고 스스로에게 말할 때, 바로 그 순간 자신이 틀렸다고 확신해도 좋습니다. 우리는 객관적으로 선과 악을 가려내려 하지 말라는 경고를 받는데, 이것은 인간의 가장 큰 열망들이 악을 표현하려는 것임을 암시합니다. 그러나 판단을 내리지 않은 채, 가치관을 갖지 않은 채, 미래를 위한 계획을 세우지 않은 채 살 수는 없습니다. 우리는 여전히 이 땅에 있으며, 하나님나라에 있는 것이 아닙니다. 우리는 사회 안에 살아야 하고 사회의 발전을 도와야 합니다. 우리는 달리할 수 없지만, 사회가 결코 이상이나 신성한 것이 되지 않게 해야 합니다. 사회는 결코 정의나 자유나 사랑을 구현하지 못할 것입니다. 우리가 소망할 수 있는 최선은 사회가 살 만해지는 것이며, 이 소망을 이루는 것은 결코 작은 성취가 아닙니다. 성경은 모든 유토피아를 철저히 정죄합니다.

우리는 어느 정도 균형 잡힌 사회를 만들려고 노력할 수 있을 뿐입니다. 이 사회가 아주 오래 지속되지는 않으리라는 것을 모두가 알고서 어느 정도 안녕을 누리도록 말입니다. 그리스도인으로서 우리는 이 과정에 참여해야 하고, 우리 사회의 절대적인 것들을 받아들이지 않은 채 상대적인 것들 속에서 살아야 합니다. 바르트에 따르면, 믿음으로 우리는 자신이 무익한 종이지만 그렇더라도 종이라는 사실을 받아들입니다.[9] 제가 하는 일은 하나님 앞에서 아무 쓸모가 없습니다. 하나님은 제가 없어도 그 일을 하실 수 있기 때문입니다. 그러나 어쨌든 저는 그 일을 할 것입니다. 그리스도인으로서 우리는 순교자나 천사나 특별한 사람이 아닙니다. 예수께서 다소 짓궂게 던지신 질문을 떠올려보십시오. "유대인이 아닌 자들과 그리스도인이 아닌 자들도 그렇게 하는데, 너희와 가깝고 너희를 사랑하는 사람들을 너희가 사랑한다면 그게 뭐 그리 특별하겠느냐?"(마 5:46-47). 이것이 우리가 살아야 하는 상황입니다. 이렇게 하면서 절대로 피조물을 유혹하거나 우리를 사랑하는 그분의 말씀을 의심해서는 안 됩니다. 다시 한 번 예수께서 길을 보여주십니다. 세 가지 유혹을 받으실 때, 예수께서는 디아볼로스와 논쟁하거나 그 자신의 대답을 하지 않으십니다. 대신에 성경 본문들을 인용하십니다. 다시 말해, 하나님의 말씀을 참조하십니다. 스스로 대답하지 않음으로써 아버지를 향한 완전한 순종과 사랑을 보여주시며, 하나님이 이미 말씀하신 것에 그 무엇도 덧붙일 필요가 없음을 발견하십니다.

이것은 하와의 행동과 날카로운 대조를 이룹니다. 하와는 하나님이 금하신 일을 하고 싶은 것이 아니라 하나님이 매일 주시는 것을 자신의 것으로 전용轉用합니다. 선을 안다는 것은 하나님과 교제한다는 뜻이기 때문입니다. 하와는 선을 혼자 힘으로 알려 하며, 선을 자신 속에 내재된 것으로 만들어 하나님의 은혜와 교제와 사랑을 기다리는 대신 이것을 매일 새롭게 하려 합니다. 다른 한편으로 하와는 자신과 하나님의 관계를 종교적이고 마술적이며 도덕적인 관계로 바꿉니다. 하와가 자신과 하나님의 관계를 전용하고 바꾸었다는 이러한 이중 요소가 방금 살펴본 서술의 핵심 요소입니다.

우리는 유대교의 선포들과 후대 기독교의 선포들이 그토록 당황스럽고 충격적인 이유도 발견하기 시작했습니다. 이 선포들은 인간이 우월한 가치를 가지며 궁극적으로 중요하다고 여기는 모든 것에 의문을 제기했습니다. 그러나 기독교는 덫에 빠지고 말았습니다. 예를 들면 새로운 미학의 형태나 대성당 건축을 통해 자신이 의문을 제기한 이러한 가치를 재건한 것입니다. 의심할 여지없이 이러한 대성당들은 매우 아름다웠지만, 이를테면 하나님의 말씀을 화석화했다는 의미에서 재앙이기도 했습니다. 저는 이렇게 말하면서 한 가지를 인정합니다. 우리는 아직 하나님나라에 있지 않기 때문에 달리 행할 능력이 없다는 것입니다.

회중을 우리가 이따금 직면하는 해석학적 위기에 빠뜨리는 것은 무책임한 짓이라는 사실을 깨달았음을 고백해야겠습니다. 왜냐하면 복음에 대해 아주 간단한 것들만 이해하는 사람들이 있을 것이기 때문입니다. 자칫하면 이런 사람들을 감당하지 못할 혼란에 빠뜨릴 위험이 있습니다. 예를 들면 후설Edmund Husserl과 하이데거Martin Heidegger의 철학은 우리를 너무나 복잡하고 어려운 해석학적 상황에 몰아넣었습니다. 솔직히 말하면 저는 이러한 해석학적 작업을 정리하는 어느 위원회에 속해 있었을 때, 정말이지 이러다간

미쳐버리겠다는 생각을 했습니다. 제 인생에서 그런 일이 일어난 것은 그때뿐이었습니다. 저는 이런 문제들에 우둔하지도 않았고, 결국 이것들을 숙지하긴 했지만 제가 실패하고 있다는 생각을 했습니다. 만약 이러한 모호한 자료를 지적으로 그다지 뛰어나지 못한 성직자들에게 맡긴다면, 이들은 이런 자료를 숙지하지 못할 테고 미쳐버리고 말 것입니다. 이런 문제들은 이 부분을 잘 아는 십여 명의 지성인들에게 맡기는 게 최선입니다. 그러면 이들은 이러한 종류의 작업을 마쳤을 때, 공동체를 교육하는 데 유익할 법한 게 있다면, 무엇인지 알아내야 할 것입니다. 우리는 이러한 종류의 일로 사람들을 공포에 떨게 할 권리가 분명히 없습니다.

여러분이 머리가 좋다면, 머리를 써야 하며 다른 것을 해서는 안 됩니다. 문을 닫고 "지금부터 더 이상 질문을 하지 않겠습니다"라고 말하는 것은 불가능합니다. 더 나은 설명을 발견할 때까지, 또는 하나님이 더 나은 설명을 주실 때까지, 제가 어떤 설명에 기대어 그럭저럭 살 수 있다면, 그것은 그리 나쁜 것이 아닙니다. 더욱이 제가 만든 이 작은 길이 다른 사람들이 자신의 길을 찾도록 도와줄 요소들로 이어진다면, 이것이 우리가 성취할 거라 기대할 수 있는 전부입니다. 에덴 이후 하나님나라 이전의 현재 상황에서 우리는 다른 아무것도 할 수 없으며, 다른 아무것도 쓸모없습니다. 저는 인간의 삶에 필연이 있다는 리쾨르의 주장에 동의할 수 없습니다. 이것은 다르게 행동할 가능성이라고는 조금도 없는 원죄 개념으로 돌아가는 것으로 보이기 때문입니다. 하나님의 방식은 그분의 권한으로 자신과 피조물의 교제를 회복하는 것이 아니었습니다. 지적인 존재로서 우리도 타인들에게 이렇게 해서는 안 됩니다. 대신에 하나님은 예수 그리스도의 탄생과 삶과 죽음과 부활을 통한 거듭남reincarnation의 길을 선택하셨고, 이것이 우리의 길이 되었습니다.

인간이 유한하다는 의미에서 원약原弱, original weakness을 말하는 것은 가능하며, 저는 이 부분에서 리쾨르가 옳다고 믿습니다.[10] 인간은 유한한 피조물로서 벌거벗은 만큼 이러한 약한 존재입니다. 왜냐하면 인간의 온전한 삶은 자신 속에 있는 그 무엇이 아니라 은혜에 달렸기 때문입니다.

성경이 말씀the Word의 책인 데는 그만한 이유가 있습니다. 말씀은 중보하며, 중보는 예수 그리스도의 일입니다. 이에 반해, 중개를 거치지 않고 분명한 지식과 관련된 것은 오류의 영역에 위치합니다. 그러나 말씀의 중개를 통해 오는 지식은 진리의 영역에 위치합니다. 저의 책 《굴욕당한 말》에서 설명했듯이, 분명한 것은 보기seeing와 관련이 있습니다.[11] 성경은 보기의 영역인 실재reality, 현실와 말씀의 영역인 진리를 강하게 구분합니다. 성경에는 하나님이 분명하게 나타나시는 장면이 매우 드뭅니다. 하나님이 모세에게 나타나실 때, 모세에게만 나타나시고 백성은 천둥과 번개만 볼 뿐입니다. 모세는 산에서 돌아와 수건을 씁니다. 얼굴에서 백성이 감당할 수 없는 빛이 났기 때문입니다. 엘리야가 하나님을 보여달라고 요청할 때, 놀라운 광경이 펼쳐집니다. 천둥이 지나가지만 엘리야는 하나님이 아니라는 것을 압니다. 폭풍이 지나가지만 엘리야는 하나님이 아니라는 것을 압니다. 마지막으로 세미한 소리가 들립니다. 그제야 엘리야는 하나님이라는 것을 깨닫습니다. 바꾸어 말하면 하나님은 보이지 않지만, 하나님이 지나가신 후 사람들은 하나님이 거기 계셨다는 것을 깨닫습니다. 계시록 마지막 부분에서야 실재와 진리가 새 창조에서 재결합합니다. 그동안 과학은 실재를 다루지만 결코 진리에 이르지는 못할 것입니다. 실재의 영역에 지나지 않는 것으로 진리의 영역을 침범하려 하는 것은 실재에서 얻은 증거를 따르는 삶이 범하는 오류입니다. 계시록에서 실재와 진리가 하나 되기 때문에, 계시록은 환상의 책입니다. 계시록은 하나님이 인간이 만든 모든 것과 더불어 인간 역사 전 과정을 어떻게 사용해 이 모든 실재를 진리로 이끌어 들이시는지 보여줍니다.

한마디만 덧붙이겠습니다. 우리가 가장 오래된 인간의 실재human reality에 관해 아는 모든 정보는 유골에서 얻었습니다. 다시 말해 죽음이 그 실재의 일부였던 때에서 얻은 정보입니다. 우리는 그 너머까지 갈 수 없습니다. 따라서 하나님과 단절되기 이전에 인간이 살았던 삶에 대해서는 아무것도 알 수 없습니다.

5. 하나님과 인간의 단절이 낳은 결과

인간이 창조하는 세상과 하나님의 결정

본문이 타락 개념을 뒷받침하지는 않지만, 인간이 자신과 하나님의 관계에 일으킨 단절을 뒷받침한다는 것을 살펴보았습니다. 이 단절을 통해 인간은 숱한 결과를 낳습니다. 그리고 하나님이 내리시는 결정들에서 그 밖의 결과들도 나타납니다. 후자를 저주와 혼동해서는 안 됩니다. 하나님은 결코 인간에게 저주를 선포하지 않으십니다. 이러한 결과들을 한 묶음으로 살펴보고, 그런 후에 죄를 완전히 긍정적으로 해석하는 현대의 한 신학 흐름을 살펴보겠습니다.

단절이 낳은 첫 번째 결과는 남자와 여자가 자신들이 벌거벗은 사실을 발견한 것입니다. 이것은 성이나 도덕이나 겸양의 문제가 아니라 약함의 문제입니다. 이들은 스스로 옷을 만들어 이 약함을 극복하려 합니다. 성경 전체에서 계시록까지 내내 옷은 보호를 뜻합니다. 이 상징은 매우 일관됩니다. 약하다는 사실을 알게 되면 보호할 방법을 찾고, 그때부터 보호는 인간 역사의 일부가 됩니다. 하나님과 단절되기 전에는 보호가 필요하지 않았습니다. 하나님이 이들의 보호자이셨기 때문입니다. 이것은 누차 나타나는 패턴입니다. 인간이 하나님의 보호를 거부하고 자신만의 역사를 만들고 옷을 짓는 자신만의 능력, 곧 기술을 비롯해 그 밖의 보호 수단을 의지하려 합니다.

인간이 약함을 발견한 것과 관련된 두 번째 측면이 있습니다. 제가 앞에서 벌거벗음의 의미에 관해 했던 말을 떠올려보십시오. 여기 사용된 단어가 교활하다는 뜻일 수도 있기 때문에 언어유희에서 비롯되었다는 이야기였습니다. 남자와 여자는 뱀처럼 '아룸'하게 됩니다. 다시 말해 이들은 뭔가 동일한 본성을 공유합니다. 히브리어 본문은 매우 분명합니다. 남자와 여자는 서로를 새로운 방식으로 발견하는데, 이들과 하나님 사이에 단절이 있을 뿐 아니라 남자와 여자 사이에도 단절이 있다는 뜻입니다. 이어지는 본문은 이것을 아주 세밀하게 확인해줍니다. 이들은 자신들이 교활하다는 사실을 발견할 때, 서로의 취약성을 발견합니다. 이것으로 사랑과 교제의 관계는 끝나고, 뱀의 경우에서 보듯이 비난하고 묻기 위해 지성을 사용하는 관계가 생겨납니다. 그래서 남자와 여자도 하나님 앞에 질문들을 내놓습니다. 이들은 자신들의 약함과 교활함을 알게 되자 두려워합니다. 하나님을 두려워하고 그분을 피해 숨습니다. 이때부터 이들과 하나님의 관계는 단절되고, 더 이상 사랑과 교제에 기초하지 않습니다. 바꾸어 말하면 이들은 이제 사랑 없이 하나님을 객관적으로 알 수 있습니다. 귀신들도 하나님을 알고 떤다고 한 야고보서의 한 구절이 떠오릅니다. 하나님을 아는 두 가지 방식이 있습니다. 첫 번째는 사랑 안에서 하나님을 아는 것인데, 이러한 앎을 통해 교제가 유지되고 확대됩니다. 두 번째는 단절된 관계 안에서 하나님을 아는 것인데, 이러한 앎은 겉모습을 다루고 질문하고 비판합니다. 이러한 앎을 통해 하나님은 끔찍하고 전능한 all-powerful 모습으로 나타납니다. 하나님이 전능하다고 믿는다면, 기대할 수 있는 거라고는 하나님 때문에 공포에 사로잡히는 것입니다. 보다시피 하나님을 이렇게 보는 기독교 진영들에서 정확히 이런 일이 일어납니다. 예를 들면, 청교도들의 설교에는 공포라는 요소가 빠지지 않습니다.

단절이 낳은 자연스러운 두 번째 결과는 인간이 말 그대로 책임을 지게responsible 되었다는 것입니다. 다시 말해 인간은 반응을 요구받습니다. 혼자 추상적으로 책임을 질 수 없습니다. 책임이란 물음에 반응하는 문제이기 때문입니다. 남자와 여자는 두 개의 질문을 받습니다. "네가 어디 있느냐?"(9절). "네가 무엇을 하였느냐?"(13절). 사실 하나님은 이 두 개의 질문을 인간에게 계속 하고 계십니다. 우리는 사는 내내, 우리가 어디 있는지 알지 못할 뿐만 아니라(물론 단순히 지리적 의미가 아닙니다) 우리가 정확히 무엇을 하고 있는지도 모르기 때문입니다. 하나님의 말씀은 인간이 도망칠 때도 인간에게 미치지만 파괴적이지는 않습니다. 하나님의 말씀은 취소되지 않을 뿐만 아니라 인간을 죽음으로 이끌지도 않습니다. 하나님이 이런 질문을 하시는 까닭은 모르기 때문이 아닙니다. 오히려 반대입니다. 이런 질문을 함으로써 인간이 상황을 인식하게 하고 깨닫도록 돕기 위해서입니다. 인간은 이제 스스로 대답해야 합니다. 관계가 단절되기 이전에는(교제가 있을 때) 어떤 의미에서 하나님이 인간에게 대답하셨기 때문에 인간이 대답할 필요가 없었습니다. 성경에서 이와 똑같은 관계를 욥에게서와 예수 그리스도에게서 볼 수 있는데, 둘의 경우에서 하나님은 대답하십니다. 그러나 관계가 단절된 이후에는 인간이 스스로 대답해야 합니다.

이 두 개의 질문으로 인간은 극도로 어려운 상황에 처합니다. 사실 인간은 이 두 개의 질문에 대답할 수 없기 때문입니다. 진정으로 대답하려면, 이제 자신들이 하나님과의 교제를 나누지 못함을 인식해야 합니다. 그런데 이것은 자기 정죄를 암시합니다. 그러지 못하기에, 인간은 거짓 대답을 하는 수밖에 없습니다. 이것은 전적으로 책임을 지지 않는 것입니다. 바로 이 순간 인간은 자신들의 진짜 상황을 발견하며, 이제 악을 알게 됩니다. 앞서 보았듯이, 지금까지 어디에도 악은 없었습니다. 인간이 악을 알게 된 것은 불순종했을 때가 아니라, 하나님의 질문을 받고 자신들이 그분에게 대답할 수 없음을 깨달았을 때입니다. 이러한 상황은 모든 칭의 justification 체계로 이어집니다. 이것은 율법에 관한 바울의 본문을 떠올리게 하는데, 거기서 바울은 율법이 없었다면 죄도 없었을 거라고 말합니다. 율법이 없었다면 그 법을 위반할 수 없었을 것이고,

따라서 죄도 없었으리라는 뜻이 아닙니다. 법이 없었다면 대답하지 않아도 됐을 것이고, 자신이 대답할 수 없다는 사실을 발견하게 되지도 않았으리라는 뜻입니다. 하나님의 질문에 대답할 수 없는 이러한 무능력이 세상에서 악을 발견하는 결과를 낳습니다.

이 상황에서 하나님과의 단절에서 비롯된 즉각적인 세 번째 결과가 나오는데, 그것은 상대를 고발하는 것입니다. 인간은 진리로 반응하고 자신의 잘못에 대한 벌을 받길 거부합니다. 악을 알게 되자 인간이 타인을 비난하는 현상이 곧바로 나타납니다. 남자는 여자가 열매를 자신에게 주었다며 여자를 탓하고, 하나님이 자신에게 여자를 주셨다며 하나님까지 탓합니다. 바꾸어 말하면, 아담은 자신이 이 일과 아무 관련이 없다고 말합니다. 하나님과 여자의 잘못이라고 말합니다. 하나님이 여자에게 "네가 무엇을 하였느냐?"라고 물으실 때, 여자는 뱀이 자신을 유혹했다며 뱀을 탓합니다. 여기서 중요한 점은 남자와 여자가 고발의 힘에 발을 들여놓게 된다는 것입니다. 서로 고발하기는 교제가 단절된 결과이며, 사랑 밖에서 상대를 객관적으로 알게 된 결과입니다. 여기에서 고발 과정이 진행됩니다. 하나님은 결코 고발자가 아닙니다. 성경에서 고발자는 사탄이란 이름으로 잘 알려져 있습니다. 사탄은 정확히 고발자라는 뜻입니다. 따라서 선재하는 악이나 선재하는 사탄을 상정할 필요가 없습니다. 남자와 여자가 서로 고발하기 시작하는 그 순간, 보편적인 고발의 힘이, 의인화된 사탄이 존재하게 됩니다.

인간과 하나님의 단절에서 직접 비롯되며 앞서 살펴본 세 결과 외에 하나님의 결정에서 비롯되는 결과들도 있습니다. 첫째, 우리는 하나님이 남자와 여자에게 하시는 말씀을 이해해야 합니다. 하나님은 저주가 아니라 언약을 선포합니다. 성경의 시각에서 볼 때, 이것은 절대적으로 중요합니다. 일반적으로, 인간은 하나님과 단절된 결과로 죽음을 맞이했어야 합니다. 하나님은 생명을 주고 모든 생명을 체현하는 살아 계신 분이며 생명의 총체이시기 때문입니다. 더 이상 생명과 관계가 없다면 죽은 것입니다. 이보다 단순한 것은 없습니다. 그러나 단절에도 불구하고, 인간이 살아 있는 것은 하나님이 자신의 피조물을 멸하고 공허의 권세가 피조물을 이기도록 두길 원하지 않으시기 때문입니다. 인간은 살아 있지만, 완전히 새로운 상황에 처합니다. 다소 특이하게도, 독립과 자율을 거머쥔 인간이 만들어낸 이러한 상황에서, 하나님은 인간이 한 일 때문에 인간을 벌하지 않으실 뿐만 아니라 관계가 단절되기 이전의 상황을 회복하지도 않으십니다. 대신에 하나님은 이 상황을 바꾸기 위해 이 상황에 참여하기로 결정하시는데, 이것이 구약성경 전체의 역사입니다. 인간이 주도하고 결과가 나쁘게 나올 때마다, 하나님은 인간이 한 일을 취소하지 않지만 문제를 해결하고 양쪽 모두가 살 만한 새로운 관계를 만들기 위해 자신의 역할을 감당하십니다. 이 관계는 더 이상 교제의 관계일 수 없습니다. 인간이 이 관계를 거부했기 때문입니다. 하나님과 인간은 분리되었습니다. 마치 하나님이 새로운 상황을 만드시는 것 같은데, 이 서술에서 이 상황은 언약이라 불릴 것입니다.

언약은 세상에서 펼쳐지는 특별한 상황을 인정합니다. 이제 인간이 자신의 역사를 만들고, 그동안 입은 피해를 제한합니다. 인간은 곧바로 죽었어야 했습니다. 그러나 하나님이 결과를 제한하셨기에 계속 살아 있습니다. 인간은 하나님과의 단절이 야기한 이 상황에서 살아야 하는데, 이 상황에서 하나님은 새로운 규범 또는 언약을 세우십니다. 이것이 하나님의 첫 결정입니다.

하나님이 내리신 두 번째 결정은 뱀을 저주하는 것입니다. 그 결과, 상황은 새로운 국면을 맞습니다. 앞에서 살펴보았듯이, 지금까지 뱀은 한 마리 짐승일 뿐이었습니다. 가장 지적이고 똑똑한 짐승이었더라도 말입니다. 그런데 저주가 근본적인 변화를 일으킵니다. 한편으로 뱀은 수치와 패배의 상징이 됩니다. 당시 셈족의 상징은 매우 분명합니다. 단절 이전에 뱀이 다리나 발을 가졌느냐는 문제가 아닙니다. 예를 들면 갈대아 석주石柱들에서 보듯이, 이것은 패배자의 배를 땅에 붙인 채 질질 끌고 다니는 관습과 관련이 있습니다. 다른 한편으로 뱀은 여자와 그 후손 사이의 적대적 힘의 상징이 됩니다. 이것은 두 가지 면에서 매우 의미가 깊습니다. 첫 번째, 뱀은 흙을 먹을 것입니다. 이것을 이해하려면, 당시에 훨씬 도시화된 사람들이라도 자연을 아주 잘 알았다는 점을 떠올려야 합니다. 따라서 이들은 뱀이 흙을 먹고 살지 않는다는 것을 매우 잘 알았습니다. 그러므로 뱀이 흙을 먹으리라는 말은 관찰이 아니라 하나님이 나중에 아담에게 하신 말씀, 곧 "너는 흙이니 흙으로 돌아가리라"는 말씀에 근거한 것입니다. 바꾸어 말하면, 뱀은 하나님이 아담을 창조할 때 사용하신 재료를 먹을 것입니다. 이것은 둘의 관계를 암시합니다. 뱀이 인간의 흙(인간 창조의 재료—옮긴이)을 섭취함으로써 아담의 물질적 본질을 지배하는 관계가 되었음을 암시합니다. 이것은 신화적이고 상징적인 면을 드러냅니다. 그리고 유대인들에게 이것은 뱀과 관련된 종교들을 설명해줍니다. 앞서 보았듯이, 유대교 저자들이 뱀을 모델로 선택한 이유는 그들이 뱀과 관련된 종교들을 가진 주변 민족들에게 둘러싸여 있었기 때문입니다. 그러므로 본문이 말하는 바는 이러한 종교들이 인간의 흙을 먹거나 어떤 의미에서 인간을 삼킨다는 것입니다. 여기서도 이 서술의 반종교적 성격이 나타납니다.

뱀이 무엇이 되는지에 관한 두 번째 측면은 뱀과 여자의 후손 사이의 적대감과 관련이 있습니다. 이번에도 이것은 자연에 대한 관찰이 아닙니다. 히브리어 단어는 매우 분명합니다. 후손들(복수)이라고 말하지 않고 한 후손(단수)이라고 말합니다. 이것은 위엄을 암시하는 절대적 용어라고 해도 좋습니다. 결과적으로, 그리스도인들은 전통적으로 이것이 그 사람의 아들人子 예수 그리스도를 가리킨다고 보았습니다. 어쨌든 이 때문에 뱀은 큰 의미와 중요성을 갖습니다. 뱀은 그의 뒤꿈치를 상하게 할 수 있는데, 이것은 당시 히브리 문헌에서 누군가를 덫에 빠뜨리거나 덫으로 유인한다는 뜻이었습니다. 그러나 여자의 아들, 또는 절대적 의미에서 인간의 아들은 뱀을 죽일 것입니다.

요약하면 이렇습니다. 처음에는 형이상학적 의미라고는 전혀 없는 한 마리 동물에 지나지 않았던 것이 그보다 훨씬 중요한 존재가 되었습니다. 단절하는 도구, 고발하는 도구, 하나님의 저주를 담은 자, 인간의 물질적 본질을 먹는 자, 이를테면 절대적 뱀the absolute Serpent과 절대적 인간the absolute Man 사이의 마지막 전투에 참여하는 자가 되었습니다. 이 순간 뱀은 나중에 나오는 본문들에서 '옛 뱀', '깊은 물에 사는 용' 등으로 불리는 존재가 됩니다.

하나님은 남자와 여자에 관해 세 번째 결정을 내리십니다. 저는 이 본문에 대한 일반적인 겉핥기식 해석에 늘 놀란다는 사실을 고백합니다. 그래서 본문에서 여자나 남자가 저주를 받았다고 해석할 수 없다는 점을 강조하겠습니다. 여자의 경우, 새로운 요소가 두 가지 있습니다. 첫째, 여자의 출산에 고통이 따르며, 따라서 더 이상 출산이 완전히 자연스럽지는 못합니다. 이제 여자의 소명은 생명을 유지하는 것인데, 이것은 뒤이은 구절들에 나오는 이름에서 분명해질 것입니다. 여자는 더 높은 위치에 오르려고 열매를 먹었으나, '하나님처럼' 된 것이 아니라 오히려 더 낮은 위치에 처합니다. 본문이 단지 출산과 관련된 육체적 고통을 다룬다고 보는데, 이것은 흔한 오해입니다. 역사적 시각에서 볼 때, 이 고통이 우리의 문명에서 상당히 커졌다는 것은 짚고 넘어갈 만합니다. 우리 시대의 젊은 여성이 대략 15년에 걸쳐 자녀 열다섯을 낳는다는 것은 거의 생각할 수 없을 만큼 출산의 고통은 큽니다. 초기 문명들에서는 특별한 진료나 의술이 필요 없을 만큼 상황이 달랐습니다. 어떤 경우, 임부가 혼자서 아기를 낳고 비교적 빠르게 회복되었습니다. 이번에도 우리는 더 새로운 방법들에 힘입어 진보했습니다. 그렇다고 이 본문에 대한 전통적 해석들의 어리석음이 제거되지는 않습니다. 대신에 본문은 많은 여자들에게 큰 고통의 근원이 되는 자녀들과의 관계에서 일어나는 복잡한 문제들을 여러 시각에서 상징적으로 보여줍니다. 하나님과의 단절은 아기를 어른으로 성장시키는 전체 과정에 영향을 미칩니다.

여자에 관한 두 번째 새로운 요소는 남자를 향한 여자의 욕망과 관련이 있는데, 이제 남자가 여자를 다스릴 것입니다. 하나님과의 단절은 여기서도 문제를 일으킵니다. 여자는 이러한 자신의 욕망에 이끌리고, 남자는 지배하려는 자신의 필요에 이끌릴 것입니다. 이번에도 저는 이것이 단순히 자연스런 성적 문제라고 믿지 않습니다. 물론 이 부분이 배제되지는 않습니다. 그러나 여자를 향한 남자의 성적 욕망은 남자를 향한 여자의 성적 욕망과 비슷하게 큽니다. 진짜 문제는 여자가 한 행동과 관련이 있습니다. 여자는 선악과를 욕망했고, 욕망하는 성향을 갖게 됩니다. 이것이 여자의 상황이 됩니다. 자기 욕망의 지배를 받는 피조물이 된 것입니다. 남자는 지배하는 자가 되며, 그럼으로써 남자가 여자를 따랐던 이전 상황을 뒤집습니다. 전에는 창조된 커플 중 여자가 지시했습니다. 그런데 여자가 지시와 지배를 받게 되고 남자가 권력과 지배를 지향하게 되자, 이제 이것이 뒤집어집니다.

이것은 남자의 상황으로 이어집니다. 하나님은 여자가 한 행동에 대해 여자가 아니라 남자를 꾸짖으십니다. "네가 여자의 말을 듣고 그 나무의 열매를 먹었은즉…." 따라서 불순종한 것은 남자입니다. 커플에서 남자는 두 사람의 방향과 지혜에 어떤 책임이 있었고, 따라서 여자에게 반응했어야 합니다. 남자는 고발을 당합니다. 그러나 이번에도 이것은 저주가 아닙니다. 고발은 세 단계로 옮겨집니다.

첫 번째 새로운 요소는 일과 관련이 있고, 남자의 소명에 수반되는 고통과 관련이 있습니다. 남자는 동산을 경작하고 지키는 역할을 받았습니다. 앞에서 이미 보았듯이, 이것은 어떤 의미에서 놀이였고 즐거운 소일거리였습니다. 그런데 이것이 짐으로 바뀌고, 말 그대로 노동으로 바뀝니다. 남자는 생존하기 위해 이 짐을 져야 합니다. 하나님이 주시는 풍성한 선물로 열매를 냈던 땅이 이제 척박해졌습니다. 남자와 여자는 자녀의 출산과 양식을 구하는 노동을 통해 생명을 유지하는 데 참여해야 합니다. 이것은 전에도 이들의 소명이었으나, 이제는 여기에 고통이 따릅니다.

두 번째 새로운 요소는 남자와 여자가 자연에서 일어나는 일에 대해 갖는 책임입니다. "땅이 너희 때문에 저주를 받는다." 따라서 저주가 두 가지입니다. 하나는 뱀이 받은 저주이고, 하나는 창조 세계가 받은 저주입니다. 이것은 우리가 이미 살펴본 것에서 추론됩니다. 인간은 창조 세계의 머리였고, 인간의 배신과 실수가 창조 세계에 영향을 미치며, 인간이 그 죄책罪責을 감당합니다. 지날결에 말하자면, 이것은 죄 개념을 받아들이지만 죄책과의 그 어떤 연결도 거부하는 논지와 반대됩니다. 심리 분석의 맥락에서 보자면 여기에 무엇인가 있을 수 있지만, 이 본문은 인간이 한 행동 때문에 창조 세계가 받는 저주에 대해 인간이 죄책을 감당한다고 분명하게 말합니다. 인간은 창조 세계를 단절로 이끌었습니다. 그 결과, 노동의 짐이 창조 세계가 받은 저주의 상징이 되었습니다. 창조 세계의 고통은 인간이 저지른 잘못이 투영된 결과입니다.

남자와 여자의 상황에서 세 번째 새로운 요소는 죽음입니다. 본문은 "너는 네가 취함을 받은 흙으로 돌아가리라"라고 말합니다.

그러나 대부분의 현대 신학자는 아담이 죽어야 하는 존재, 또는 어쨌거나 유한한 존재로 창조되었다고 본다는 점에서 죽음은 새로운 것이 아닙니다. 저는 리쾨르가 인간 피조물의 유한성을 말한 것은 옳다고 믿습니다.[1] 인간은 영원하지 않습니다. 이런 점에서 인간은 하나님과 다릅니다. 이런 까닭에 일반적인 상황에서 인간은 생명나무의 열매를 먹어야 했을 것입니다. 그것은 고통과 슬픔이 없는 완전한 삶이었을 것입니다.

하나님의 결정으로 여러 변화가 일어납니다. 첫째, 인간이 죽음을 인식하게 됩니다. 그래서 인간은 이러한 죽음의 환영에 쫓길 것입니다. 여기서 우리는 남자와 여자의 차이를 봅니다. 여자는 아이를 낳고, 남자는 죽음을 인식합니다. 차이가 순전히 문화적일 뿐이라고 주장하는 사람들에게(저는 아주 많은 경우 이러한 주장을 받아들입니다), 그렇더라도 몇 가지 차이가 있음을 지적하고 싶습니다. 물론 여자가 죽음을 인식하지 않는다는 말이 아닙니다. 여성의 특징상, 죽음이 남자보다 여자에게 약하게 작용한다는 말입니다. 저는 이것이 남자와 여자의 근본 차이 가운데 하나라고 믿지만, 이 부분을 절대 과장하고 싶지는 않습니다.

죽음과 관련해 또 하나 새로운 점은 이 모든 것에서 영생에 대한 약속이 보이지 않는다는 것입니다. 화해도 없고 부활도 없으며, 완전한 죽음뿐입니다. "네가 흙에서 왔으니 흙으로 돌아갈 것이다." 이게 전부입니다. 이것은 하나님과 인간이 단절된 그 순간 하나님이 자신의 영을 뒤로 물리셨다는 뜻이라고 저는 믿습니다. 인간은 여전히 살아 있지만 하나님의 영이 없습니다. 여기서 우리가 오랫

동안 함께 살아왔던 것, 물질적 삶과 영적 삶의 분리가 시작된 뿌리를 발견합니다. 이것은 우리의 가장 큰 약점 가운데 하나이며, 인간 삶의 일치unity에 매우 파괴적입니다. 이 일치는 교제 안에서 이뤄지는 소통의 앙상블이었는데, 인간과 하나님이 단절되고 남자와 여자가 단절되며 지금은 철저히 분리된 물질적 삶과 영적 삶이 내적으로 단절되면서 끝납니다. 내적 일치를 완전히 잃습니다. 이 시점에서 죽음은 성경이 말하는 '공포의 왕'이 됩니다(욥 18:14). 약속이 없고 부활이 없고 영생이 없고 흙 속의 뱀만 있다면, 죽음은 확실히 공포의 왕이 됩니다.

마지막으로 우리는 하나님이 인간에게 하시는 경고를 듣습니다. "너희가 나 없이 살려 한다면, 내가 없는 너희가 무엇인지를 알게 될 것이다. 너희는 죽음을 향해 가는 피조물이라는 것을 알게 될 것이다." 인간은 다른 아무것도 아니며, 그 이상 아무것도 아닙니다. 모든 게 끝났습니다. 그러나 성경의 시각에서 보면, 이것은 역사의 출발점입니다. 따라서 다른 무엇이 개입해야 했습니다. 성경에는 불멸하는 혼이란 개념이 없기 때문입니다. 존재론적 시각에서 보면, 인간에게 불멸하는 것이라곤 없습니다. 인간은 하나님과 단절됨으로써 이 지경으로 내려앉았습니다. 욥은 자신이 자신의 죽음을 향해 가고 있음을 안다고 말합니다. 그러나 자신의 구속자가 살아 계시고, 자신이 마지막 날에 일어날 것이며, 그때 자신의 눈이 하나님을 보리라는 것도 압니다. 바꾸어 말하면 이렇습니다. "나는 아무것도 아니기 때문에 사라질 테지만, 나의 구속자는 하나님께 속했고 하나님에게서 왔으므로 살아 계신다"(욥기에서 이 부분은 다소 복잡합니다). 창조 세계가 생겨났듯이, 다시 말해 무에서 생겨났듯이, 부활도 그렇게 나타납니다. 하나님이 다시 창조하십니다.

그러나 (이 계시를 마주할 때마다 제 안에 가장 큰 감탄이 일어납니다) 하나님은 완전히 무에서가 아니라 인간이 되길 원하는 것에서 다시 창조하십니다. 바꾸어 말하면 하나님은 모든 사람에게 각자가 소망하는 것을 온전히 주시는데, 이것이 부활입니다. 이것은 땅에 숨겨진 씨와 사뭇 비슷하게 숨겨진 생명이 있는 일종의 연옥에서 자동으로 삶이 지속되는 과정이 아닙니다. 우리는 완전히 죽고 하나님이 우리를 무에서 일으키십니다. 그러나 하나님이 일으키시는 것은 바로 우리 자신입니다. 그것은 하나님이 결코 인간의 역사를 멸하길 원치 않으시기 때문입니다. 인간 생명의 유한성에 일어나는 일은 계시록에서 설명됩니다.[2] 그런데 계시록은 이러한 유한성이 천상의 예루살렘에서 유지된다고 말합니다. 그곳에는 생명나무가 있어서 사람들이 그 열매를 먹으면 영원히 살게 됩니다. 따라서 계속해서 살기 위해 무엇인가를 해야 하는 사람들에게 이러한 제한이 있습니다. 이 부활은 분명히 새로운 창조이며, 새로운 창조는 불멸하는 혼과 전혀 관계가 없습니다. 불멸하는 혼은 그리스의 창작물인데, 기독교 신학자들이 2-3세기에 그리스 철학을 통해 그 개념을 받아들이기 시작했습니다.

이제 여러분의 질문들에 답하겠습니다. 성경이 말하는 말씀은 우리가 말하는 언어나 소통과 같지 않습니다. 본문은 교제의 우주를 묘사합니다. 뱀이 꼭 단어나 어구로 말했을 필요는 없습니다. 핵심은 뱀이 질문을 했다는 것입니다. 자신의 질문에 답할 필요가 없었다는 점에서 뱀은 책임이 없었습니다. 본래 질문은 하나님이 하시는데, 이를 거슬러 뱀이 질문합니다. 이런 의미에서 뱀은 하나님을 대신합니다. 우리는 우리의 문명에서 획득한 하늘에 관한 신화, 마귀와 타락한 천사 등에 관한 신화에 너무 깊이 젖어든 나머지 이 신화를 본문에 투영하지 않기가 매우 어렵습니다. 저는 성경에서 이런 신화를 전혀 발견할 수 없습니다.

유대교 신학자들은 부활과 영생에 관한 다른 해석들을, 창조 내러티브 저자들과 비슷하게 지적으로 엄격하고 신중하게 전개했습니다. 어떤 사람들에게 하나님의 백성에 속한다는 말은 그분의 영을 갖는다는 뜻입니다. 유대인이 죽을 때, 그 사람 안에 있던 이 영이 하나님에게 돌아가고 나머지는 사라집니다. 개인의 부활이란 개념은 없습니다. 부활을 말하는 본문들은 유대인 개개인이 아니라 한 민족 전체의 부활로 해석됩니다. 다른 신학 학파들도 발전했습니다. 예수 시대에 어떤 사람들은 혼의 불멸을 믿었고, 또 어떤 사람들은 부활을 믿었습니다.

현대의 본문 재해석

현대 신학은 하나님과 인간의 단절을 본질상 긍정적으로 보려는 경향이 강합니다. 제가 강조하고 싶은 몇 가지 주제가 있습니다. 첫째, 인간이 고정된 채 창조되지는 않았다고, 다시 말해 한 번에 모든 때를 위해 창조되지는 않았다고 강조하는 사람들이 있습니다.

인간은 진화하는 피조물이라는 것입니다. 그러나 인간이 하나님과 좁고 제한된 관계에 머물렀다면 하나님의 가부장적 권위에 눌려 이러한 발전이 불가능했으리라는 것입니다. 인간은 결코 그 자신이 되지 못했으리라는 것입니다. 그래서 인간은 하나님과 단절했고, 이러한 단절을 통해서만 자기 자신이 될 수 있었는데, 이것은 정신분석학에서 말하는 아버지 '죽이기'의 필연성과 일치한다는 것입니다. 이 주장에 따르면, 아버지의 죽음은 자녀의 발전에 꼭 필요합니다. 이와 마찬가지로, 인간은 하나님이 주신 시작 이후 스스로 발전해야 한다는 것입니다. 인간은 그 후에야 성인成人이 되기 위해 진보한다는 것입니다. 현대 신학자들이 이제 우리는 성인이라는 것을 확신시키는 데 이러한 종류의 논거를 사용합니다. 오직 이 방법으로만 인간의 역사가 가능하다고 강조하며, 하나님과의 교제를 누리는 관계 안에서는 인간의 역사가 불가능했을 거라고 주장합니다. 어쨌든 역사는 갈등과 긴장과 단절로 가득합니다. 그러므로 하나님에게 불순종한다는 뜻이더라도, 인간은 독립을 외치고 하나님과 단절하는 것 외에 다른 선택이 없었다는 것입니다. 그제야 인간은 물질적 도전들을 극복하기 위해 온갖 종류의 기술을 발명하고 발전시키기 시작했다는 것입니다. 인간이 하나님과 단절하지 않았다면, 역사, 과학, 기술 같은 매우 가치 있는 모든 것이 생겨날 수 없었으리라는 것입니다.

이런 맥락에서 폴 리쾨르를 비롯한 사람들은 죄를 인간 자유의 근원으로 재해석해야 한다고 주장했습니다. 예를 들면 사회적 행위로 옷을 입는 데서 보듯이, 죄가 모든 사회생활의 근원이라는 것입니다. 죄에 긍정적 가치를 부여하는 이 신학에 따르면, 죄가 인간의 진정한 위엄을 나타내며, 인간은 스스로 하나님과 멀어졌기 때문에 자신이 정말로 하나님과 같다는 것을 깨닫는 데까지 이릅니다. 리쾨르에 따르면, 이것은 인간이 '순수'할 때는 잠들어 있던 사실입니다.[3] 따라서 죄가 인간의 자의식을 깨우고, 인간이 되는 모험을 시작하게 합니다.

그러나 여기서 그치지 않습니다. 인간이 하나님과 분리됨으로써 하나님이 내내 기대했던 바로 그것을 했다는 것을 보여주려는 시도들이 있었습니다. 이 논지는 이렇습니다. 하나님에게는 인간을 위한 계획이 있었습니다. 물론 하나님은 이 계획을 실행하고 싶지 않았지만 인간이 하나님과 단절하고 독립하기로 결정함으로써 계획이 실행되기 시작했다는 것입니다. 이 해석에 따르면, 하나님은 인간이 진화해 성인이 되길 내내 원하셨습니다. 그러나 하나님이 아버지로 남아 있고 인간이 하나님과 가까운 교제를 누리는 관계에 갇혀 있는 한 이것은 불가능했습니다. 하나님은 인간이 역사를 가지며 창조 세계를 이용하길 원하셨는데, 창조 세계는 바로 이 목적을 위해 창조되었기 때문입니다. 그러므로 모든 준비가 무르익었기에, 인간은 '근처에서 놀기'를 그만두고 뭔가 진지한 일을 해야 했습니다. 인간을 향한 하나님의 생각을 알기 위해서 인간은 지식을 가져야 했습니다. 그래서 전통적 용어로 타락은 원래 긍정적이었고 인간을 위한 하나님의 계획 때문에 어쨌거나 피할 수 없었습니다. 결과적으로 악으로서의 원죄란 없습니다. 원죄는 인간의 역사와 과학과 기술 등을 완전히 긍정적으로 해석하는 길을 닦았고, 이 모든 것이 하나님과의 단절에서 비롯되었기 때문입니다. 리쾨르는 1968년에 생각이 바뀔 때까지 이러한 입장을 취했습니다.[4]

제가 이러한 현대의 해석에 제기하려는 반대 주장은 딱 하나, 이러한 해석이 다음과 같은 어려움을 일으킨다는 것입니다. 하나님이 거저 주셨던 것을 이제 인간은 스스로 갖게 되었지만, 그것은 인수를 받은 것이 아닙니다. 달리 말하면, 인간은 정복의 영에 사로잡히게 되었습니다. 하나님이 사랑으로 성취되길 원하셨던 것을 인간은 이제 지배를 통해 성취합니다. 따라서 인간은 권력 의지에 휘둘립니다. 이후 사람들이 과학과 기술의 역사에 관해 말하고 싶은 것이 무엇이든 간에 저는 그것에 관심이 없습니다. 정말 중요한 것은, 이 모든 것의 중심에 정복의 영과 권력 의지가 있느냐 없느냐이기 때문입니다. 아버지 죽이기와 독립하기 등에 관한 이 모든 말은 정복의 영과 권력 의지의 표현이자 출발점입니다. 저는 그 결과들이 스스로 말한다고 믿습니다. 인간 역사가 보여주는 증거를 토대로, 우리는 이러한 정복의 영과 권력 의지가 여기에 깊은 영향을 끼쳤다는 점에는 적어도 동의할 수 있습니다. 저는 이러한 신학적 재해석의 진짜 문제이자 비극은 실제로 죄의 부정적인 면을 제거하지 못했다는 것이라고 믿습니다. 이러한 재해석은 정복의 영과 권력 의지라는 진짜 문제를 간과하거나 대면하길 거부하는 데 성공했을 뿐입니다. 저는 이것이 이러한 신학적 입장의 핵심 문제라고 믿습니다. 온갖 세세한 부분을 덧붙일 수도 있지만, 근본적인 것은 바뀌지 않습니다. 여러분의 질문에 대한 답으로 덧붙이자면, 1968년 이후로 리쾨르는 실제로 자신의 신학적 연구들을 포기했습니다. 일반적으로 말하자면 이러한 재해석은 전체적으로 이미 빠르게 퇴색하고 있습니다. 특히 적어도 이렇게 생각하는 몇몇의 확신을 흔들어놓은 환경 위기 앞에서 그 빛을 잃어갑니다. 역사적으로 인간이 득세했다는 말은 의심스런 주장이 되었습니다. 우리는 하나님나라가 이런 식으로 임하지는 않으리라는 경고를 내내 받았습니다. 그러나 인간의 모든 행위를 하나님은 진지하게 여기시며, 우리가 자주 진지하게 여기는 것보다 훨씬 더 진지하게 여기신다는 사실을 서로에게 일깨워주어야 합니다. 우리는 이 모든 것이 아무런 목적에도 기여하지 못한다고 말할 수 있을지 모르지만, 하나님은 결코 이렇게 말씀하시지 않습니다.

그 밖의 결과들

이제 창세기 3장의 결론 부분으로 넘어가 세 가지 주제를 살펴보겠습니다. 첫 번째, 여자의 이름과 옷이 나옵니다. 두 번째, 인간은 에덴동산에서 쫓겨납니다. 세 번째, 인간은 에덴동산 바깥의 새로운 상황에 처합니다.

하나님과 맺은 새 언약에서 아담은 반기를 들지 않고 하나님의 결정과 자신의 달라진 상황을 받아들입니다. 따라서 아담의 행동은 가인의 행동과 매우 다릅니다. 예를 들면 가인은 하나님의 결정과 새 언약을 받아들이길 거부했고, 그럼으로써 상황을 더욱 악화시켰습니다. 아담은 가장 먼저 아내에게 이름을 지어줍니다. 삶은 계속될 테고, 생명의 일을 확실히 하는 것은 여자입니다. 이런 맥락에서 아담은 아내의 이름을 '생명을 물려주는 살아 있는 자'라는 뜻으로 '하와'라고 짓습니다. '하와'라는 이름은 하나님의 이름 사자신명과 비슷하며 거기에서 비롯되었습니다. '하와'라는 히브리어 이름은 사자신명과 마지막 세 글자hwh가 같습니다. 첫 글자Y는 '나'를 의미하기 때문에, 이것을 뺀 것은 의미가 있습니다. 바꾸어 말하면 여자는 자연의 수준에서 하나님의 일을 계속함으로써 살아 있는 자이지만, '나'가 빠져 있기 때문에 생명 그 자체는 아니며 생명이 그 자신 속에 있지도 않습니다. 성경은 이 둘을 자주 구분합니다. 여자는 살아 있지만 생명을 주는 존재는 아닙니다. 여자가 생명을 낳는 것이 아닙니다. 여자는 절대적 의미의 생명이 아니며, 따라서 '나는 스스로 있는 자다I am'라고 말할 수 없습니다. 오직 하나님만 이렇게 말씀하실 수 있습니다.

아담이 여자에게 이름을 줍니다. 그래서 유대교 주석가들은 여기에 중요한 요소가 많이 숨어 있다고 보았습니다. 어쩌면 가장 중요한 것은 아담과 하와가 하나님의 약속을 붙잡았다는 것입니다. 우리가 살펴보았듯이, 비록 인간이 스스로 살아 계신 분에게서 분리되었더라도 생명은 계속될 것입니다. 그리고 아담은 새 언약을 실행에 옮깁니다. 남자가 여자에게 이름을 준다는 사실은 남자와 여자 사이의 거리를 나타냅니다. '이샤'는 '이쉬'에서 나왔으며, 이것은 둘이 한 존재, 여자는 여성 부분을, 남자는 남성 부분을 이루는 한 존재라는 뜻이었습니다. 그러나 이제 여자는 더 이상 '이샤'가 아닙니다. 새로운 이름인 '아담'과 '하와'는 전혀 다르며, 어떤 거리와 전혀 다른 존재를 뜻합니다. 남자와 여자 사이의 교감과 완전한 일치는 결코 회복되지 않을 것입니다. 이것이 전부가 아닙니다. 아담은 하나님이 자신 앞에 데려오신 모든 동물에게 이름을 주었는데, 그의 지배를 상징했습니다. 여기서도 아담은 여자에게 이름을 주는데, 자신의 지배권을 세운다는 뜻입니다. 여자는 이제 타자이기 때문에, 더 이상 "남자의 살 중의 살이요 남자의 뼈 중의 뼈"가 아닙니다. 그 정도가 아주 심해, 남자가 여자를 지배하고 둘의 관계는 이러한 지배로 특징됩니다. 남자와 여자의 완전한 관계가 단절되듯이, 모든 인간과의 관계도 지배와 계층 구조에 개방됩니다. 교제를 잃어버리고 그 바깥에서 관계는 제약과 지배를 통해 유지될 수 있을 뿐입니다. 따라서 법이 다스리는 세계가 시작됩니다. 바꾸어 말하면 지배 관계가 의무, 책임, 제약으로 기술됩니다. 여러 랍비가 지적하듯이, 이때부터 이러한 계층 구조의 바닥이나 그 가까이 있는 자들은 교만과 정복 등으로 마음이 부풀어 올라 이러한 지배에 의문을 제기할 것입니다. 그리고 이러한 계층 구조 위에 있는 자들은 지배하려 하지만, 타락하기 전과는 달리, 하나님의 형상으로 하려 하지 않고 착취하기 위해 지배하려 하며, 그럼으로써 이들 또한 부풀어 오릅니다. 우리는 성경에서 교만으로 부풀어 오른 마음을, 이렇게 살지 말라는 경고와 함께 자주 접합니다. 요약하면 교제를 나누는 관계가 계층 구조와 지배의 관계로 대체됩니다.

하나님은 가죽으로 옷을 지어 남자와 여자에게 주십니다. 앞에서 보았듯이, 옷은 보호를 상징합니다. 이렇게 하나님은 자신이 보호하겠다는 표시를 주십니다. 따라서 하나님은 인간이 스스로 만들어내려는 보호를 거부하십니다. 이 이야기 앞부분에서 보았듯이, 남자와 여자는 자신을 보호하려고 나뭇잎을 엮어 이미 스스로 옷을 만들어 입었기 때문입니다. 여기에 담긴 의미는 나중에 하나님이 보호해주겠다는 표시를 주려 하시는 가인의 이야기에서 한층 더 잘 이해할 수 있습니다. 가인은 이 표시를 신뢰하지 않기 때문에 이것을 받으려 하지 않습니다. 가인은 한편으로 다양한 기술을 발전시키고 다른 한편으로 최초의 도시를 건설함으로써(도시 이름은 '시작'을 뜻합니다) 스스로 자신을 보호하기로 결정합니다. 하나님이 시작하셨으나 하나님과 단절된 후 가인은 하나님의 시작과 보호와 관련된 그 무엇도 원하지 않는다는 점에서, 이것은 의미가 큽니다. 가인은 자신만의 시작을 원합니다.[5] 이것은 스스로 자신을 보호하는 방법을 택하기보다 하나님의 보호 아래 사는 것을 받아들인 아담의 경우와 날카로운 대조를 이룹니다.

하나님의 (옷) **'만들기'**에 사용된 히브리어 단어는 '희생하기'라는 뜻도 갖습니다. 바꾸어 말하면 옷은 희생에서 왔으며, 본문 저자들에게 이것은 성전에서 바쳐지는 동물의 희생 제물에 비교되는 희생이었을 것입니다. 그러나 여기서 희생하는 분은 하나님입니다. 다시 말해 옷은 은혜의 표시입니다. 희생의 의미와 목적은 (이 경우 아담과 하와를) 용서하고 속량하는 데 있기 때문입니다. 그러므로 이것은 단순히 보호의 문제가 아닙니다. 구약성경 몇몇 본문과 주로 신약성경에서 옷 입히기는 누군가의 죄를 덮는 하나님의 행위를 뜻합니다. 하나님은 누군가에게 옷을 입히실 때, 더 이상 그의 죄를 보지 않으십니다. 분명한 예가 이사야 61장 10절에 나옵니다("그가 구원의 옷을 내게 입히시며 공의의 겉옷을 내게 더하심이…"). 계시록에는 어린양의 피로 씻기고 흰옷을 입은 사람들이 나옵니다. 그러나 어떤 의미에서 가죽옷은 아직 완전하지 않은 은혜를 말하고 있으며, 계시록이 말하듯이 마지막 날에 흰옷 입기로 이어질 완전한 희생을 가리킵니다.[6] 아담과 하와에게 주신 옷은 인간의 최종 운명에 대한 예언적 선언입니다. 그리고 이미 기원전 2세기에 랍비들은 이것을 정확히 이렇게 이해했습니다. 단절에도 불구하고 인간은 구원과 영생과 영광을 향해 갑니다. 인간이 어떤 결정을 하든, 하나님은 모든 것을 예견하십니다. 태초부터 하나님의 의도와 사랑을 상징하는 십자가의 두 나무가 있었습니다. 인간이 하나님과 단절하고 독립하기로 결정한다면, 이 십자가는 인간을 구원하는 역사적 십자가가 될 것입니다. 단절이 일어나지 않았다면, 십자가는 에덴에 남았을 것입니다. 인간이 어떤 결정을 내리든, 하나님은 이미 인간의 의도에 응답할 준비가 되어 있었습니다.

인간이 에덴에서 쫓겨난 데 대해 단순한 해석이 많이 제시되었습니다. 그러나 그중 대부분은 본문을 주의 깊게 읽어보면 무시해도 좋은 해석입니다. 먼저 생명나무를 살펴보겠습니다. 인간은 더 이상 생명나무에 손을 대서는 안 됩니다. 에덴에서 이 나무가 인간의 생명을 유지했던 것으로 보입니다. 이것은 정기적으로 먹으면 생명을 새롭게 해주는 특별한 열매를 맺는 나무가 있는 놀라운 정원이 등장하는 아시리아와 바빌로니아의 몇몇 신화와 일치합니다. 이 부분은 특별한 문제를 일으키지 않습니다. 우리의 본문은 이제부터 인간이 사는 시간이 제한되고, 이러한 제한에서 벗어날 길은 없다는 뜻을 분명히 밝히기 때문입니다. 이것은 죽음에 관한 하나님의 결정, 인간은 흙이니 흙으로 돌아가리라는 결정에 곧바로 이어집니다. 따라서 인간이 죽음을 면할 길이 막힙니다.

본문의 더 깊은 의미를 살펴보기 전에 강조하고 싶은 중요한 요소가 하나 더 있습니다. 본문은 인간이 "우리 중 하나같이" 되었다고 말합니다. 여기서 말씀하시는 하나님은 우리가 1장에서 만난 엘로힘 하나님인데, 복수로 표시됩니다. 이를테면 엘로힘은 계시되지 않기 때문에 어떤 개인적 관계도 없이 객관적으로 다스리는 분입니다. 야웨가 아니라 천문학자들과 철학자들의 하나님입니다. 이 하나님은 인간이 이제 선악을 결정할 힘을 가졌다는 것을 인정하는데, 이 능력 때문에 인간은 이 하나님과 동등해집니다(그러나 야웨와 동등해진 것은 아닙니다).

본문의 의미를 더 깊이 이해하려면 훨씬 더 파고들어가 인간이 에덴동산에서 쫓겨난 사건이 어떤 의미를 갖는지 살펴야 합니다. 인간이 에덴동산에 남아 영원한 생명을 가졌다면 어떤 상황에 처했을지 물어보아야 합니다. 그랬다면 인간은 하나님 앞에 있으면서도 하나님과 교제하지 못했을 것입니다. 바꾸어 말하면, 인간은 하나님 앞에 있었을 테지만 그분을 더 이상 사랑하지 않았을 것입니다. 단절이 일어났고, 더 이상 사랑이 없었으며, (앞선 본문들에 따르면) 두려움이 생겨났습니다. 아담은 두려웠습니다. 그러므로 인간은 하나님과 분리되었을 때, 이 하나님을 객관적으로 알게 되었습니다. 인간은 거룩하신 하나님 앞에 있으면서도 그 거룩에서 배제되었을 것이고, 하나님의 능력 안에 있으면서도 그분과 단절되었을 것입니다. 구약성경이 여러 차례 말하는 상황, 하나님을 본 자는 그 누구도 살아남을 수 없는 상황이 되었을 것입니다. 그러므로 단절 후에 하나님의 완전한 능력과 거룩을 마주했다면 죽음을 맞게 되었을 것입니다. 그러나 하나님의 결정으로, 인간은 죽지 않을 것입니다. 상황은 살아 있는 죽음living death의 상태로 이어졌을 것입니다. 앞서 말했듯이, 야고보서는 귀신들도 하나님을 알고 떤다고 말합니다. 이것이 인간이 처한 상황입니다. 아담은 두려울 뿐 아니라, 죽은 채로 계속 사는 상황에 처할 것입니다. 더욱이 아담은 전혀 벗어날 길이 없이 영원히 이런 상황에 처할 것입니다. 바꾸어 말하면 이것이 인간이 처한 비역사적 상황이었을 것입니다. 박제된 나비와 아주 비슷한 상황 말입니다. 이 모든 상황이 교제와 사랑 없이, 전진할 어떤 가능성도 없이 하나님 앞에서 펼쳐졌을 것입니다. 역사도 없을 테고, 따라서 하나님이 자신의 사랑을 한 번 더 계시하실 구속의 가능성도 없을 것입니다. 이 사랑의 선물은 영생이지만, 인간이 이미 영생을 가졌을 것이기 때문에 이 선물은 불가능할 것입니다.

지금까지 구속의 가능성이 없음, 심판자로 여겨지는 하나님이 있음, 이런 상황에서 영생하게 됨, 이렇게 세 가지 요소를 살펴보았습니다. 그런데 이 셋을 합치면, 지옥과 영원한 벌에 대한 묘사와 다르지 않습니다. 지옥은 단테가 묘사한 곳과 전혀 다릅니다. 성경에서 영원한 벌이란 완전히 거룩하지만 인간이 결코 사랑할 수 없는 하나님의 존재일 것입니다. 바꾸어 말하면, 인간이 에덴동산에서 쫓겨난 사건은 일반적으로 여전히 형벌로 해석되지만, 하나님이 지어 입히신 옷 때문에 형벌이 아니라 구속과 화해와 구원과 영생의 가능성을 위한 하나님의 준비로 여겨집니다. 인간이 에덴동산에서 쫓겨나지 않았다면, 이 가운데 어느 하나도 가능하지 않을 것입니다.

마지막으로 우리는 왜 귀환이 불가능했는지 물어야 합니다. 에덴동산 밖에서 아담은 자신이 거하는 곳의 땅을 경작해야 합니다. 유대교 주석가들은, 그렇더라도 이 땅과 에덴동산 사이에 어떤 관계가 지속되었다고 말합니다. 에덴동산에서 발원하는 생수가 흐르는 네 강이 있습니다. 따라서 생명의 관계가 유지됩니다. 그러나 이 물줄기는 한 방향으로만 흐릅니다. 케루빔cherubim(개역개정은 '그룹들'—옮긴이)이 에덴동산 입구를 지키기 때문에 돌아갈 길이 없습니다. 케루빔이란 히브리어는 '무서운 자들'을 뜻하는데, 저는 몇몇 그림에서 케루빔을 왜 작고 멋진 천사들로 그리고 있는지 전혀 이해할 수 없습니다. '무서운 자들'이 입구를 지키고 있기 때문에, 인간은 에덴동산으로 돌아갈 수 없습니다. 이제부터 하나님은 숨은 하나님이란 뜻입니다. 본문은 이제 하나님과 분리된 인간은 하나님의 존재 밖에 머물러야 한다고 선언함으로써, 이 점을 한층 더 뒷받침합니다. 하나님을 본 자는 누구도 살아남을 수 없기 때문입니다. 하나님께 돌아갈 길이 없습니다. 본문은 신비주의나 마술이나 종교나 그 무엇을 통해서든 간에 하나님께 돌아가려는 인간의 모든 시도를 책망합니다. 본문은 인간이 하나님을 아는 체하거나, 인간의 목적에 하나님을 이용하려 하거나, 종교 세계를 재창조하려 하거나, 그 외에 하나님에게 올라가려는 모든 시도를 철저히 거부합니다. 성경적 관계는 언제나 반대 방향으로 이뤄집니다. 하나님이 인간에게 내려와 인간에게 자신을 계시하십니다. 다른 가능성은 없습니다. 물론 그리스도인들은 에덴동산에서 흘러나오는 생명수를 세례의 이미지와 예언으로 해석해왔습니다.

이 본문을 비롯해 비슷한 본문에 대해 무수한 오해가 있었습니다. 어떻게 성경이 바벨탑, 지구라트, 아시리아 사람들의 탑 등을 쌓아 하나님께 더 가까이 가려는 모든 시도를 그렇게 격하게 규탄할 수 있을까요? 사람들은 더없이 좋은 종교적 의도에서 이렇게 한 게 아닌가요? 그렇다고 하더라도, 본문은 왜 '무서운 자들'이 하나님께 돌아가는 길을 막는지 아주 분명하게 설명합니다.

인간이 에덴동산에서 쫓겨난 후 처한 상황을 살펴보면서 끝을 맺겠습니다. 첫째, 인간은 더 이상 하나님의 형상이 아닙니다. 인간은 하나님의 형상이었고 남은 것이 하나도 없었기 때문에 남자와 여자의 관계도 단절되었습니다. 토마스 아퀴나스 같은 어떤 신학자들에게는 그렇더라도 뭔가 남아 있습니다. 그에게 이것은 이성과 지성이었습니다. 칼뱅은 여기에 동의했습니다. 카를 바르트 같은 그 밖의 신학자들은 이것이 심각한 실수라고 주장합니다. 이러한 시각은 사랑의 형상이 아닌 다른 것을 하나님의 형상으로 암시하기 때문입니다. 저는 본문이 하나님의 형상은 사랑이라고 매우 분명하게 설명한다고 믿습니다. 그러나 저는 하나님이 은혜로 허락하시고 인간이 그 은혜를 온전히 받는다면, 다시 한 번 하나님의 형상을 회복할 가능성을 배제하고 싶지 않습니다. 어쨌든 돌아가는 길이 막혔기 때문에 우리 스스로 할 수 있는 일이 아닙니다. 사랑은 두 방향으로 갈라집니다. 한쪽에 아가페가 있고 반대쪽에 에로스가 있습니다. 에로스는 상대를 지배하려고 상대를 장악합니다. 반면에 아가페는 (자신을 포함해) 주는 사랑입니다. 모든 수단을 동원해 정복하는 사랑인 에로스로 살아간다면, 우리는 하나님의 형상일 수 없습니다. 아가페에서만 하나님의 형상으로 살 수 있습니다.

둘째, 인간은 이제 선과 악을 아는 지식을 가졌으나 그것은 하나님과 분리된 지식입니다. 이것은 인간이 무엇이 선이고 악인지 알지 못하는데도, 무엇이 선이고 악인지를 스스로 결정한다는 뜻입니다. 분명히 하나님의 결정이나 뜻과 아무 상관이 없습니다. 선과 악은 그저 양심과 도덕 등의 문제가 됩니다. 게다가 인간은 이제 선과 악을 실험할 수 있습니다. 선과 악의 실험에서 '그리고and'에 특별히 주목해야 하는데, 이것이 성경의 방향과 직접적으로 충돌하기 때문입니다. 하나님은 인간을 선택하거나 결정하도록 이끌려 하십니다. 신명기에서 하나님은 자신의 백성이 선과 생명을 선택하도록 자신이 그들 앞에 선과 생명을, 그리고 악과 죽음을 두었다고 말씀하십니다. 둘 중 하나를 선택하고 결정하는 것입니다. 이에 반해 본문은 선과 악을 아는 것은 이것이냐 저것이냐가 아니라 둘의 결합이며, 아마도 합a synthesis으로 이어질 거라고 말합니다. 바꾸어 말하면 인간은 선택하길 원하지 않고, 모든 것을 갖길 원합니다. 인간은 선과 악을 원하며, 둘 사이에서 결정하길 원하지 않습니다. 이것은 근본적입니다. 하나님이 이러한 가능성을 배제하시기 때문입니다. 우리는 이러한 태도를 주변 어디서나 봅니다. 많은 사람은 하나님을 바라지만, 또한 나머지 온갖 것에 매달리고 싶어 합니다. 우리는 하나님의 은혜를 구하는 한편, 모든 부분에서 돈이 드는 세상을 계속 건설하려 합니다. 이것이 인간이 처한 도덕적 상황입니다. 우리는 무엇이 선이고 악인지 결정하길 바라면서도 둘 다 갖길 바랍니다.

셋째, 인간은 자연과 어느 정도 조화를 유지하지만, 하나님과 단절된 후 자연이 인간 때문에 약해졌습니다. 슈라키가 이것을 잘 표현합니다.[7] "자연은 사막처럼 되었으며, 인간의 고통과 죄와 죽음을 위한 자리가 되도록 창조되었다는 데 말문이 막힌다." 바꾸어 말하면, 여기서부터 자연은 더 이상 인간의 영예를 위한 자리가 아니며, 토후 와보후로 내려앉았습니다. 이것이 전부가 아닙니다. 분명히 자연은 나빠지지 않았습니다. 우리에게 나쁘게 보이는 것은 그 자체가 나쁜 것이 아닙니다. 18절은 이 부분을 분명히 합니다. "땅이 네게 가시덤불과 엉겅퀴를 낼 것이라." 이들 식물은 그 자체가 나쁜 것이 아닙니다. 인간의 노동과 연결되는 한 나쁠 뿐입니다. 사자가 어린양을 해치지 않고 뱀이 아이를 해치지 않으리라는 계시록의 약속은 화해를 상징합니다. 인간과 하나님 사이에 단절이 있었듯이, 이제 인간과 자연 환경 사이에도 단절이 있습니다. 자연 환경은 그 자체로 나쁜 것은 아니지만, 인간과 하나님의 단절 때문에 인간에게 나쁩니다.

넷째, 원죄 개념에 관해 두 마디만 하려 합니다. 바울이 말하듯이, 본문이 기술하는 상황은 모든 사람에게 똑같이 적용됩니다. 모두가 아담 안에서 죽습니다. 이것은 일종의 유전 과정 때문이 아니라 집단 인격collective personality 때문입니다. 우리는 살아 있는 모든 인간 존재들과의 수평적 결속을 쉽게 받아들입니다. 그러나 우리보다 먼저 갔고 우리 뒤에 올 모든 인간 존재들과의 수직적 결속도 있습니다. 하나님 앞에서 인간은 하나의 앙상블입니다. 우리가 살펴본 본문에서 아담은 신화도 아니고 상징도 아니며, 우리 모두인 사람입니다. 우리는 모두 이 앙상블의 한 부분으로 아담 안에 있습니다. 이것이 바울이 모두가 아담 안에서 죽었다고 했을 때 의미했던 것입니다. 따라서 원죄란 없으며, 인간을 전체로 보는 시각, 어떤 의미로 하나님 앞에서 아담 안에 종합되었다고 보는 시각이 있습니다. 이런 의미에서 무한히 되풀이되는 죄가 가능한 것입니다. 제가 믿을 수 있는 가장 탁월한 방식인 카를 바르트가 사용한 방식으로 요약하겠습니다.[8] 바르트는 인간이 선택할 때, 그 선택은 결코 옳은 것으로 드러나지 않는다고 했습니다. 하나님과 반대로, 인간은 끊임없이 악과 파멸과 죽음을 선택합니다. 인간은 하나님이 아니기 때문입니다. 선과 구원과 생명을 뜻으로 나타내는 것은 하나님만의 일입니다. 어느 누구도 하나님을 대신해 이것을 하지 못합니다. 바꾸어 말하면 인간이 진정으로 선과 구원과 생명을 선택할 수 있다면, 인간이 하나님일 것입니다. 하나님, 오직 하나님만 살아 계신 분이고 사랑하시는 분입니다. 그러므로 하나님이 하시는 모든 말씀과 행위는 선과 구원과 생명을 표현합니다. 완전한 일치가 있으며, 다른 그 누구도 이것을 성취할 수 없습니다. 따라서 하나님과 단절된 후, 인간은 반역하며 하나님이 아닌 것을, 악과 파멸과 죽음을 끊임없이 선택합니다. 죄란 바로 이것입니다. 그리고 단절이 일어난 후, 죄란 다른 그 무엇일 수 없습니다. 이것이 인간이 스스로 선택한 결과로 처한 상황입니다. 그와 동시에 인간이 내린 결정의 결과로 잃은 근거지를 되찾으려는 하나님의 노력이 여기서 시작됩니다. 모든 역사는 하나님과 인간의 합력이 낳은 결과입니다.

추가 고찰들: 질문에 대한 답변

잠시 신명기 본문으로 돌아가 인간의 자유가 이 모두에서 하는 역할을 살펴봅시다. 신명기에서 하나님은 자신의 백성이 선을 선택해 살도록 그들 앞에 선과 생명을, 그리고 악과 죽음을 두었다고 말씀하십니다. 이 상황은 선생이 아주 많은 것을 펼쳐놓고 학생들에게 선택하라고 하는 상황과 전혀 다릅니다. 사람들은 살아 계신 자신들의 하나님 앞에 있습니다. 하나님은 이들의 삶에 개입해 이것은 선이고 저것은 악이며 내가 너희와 함께 있다고 말씀하십니다. 바꾸어 말하면 하나님이 자신을 바쳐서 이 결정에 직접 참여하십니다. 하나님은 자신의 백성이 선택하도록 하시지만 이들이 선택한 독립 상황에 이들을 그냥 버려두지 않으십니다. 하나님은 이들이 결정을 하게 하실 때, 이들과 함께하십니다. 이 때문에 선을 선택하는 데 필수적인 모든 것이 이들 앞에 놓여 있습니다. 관계가 단절된 이후 하나님과 분리된 인간은 악을 선택할 수 있을 뿐이지만, 그렇더라도 선을 선택하는 일이 더 이상 불가능하지도 않습니다.

하나님이 가인에게 말씀하실 때도, 정확히 똑같은 상황이 펼쳐집니다. 하나님은 가인에게 악이 그의 문 앞에 웅크리고 있지만 그가 악을 이겨야 한다고 말씀하십니다. 하나님은 가인에게 그렇게 할 힘을 주겠다고 제안하십니다. 그러나 하나님이 가인을 대신해 그렇게 하지는 않으실 것입니다. 어쨌든 하나님은 가인의 결정을 존중하십니다. 줄곧 하나님은 예수 그리스도를 통해 구원을 성취할 그 먼 길을 가려고 준비하십니다. 예수께서는 하나님이 인간으로 하여금 사랑하도록(아가페) 뜻하신 그대로 사랑하셨습니다. 그 때부터 인간의 상황은 근본적으로 달라졌고, 예수 그리스도의 제자들은 예수 그리스도 안에서 자유를 누리는 상황이 되었습니다.

앞서 말했듯이, 우리는 우리의 시대와 장소와 문화에 속한 사람들로서 단테가 그려낸 천국과 지옥의 이미지에 젖어 있습니다. 천국은 천사들로 넘치고, 지옥은 저주받은 자들을 괴롭히는 마귀들로 넘쳐납니다. 이러한 이미지를 끼워 넣지 않고 본문을 읽기란 어렵습니다. 그러나 앞서 말했듯이, 이런 이미지는 성경 어디에도 없습니다. 우리의 호기심과 알고 싶은 욕망이 이런 이미지를 더 심화시킬 뿐입니다. 그러나 성경을 주신 목적은 우리에게 지식을 주는 데 있지 않고 하나님이 우리의 삶에 꼭 필요하다고 여기시는 것이 무엇인지 계시하는 데 있습니다. 이 둘은 전혀 다른 문제입니다. 살려면, 천사들의 싸움과 루시퍼와 그 외에 모든 것을 알아야 합니까? 우연히도 성경은 이런 문제들에 대해 매우 신중합니다. 이것은 우리의 호기심을 만족시키기에는 부족할 테지만, 이것이 우리에게 계시된 전부입니다. 이런 것들에 관해 말할 수 있다고 제가 믿고 있는 것을 요약해보겠습니다.

성경에서 천사들은 구체적인 존재가 아닙니다. 천사들은 현 상황에서 하나님의 뜻을 수행하는 것입니다. 천사들은 하나님의 뜻이 실행되고 있음을 우리에게 알리기 위한 이미지입니다. 마찬가지로 귀신들도 구체적인 존재가 아니라 단절, 불행, 필연, 자유와 반대되는 모든 것의 추상적 실재입니다. '추상적 실재'라는 말은 이러한 실재가 삶과 관련이 없다는 뜻이 아닙니다. 예를 들면 '사랑'은 한 단어지만 사람들이 살아가는 것들의 앙상블이기도 합니다. 성경의 시각으로 볼 때, 이러한 실재 가운데 어느 하나도 초자연적이라고 생각해서는 안 됩니다.[9]

성경에서 귀신의 개념에 대해 알아보기 위해 이 부분을 좀 더 자세히 살펴보겠습니다. 첫 번째, 성경 저자들은 마귀들이 존재하며 이들에게 힘이 있다고 확신했던 문화에서 살았습니다. 그 결과, 다양한 자연 현상이 귀신과 관련 있다고 보았습니다. 그러나 이것으로 모든 것이 설명되지는 않습니다.

귀신의 두 번째 측면은 인간의 행위를 일종의 종교적 수준으로 전환한 데서 비롯된 결과입니다. 인간이 평범한 사물이나 행동에 궁극적 가치를 부여했을 때, 이런 전환이 일어났습니다. 이사야 선지자는 나무를 잘라 가지는 요리를 하는 땔감으로 쓰고 밑동은 깎아 우상을 만들어 그 앞에 엎드려 예배하는 사람의 이야기를 하면서 이런 종류의 전환을 비웃습니다. 여기에 결국 우상숭배가 되고 마는 인간의 행위가 있는데, 귀신과 관련이 있다고 볼 수도 있습니다. 그러나 이러한 두 번째 측면도 인간의 행위에 전적으로 의존합니다.

평범한 몇몇 실재가 초자연적 힘을 갖는 것으로 보인다는 점에서 인간을 벗어나는 세 번째 측면이 있습니다. 저는 성경이 이와 관련해서도 몇 가지 예를 제시한다고 믿습니다. 예를 들면 돈은 영적 힘을 가지며, 국가는 정치적 힘을 가지며, 도시는 소외시키는 힘을 갖습니다. 돈은 편리한 교환 수단일 뿐입니다. 그러나 돈은 사람들의 삶과 공동체 전체를 지배한다는 점에서 편리한 교환 수단을 훨씬 능가합니다. 모든 인간적인 면을 다 제거한 후라도 더 이상 쪼갤 수 없는 핵심이 남는데, 이것은 개인과 사회와는 독립된 힘의 중심으로 볼 수 있습니다. 마찬가지로 국가의 힘은 어디서 옵니까? 한 사람이 다른 사람을 죽이면 살인자가 됩니다. 두 사람이 한 사람을 죽여도 마찬가지입니다. 세 사람이 한 사람을 죽여도 똑같습니다. 이렇게 계속 확대할 수 있습니다. 그러나 어느 시점에서 달라집니다. 다시 말해 국가가 한 사람에게 사형을 선고하는 경우입니다. 이러한 행동의 정당성은 어디에서 옵니까? 그 어떤 확실한 준거점도 없고 따라서 정당성도 없는 현대 사회에서는, 국가도 살인자가 되었다고 주장할 수 있을 것입니다. 그러나 이전 사회들에서는 이렇지 않았습니다. 삶과 죽음을 결정하는 국가의 힘을 당연하게 여겼습니다. 이것은 사회 구성원들 간의 단순한 합의나 문화 규범에 불과한 게 아니었습니다. 저는 이 모두가, 신약성경이 말하는 통치와 권위*exousiai,* 엑소우시아스, 세상에 개입하는 권세들powers을 구성하고 있다고 믿습니다. 물론, 예를 들면 이것은 중세에서 보는 악마의 대리자들과는 전혀 다릅니다. 성경이 말하는 것은 인간의 행동과는 독립된 어떤 힘들입니다.

네 번째 측면이 있는데, 세 번째 측면과 비슷하지만 여기서는 이런 권세들의 이름이 제시됩니다. 사탄이 분명한 예입니다. 사탄은 고발자요 분리하는 자입니다. 그러나 사탄을 인격체나 초자연적인 존재로 생각해서는 안 됩니다. 저는 여기서 말하는 것은 세상과 인간 역사에서 고발하고 분리하는 힘으로 작용하는 모든 세력이라고 믿습니다. 하나님은 화해의 하나님이요 결코 고발의 하나님이 아니라는 의미에서, 이들은 분명히 하나님으로부터 독립적으로 행동합니다. 그렇다고 이들이 초자연적인 것은 아닙니다. 성경이 이것에 관해 말하는 또 다른 방식이 있습니다. 사람이 귀신들렸다고 말하는 경우들입니다. 이 가운데 몇몇은 아마도 심리학적으로 해석될 수 있을 것입니다. 그러나 사람들이 파괴하는 영에게 사로잡힌 것으로 보이는 경우들도 있습니다. 저는 후자의 경우가 제가 고발자, 분리하는 자, 그 밖의 악하고 파괴하는 권세들에 관해 했던 말과 같다고 믿습니다.

이것은 앞서 했던 질문, 왜 하나님은 이런 권세들이 존재하도록 허용하시는가 하는 질문으로 되돌아가게 합니다. 제가 지금껏 설명하려 했듯이, 이러한 실재 전체는 인간과 하나님 사이가 단절되면서 생겨났습니다. 교제가 단절된 순간부터 고발이 난무했고 관계가 손상되었습니다. 이것은 이 모든 것과 관련해 인간에게 엄청난 책임이 있음을 보여줍니다. 왜냐하면 이러한 권세들도 단절에서 시작되었기 때문입니다. 인간에게서 시작되었습니다. 그러나 이러한 권세들은 그 이상을 나타냅니다. 앞서 보았듯이, 창조 세계 전체가 어떤 의미에서 인간의 결정으로 달라졌고, 이로써 전혀 다른 영적 우주가 시작되었습니다. 자신들의 결정을 통해 인간은 필연의 세계에 들어가기 위해 사랑과 자유로 이뤄진 창조 세계를 버렸습니다.

많은 신학자들은 악의 기원과 역할에 관해 앞에서 다룬 종류의 질문들에 답할 수 있는 합리적이고 일관된 사고 체계로 모든 것을 통합하려 했습니다. 그러기 위해 성경 본문에서 말하는 것들보다 훨씬 더 많이 나가려 했습니다. 이번에도 계시를 우리에게 주신 목적은 이런 문제들에서 우리의 호기심을 채우는 것이 아니었습니다. 그러므로 이러한 노선들을 따르는 모든 시도가 지금껏 결코 해결되지 않은 숱한 어려움을 낳았다는 사실에 놀라지 말아야 합니다. 앞서 말한 권세들의 기원에 관한 한, 하나님이 이들을 창조하셨다는 것은 불가능합니다. 이들이 선하게 창조되었으나 나중에 반역했다면, 이 반역은 어디서 왔을까요? 이것은 문제를 또 다른 수준으로 밀어 넣을 뿐입니다. 이들이 하나님의 피조물이 아니고 독립적으로 존재하게 되었다면, 이를 허용한 하나님은 선한 존재라 할 수 없습니다. 지금껏 누구도 이 딜레마에서 벗어나는 길을 찾지 못했습니다.

마지막으로, 하나님을 말하는 자연의 능력에 관해 짧게 말하겠습니다. 우리는 인간은 언어로 소통할 수 있으나 자연은 그렇지 않다는 생각에 익숙합니다. 저는 그렇게 생각하지 않습니다. 소통을 말하기로 국한시키지 않는다면 말입니다. 예를 들면, 우리 가운데 많은 사람이 이런저런 형태로 동물과 소통하는 경험을 했습니다. 동물은 자신을 표현하며, 자신을 이해시킬 수 있습니다. 시편은 창조 세계가 하나님을 찬양한다고 말합니다. 예수께서는 우리가 침묵하면 돌들이 외치리라고 하셨습니다. 제가 보기에 자연은, 비록 단절되기 이전만큼은 아니더라도 하나님을 말하는 데 아무런 문제도 없습니다.

욥기 32-42장

ON
FREEDOM,
LOVE,
AND
POWER

JACQUES ELLUL

우리를 찾는 사랑

2

6. 서론

욥기는 네 부분으로 나눌 수 있습니다. 첫 번째 부분은 이야기를 시작하는 프롤로그인데, 하나님과 사탄 사이에 벌어지는 대화를 포함합니다. 두 번째 부분은 욥과 친구들 사이에 벌어지는 대화입니다.[1] 세 번째 부분은 엘리후의 담화를 포함합니다. 네 번째 부분은 하나님이 다시 욥을 축복하시는 장면입니다. 우리는 다시 세 부분으로 나뉘는 세 번째 부분에서 시작할 것입니다. 먼저 욥이 말하고, 뒤이어 엘리후가 담화하며, 마지막으로 하나님이 나타나십니다. 엘리후의 담화에서 시작하겠습니다.

엘리후의 담화는 무수한 비판을 불러일으켰습니다. 이 부분이 후대에 첨가되었고 실제로 욥기 전체에 아무런 기여도 하지 않는다는 주장을 불러일으켰습니다. 이렇게 결론을 내린 이유는 무수하고 다양하지만, 그렇더라도 진지하게 여겨야 합니다.

첫째, 문제의 일곱 장의 문체가 욥기 나머지 부분과 다르다는 주장이 있습니다. 어떤 전문가들은 어휘가 다르다고 말합니다. 이들 모두가 같은 것을 말하더라도, 욥기 3부가 나머지 부분과는 다른 어휘를 사용한다는 점에서 그렇다는 것입니다. 이것은 아람어의 영향이며, 따라서 본문의 이 부분은 욥기의 다른 부분보다 훨씬 후대의 저작이라는 것입니다. 또 다른 주장은 욥과 하나님이 엘리후의 담화를 전혀 언급하지 않는다는 점에서 엘리후의 담화를 완전히 무시한다는 것입니다. 그리고 엘리후가 욥의 담화를 재차 언급하는 방식은 그가 기록된 본문을 이용할 수 있었다는 것을 보여주며, 그가 이 본문을 논한다고 보는 주장이 있습니다. 제가 보기에 이것은 상당히 훌륭한 관찰입니다. 엘리후는 욥의 담화 중 몇몇 부분을 그대로 옮기기 때문입니다. 이렇게 해서 엘리후가 기록된 본문을 토대로 한다는 결론이 나온 것입니다.

또 다른 주장은 엘리후가 느닷없이 나타났다가 똑같이 불가사의하게 사라진다는 것입니다. 우리는 그에 관해 아무것도 알지 못합니다. 엘리후는 결론 부분에서도 나타나지 않습니다. 제가 볼 때 이 주장은 전혀 설득력이 없습니다. 성경에는 이런 경우들이 더 있기 때문입니다. 멜기세덱이 좋은 예입니다. 그는 살렘의 왕이었는데, 정의와 평화의 왕이라는 뜻입니다. 멜기세덱은 느닷없이 나타나 아브라함을 축복하고는 사라집니다. 우리는 그에 관해 아무것도 모르지만, 신약성경은 그를 하나님의 축복을 가진 자의 모델로 제시합니다. 그러므로 제가 볼 때 이 주장은 전혀 설득력이 없습니다.

엘리후가 등장하는 일곱 장을 빼더라도 아무것도 달라지지 않는다는 근본 비평에 대해서는 이미 언급했습니다. 욥의 담화는 엘리후의 담화 앞에 나오는데, 하나님의 대답과 아주 잘 어울린다는 것입니다. 그러므로 엘리후의 본문은 욥기의 사상이나 행동에 아무것도 더하지 않는다는 결론에 이릅니다. 엘리후는 욥과 그의 친구들이 이미 한 말을 되풀이할 뿐이라는 것입니다. 더 나아가 이러한 비평학자들은 엘리후가 누구를 대리하느냐에 대해 의견을 달리합니다. 더러는 사탄이라고 하고 더러는 하나님이라고 합니다. 이 모든 것은 이 본문이 실제로 매우 어렵다는 것을 보여줍니다.

이 일곱 장의 저자가 누구인지에 대해서도 논쟁이 벌어졌습니다. 어떤 학자들은 욥기 나머지 부분의 저자와 동일 인물이라고 주장합니다. 그러나 이 일곱 장은 훨씬 후대의 저작입니다. 어떤 학자들은 이 부분이 훨씬 후대에 기록되었으며 따라서 저자도 다르다고 주장합니다. 더 근본적인 것은 많은 비평학자들의 결론입니다. 비평학자들은 이 일곱 장의 저자가 욥기의 여러 지나친 점을 매우 불쾌하게 느낀 아주 종교적이지만 편협한 랍비가 틀림없다는 결론을 내립니다. 본문의 주장을 좀 더 누그러뜨리고 어떤 요소들을 논박하는 저자의 방식이라는 것입니다. 이것은 매우 종교적인 사람은 편협한 사람임에 틀림없다고 가정하는 역사가들의 일반적인 편견을 보여줍니다. 성경에는 불쾌하거나 극단적인 요소들이 있어서는 안 된다는 이들의 주장에 깔린 억측은 적잖이 흥미롭습니다. 이러한 억측은 진정으로 종교적인 저자들이 본문에 대해 도덕적 판단을 내리며 따라서 본문을 해체하려는 경향이 있다는 생각에 의

존합니다. 이러한 속단에 따르면, 엘리후는 욥기 나머지 부분을 도덕화하려 합니다.

이 모든 것을 앞에 두고, 저는 이렇게 묻고 싶습니다. 이스라엘에서 사람들이 정경의 일부, 곧 하나님의 계시의 일부로 여겨지는 본문을 가지고 장난을 칠 수 있었다고 생각할 수 있을까요? 역사적 시각에서 보자면, 우리가 구약성경이라 부르는 정경은 예수 그리스도가 태어나기 약 180년 전에 확정되었으며 욥기는 가장 오래된 책 가운데 하나로 널리 여겨졌다는 사실을 기억해야 합니다. 랍비 전승에 따르면, 욥기의 연대는 기원전 1200년 무렵까지 거슬러 올라갑니다. 따라서 욥기는 아주 오래전에 정경으로 확립되었습니다. 이런 상황에서 어떤 랍비가 이곳저곳에 내용을 덧붙여 욥기를 재편집했다는 것이 실제로 가능할까요? 지금 그리스도인들이 성경에 이렇게 하나요? 우리라면 성경에서 당혹스런 부분을 볼 때마다 작은 담화를 덧붙여 본문을 재편집하겠습니까? 유대교 공동체와 기독교 공동체 양쪽 다 이것은 생각할 수 없고 말도 안 되는 일입니다. 욥기가 하나님의 계시의 일부로 받아들여지기 전에, 엘리후의 담화는 이미 욥기에 있었습니다.

가장 최근의 가설 가운데 하나는 욥의 친구들을 비웃는 것이 엘리후의 목적이었다고 주장합니다. 자기 자신으로 가득 찬 엘리후라는 젊은이는 사실상 그 누구도 어떤 것도 알지 못하기 때문에 자신이 그들을 바로잡을 거라고 말합니다. 그러나 그가 하는 말은 진부합니다. 어쩌면 엘리후가 이러한 오만에 빠졌다는 생각을 전혀 어렵지 않게 받아들일 수 있습니다. 그러나 전체 본문을 더 자세히 살펴보지 않은 채 무시하는 태도는 절대 받아들일 수 없습니다.

그래서 저는 마지막 그룹의 해석자들에게 이끌립니다. 이들은 이 본문이 실제로 무엇을 말하는지 묻습니다. 더러는 본문이 결국 전혀 아무것도 말하지 않는다고 주장합니다. 어느 경우, 이것이 주석가가 본문에 대해 말하는 전부입니다. 더러는 엘리후의 개입으로 욥기의 흐름이 뒤집혔다고 느낍니다. 누군가는 이러한 해석에 깊은 인상을 받을지 모르지만, 저는 이것 또한 지나갈 유행하는 해석들 가운데 하나라고 봅니다. 우리는 이 본문이 하나님의 계시로 받아들여진 정경의 일부라는 사실을 인정하고 본문을 들여다보아야 합니다. 랍비들이 멍청하고 아무런 보탬도 안 된다고 여긴 한 본문을 이 정경에 포함시키도록 허용했다고 믿기 어렵습니다.

우리는 두 가지를 살펴보아야 합니다. 첫째는 이 본문이 욥기 전체에서 어느 위치에 있느냐는 것입니다. 아무것도 말하지 않는다고 생각되는 본문이 절대 없어서는 안 되는, 더없이 필수적인 두 본문 사이에 끼어드는 것이 가능할까요? 어쨌든, 이 본문 앞에 나오는 욥기 본문은 욥이 메시아의 한 형상이라는 것을 보여주며, 이 본문 뒤에는 하나님의 계시가 이어집니다. 이토록 엄청나게 중요한 두 본문 사이에 누군가 아무런 의미도 없는 짧지 않은 본문을 끼워 넣었고, 거기다가 아무도 이것을 눈치채지 못했다고 믿을 수는 없습니다.

두 번째는 '엘리후'라는 이름과 관련이 있는데, 엘리후는 "람 족속 부스 사람 바라겔의 아들"로 소개됩니다(욥 32:2). 여기 등장하는 네 단어는 의미로 가득합니다. 엘리후는 "그는 나의 하나님이

다"라는 뜻입니다. 사실상 모든 히브리어 학자들이 '그는'에 해당하는 히브리어 글자가 이름에 사용될 때는 언제나 이스라엘의 하나님을 지칭한다는 데 동의합니다. 따라서 엘리후는 "YHWH는 나의 하나님이다"라는 뜻입니다. 욥기에서 하나님은 자신을 YHWH로 계시하실 때까지, 한 번도 YHWH라 불리지 않는다는 사실에 주목하는 것도 중요합니다. 하나님은 엘로힘, 엘, 엘로하, 엘샤다이 등으로 불리지만 YHWH라 불리지는 않습니다. (이 부분은 나중에 다시 살펴보겠습니다.) 저는 이 사실 하나만으로도 이 본문이 상당히 중요하다는 것을 암시한다고 생각합니다. 엘리후는 바라겔의 아들이라 불리는데, 바라겔은 "엘로힘이 그를 축복했다"는 뜻입니다. 따라서 엘리후는 하나님의 축복의 아들입니다. 여기에도 의미가 가득합니다. 엘리후는 부스 땅에서 왔는데, 부스는 히브리어로 '멸시받는 자'를 말합니다. 이 단어는 이사야 선지자가 하나님의 종, 사람의 아들(인자)을 지칭할 때 사용한 단어입니다. 이 또한 이 본문이 상당한 의미가 있다는 증거입니다. 마지막으로, 엘리후는 람 족속인데 람은 '위로부터', 즉 '하늘에서'라는 뜻입니다. 이 모든 단어를 묶어볼 때, 우리 앞에 엘리후, YHWH는 나의 하나님이다, 엘로힘의 축복의 아들, 멸시받는 종의 칭호를 가진 자, 하늘에서 온 자가 있습니다. 누군가 아무런 의미도 없고 가치라고는 없는 한 본문을 추어올리려고 이 단어들을 한데 모았다고 믿기란 불가능하다고 생각합니다. 바꾸어 말하면, 저는 앞서 소개한 해석자들의 섣부른 판단을 되돌리려 합니다. 이들은 이 본문을 후딱 읽고 거기에 근거한 전제에서 시작합니다. 인정하듯이, 이 본문이 다소 장황하고 문학적으로 그리 아름답지 못하기 때문입니다. 그러나 저는 앞서 말한 두 가지 핵심에서 시작하려 합니다.

덧붙이고 싶은 것이 있습니다. 랍비 전승은 본문을 계시되고 글자 하나까지 믿을 수 있는 문헌으로 받아들였기 때문에 이런 종류의 문제를 결코 논하지 않았다는 것입니다. 그러나 랍비 전승의 주석가들이 이름들에 담긴 상징을 거의 살피지 않고 대신에 글자 하나하나에 부과된 값을 이용해 계산하길 더 좋아했다는 것이 저에게는 늘 약간 실망스러웠습니다. 제가 볼 때, 탈무드도 이 본문을 비롯해 어느 본문이라도 전체가 아니라 각 구절에 초점을 맞춰 설명하는 경향이 있습니다. 저는 엘리후 단락에 대한 이러한 설명이 본문 한 절 한 절에 집중하기 때문에 그다지 도움이 되지 못한다고 생각합니다.

7. 엘리후(32-37장)

32장

저는 욥기 32장이 우리에게 근본적인 두 가지 문제를 제기한다고 생각합니다. 첫 번째는 지혜에 관한 것입니다. 본문은 많은 날과 연수가 지혜를 가르쳐주지 않는다고 말합니다. 32장은 28장에 나왔던 지혜에 관한 본문으로 곧바로 돌아갑니다. 엘리후는 지혜와 하나님의 영에게서 오는 슬기를 대비시킵니다. 그는 전통과 경험이 진정한 계시에 도움이 되지 않는다고 말합니다. 중요한 가르침입니다. 사람들의 내면에 전능한 분의 숨인 영이 있어 슬기를 줍니다. 기억을 떠올려보십시오. 히브리어에서 '루아흐'라는 단어는 '영spirit'으로 번역해야 합니다. 일반적으로 '숨breath'으로 번역되는 '헤벨bevel'이라는 단어도 있습니다. '헤벨'은 전도서에서 일반적으로 '헛됨vanity'으로 번역됩니다. 우리는 숨(호흡)의 순간성과 영의 지속성을 맞세우는 경향이 있습니다. 그러므로 히브리인들이 하나님이 사람들에게서 하시는 일과 하나님의 지혜와 하나님의 계시를 생각할 때 이러한 개념을 표현하려고 '숨'(가장 약하고 가장 순간적인 것)이라는 단어를 선택한 것은 매우 의미가 깊습니다. 그와 동시에, 바로 이 숨은 살아 있는 존재에게 더없이 중요한 것입니다. 하나님의 계시에서 가장 중요한 것은 가장 약하고 가장 순간적인 것입니다. 거꾸로 가장 약한 것이 가장 중요하며, 이것은 참된 지혜로 이어집니다. 저는 하나님이 가장 약한 것, 곧 그 말씀the Word을 선택해 자신을 사람들에게 계시하신 데는 충분한 이유들이 있다고 믿습니다. 하나님이 자신의 모든 능력으로 자신을 계시하셨다면, 우리는 소멸했을 것입니다. 하나님은 가장 약하고 미천한 것, 곧 숨을 통해 자신을 계시하셔야 합니다.[1]

욥의 친구들은 자신들의 인간 지성을 의지하며 지혜를 가졌다고까지 주장했습니다. 그런데도 욥을 설득하지 못했습니다. 엘리후는 이들이 더 할 말이 있는지 보려고 잠시 말을 멈추지만, 이들은 여전히 침묵합니다. 그러자 엘리후는 하나님의 이름으로 말하기 시작합니다. 엘리후는 하나님에게 창조되었고, 하나님의 영에 감동됩니다. 바꾸어 말하면 엘리후는 하나님의 이름으로 말함으로써, 하나님이 자신을 계시하시기 전에 그분의 증인이 되는데, 이것이 엘리후의 담화 전체를 이해하는 열쇠입니다. 이를테면 엘리후는 하나님의 계시가 나타나기 전에 선행하는 선지자입니다. 하나님은 자신을 나중에 계시하십니다. 엘리후는 그때까지 하나님의 지혜를 말하고 그분의 심판을 선포하는 사람입니다.

이것은 두 번째 문제로 이어집니다. 엘리후는 그 누구의 변호자도 아니며 그 누구의 편도 들지 않습니다. 히브리어 본문은 그 누구도 더 높거나 가장 높은 칭호를 받았다고 말하지 않습니다. 하나님 앞에서 우리는 아무것도 아니며, 마른 풀과 같다는 뜻입니다. 신분은 전혀 중요하지 않습니다. 엘리후는 하나님이 곧 자신을 죽이실 터이므로, 자신은 그 어떤 칭호도 줄 수 없고 그 누구에게도 아첨할 수 없다고 말합니다. 엘리후는 매우 선하고 중요한 누군가를 발견했다 하더라도, 하나님은 모든 창조 세계보다 앞서 계시는 분이기 때문에, 그 사람을 주lord라고 부를 수 없습니다. 그러므로 엘리후는 땅에서 그 어떤 형태의 우월성이나 칭호를 인정할 수 없습니다. 엘리후가 받은 사명은 단 하나, 하나님의 말씀을 인간의 목소리로 분명하게 표현하는 것입니다. 현재 우리는 엘리후가 선지자나 천사의 형태로 하나님에게서 온 메신저라고 인정할 수 있습니다(천사에 관해서는 잠시 후에 살펴보겠습니다). 그리고 우리에게 엘리후는 예수 그리스도의 형상으로 보일 수도 있습니다.

저는 32장의 중요한 두 가지 측면은 이것이라고 믿습니다. 한편으로 인간의 지혜와 하나님의 영이 대비됩니다. 다른 한편으로 그 누구의 편도 들지 않고 그 누구에게 그 어떤 지위도 부여하지 않는 하나님의 말씀을 전하는 메신저가 있습니다. 마지막으로, 우리는 본문에 대한 많은 번역이 히브리어 본문에서 상당히 엇나간다는 문제를 여러 절에서 계속 마주칠 것입니다.

이제 여러분의 질문에 답해보겠습니다. 하나님이 가장 약한 것을 자신을 계시하는 수단으로 선택하신 이유는 사람들이 이것이나 저것이 진리라고 말할 수 있는 가능성을 차단하기 위해서라고 말하고 싶습니다. 잘 알다시피, 우리는 이렇게 하려는 유혹을 끊임없이 받습니다. 유대교 공동체와 기독교 공동체의 역사는 이것이 낳을 수 있는 어려움을 보여주는 예로 가득합니다. 이것은 문제의 사건들이 일어난 후에야 거짓 선지자를 분별할 수 있고, 이런 까닭에 우리와 하나님 사이에 가능한 관계는 믿음의 관계뿐이라는 뜻이기도 합니다.

33장

엘리후는 욥의 친구들의 말을 일축한 후 욥을 향합니다. 먼저 자신도 사람이라고 말합니다. "하나님 앞에서 저도 당신과 같습니다. 저도 흙으로 지음을 받았습니다. 그러니 저를 겁내지 않으셔도 됩니다. 제가 당신을 부숴버리지는 않을 테니까요." 욥은 거듭 하나님에게 자신을 드러내시라고 요구했고 하나님이 자신을 드러내시면 자신은 부서져버릴 거라며 두려워합니다. 그런 욥에게 엘리후는 답합니다. 엘리후는 사실 욥에게 자신은 하나님의 이름으로 말하지만 욥과 똑같은 피조물이니 두려워하지 말라고 말합니다. 이번에도, 우리는 사람이지만 완전히 하나님이신 예수 그리스도의 형상을 봅니다. 마치 엘리후가 말씀하시는 전능한 하나님과 두려워하는 욥 사이에 드리운 가림막 같습니다. 사람들을 부숴버리지 않기 위해 먼저 메신저를 보내는 것은 하나님의 사랑을 표현한 것입니다.

그다음으로 엘리후는 욥의 고발들을 비롯해 그가 한 말을 다시 언급합니다. 예를 들면 10절에서 엘리후는 욥의 말을 그대로 인용합니다. "하나님이 나를 이렇게 대하시며, 게다가 내게 말씀하지 않으십니다." 12-13절에서 엘리후는 욥에게 하나님은 자신의 행동을 해명할 필요가 없다고 설명합니다. 하나님은 욥에게 말씀하실 필요가 없지만, 말씀하십니다. 엘리후는 하나님이 자신을 세 가지 방식으로 표현하신다고 설명합니다. 첫 번째 방법을 말하는 히브리어 본문은 이렇게 옮길 수 있습니다. "하나님은 한 번 말씀하시고, 사람들이 진지하게 받아들이지 않을 때 두 번째 말씀하신다." 첫 번째로 말씀하실 때 하나님은 쉽고 분명하고 간결하게 말씀하십니다. 그러나 두 번째는 그렇게 하지 않으실 것입니다. 우리에게는 성경이 있으며, 다른 것을 갖지는 못할 것입니다.

꿈과 환상을 비롯해 하나님이 말씀하시는 다른 방식들도 있지만, 어떤 의미에서 이것들은 덜 분명하고 덜 확실합니다. 하나님은 인간의 자유를 존중하시기 때문에 언제나 논의에 열려 있는 수단을 선택하십니다. 우리의 자유는 하나님이 하시는 말씀을 해석할 필요에 근거합니다. 이것은 하나님의 말씀이 우리를 제약하느냐는 문제를 둘러싸고 벌어진 오랜 신학 논쟁에 답합니다. 하나님이 하나님이라면, 어떻게 그분이 우리에게 말씀하실 때 납득하지 않는 일이 가능할까요? 대답은, 자유하게 하는 분으로 자신을 계시하시는 하나님 앞에서 우리가 계속 자유롭도록 하나님의 말씀이 우리의 해석에 넘겨졌다는 것입니다. 본문은 사람들의 교만을 막으려고 꿈과 환상이 해석에 열려 있다고 설명합니다. 인간이 하나님의 완전한 진리를 소유할 수 있다면, 아담은 어떤 의미에서 성공했을 것입니다.

엘리후는 하나님이 자신을 표현하는 또 다른 방식인 한 말씀a Word으로서 고난에 새로운 빛을 비춥니다. 고난은 형벌의 수단이나 구속의 길이나 숨겨진 선이 아니며, 완전함에 이르는 길도 아닙니다. 고난은 사람들을 하나님께로 돌이키려고 주어지는, 회개하라는 요청입니다. 이 부분은 누가복음에 나오는 기사를 떠올리게 합니다. 예수께서 학살당한 갈릴리 사람들의 죄와 실로암 망대가 무너져 죽은 사람들의 죄에 대해 질문을 받았습니다. 이때 예수께서는 그들이 신경 써야 할 일은 이것이 아니며 그들도 회개하지 않으면 똑같은 일을 당하리라고 대답하십니다. 이 부분은 또한 손턴 와일더Thornton Wilder의 소설 《산 루이스 레이의 다리*The Bridge of San Luis Rey*》를 떠올리게 합니다. 끔찍한 사고가 일어난 후, 누군가 도대체 무슨 못된 짓을 했기에 끔찍한 사고를 당해 죽었는지 알아보려고 죽은 사람들 하나하나의 삶을 추적합니다. 그런데 이들은 각자의 삶에서 해야 할 모든 일을 다 끝냈을 뿐이라는 게 드러납니다. 엘리후의 말은 고난을 회개하라는 요청으로 해석해야 한다는 것입니다. 고난당하는 사람들이 고난당해 마땅한지 판단하는 것은 우리의 몫이 아닙니다. 본문은 자신이 고난을 받아 죽게 될 거라는 욥의 주장이 틀렸다고 분명하게 말합니다. 엘리후는 고난은 회개를 통해 하나님을 만나는 것으로 이어진다고 설명합니다. 이러한 회개가 일어날 때, 우리는 사람들을 보호하고 하나님께 용서를 구하는 기도를 하며 대속물(속전)이 지불되었다고 선언하는 중보의 천사를 만납니다. 속전을 찾아낸 것은 이 천사입니다. 이런 이유로 대속물은 인간 제물을 바치더라도 한 사람이 지불할 수 있는 게 아닙니다.

이 시점에서 젊음과 힘이 회복되고, 훨씬 중요한 일이 일어납니다. 27절에서 사람들은 자신이 죄인이라고 인정합니다. 우리는 고난이 있을 때 일들이 일어나는 순서에 신중한 주의를 기울여야 합니다. 사람들은 주목하고 회개합니다. 천사가 개입해 대속물이 지불되었다고 말합니다. 하나님이 용서하고 은혜를 베푸십니다. 그제야 사람들은 죄를 지었다는 것을 알게 됩니다. 자신들이 무덤에서 구원받았기 때문입니다. 본문이 하는 말과 같습니다. "나는 죄를 지었고 정의를 그르쳤으나 받아 마땅한 벌을 받지 않았도다"(27절). 바꾸어 말하면, 사람들은 용서를 경험했을 때에야 이것을 압니다.

정확히 이런 방식으로 욥의 상황은 역전됩니다. 욥은 자신이 벌을 받아 마땅한 짓을 하지 않았는데도 벌을 받고 있다면서 끊임없이 불평했습니다. 그가 아직 하나님의 은혜와 용서를 경험하지 못했으며, 하나님의 은혜가 줄곧 그와 함께했음을 깨닫지 못했다는 뜻입니다. 그는 이제 자신이 죄를 지었으나 그에 합당한 벌을 받지 않았다는 것을 인정합니다. 이제 하나님이 사람들과의 관계를 회복하려고 사람들에게 극히 간접적이고 약한 수단으로, 회개를 끊임없이 요청하신다는 사실을 인정합니다. 욥이 지금껏 했던 모든 주장과는 반대로, 하나님은 우리의 죽음이 아니라 우리의 구원을 추구하십니다.

본문은 하나님이 사람들을 위해 이 모든 것을 하신다고 두 차례, 세 차례 선언합니다. 물론 이 숫자는 순전히 상징적입니다. 이것이 영구적이고 지속적이며 거듭된다고 말하는 히브리 어법의 방식입니다. 저는 엘리후가 지금껏 나온 말을 이어받아, 하나님이 일하시는 방식에 관해 상당히 새롭고 중요한 뭔가를 덧붙인다고 믿습니다. 영구성 안에 일종의 유연성이 있습니다. 이러한 유연성은 구원으로 향하는 움직임에서 벗어나지 않고 또 죽음을 향해 조금도 흔들리지 않은 채, 일어나고 있는 일의 다양한 요소를 고려하고 활용합니다. 엄청난 격동에도, 하나님은 말씀과 꿈과 환상과 고난을 이용해 자신의 교수법을 문화와 역사의 시대와 특정한 사람 등에 맞게 계속 바꾸십니다. 저는 이것이 본문의 의미라고 믿습니다. 이것이 전체 계시에서 근본적인 진리입니다. 바꾸어 말하면, 구약성경의 계시에는 일종의 진보가 일어나고 있는 것이 아닙니다. 예를 들면, 하나님은 율법보다 선지자들에게 자신을 더 분명하게 계시하시는 것이 아닙니다. 대신에 우리가 보는 것은, 우리의 사고방식을 뚫고 들어오려고 시대와 장소와 문화에 맞춘 엄청나게 다양한 교수법입니다. 하나님은 자신을 강요하지 않은 채 사랑으로 우리를 끊임없이 찾으십니다. 우리는 성경을 읽으면서 이것을 확인합니다. 많이 배우지 못한 사람들이라도, 많이 배운 사람들과 다름없이 성경에서 많은 것을 얻습니다. 저는 이 본문들을 적어도 50년간 연구했습니다. 그러나 지금 논의 중인 본문들을 다시 읽을 때, 아직도 새로운 것들이 들립니다. 제가 살아 있는 한 언제나 그럴 거라는 사실을 완전히 확신합니다.

34-37장

공부 모임 시간이 너무 길어지지 않도록, 34장 10-33절, 35장 5-16절, 36장 5-15절, 37장 12-24절에 초점을 맞추겠습니다. 이들 본문에 관한 예비 논의에서 분명하게 드러나듯이, 일반적인 번역들이 히브리어 본문과 잘 맞지 않는 경우가 빈번합니다. 이와 관련된 여러 어려움을 대수롭지 않게 여기고 싶은 마음은 없습니다. 첫 번째는 각 단어에 모음을 붙여야 한다는 것입니다. 대개 이 작업은 전통을 따라 이뤄집니다. 물론 이렇게 형성된 모든 단어는 여러 의미를 갖습니다. 두 번째는 본문 해석입니다. 여기서도 위대한 탈무드 랍비 중 한 사람은 각 본문이 일흔일곱 가지의 의미 외에 하나의 진정한 의미를 갖는데, 그 진정한 의미는 하나님만 아신다고 기록했다는 점을 상기시켜드리고 싶습니다. 우리는 이 본문들과 씨름할 때 본문의 의미를 결코 다 알 수 없음을 명심해야 합니다. 제가 절실히 느끼는 또 한 가지는 구약성경을 공부하려면 히브리어를 알아야 한다는 것입니다. 히브리어를 모른다면 그룹으로 성경을 공부하는 게 낫겠지만, 그러더라도 적어도 한둘은 구약성경의 원어를 알아야 합니다. 신약성경을 공부할 때는 다릅니다. 저는 신약성경 공부에 그리스어 지식이 그다지 중요하다고 생각하지 않습니다. 중세에 기독교가 저지른 큰 잘못 중 하나는 히에로니무스의 다소 어설픈 히브리어-라틴어 번역을 지나치게 의존해 구약성경 지식을 습득했다는 것입니다. 이 때문에 히브리어 본문을 읽은 유대교인들과 라틴어 번역을 읽은 그리스도인들 사이에 많은 오해가 일어났습니다. 우리는 결코 정확한 번역을 가졌다고 주장할 수 없으며, 본문을 완전히 이해했다고는 더더욱 주장할 수 없습니다. 우리는 말씀을 소유할 수 없을뿐더러 붙잡을 수도 없습니다. 이것은 우리를 숨과 영에 관한 논의로 되돌립니다.

본문을 급하게 읽으면 어떻게 오도될 수 있는지도 살펴보았습니다. 언뜻 보면, 욥기의 이 본문은 하나님이 의롭고 강력하다는 개념을 확인하는 데 그치는 것으로 보입니다. 매우 주의 깊게 읽어야만 새롭게 이해되기 시작합니다. 이런 질문을 던지는 게 중요합니다. '욥의 친구들은 줄기차게 욥이 유죄라고 주장하는데, 엘리후도 이들과 거의 다를 바 없는 논지를 펴는가?' 본문을 주의 깊게 읽으면, 그렇지 않다는 걸 보게 됩니다. 그리고 엘리후가 결코 욥을 판단하지 않는다는 것도 계속 보게 됩니다.

다음으로, 이 본문들의 주요 주제라고 제가 믿는 바에 눈을 돌리겠습니다. 이 본문들의 주요 주제는 하나님의 정의, 죄, 하나님의 능력입니다. 첫 번째 주제부터 엘리후는 하나님은 정의롭고, 따라서 정의롭지 않은 그 무엇일 수 없다고 줄기차게 말합니다. 본문에 따르면, 하나님은 불공평을 알지 못할 뿐만 아니라 정의를 깨뜨리지도 않으십니다. 하나님은 그 누구에게 해명할 책임이 없으며, 하나님의 권위는 그분 자신에게 있습니다. 34장 13절은 이렇게 말합니다. "어느 누가 하나님께 땅을 주관하는 전권을 주기라도 하였습니까? 어느 누가 하나님께 세상의 모든 것을 맡기기라도 하였습니까?"(새번역). 하나님은 아무에게도 대답하실 필요가 없고, 어느 누구도 그분의 정의에 관해 이래라저래라 하지 못합니다.

첫째, 이것은 타인들을 위한 정의이며 자기 이익이나 자기중심주의egotism에 조종당하는 정의가 아닙니다. 14절은 하나님이 자신을 생각하고 자신의 영과 숨결을 거두기만 해도, 모두가 죽으리라고 말합니다. 또한 하나님의 거대한 능력이 사람들을 밀어내지도 않습니다. 36장 5절은 하나님은 전능하시지만 사람들을 놀리지 않으시며, 그 누구도 배척하지 않으신다고 말합니다. 하나님은 모두를 위하십니다.

그러나 우리는 하나님께 그분의 때가 오기 전에 심판하시라고 요구해서는 안 됩니다. 바꾸어 말하면, 우리는 하나님께 인간 역사의 과정에서 선이나 악을 선포하시라고 요구해서는 안 됩니다. 여기서 예수께서 들려주신 알곡과 가라지 비유가 떠오릅니다. 수확 때가 이르기 전에 가라지를 뽑으려다가는 알곡까지 뽑게 됩니다. 하나님은 그분의 때가 되어야 행동하십니다. 그리고 하나님의 어떤 행동도 자동적으로 실행되는 것이 없습니다. 그러므로 인간 역사 중에는 말할 것도 없고 최후 심판이 있을 때까지, 하나님의 불의에 관해 말하는 것조차 불가능합니다. 이유는 분명합니다. 우리가 하나님의 진노를 늘 경험하지는 않는다고 해서, 하나님이 인간의 범죄에 무관심하다는 뜻이 아니기 때문입니다.

더욱이 타인들을 위한 이러한 정의는 사람들을 차별하지 않고 모두를 똑같이 대합니다. 엘리후가 말한 것처럼, 하나님은 누가 힘이 있고 누가 힘이 없는지, 누가 부자이고 누가 가난한지 등을 따지지 않으십니다. 하나님은 비를 선한 사람들과 악한 사람들에게 똑같이 내리시고 해를 의로운 사람들과 불의한 사람들에게 똑같이 비추신다는 예수의 말씀과 같은 뜻입니다. 하나님은 사람들을 차별적으로 심판하지 않으실 것입니다. 34장이 선언하듯이, 모두가 그분의 손으로 지은 작품이기 때문입니다.

하나님을 비난하는 것은 사람의 소임이 아닙니다. 예수께서 탕자의 비유에서 상황을 뒤집듯이, 여기서도 엘리후가 상황을 뒤집습니다. 탕자의 비유에서 아버지는 맏아들에게 자신이 동생을 선하게 대하는 것을 왜 불쾌해하느냐고 묻습니다. 엘리후도 똑같이 말합니다. 따라서 우리는 하나님이 형벌에 기초한 우리 방식의 정의를 행하시지 않는다고 하나님을 비난해서는 안 됩니다.

본문은 하나님의 정의를 그분의 능력과 주권과 연결합니다. 그리고 하나님의 능력과 정의는 전혀 다르지 않다는 게 분명해집니다. 우리는 하나님은 강력하고 또 하나님은 정의롭다고 말할 수 없습니다. 대신에 하나님은 정의롭기 때문에 강력하며, 강력하기 때문에 정의롭다고 말해야 합니다. 이것으로 제가 어렸을 때 그 어느 목사님에게서도 결코 해답을 얻지 못했던 문제, "사사기에서 왜 사사들은 군사 지도자인가?"라는 문제가 해결됩니다. 사사들에게는 정의롭다는 것과 강력하다는 것은 아무런 차이도 없었기 때문입니다. 이들은 하나님의 능력에서 힘을 얻었고, 이 때문에 정의로웠습니다. 이들은 하나님의 정의로 옷 입었기 때문에 강력했습니다. 힘과 정의가 충돌한다는 우리의 생각과 정반대입니다. 하나님에게 힘과 정의는 같습니다.

하나님의 정의에는 또 다른 특징이 있습니다. 인간의 행위와 하나님의 행위 사이에 존재하는 복잡한 관계입니다. 우리는 하나님이 사람들을 내버려두시지만 결과가 따른다는 이야기를 듣습니다. 또한 불의와 악은 사람들에게서, 우리의 동료 인간에게서 온다는 이야기를 듣습니다. 사람들은 심한 억압에 맞서 외치며, 숱한 사람의 폭력에 항의합니다. 사람들이 하는 행위의 결과가 일종의 인간 행동의 '논리'로 그 자신들에게 되돌아갑니다. 악을 행하는 자들을 그대로 두는 것은 하나님의 뜻이 아닙니다. 36장 6절이 정확히 이렇게 말합니다. 물론 이것도 우리의 개념에 반합니다. 왜냐하면 중세 이후 우리는 하나님을 모든 것의 원인으로, 원인들의 원인으로, 최종 원인final cause, 目的因으로 삼았기 때문입니다. 이것은 계시가 우리에게 말하는 바와 아무런 관련이 없습니다. 계시는 이렇게 말합니다. "하나님은 사람들이 그들의 삶과 역사를 펼치도록 두시지만, 개입하신다."

하나님의 행위와 사람들의 행위 간의 이러한 섞임은 구약성경에서 큰 문제인데, 저는 《하나님의 정치와 인간의 정치》에서 이 문제와 씨름했습니다.[2] 하나님은 존재하고 개입하십니다. 예를 들면, 하나님은 대단한 자들이 나타나고 사라지게 하십니다(34:20). 36장 7절에도 같은 내용이 나오는데, 하나님이 왕들을 왕좌에 앉히고 한동안 이들을 그 자리에 두시지만 이들이 교만에 가득 차 몰락을 자초한다고 말합니다. 바꾸어 말하면 하나님은 개입하시지만, 그다음에는 상황이 전개되도록 허락하십니다. 하나님이 어떤 왕을 지명하셨는데 그 왕이 악하다고 드러날 때, 하나님은 그의 악행이 낳는 모든 결과를 비롯해 상황을 그대로 두십니다. 예를 들면, 어느 선지자는 하나님이 갈대아인들을 '부르셨고' 그들이 북에서 왔다고 말합니다. 그러나 갈대아인들의 박해와 고문과 학살이 너무 극단적이었기에 하나님은 이들을 멸하셨습니다. 여기에 일종의 논리가 있습니다. 하나님은 한 왕을 부르실 때, 그 왕이 그분의 뜻을 행하길 기대하십니다. 그러나 그 왕이 하나님의 뜻을 행하지 못하면, 백성에게 그 결과가 미치고 이 때문에 백성이 반역할 수도 있습니다. 하나님은 우리의 삶과 우리의 역사에 매 순간 계십니다. 그러나 이것이 하나님이 우리의 삶과 역사를 지휘하신다는 뜻은 아닙니다. 그분이 언제나 우리 편은 아니라는 이야기입니다. 마태복음은 새 한 마리도 하늘에 계신 너희 아버지의 뜻이 아니면 떨어지지 않는다고 말합니다(마 10:29). 그러나 그리스어 본문은 전혀 이렇게 말하지 않습니다. 그리스어 본문은 "너희 아버지가 없으면, 다시 말해, 너희 아버지가 거기 없으면"이라고 말합니다. 작은 새가 죽을 때 하나님이 거기 계십니다. 하나님은 역사의 '원인'이 작동하도록 허용하시지만, 결코 역사에서 벗어나 계시지 않습니다. 하나님은 언제나 우리와 함께 계십니다.

받아들이기 어렵지만, 저는 이것들이, 하나님의 정의가 갖는 주요 특징이라고 믿습니다. 우리는 하나님의 뜻이 선하다는 것을 이해하기 어려워합니다. 우리는 정의와 선을 이미 스스로 정립해두었으며, 우리가 선언한 정의와 선을 하나님이 따르시는 게 더 낫다고 생각합니다. 성경에 따르면, 우리는 방향을 완전히 바꾸어 정의가 하나님의 뜻이며 선이 하나님의 뜻이라는 사실을 받아들여야 합니다. 하나님 위에 있는 정의나 선은 없습니다. 대신에 하나님이 무엇이 정의인지 선언하십니다. 우리가 정의라고 선언하는 것이 정의가 아니라 그분이 말씀하시는 것이 정의입니다. 하나님은 정의에 대한 우리의 개념과 이론과 생각을 따르지 않으십니다. 이런 까닭에 엘리후는 욥의 친구들을 꾸짖습니다. 이들이 욥에게 그가 고난을 받는 것이 하나님의 뜻이라고 했기 때문입니다.

여러분의 질문에 답해보겠습니다. 홍수를 예로 들면서 이 부분을 좀 더 자세히 설명하겠습니다. 하나님은 사람들을 내버려두셨습니다. 그 결과가 너무나 안 좋아 사람들을 위해서도 그렇고 하나님 앞에서도 그렇고 더 이상 그냥 둘 수 없었습니다. 그래서 하나님이 개입해 상황을 종료하셨습니다. 그런데도 사람들은 다시 시작했습니다. 홍수는 의심할 여지없이 가장 거대한 개입이었습니다. 그러나 개입은 특정 순간으로 제한되었습니다. 성경에서 하나님의 개입은 언제나 일어납니다. 이와 비슷하게, 한 선지자가 하나님이 이런저런 구체적인 문제에 개입하시리라 경고하는데, 이게 전부입니다. 따라서 우리는 하나님이 여기 없다고 여겨서는 안 될 뿐만 아니라, 하나님을 모든 것을 결정하는 일종의 원인으로 여겨서도 안 됩니다. 하나님은 상황이 전개되도록 두시지만, 하나님이 개입하시는 순간들이 있습니다. 예를 들면 바울은 하나님의 개입으로 회심했지만 그 후에는 자신만의 길을 찾아야 했습니다. 바울은 이렇게 말하는 자는 자신이지 하나님이 아니라고 자신의 편지에서 숱하게 말합니다. 바꾸어 말하면, 하나님이 우리의 삶에 한 번 개입하시는 것으로 충분할 수 있습니다. 그때부터 우리는 하나님의 말씀이 우리에게 진리가 되었던 그 순간을 늘 기억합니다. 하나님은 이런 순간을 거듭거듭 되풀이하지 않으십니다. 우리는 자신의 길을 찾아야 합니다. 구약성경에서 유대인들은 하나님이 개입하신 날을 기억하라고 계속해서 자극을 받습니다. 또 다른 예로, 하나님은 가인의 삶에 개입하십니다. 하나님은 가인에게 악이 그의 문 앞에 웅크리고 있지만 그가 악을 이길 수 있다고 하십니다.

이제 34-37장에서 중요한 두 번째 주제인 죄를 살펴보겠습니다. 친구들은 욥이 한 일을 계속 죄와 연결합니다. 욥도 같은 수준에서 논증을 폅니다. 엘리후는 전혀 다른 수준에서 죄를 말하며, 훨씬 깊이 들어갑니다. 엘리후는 본문에서 꽤 분명하게 드러나는 두 측면에 초점을 맞춥니다. 첫째, 36장 9절은 하나님이 이들의 행위와 악행을, 이들의 교만을 드러내신다고 말합니다. 둘째 측면은 자기 정당화입니다. 예를 들면, 35장 1-2절은 우리가 하나님 앞에서 자신을 옳다고 할 수 있느냐고 묻습니다. 이것은 더 이상 구체적 행위의 문제가 아니라 삶의 태도 문제입니다. 다시 말해 자기 정당화의 문제일 뿐 아니라 교만과 지배하려는 의지의 문제입니다. 자신이 행한 선을 자랑할 때, 스스로를 옳다고 할 수 있다고 주장할 때, 욥은 둘 다를 드러냅니다. 이것은 35장 1-2절에서 엘리후가 욥에게 그가 하나님 앞에서 자신을 옳다고 할 수 있다고 생각하느냐고 물은 이유를 설명해줍니다.

더 나아가 죄를 피해봐야 자신에게 아무 유익이 없다는 욥의 단언에 대해 주목할 만한 대답이 나옵니다. 엘리후는 욥에게, 죄는 하나님에게 영향을 미치지 않지만 타인들에게 영향을 미친다고 말하며, 35장 나머지 부분에서 이것을 설명합니다. 우리의 정의는 선이든 악이든 우리가 행한 것과 관련해, 하나님이 아니라 우리의 이웃에게 유익합니다. 상황이 나빠질 때, 사람들은 심한 억압과 많은 사람의 폭력에 항의하며 소리칩니다. 사람들은 자신의 사회·정치 상황에 불평하고, 타인들에 맞서 자신의 정의를 단언하려 하며, 형벌을 요구합니다. 이와 달리 엘리후는 먼저 하나님이 어디 계시는지 물어야 한다고 설명합니다. 아무도 이렇게 묻지 않습니다. "나의 창조자 하나님, 밤에 기쁨의 노래를 주시는 분, 땅의 짐승들을 통해 우리를 가르치시고 하늘의 새를 통해 우리에게 지성을 주시는 하나님은 어디 계시는가?" 이것은 우리가 타인들에 대해 불평하고, 먼저 자신과 하나님의 관계에 관심을 두는 대신 사회와 정치를 바꾸려 애쓸 때 드러내는 자기 정당화에 대한 비판입니다. 우리 역사에 재난이 일어날 때 스스로를 돌볼 수 있다고 생각해 하나님께 돌이키지 않는 우리를 하나님은 그대로 두십니다. 엘리후는 우리가 하나님의 뜻과 그분의 사랑에 관심이 없다면 하나님이 개입하지 않더라도 놀라지 말라고 말합니다. 하나님은 자신에게 등을 돌린 자들에게 응답하지 않으십니다. 이제 살펴보듯이, 우리의 본문에 혁명의 자리가 있지만, 저는 이것이 몇몇 혁명이 실패한 원인이라고 믿습니다.

요약하면, 자기 정당화는 마치 나는 부족한 게 전혀 없고 나 자신의 정의가 나를 인도한다는 듯이 사는 것입니다. 지배하려는 의지의 중심에 교만이 있습니다. 자기 정당화와 교만이 함께, 내게 하나님의 정의와 사랑이 필요하다는 것을 부정합니다. 예를 들면, 어느 그리스도인이 정치인이 되고, 그럼으로써 믿음을 지키려 하면서도 지배의 길을 선택한다면, 틀림없이 실패할 것입니다. 우리는 참으로 의도가 좋았던 그리스도인들이 정치인으로서는 재앙이었던 예를 숱하게 보았습니다. 그리스도인들은 자신들의 주인을 따라 지배하지 않는 길을, 비폭력과 무권력의 길을 가야 합니다. 그러나 우리는 필연을 따라 살며 자유의 세상에 살고 있지 않으며, 따라서 이것이 불가능해질 때가 있음을 절대 잊지 말아야 합니다. 예를 들면, 저는 평화주의가 정치일 수는 없어도 증인일 수는 있으며, 이 둘은 전혀 다르다고 생각합니다. 한 개인으로서, 저는 핵무기 사용을 전적으로 반대합니다. 그러나 제가 우리 정부의 정책을 수행할 책임을 갖고 있다면 핵무기 사용을 찬성할 수밖에 없을 것입니다. 현실적으로 생각하고 행동하는 것은 믿음으로 사는 것과 전혀 다릅니다. 그리스도인들은 언제나 이 점을 인식하고 살아야 합니다. 사회적으로 그리고 역사적으로, 상황은 이런저런 쪽으로 전개되지만, 그와 동시에 우리는 하나님이 개입하실 가능성을 인정하며 살아야 합니다. 그러나 한 사람의 그리스도인으로서, 저는 다른 사람들이 이렇게 행동하리라고 기대할 수 없을 것입니다. 저는 하나님이 개입하시길 바라며 자신을 변호하지 않기로 선택할 수 있습니다. 제가 할 수 있는 일은 우리가 자신을 변호하지 않을 위험을 무릅쓰면 어쩌면 하나님의 인정을 받으리라는 사실을 증언하는 것뿐입니다. 그러나 이런 위험을 타인들에게, 그리스도인들과 비그리스도인들이 뒤섞인 사회에 부과할 수는 없을 것입니다.

제가 논의할 세 번째 주제는 하나님의 능력입니다. 36장 마지막 부분과 37장 첫 부분은 하나님이 일으키시는 자연현상들을 묘사합니다. 본문은 하나님은 자신의 창조 세계에 대해 자유로우시기 때문에 하나님과 논쟁하려 해봐야 소용없다고 말합니다. 하나님은 모든 사람의 손에 도장을 찍어 그들 자신이 그분의 피조물이라는 것을 깨닫게 하십니다(37:7).

히브리어 본문은 사람들의 손이 봉인되었음을 암시하기도 합니다. 그것은 하나님이 자신의 것이라는 표시를 하셨을 뿐 아니라 한계를 두신다는 의미입니다. 사람들은 이러한 한계를 인식하고, 자신들이 이해하거나 풀 수 없는 것이 아주 많다는 것을 알아야 합니다(37:5). 사람들은 단순한 물리적 현상조차 이해하는 데 어려움을 겪는데, 본문은 왜 자신들의 옷이 따뜻한지조차 모른다는 말로 이것을 상징적으로 표현합니다. 우리가 많은 물리적 현상을 이해하기 어려워한다면, 무한히 더 복잡하고 추상적인 하나님의 정의를 이해한다고 어떻게 주장할 수 있을까요? 그럼에도 불구하고, 하나님이 인간과 다른 점은 그분의 능력이 그분의 정의를 훼손하지 않는다는 것입니다. 본문이 앞서 계시한 부분으로 돌아가봅시다. 설령 우리가 이해하지 못하더라도, 하나님은 정의롭기 때문에 강력하며 강력하기 때문에 정의롭습니다. 우리는 이것이 사실이라고 믿음으로 받아들일 뿐입니다.

하나님은 또한 자신의 정의를 이루는 두 형태인 형벌과 자비를 계시하십니다(37:13). 하나님은 둘 중 하나로 자신의 뜻을 이루시며, 우리는 믿음으로 둘 다를 받아들여야 합니다. 본문이 하나님의 정의에 관해 우리에게 제시하는 이러한 이미지는 경외심을 자아낼 뿐 아니라 위로가 됩니다. 우리는 하나님의 능력과 정의가 동일하다고 확신하기 때문입니다.

제가 본문이 제시하는 본질적 요소라고 믿는 세 가지 주제에 관해 앞에서 살펴보았으니, 이제 엘리후의 담화가 무엇을 의미하는지 살펴보겠습니다. 이미 보았듯이, 엘리후는 하나님이 보내신 메신저가 거의 분명합니다. 성경의 맥락에서 이것은 그가 천사라는 뜻입니다('천사'로 번역되는 그리스어 단어는 '메신저'를 뜻합니다). 구약성경에서 이런 메신저는 정체가 없습니다. 천사는 인격체가 아니며, 메시지와 동일시될 뿐 아니라 메시지와 동일하다는 뜻입니다. 천사는 전해진 말씀이었고, 그게 전부였습니다. 우리가 생각하는 천사와는 완전히 반대입니다.

이제 왜 엘리후가 느닷없이 나타났다가 메시지를 전한 후 사라지는지 분명해집니다. 엘리후는 세 가지 방식에서 메신저입니다. 첫째는 욥을 위한 메시지입니다. 엘리후가 욥을 비판하는 것은 단 하나, 그가 스스로 막다른 골목에 이르렀다는 것입니다. 엘리후는 욥의 담화 밑바닥에 깔린 모순들을 드러냅니다. 욥은 기도하지만, 기도가 아무 소용이 없다고도 말합니다. 욥은 하나님에게 자신을 판단해달라고 요청하지만, 그와 동시에 하나님이 불의하다고 선언합니다. 왜 굳이 기도하거나 하나님의 정의를 바랍니까? 엘리후는 이러한 모순들을 드러내면서도 욥을 정죄하지 않습니다. 엘리후는 '계시'라는 단어를 세 차례 사용합니다(어떤 번역들에는 나오지 않습니다). 엘리후는 욥에게 그의 죄를 계시합니다. 다시 말해 그의 교만과 자기 정당화를 드러낸 것입니다. 엘리후는 욥의 항변에 내포된 모순을 계시합니다. 마지막으로, 엘리후는 일어난 일을 설명하고 일어날 일을 계시합니다.

둘째, 엘리후는 하나님의 길을 준비한다는 점에서 메신저입니다. 엘리후가 욥을 책망하는 방식은 하나님이 나중에 나타나셔서 말씀하시는 방식과 정확히 일치합니다. 저는 이것이 매우 중요하다고 생각합니다. 왜냐하면 이것은 욥이 회개하는 까닭은 하나님이 나타나시기 때문만이 아니라 엘리후의 메시지를 통해 이에 대해 준비되었기 때문이기도 하다는 뜻이기 때문입니다. 성경 전체에서(우리는 이러한 세세한 부분에 충분히 주의를 기울이지 않습니다) 언제나 하나님이 행동하실 거라는 점이 먼저 선언됩니다. 하나님이 약속하시고, 성취가 뒤따릅니다. 하나님은 우리에게 생각하고 반응하며 묵상하고 기도할 시간을 주려고 언제나 서로 다른 두 순간에 행동하십니다. 선지자들을 생각해보십시오. 이 경우, 하나님은 욥에게 느닷없이 나타나지 않으십니다. 하나님은 먼저 모든 것을 선언하십니다. 자신이 욥에게 보여줄 짐승들까지 이야기하십니다. 하나님의 계시는 언제나 이런 방식으로 구성되는데, 사람들에게 선언이 있은 후 사건이 일어나기 전에 어디에 설지 결정할 시간을 주기 위해서입니다. 구약성경 전체에서 상황은 정확히 이렇게 전개됩니다. 우리 시대에도 다르지 않습니다. 그게 언제일지 우리가 모르더라도 하나님이 개입하실 때 우리가 알도록 하기 위해서입니다. 여기서도 같은 일이 일어납니다. 욥은 엘리후의 메시지에 설득

됩니다. 하나님이 나타나실 때 그가 더 이상 아무 말도 하지 않는다는 것이 그 증거입니다.

성경이 어떻게 하여 상황이 이런 방식으로 펼쳐지는지 보여주는 데는 근본적인 이유가 있습니다. 하나님은 인간을 정죄하길 원치 않으시며, 자신이 나타날 때 사람들이 이미 듣고 준비되어 있길 바라시기 때문입니다. 하나님은 이렇게 되도록 가능한 모든 일을 다 하십니다. 만약 하나님이 인간에게 느닷없이 나타나신다면 그야말로 재앙일 것입니다. 반대로 사람들이 이미 말씀을 듣고 회개했다면, 하나님은 그 누구도 정죄하실 필요가 없고 자신의 파괴력도 드러내실 필요가 없습니다. 그뿐 아니라, 하나님이 인간에게 자신을 정당화하실 아무런 필요도 없을 것입니다.

욥은 끊임없이 하나님을 상대로 소송을 제기했습니다. 만약 욥이 계속 이렇게 했다면 그는 매우 안 좋게 끝났을 것입니다. 그러나 엘리후가 욥의 행동이 모순된다고 설명함으로써 이러한 욥의 소송을 중단시킵니다. 하나님은 더 이상 욥에게 고소당하는 분으로 나타나실 필요가 없습니다. 하나님은 더 이상 소송에 연루되지 않습니다. 이로써 하나님의 사랑이 그분의 자유로 회복될 가능성이 열립니다. 우리도 일어나야 하는 일과 하나님이 하셔야 하는 일을 지배하려는 경향이 있습니다. 우리는 하나님을 이 과정에 얽어 넣으려 하지만, 하나님은 자신이 사랑할 자유를 보존하길 원하시며, 자신의 말씀을 전하심으로써 이렇게 하십니다. 저의 책 중 하나에서 설명했듯이, 하나님이 가장 약한 방법을 선택해 자신을 계시하신다는 사실은 놀랍습니다.[3] 반대로 하나님이 (아주 효과적인 정보나 통제 시스템처럼) 기계적으로 우리에게 작용할 강력한 수단을 사용하기로 선택하셨다면, 우리는 그분과의 관계에서 독립성을 모두 잃었을 것입니다. 말씀을 선택할 때, 가장 약하고 비천한, 어떤 의미에서는 부적절한 수단을 통해 하나님의 능력이 전달됩니다. 우리는 이 본문을 이해하려 할 때 이것을 분명하게 봅니다. 어려운 번역 문제들 외에, 본문은 잘못 해석되거나 잘못 이해되거나 조작되거나 왜곡되거나 하찮게 여겨질 여지가 있습니다.

마지막으로, 엘리후는 하나님이 정확히 어떻게 나타나실지 분명하게 선언함으로써 하나님의 길을 준비합니다. 세부 사항은 36장 말미와 37장 첫머리에 나오는데, 나중에 살펴보겠습니다. (그 시대의 통상적인 이미지들을 따라) 하나님이 나타나실 때 폭풍이 일고, 빛이 비취며, 뒤이어 바람이 불고, 구름이 일어나 빛을 가리며, 빛이 북쪽에서 나와 하늘을 밝히리라 선언합니다. 엘리야 선지자 때와 일치합니다. 이런 일이 일어나면 하나님이 오십니다. 선지자는 말문이 막혀 할 말을 잃어버립니다. 이런 까닭에, 그는 우리가 하나님이 계신 곳에 가지 못하고 하나님이 우리의 바람에 답하지 않으신다고 말하며 끝을 맺습니다. 바로 이 순간, 하나님이 개입하십니다. 선지자들은 자신이 말한 바를 성취하는 자는 자신이 아님을 알았습니다. 저는 엘리후가 천사요 메신저이자 선지자로서 바로 이러했다고 믿습니다.

여러분의 질문에 답해보겠습니다. 하나님의 영광은 하나님이 자신을 있는 그대로 계시하시는 것입니다. 예수 그리스도 안에서 하나님은 자신이 누군지 이중 관계로 계시하셨습니다. 예수께서는 아버지가 어떤 분인지 계시함으로써 아버지를 영화롭게 하시며, 하나님은 아들을 하나님으로 계시함으로써 아들을 영화롭게 하십니다. 영광의 신학은 요한복음에서 매우 중요하지만, 전적으로 구약성경에 근거합니다. 저는 여기서 예루살렘에 입성한 로마 정복자 폼페이우스가 떠오릅니다. 그는 유대인들이 말하는 하나님의 영광이 도대체 무엇인지 알고 싶었습니다. 그래서 성전에서 가장 거룩한 곳에 들어가보았으나 아무것도 찾지 못했습니다. 그곳에는 하나님의 영광을 상징할 만한 게 전혀 없었기 때문입니다. 하나님이 거기 계실 때 하나님의 영광이 그곳에 있지만, 하나님이 거기 계시지 않을 때 그곳에는 아무것도 없습니다.

ON FREEDOM,
LOVE,
AND POWER

8. 하나님의 출현(38-39장)

사실상 모든 주석가들은 이 본문을 다소 실망스럽다고 생각합니다. 비록 하나님이 나타나시지만, 욥의 '실존적' 질문들 가운데 어느 하나에도 답하지 않으십니다. 결국 욥은 친구들이 제시하는 순전히 지적인 질문들과 신학적 논지들을 반박하는 데 모든 노력을 집중했습니다. 자신의 문제를 순전히 실존적 차원에 두기 위해서입니다. 이 모든 것은 무시되는 것으로 보이며, 우리는 다양한 것들이 창조될 때 욥이 거기 있었느냐를 비롯해 지적인 문제들로 되돌아갑니다. 이 모든 논쟁은 다소 실망스러워 보입니다. 분명히 하나님은 어떤 문제에도 대답하지 않으십니다. 어느 주석가는 하나님과 그분의 일에 관해 말하거나 하나님에게 인간과 삶의 의미에 관한 계시를 요구하는 것은 시간 낭비라고까지 말합니다. 오직 하나님만 하나님에 관해 말할 수 있지만, 하나님은 이 부분을 말씀하지 않으시며, 그 결과 인간은 홀로 남습니다. 이것이 욥이 어떤 대답도 듣지 못한다는 사실에 대한 특징적인 반응입니다.

하나님은 자신을 전적으로 총체적 능력의 위치에 두시지만, 이 능력에 전혀 의문이 제기되지 않습니다. 그런데 하나님이 바로 이 능력을 드러내십니다. 그러므로 대다수 주석가들이 이 본문에 관해 비교적 말을 하지 않는다는 사실은 놀랍지 않습니다. 본문에서 적어도 무엇인가를 얻어내기 위해, 역사가들과 주석가들은 이 본문의 단편들이 무수한 다른 단편들과 비슷하며 독창적인 것이 전혀 없음을 보여주려 했습니다. 이로써 어떤 이들은 하나님의 편에서 보면 이것이 지독한 아이러니라는 결론을 이끌어냈습니다. 저는 이러한 시각에서 본문을 읽을 때면 욥이 매우 불행한 사람이기에 본문이 아주 끔찍해 보인다는 사실을 고백합니다. 이런 시각은 불신자들의 눈에 하나님을 자주 그런 식으로 보이게 합니다. 그들에게 나타나시는 하나님은 오직 능력자이며 사람들을 짓밟고 대답 없이 사람들을 침묵하게 하는 하나님입니다. 우리는 너나없이 이러한 종류의 고소를 들었고 바로 이것이 불신자들이 본문에서 끌어내려는 것입니다.

그러나 저는 이 본문에 숨겨진 면이 있다고 확신합니다. 따라서 본문을 급하게 읽고 겉핥기에 그친다면 본문에서 아무것도 얻어내지 못할 것입니다. 욥기의 많은 부분뿐 아니라 다른 많은 본문도 다르지 않습니다. 본문이 계시라는 자세를 취함으로써 정말로 더 깊이 들어가고 싶어 해야 하고 본문을 존중하고 묵상해야 합니다.

바꾸어 말하면, 하나님이 말씀하실 게 전혀 없다는 것은 불가능하다는 확신을 갖고 본문을 읽어야 합니다. 그러므로 이러한 종류의 본문을 읽는 첫 단계는 믿음의 단계입니다. 정말로 말씀하시는 하나님이 자신의 피조물들이 외치는 소리에 귀를 막고 전혀 말씀을 하지 않고 눈을 감는다고 믿으면, 그대로 될 것입니다. 반대로 계시의 하나님이 정확히 반대라고 믿는다면, 본문을 훨씬 주의 깊게 읽어야 합니다.

이러한 시각에서 저는 세 가지를 미리 고찰하려 합니다. 첫 번째는 하나님과 사람들의 관계 문제입니다. 이 본문에서 하나님은 자신의 이름 YHWH를 계시하십니다. 욥기의 다른 모든 곳에서 하나님은 다른 이름들로 불리십니다. '엘로하' 또는 '엘샤다이'로 불리시는데, '전능자' 또는 '신적인 자divine one'라는 뜻입니다. YHWH는 창세기 2장의 하나님으로, 관계를 맺는 분입니다. 욥기 이 부분에서 사람들과 관계를 맺고 자신을 그들에게 계시하시는 하나님의 이름이 사용되는 것은 결코 우연이 아닙니다. 이 하나님은 인격적인 하나님a personal God입니다. 이것이 욥에게 주는 직접적인 대답이라고까지 말하고 싶지는 않습니다. 그러나 이것은 욥에게 다가가려는 하나님의 시도입니다. 가장 중요한 것은 하나님이 하시는 말씀의 내용이 아니라 하나님이 욥에게 더 가까이 오시고 그에게 말씀하신다는 사실일 것입니다. 욥의 실존적 질문에 하나님은 사실상 이렇게 대답하십니다. "내가 여기 있다." 하나님은 우리 앞에 오실 때, 그분 자신이신 분으로서, 우리에게 휘둘리지 않는 전능자로서 말씀하십니다. 그와 동시에 하나님은 멀리 계신 전능자일 수 없습니다. 하나님은 예수 안에서 성육한 하나님이기 때문입니다. 이것이 지속적인 움직임입니다. 하나님은 자신의 이름인 YHWH, "나는 너희와 함께 있는 살아 있는 자다"를 사용하십니다. 하나님이 자신의 능력을 선포하시는 정확한 이유는 우리 가까이 계시기 때문입니다. 예수의 경우도 다르지 않습니다. 예수께서는 늘 계셨지만, 어느 시점에 변화하셨습니다. 다시 말해, 그분이 전능하다는 사실이 드러났습니다. 따라서 이 본문에서 이러한 이름의 변화는 매우 의미가 큽니다.

하나님이 말씀하신다는 사실도 똑같이 중요합니다. 하나님이 말씀하실 때, 그분의 온 말씀이 함께합니다. 말씀의 내용이 무엇이든 간에 언제나 무엇보다도 창조하는 말씀입니다. 하나님은 말씀하실 때 창조하십니다. 하나님은 자신을 계시하실 때마다 새로운 상황을 일으키십니다. 거의 말씀을 하시지 않거나 전혀 말씀하지 않으실 때에도, 욥을 위해 새로운 상황을 창조하십니다. 그리고 새로운 관계는 일종의 새로운 출생을 이룹니다.

마지막으로, 상황이 완전히 반전되었다는 점을 지적하고 싶습니다. 욥은 끊임없이 질문을 했는데, 이제 *그가* 질문을 받습니다. 38장 4절에서 욥은 하나님이 땅의 기초를 놓을 때 어디 있었느냐는 질문을 받습니다. 저는 하나님이 욥의 약함과 무력함을 입증하려 하신다고 믿지 않습니다. 분명히 우리는 이 책의 편집자들을 이보다 더 신뢰해도 좋습니다. 성경 모든 곳에서처럼 여기서도 하나님은 창조자와 피조물의 관계를 반전시키느라 바쁘십니다. 사람들이 질문을 던집니다. 그런데 하나님은 대답하는 대신에 사람들에게 질문을 던지십니다. 여기서 우리는 성경이 해답의 책이 아니라 질문의 책이라는 사실을 배워야 합니다. 이것은 하나님이 아담에게 "네가 무엇을 하였느냐?"라고 물으시는 데서 시작해 예수께서 제자들에게 "너희는 나를 누구라고 생각하느냐?"라고 물으시는 데서 절정에 이릅니다. 하나님은 사람들에게 말 그대로 책임을 지우십니다. 하나님은 사람들에게 응답하라고 요구하시는데, 이로써 사람들은 책임이 생깁니다. 하나님이 우리에게 질문을 하시는 데는 훨씬 깊은 의미가 있습니다. 이것은 우리가 자유하다는 것을 암시합니다. 예를 들면, 예수께서 제자들에게 "너희는 나를 누구라고 생각하느냐?"라고 물으실 때, 제자들이 스스로 대답하고 선택하도록 그들을 완전히 자유롭게 하셨습니다. 하나님이 우리에게 질문을 하실 때, 이것은 우리가 하나님의 질문에 자유롭게 대답할 수 있도록 하나님이 우리를 제한하고 속박하는 모든 것에서 우리를 해방하신다는 뜻입니다. 이로써 우리는 온전히 책임을 지게 됩니다. 이것이 제가 여러분과 나누고 싶었던 중요한 예비 고찰입니다.

이제 본문 자체로 돌아가 창조의 비전부터 살펴보겠습니다. 비슷한 비전들을 많은 곳에서 찾아볼 수 있습니다. 욥기 안에서 보자면, 25장에 빌닷의 담화가 나오고, 26장에 욥의 담화가 나오며, 37장에 엘리후의 담화가 나옵니다. 셋 모두 창조와 하나님의 능력에 관해 거의 같은 말을 합니다. 그래서 어느 주석가는 하나님이 이들의 주장을 받아들여 이들 모두 이 문제들에 관해 정확히 말했음을 보여주셨다고 주장합니다. 저는 세 가지 이유로 이 주장이 정곡을 찌르지 못했다고 믿습니다.

첫 번째, 저는 이것이 우리가 이해하지 못하는 모든 부분에서 창조의 신비를 드러낸다고 봅니다. 오늘 우리는 과학의 발전에서 이것을 봅니다. 발전할수록 우리가 알지 못한다는 사실을 더 절감합니다. 사실, 저는 이러한 과학의 지적 모험에 매혹된다는 사실을 고백합니다. 세상이 전에 믿었던 것보다 훨씬 더 복잡하다는 게 거듭거듭 드러납니다. 우리는 하나님이 욥에게 하신 질문들의 해답을 어느 정도 안다고 생각할는지 모릅니다. 그러나 과학은 우리가 아직도 모르는 게 얼마나 많은지 계속 보여줍니다. 게다가 우리가 보기에 도저히 이해되지 않는 것이 많습니다. 왜 어떤 동물들은(예를 들면, 타조) 새끼를 거의 또는 전혀 돌보지 않을까요? 그 반대 경우도 미스터리입니다. 왜 어떤 동물들은(사자처럼) 모성애를 보일까요? 본문은 아주 다양한 동물들을 말합니다. 매는 지혜를 받았고 수탉은 분별을 얻었으나 타조는 둘 다 받지 못했습니다. 말은 빼어난 자질들을 칭찬받습니다.

쓸모없음의 문제도 있습니다. 욥의 친구들은 유익한 일들을 하는 게 자신의 구원을 위해서도 중요하다는 점을 입증하려 하며 세상은 유익한 것들로 가득하다는 점을 입증하려 합니다. 하나님 섬기기까지도 유익합니다. 욥은 이것은 사실이 아니며 하나님 섬기기는 쓸모없다고 대답합니다. 나중에 하나님은 창조 세계는 유익한 것에 관한 것이 아니라 거저 주는 선물에 관한 것임을 보여주십니다. 창조 세계의 목적이나 비雨의 목적이나 동물들의 목적을 탐구하려 해봐야 의미가 없습니다. 이것들의 가치와 의미는 하나님이 이것들을 지으셨다는 사실에서 비롯됩니다. 세상은 인간을 위해 창조된 게 아닙니다. 이를테면 이것은 하나님이 욥에게 창조 세계를 그와 무관한 것으로 여기라고 요구하시는 데서 나타납니다. 어느 주석가의 표현처럼, 하나님은 욥을 자신의 창조적 자유의 세상에, '이유 없는' 공짜 세상에 두십니다. 우리는 비록 에덴동산이 인간을 위해 창조되었지만 그곳은 인간의 목적을 섬기지 않았고 인간을 섬기도록 의도되지도 않은 많은 것으로 가득했다는 사실을 마땅히 기억해야 합니다.

욥은 자신의 담화에서 분명하게 드러나는 인간중심주의를 포기해야 합니다. 욥은 자신을, 자신의 고난을, 자신의 생각을 모든 것의 중심에 두었습니다. 우리는 욥이 어떻게 이렇게 되었는지 이해할 수 있습니다. 그렇더라도 하나님은 욥이 한 발 더 나아가, 그가 아무리 빼어난 위치를 차지하더라도 자신이 중요하게 여기는 것으로만 결론을 내릴 수 없다는 사실을 깨닫길 바라십니다. 하나님에게는 존재하는 다른 모든 것도 중요합니다.

욥은 세상이 스스로 존재한다는 것을 알아야 합니다. 이를테면 38장에서 우리는 스스로 운행되는 세상을 봅니다. 욥은 하나님이 그가 알지 못하는 이유들에서 결정을 내리시지만, 그렇다고 하나님이 하시는 일이 (욥이 내내 했던 주장과는 달리) 터무니없지 않다는 것도 알아야 합니다. 하나님은 이제 자신이 계획과 프로젝트를 갖고 있는데, 여기에는 욥이 파악할 수 없는 면이 있다고 욥에게 대답하십니다. 존재하는 무수한 것에는 질서가 있습니다.

몇 가지 세부 사항에 초점을 맞추면서 마무리하겠습니다. 첫째, 본문은 바다가 갓 태어난 아기처럼 되었고 하나님이 그것을 강보에 싸셨다고 말합니다. 이것은 하나님이 그 한계를 정하신 한, 바다는 하나님 앞에서 신생아에 지나지 않다는 뜻입니다. 이것이 왜 중요한지는 욥 시대의 신화들을 보면 알 수 있습니다. 그 시대의 신화들에서 바다는 세상을 삼켜버리겠다고 끊임없이 위협하는 공허의 힘을 상징하는데, 그 배경에 홍수 이미지가 있습니다. 본문은 바다를 신생아에 비유함으로써 이것을 완전히 뒤집어버립니다.

새벽은 도덕적 역할을 하는 사람에 비유됩니다. 악인들은 밤에 다니며 따라서 새벽이 오면 그들의 '빛'을 빼앗깁니다. 바꾸어 말하면, 밤은 악인들의 빛입니다. 그리고 하나님의 새벽이 오면 악인들의 빛은 사라집니다.

나중에 38장 31-32절에 별자리들이 나옵니다. 본문은 욥이 9장에서 사용한 바로 그 단어들을 반영합니다. 히브리어 본문에서는 몇몇 이중 의미 때문에 언어유희가 펼쳐집니다. 큰곰자리Big Bear(개역개정은 '북두성'—옮긴이)는 버짐ringworm을 의미하기도 하며, 오리온(개역개정은 '삼성'—옮긴이)은 불을 의미하기도 하고, 플레이아데스(개역개정은 '묘성'—옮긴이)는 흙무더기를 의미하기도 합니다. 욥이 사용한 단어들과 똑같은 단어들이 여기서 사용됩니다. 다만, 본문이 '별자리'를 덧붙이기 때문에 더 이상 언어유희가 불가능합니다. 바꾸어 말하면, 하나님은 욥에게 자신은 자신의 별들을 버짐, 불, 흙무더기라 불렀다고 말씀하지만 욥이 이것들을 별자리로 알길 원하십니다. 하나님은 욥에게 하늘의 법칙을 아느냐고, 땅에 있으면서 하늘에 무엇이 기록되었는지 아느냐고, 또는 별자리들을 제시간에 나타나게 할 수 있느냐고 물으십니다. 제 생각에, 하나님은 이 모든 별자리가 창조 세계의 다른 모든 것처럼 그저 우연히 하늘에 펼쳐져 있는 것이 아니기에, 욥이 과연 이 모든 별자리가 어떻게 연결되는지 아느냐고 묻고 계십니다. 이것이 얼마나 중요한지 나중에 살펴보겠습니다.

생각해보아야 할 마지막 문제가 있습니다. 사실상 칼뱅을 비롯해 모든 신학 주석가들이 (역사가들과 해석자들과는 반대로) 상징적이거나 신화적이거나 유비적인 이 본문에 또 다른 의미가 있는지 자문했습니다. 이런 의미를 찾으려는 많은 시도가 있었습니다. 예를 들면, 저는 동물들의 이름에 이 본문의 열쇠가 있지 않은지 알아내려 애썼지만 아무것도 찾아낼 수 없었습니다. 랍비 주석가들도 여러 가지 시도를 했는데, 제가 좋아하기에는 지나치게 섬세한 시도들이었습니다. 그러나 여기서 38장 12-14절에 관한 알레고리적 해석의 한 예를 소개하겠습니다. 새벽에 관한 탈무드 학자 라쉬Rashi의 해석입니다. 본문은 땅이 진흙에 도장이 찍힌 것처럼 변모했고 빛나는 옷을 입었다고 말합니다. 조금 뒤에 욥에게 묻습니다. "네가 깊음의 깊은 곳들을 걸어보았고, 죽음의 문들이 네게 열렸으며, 네가 죽음의 그림자의 문을 보았느냐?"(38:16-17). 라쉬는 이것이 죽음과 부활의 알레고리라고 말합니다. 도장이 찍힌 땅은 시체의 잿빛을 띤 땅입니다. 이러한 해석은 아담의 의미, 곧 붉은 흙에 근거합니다. 이제 땅은 두들겨 맞아 더는 살아 있지도 않고 붉지도 않습니다. 새벽, 곧 하나님의 빛이 나타나 이 땅에 빛나는 옷을 입히며, 그래서 땅은 생명의 빛깔을 띱니다. 이 부활에서 악인들은 빛을 빼앗김으로써 심판을 받으며, 높이 든 팔은 꺾입니다. 그리고 17절에서 자신이 죽음의 문을 열었다는 하나님의 말씀이 이 모든 해석에 힘을 더합니다. 이것은 엄청나게 많은 구절에 적용된 광범위한 알레고리적 해석의 조그마한 부분일 뿐입니다.

그리스도인들에게 이 모든 것은 시체가 있는 곳에 독수리들이 모인다고 말하는 39장 30절과 한층 더 연결됩니다. 예수께서는 마태복음의 매우 묵시적인 본문에서 이 구절을 인용하십니다(24:28). 제 자신을 비롯해 그 누구도 이 말씀을 이해할 수 없어 보입니다. 그리스어 본문에서 이 말은 시체를 가리키지만, 상응하는 히브리어 단어는 찔린 자를 뜻합니다. 따라서 이 구절은 이렇게 번역됩니다. "찔린 자가 있는 곳에 독수리들이 있을 것이다." 그리스도인들에게 찔린 자란 분명히 예수 그리스도를 가리킵니다. 따라서 가능한 한 가지 해석은 이것입니다. "십자가에 달린 그리스도가 있는 곳에 택한 자들이 모일 것이다." 그러나 이러한 해석은 해결하는 문제보다 더 많은 문제를 일으킨다고 생각합니다.

알레고리적 해석들을 생각해볼 수도 있습니다. 솔직히 저는 알레고리적 해석을 늘 상당히 경계하는데, 과거에 알레고리적 해석이 언제나 너무 지나쳤기 때문입니다. 그렇더라도 이 본문의 경우, 하나님이 자신을 계시하려고 세상을 욥에게 보이신다는 인상을 받습니다. 제가 이런 인상을 받는 것은 38장 33절 때문입니다. "네가 하늘의 법칙을 이해하거나, 그 법칙의 권위를 땅에 부과할 수 있느냐?" 이것은 이유를 이해하는 문제가 아니라 하나님의 창조 세계를 파악하는 문제입니다. 이것은 종교개혁 신학의 시각이 전혀 아닙니다. '창조 세계가 하나님을 유추하게 하는 표를 지녔고, 그래서 그분에 관한 어떤 진리들을 발견하게 해주는가?' 이것은 중세의 표준 시각이었습니다.

이것을 너무 쉽게 무시하기 전에, 바울이 로마서에서 한 말을 되새겨보아야 합니다. 바울의 말은 엄격한 개신교 개혁 신학에서는 적잖이 당혹스럽게 여겨집니다. 로마서 1장 19-20절은 하나님에 관해 알 수 있는 바가 모두에게 분명하게 알려졌다고 말합니다. 하나님은 그것을 사람들이 알게 하셨습니다. 천지창조 이후 줄곧 보이지 않는 하나님의 완전함, 곧 그분의 영원한 능력과 신성을 그분의 작품들에서 우리 눈으로 볼 수 있게 되었습니다. 이것은 개신교 신학에 분명히 매우 당혹스러운 점입니다. 개신교 신학은 창조 세계가 자연 신학을 내포한다는 것을 인정하지 않기 때문입니다. 따라서 하나님의 완전함을 자연에서 보기란 불가능하지만, 이것이 정확히 바울이 하는 말입니다. 저는 욥기의 이 놀라운 서술도 같은 것을 말할 가능성을 생각해보아야 했습니다. 하나님의 창조 세계를 살피고 이해하면, 하나님에 관한 어떤 진리를 분별하는 길이 열립니다. 최고의 지혜 문학 주석가들 중 하나에 따르면, 하나님은 창조 세계에 말씀하시고 그래서 창조 세계는 증언합니다. 창조 세계는 하나님에 관해 인간에게 할 말이 있으며, 그래서 그 세계를 숙고하는 사람들에게 말합니다.

좀 더 깊이 들어가면, 칼뱅이 쓴 다소 놀라운 글을 만납니다. 대담한 욥기 주석에서, 칼뱅은 타조가 아주 즐겁게 날개를 치는데 타조의 날개는 하나님의 기쁨을 표현하는 알레고리라고 말합니다. 세상의 상황은 이 기쁨에 근거합니다. 칼뱅이 일반적으로 다소 건조하고 유머가 없었다는 점을 고려할 때, 타조 날개의 이미지가 칼뱅에게 이런 식으로 영감을 주었다니 놀랍습니다.

사람들이 자신의 힘으로 창조 세계를 읽을 수 없다는 것은 분명합니다. 하나님이 말씀하지 않으셨다면, 욥은 혼자서 창조 세계를 이해하지 못했을 것입니다. 하나님은 욥에게 말씀하셨고, 이로써 상황이 반전됩니다. 창조 세계는 사람들에게 직접 말하지 않습니다. 하나님이 우리에게 창조 세계가 말한다고 말씀하실 때라야, 창조 세계가 우리에게 말할 뿐입니다. 우리는 창조 세계를 읽는 법을 배워야 합니다. 하나님은 우리에게 그분에 관해 읽어야 할 것이 창조 세계에 있다고 말씀하시기 때문입니다. 하나님은 욥에게 말씀하시고 창조 세계를 그에게 드러내십니다. 그래서 욥은 전에 보지 못했던 것을 이해하고, 이제 창조 세계를 읽을 수 있습니다. 이런 방식으로 욥은 몇 가지 알레고리를 배웁니다. 저는 이 가운데 두 가지를 본문에서 봅니다.

첫째, 전체의 유비가 있습니다. 38장은 모든 것이 서로 연결되며, 모든 것이 함께 창조된다는 것을 보여줍니다. '도로', '길', '문'처럼 일종의 소통을 암시하는 단어들이 많이 사용됩니다. 이것들은 서로 연결되어 앙상블을 이루면서 하나의 전체를 형성하는 데 도움이 됩니다. 유추하자면, 하나님은 단지 모든 것의 하나님이 아니라 서로 연결되어 하나의 전체를 이루는 모든 것의 하나님입니다. 데스파냐Bernard d'Espagnat 같은 물리학자들이 말한 불가분성의 원리principle of inseparability가 떠오릅니다. 우주의 그 무엇도 서로 분리될 수 없다는 뜻입니다. 어딘가에서 일어나는 일은 나머지 모든 것에 영향을 미칩니다. 이것은 엄청난 방법론적 의미를 갖습니다. 어떤 물리 현상을 나머지 모든 것과 분리해서 본다면, 그 결과는 틀릴 것입니다. 이 본문의 경우도 다르지 않습니다. 저는 이것이 하나님의 총체성에 대한 유비라고 생각합니다.

제가 이 본문에서 보는 두 번째 유비는 자유의 유비입니다. 본문에 묘사된 모든 동물의 공통점은 자유롭다는 것입니다. 예외는 딱 하나, 말입니다. 말은 길들여져 주인에게 복종하지만, 싸움터에서는 아주 자유롭습니다. 말은 자신의 힘을 기뻐하고 두려움을 떨쳐 냅니다. 따라서 말도 자유를 갖습니다. 이 모든 동물은 사람들에게 매이지 않는데, 사람들이 하나님의 피조물인 이들을 이기지 못하기 때문입니다. 그렇다면 사람이 어떻게 하나님을 이길 수 있겠습니까? 바꾸어 말하면, 이 동물들의 자유는 하나님의 자유를 표현하는 알레고리입니다. 욥은 다름 아닌 이러한 하나님의 자유를 축소하려 했습니다.

이제 마지막 관찰로 넘어가겠습니다. 많은 주석가들은 하나님이 욥을 대할 때 사랑이 부족하다고 말했습니다. 그러나 하나님은 욥의 말을 경청하십니다. 하나님은 욥을 진지하게 대하십니다. 하나님은 욥에게 말씀하십니다. 하나님은 욥과 소통하려고 욥을 압도해버리는 너무나 강력한 계시를 사용하지 않으십니다. 대신에 하나님은 자신의 창조 세계를 언급함으로써 거울을 사용하십니다. 하나님은 사실상 이렇게 말씀하십니다. "이 창조 세계를 보아라. 그러면 이 모든 것의 하나님, 이 자유를 비롯해 모든 것의 하나님이 보일 것이다." 바꾸어 말하면, 하나님은 욥에게 말하려고 베일을 벗고 욥이 요구한 대로 하십니다. 욥은 하나님에게 자신의 수준에서 자신을 만나주시고 멀리서 자신을 공격하길 중단해달라고 요구했습니다. 하나님은 유비로 자신의 창조 세계에 관해 욥에게 말씀하실 때 정확히 이렇게 하십니다.

이번에도 우리는 어떤 본문을 계시라고 확신하고 끈기를 가지고 읽을 때 결코 빈손으로 일어서지 않는다는 것을 보게 됩니다. 그러나 우리는 본문에 이렇게 집중해야 합니다. 반대로 19, 20세기 역사가들을 비롯해, 이 본문이 계시를 포함한다고 믿지 않는 사람들은 본문에서 전혀 아무것도 건지지 못했습니다. 우리는 하나님의 말씀이 우리 안에 새로운 무엇인가를 창조한다는 것을 기억해야 합니다. 하나님이 욥에게 말씀하신 후, 욥은 더 이상 이전과 같은 사람이 아닙니다. 하나님이 하시는 말씀이 우리에게 탐탁지 않을지도 모르고, 그분이 우리의 질문에 대답하셨거나 우리의 문제를 다루셨다는 확신이 들지 않을지도 모릅니다. 그럼에도 불구하고, 이것은 우리를 앞으로 나아가게 하는 소망을 안겨줍니다.

여러분의 질문에 답해보겠습니다. 저는 우리가 창세기에서 배운 바를 기억하면 도움이 된다고 생각합니다. 두 번째 창조 기사는 에덴동산이 있는 우주를 묘사합니다. 그 동산에 인간이 삽니다. 에덴이란 이름은 사랑의 기쁨을 뜻합니다. 인간을 에덴에 둔 것은 하나님에게 사랑의 기쁨을 드리기 위해서입니다. 사랑의 하나님이 자신의 사랑에 대한 반응을 얻지 못한다면 끔찍할 것입니다. 물론, 하나님은 완전히 다시 시작할 능력이 있습니다. 그러나 사랑의 하나님에게 이것은 재앙이었을 것입니다. 우리는 창조 세계를 하나님이 돌보듯이 그렇게, 힘이 아니라 말씀으로 돌보는 것이 (하나님의 형상으로 창조된) 인간의 역할이라는 점도 기억해야 합니다. 욥기를 공부할 때 이것을 염두에 두면 유익합니다.

9. 두 짐승(40-41장)

이제 욥은 자기 삶의 경험을 신학 논쟁이나 형이상학 논쟁이나 철학 논쟁으로는 이해할 수 없다는 의미로, 자신과 하나님의 논쟁이 헛되고 쓸모없다는 것을 인정합니다. 하나님을 이해하고 그분의 행동 이면의 동기를 이해하려는 모든 일반적 방식은 진리에 이르지 못합니다. 욥은 자신이 하나님에 관해 말할 때, 자신의 말이 무게가 없으며 따라서 자신은 침묵할 수밖에 없다는 것을 인정합니다. 하나님이 우리에게 자신의 창조 세계를 보여주시면, 우리가 달리 무엇을 할 수 있겠습니까?

욥의 반응은 상당히 생각이 깊은 우리 시대의 과학자들이 보이는 반응과 비슷합니다. 이들은 실재를 탐구할 때 뭔가를 발견할수록 아직도 모르는 게 더 많다는 것을 인정합니다. 더 많이 안다고 해서 꼭 더 잘 아는 건 아닙니다. 그저 다르게 알 뿐일지 모릅니다.

욥은 하나님이 자신에게 하시는 말씀을 이해했다고 인정하는데도, 거기에 대해 말하지 못합니다. 욥은 하나님이 그 무엇보다 신비롭다는 것을 인정하게 되었고, 다시는 헛되이 말하거나 논하지 않기로 약속합니다. 결과적으로, 카를 바르트의 표현을 빌리자면 자연은 계시의 두 번째 길이 아닙니다. 하나님이 자연과 그 신비를 사람들에게 보여주실 때, 우리는 침묵할 수밖에 없습니다. 사람들이 하나님에 관해 조금이라도 더 많이 알게 되지 않기 때문입니다. 여기까지가 우리의 한계일까요? 우리는 창조자의 작품이 그분을 부정적으로(부정어법으로) 묘사한다고 결론 내려야 할까요? 그런다면 우리는 고전적인 스콜라주의가 내세운 주장 한가운데 놓이게 됩니다. 신을 그의 창조 세계에서 긍정적으로는 찾을 수 없지만 부정적으로 찾을 수 있을지 모른다는 주장 말입니다. 이것은 완전히 헛소리입니다. 이것은 욥이 앞서 처했던 상황과 일치하기 때문입니다. 언제나 욥은 혼자서는 하나님의 창조 세계에서 그분을 긍정적으로 찾아낼 수 없다고 결론 내렸습니다. 따라서 하나님이 방금 그에게 보여주신 것은 아무 의미가 없었을 것입니다. 욥은 자신의 상황을 뛰어넘어 더 나아가기 위해 침묵해야 합니다.

하나님이 욥에게 말씀하신 후, 욥은 침묵을 선언합니다. 자신이 패했기 때문이지 설득되었기 때문이 아닙니다. 욥의 반응에서 분명히 나타나듯, 하나님은 승리했지만 욥의 마음을 얻지는 못하셨습니다. 하나님은 자신의 능력과 자신이 창조한 세계의 경이로움을 드러내셨으나 욥의 마음을 돌리지 못하십니다. 그러나 이야기는 여기서 끝나지 않습니다. 욥이 42장 시작 부분에서 또 한 번 반응하기 때문입니다. 두 대답이 사실상 같다고 보며 두 본문을 하나로 합치기까지 하는 많은 해석자들의 의견에 저는 동의하지 않습니다. 두 대답은 사실 매우 다릅니다. 첫 번째 대답에서 욥은 침묵하지만 그의 마음이 담겨 있지 않습니다. 두 번째 대답에서 욥은 마음을 돌리고 하나님은 그의 마음을 얻습니다. 이 부분은 나중에 살펴보겠습니다.

욥의 두 대답이 사실상 같다고 볼 경우, 그 결과는 광범위해질 수 있습니다. 어떤 해석자들은 욥의 첫 번째 대답을 옮겨 두 번째 대답과 결합시켜 본문을 재배치하는데, 이것은 40장과 41장이(각각 베헤못과 리워야단을 묘사합니다) 앞에 나오는 장들의 연속에 지나지 않음을 암시합니다. 저는 욥의 두 대답이 분리되어 있는 까닭은 둘이 다른 대답이기 때문이라고 믿습니다. 하마(베헤못)와 악어(리워야단) 또한 단지 동물의 왕국의 또 다른 두 구성원에 불과하지 않듯이 말입니다. 욥의 첫 번째 대답은 다양한 동물을 묘사하는 중간에 끼어든 것이 아닙니다. 따라서 위치를 옮겨 두 번째 대답과 결합시켜서는 안 됩니다. 이렇게 하면 더 일관된 본문이 나올지 모릅니다. 그러나 하나님이 욥에게 하시는 말씀에서 두 동물은 완전히 새롭고 다른 요소를 내포한다고 저는 믿습니다. 일종의 질문으로 시작하는데, 이렇게 요약됩니다. "한쪽이 맞으면 다른 한쪽은 틀림없이 틀렸고, 한쪽이 틀렸다면 다른 한쪽이 틀림없이 맞다." 놀랍게 들릴지 모르지만, 저는 40장 6-14절의 주제는 하나님의 정의라고 믿습니다.

하나님은 자신의 능력을 계속 드러내지만, 이제 자신의 정의에 초점을 맞추십니다. 하나님은 이렇게 하면서 욥과 다른 모든 사람들에게 만약 인간이 모든 것을 지휘한다면 무슨 일이 일어날까 하는 문제를 온 힘을 다해 풀어보라고 요청하십니다. 하나님이 인간의 능력에 무제한으로 자유를 주신다면, 인간은 분명 모든 것을 지휘할 것입니다. 인간은 이렇게 할 수 있다면 자신을 찬양할 것입니다. 자신의 정의가 자신을 구원한 것이기 때문입니다. 사실, 하나님은 본문에서 인간에게 세 가지를 제안하십니다. 첫 번째는 하나님의 판결을 뒤집어 그분이 옳다고 선언한 것을 잘못이라고 판결하라고 하십니다. 두 번째는 모든 악한 자를 벌하라고 하십니다. 마지막으로 스스로를 구원하라고 하십니다. 인간이 이렇게 할 수 있다면 하나님같이 될 것입니다. 이 본문은 창세기에서 우리가 했던 생각을 떠오르게 합니다. 사실, 이 여섯 절에 '하나님같이'로 번역된 히브리어 표현이 세 차례 나옵니다. "네가 하나님의 것 같은 팔을 가졌느냐?" "네가 하나님의 것 같은 목소리를 가졌느냐?" "네가 하나님 같아서 그분의 판결을 뒤집고 악인을 벌하며 자신을 구원할 수 있느냐?" 여기 사용된 히브리어 용어는 에덴에서 뱀이 사용한 것과 정확히 일치합니다. 욥은 끊임없이 정의를 말했고 자신이 의롭다고 선언했습니다. 욥이 정의를 식별합니다. 욥에게 정의는 가난한 자를 구원해야 하고 모든 형태의 가난과 비참함을 해결해야 합니다. 그러나 하나님은 욥에게 정의의 또 다른 면을 일깨우십니다. 악인들을(의롭지 않은 자들을) 멸하는 정의입니다. 욥이, 또는 어느 누구라도 불의를 판결하고 벌할 수 있을까요? 욥은 이러한 정의를 세울 만한 분별력과 능력이 있습니까? 이를테면 욥은 자신의 정의 너머와 가치 너머에 자신의(인간의) 손이 전혀 닿지 않는 정의의 측면이 있음을 깨달아야 합니다. 우리가 사는 세상에서 이것은 거의 자명합니다. 우리 개개인의 정의는 별로 중요하지 않습니다. 왜냐하면 우리는 자신이 좋아하는 모든 것을 다 하면서도, 예수께서 젊은 부자 관원에게 하신 조언을 따라 우리의 모든 소유를 팔아 가난한 자들에게 줄 수 있지만, 이 모두가 사헬(식량난이 심각한 북부 아프리카 지역—옮긴이)의 비극이나 캄보디아 사람들의 고통이나 베트남 사람들의 곤경 앞에서는 아무것도 아니기 때문입니다. 개신교가 구원을 순전히 개인적인 문제로 축소했듯이, 욥도 정의를 자신에 관한 문제로, 마치 그게 악의 전부인 것처럼 축소했습니다. 하나님은 욥에게 세상에 악이 있고 세상의 악은 그를 위협했던 악보다 훨씬 크다는 사실을 보여주십니다. 우리는 욥의 상황을 뛰어넘어 세상의 악을 전체로 생각해야 합니다. 어떤 의미에서 욥은 의로운 사람인 그가 정죄를 받았으니 세상 전체가 의심스럽다고 주장함으로써 이 길을 닦아놓았습니다. 하나님의 대답은 욥이 하나님에게 의문을 제기하는 데 성공하면 권세들powers이 이기리라는 것입니다. 우리가 하나님의 정의와 능력에 도전하면 베헤못과 리워야단이 장악합니다. 바꾸어 말하면, 이것은 욥과 우리 개개인의 관심사를 완전히 무색하게 합니다. 저는 이것이 40장 6-14절이 낳은 시각이라고 믿습니다.

여러분의 질문에 답해보겠습니다. 저는 그리스도인들이 지금껏 너무나 오랫동안 타인들을 대하면서 자신이 확신하는 바를 강요하려 했다고 믿습니다. 반대로 우리는 타인의 처지가 되어보아야 합니다. 우리가 세상을 타인들이 생각하는 방식으로 생각하고 타인들이 이해하는 방식으로 이해하려면 그들을 우리의 세계에 끌어들이는 것이 아니라 우리 자신이 그들의 세계에 들어가야 합니다. 저의 가장 가까운 친구 하나가 이것을 아주 잘 표현했습니다. 우리는 자신에게 계시된 진리를 확신할수록 타인들과의 관계에서 더 유연해질 수 있다는 것입니다. 이렇게 되면, 타인들을 판단하지 않고 있는 그대로 받아들일 수 있습니다. 우리가 더 확신하지 못할수록 강퍅해져 방패를 치는 경향이 있습니다. 예수께서는 타인들에게 아주 유연한 태도를 취하셨던 게 분명합니다. 더욱이 무엇이든 부정적인 것은 언제나 희망과 용서의 메시지로 압축되었습니다.

베헤못과 리워야단에 관한 본문을 더 자세히 살펴보겠습니다. 긍정적 시각으로 보면, 이 둘은 흔히 '하마'와 '악어'로 번역됩니다. 이러한 특별한 동물들은 이집트 동물의 왕국을 이루는 일부였고, 무엇보다도 나일 강의 특징이었다는 주장이 있습니다. 본문은 본래 이집트 시詩이므로, 이러한 주장에 놀라지 말아야 합니다. 두 동물에 대한 매우 사실적인 묘사가 이러한 번역을 한층 더 정당화해 줍니다. 마치 두 짐승이 우리 눈앞에 있는 것 같습니다.

그렇더라도 이런 번역은 몇 가지 심각한 난제를 해결하지 못합니다. 첫 번째, 단지 두 동물을 추가하는 문제일 뿐이라면, 이미 모든 것을 다 말한 후였다는 것입니다. 그러니 두 동물이 들소와 사자에 관한 묘사에 무엇을 더하겠습니까? 왜 본문이 기록되던 시대에 이집트인들이 이용했다는 코끼리 대신 이 두 동물이 선택되었을까요?

두 번째 난제는 문자적 해석을 주장하려는 사람들에게 특히 당혹스러움을 줍니다. 악어를 이런 방식으로 잡겠느냐고 묻는 구절들이 이 방식이 어떻게 사용되었는지 정확히 묘사한다는 것입니다. 그 결과, 이 구절들은 전혀 아무것도 의미하지 않게 되는데, 욥이 나일 강을 알았으므로 이것은 믿기 어렵습니다. 따라서 리워야단이 단지 악어라는 주장은 받아들이기 어렵습니다.

세 번째 난제는 욥기가 매우 시적이더라도, 구조가 세밀하며 상당한 지적 정확성을 보여준다는 사실에서 비롯됩니다. 저자가 이미 말한 내용에 아무것도 더하지 않는 단락을 빼어난 두 시 중간에 끼워 넣었다는 주장은 받아들이기 어렵습니다. 욥기 최종 편집자가 이런 일을 할 수 있었으리라 생각할 수 없습니다. 이런 여러 이유에서 두 동물은 다른 방식으로 해석되어야 합니다.

'베헤못'이란 이름은 '강력한 짐승'을 뜻하는데, 그 어근은 '성벽으로 요새화되고 둘러싸인다'는 뜻입니다. 저는 이것이 생물living matter의 힘, 일종의 맹목적 힘을 나타낸다고 믿습니다. 본문의 표현을 세밀하게 살펴야 합니다. 예를 들면, 본문에서 이것이 하나님의 작품 가운데 첫째(으뜸)라고 말할 때, 하마를 가리킬 수는 없습니다. 베헤못이 물질의 힘power of matter을 가리킨다면, 물질이 가장 먼저 창조되었으므로 본문의 의미가 통할 것입니다. 베헤못은 동료들 사이에서 폭군으로 창조되었는데, 우리 세계의 모든 것이 이 물질의 힘에 의존한다는 뜻입니다. 이런 이유로, 저라면 이것을 (본문을 따라 문자적으로 "그것의 힘은 그 허리에 있다"로 옮기는 대신) "그것의 힘이 그것의 비밀이다"라고 번역하겠습니다. 물질의 힘은 실제로 근본적이기 때문입니다. 우리는 이 비밀을 찾느라 바쁘고, 당연히 비싼 대가를 치르기도 합니다. 이번에도 본문이 단지 하마를 말한 것이라면, 산들이 그에게 먹이를 바친다는 표현을 절대로 이해할 수 없습니다(40:20). 라쉬는 자신의 주석에서 산들은 무생물을 나타내며 베헤못은 생물의 힘을 나타낸다고 말합니다. 라쉬의 생각에, 이 본문은 무생물이 생물에게 복종한다는 뜻입니다. 이러한 해석은 4세기로 거슬러 올라갑니다. 바꾸어 말하면 우리는 이 구절들을 아무 의미 없는 시적 과장으로 여기거나, 계시된 말씀이기 때문에 반드시 어떤 의미가 있다고 여기게 됩니다. 둘 중 하나입니다. 후자의 경우, 베헤못이 풀려날 수 있는 물질의 야만적 힘을 나타낸다는 해석으로 우리를 이끌어줍니다.

리워야단의 의미에 관해 저는 이것이 악어일 수 없다고 이미 말했습니다. 본문들의 문맥에 따라 해석하는 편이 낫습니다. 이미 욥기 3장 8절에 나온 리워야단은 깨울 경우 무서운 해를 끼치게 될 일종의 힘을 가리킵니다. 시편 104편 26절에도 나오는 리워야단은 바다에 살기 때문에 악어일 수 없습니다. 이사야 27장 1절에서는 바다 괴물로 나오며 적대적인 힘을 나타냅니다. 사실, 유대교와 기독교 전통에서 리워야단은 언제나 혼돈의 괴물로, 악의 파괴력으로, 하나님의 원수로 해석되었습니다. 이방 종교의 신들은 리워야단을 파괴를 일삼는 모든 것의 왕으로 여겨 그 위엄을 두려워한다는 말이 있습니다. 리워야단은 심연의 야수입니다.

리워야단은 단지 물질적 권세들이 아니라 영적 권세들을 지칭합니다. 이것을 분명히 보려면, 우리가 이집트에 대해 이야기하고 있다는 사실을 기억해야 합니다. 이집트를 가리키는 히브리어 단어는 '이중 고통의 땅'이라는 뜻입니다. 히브리인들에게 이집트는 자신들이 노예로 살았던 땅이기 때문입니다. 더욱이 하마와 악어는 이집트의 신들입니다. 에스겔서에 따르면, 이 모든 표현은 하나님과 이스라엘의 원수이며 리워야단이 다스리는 세계를 가리킵니다. 에스겔서 29장 3-6절에서 리워야단은 노예를 부리는 나라의 왕으로 묘사됩니다. 따라서 하나님과 이스라엘을 대적하는 힘인 것입니다. 그러나 하나님은 리워야단보다 강합니다. 시편 74편 14절은 하나님이 리워야단의 머리를 부수어 사막에 사는 사람들에게 음식물로 주셨다고 말합니다. 앞서 언급한 유대인 주석가 라쉬는 이것은 부활에 이어지는 교제의 식사를 가리킨다고 주장합니다. 이 식사에서 우리는 모두 악의 세력을 먹어 치울 것입니다. 이 모든 본문은 리워야단이 악어에 불과한 존재가 아니라는 쪽으로 귀결됩니다. 여기서 말하는 것은 짐승과 용의 속성들로 대변되는 악입니다.

세상에 들어온 이 악에 관해 직접 말하기란 불가능합니다. 하마나 악어로 비유해 간접적으로 말할 수 있을 뿐입니다. 이러한 불가능은 큰 고통을 기억할 수 없다는 잘 알려진 심리 현상과 다소 비슷합니다. 우리가 나중에 할 수 있는 말이라고는 엄청나게 아팠다는 것뿐입니다. 이 고통을 비유나 상징을 통해 말할 수 있을 뿐입니다. 이것은 악을 말할 때도 다르지 않습니다. 악을 행하는 자에 관해서나 누군가 경험한 악에 관해 말할 수는 있지만, 악 자체를 말하는 것은 불가능합니다. 단지 악을 무엇인가에 비유해 간접적으로 말할 수 있을 뿐입니다. 이를테면 하마나 악어에 비유하는 것이지요. 여기서 우리는 욥기의 핵심 가운데 하나에 이릅니다. 세상의 악은 실재real가 아닙니다. (철학 용어를 빌리자면) 논리적으로 규정되거나 정의될 수 있는 어떤 현상으로서의 존재가 아닌 것입니다. 하지만 욥의 친구들이 모든 것은 완벽하게 일관되고 논리적이며, 악이란 이것 또는 저것이라고 주장함으로써 내내 시도했던 것이 바로 이것입니다. 그러나 두 동물의 출현으로, 악의 공포는 이것을 훨씬 능가한다는 점이 드러납니다. 악은 그저 무서운 것이며, 이것이 우리가 악에 대해 말할 수 있는 전부입니다.

그래서 우리는 하나님이 욥에게 몇 가지 질문을 한 후에 드러내시는 것에 이릅니다. 하나님이 이러한 권세들을 통제하지 않으신다면 모든 것이 혼돈으로 돌아가고 그 누구도 이에 대해 아무것도 할 수 없을 것입니다. 악어를 잡을 수는 있습니다. 그러나 세상 그 누구도 리워야단을 덫에 가둘 수는 없습니다. 하나님은 자신이 베헤못의 물질적 권세가 창조 세계의 폭군이 되지 못하게 막는다는 것을 보여줌으로써 그분의 사랑을 드러내십니다. 하나님은 이 물질적 권세가 모든 것을 지배하지 못하게 막으십니다. 하나님은 리워야단의 혼돈이 고삐가 풀리지 않게 막으십니다.

따라서 욥은 일종의 대답을 듣습니다. 앞서 욥은 이 모든 고난의 원인이 누구에게 있는지 물었고, 이 모든 것이 하나님의 행위라고 결론지었습니다. 그런데 하나님이 욥에게 그것이 아니라고 대답하십니다. 베헤못과 리워야단이 이 모든 것을 했습니다. 악이 거기 있고, 베헤못과 리워야단이 거기 있습니다. 각자 전문 영역이 있기 때문에, 이것은 더 이상 사탄의 문제가 아닙니다. 사탄은 고발자인데, 욥기 서두에서 다른 역할을 합니다. 욥에게 사탄의 역사를 모조리 이야기해봐야 도움이 되지 않을 것입니다. 더 깊이 이해하는 데 도움이 되지 못할 것입니다. 하나님은 욥에게 그를 공격하는 자들, 베헤못과 리워야단을 보여주십니다. 이들이 욥이 겪은 불행의 원인이지만, 하나님은 욥의 불행을 제한하십니다. 하나님은 자신에 대해 물질적 권세를 제한하고 혼돈을 막는 분으로 계시하십니다.

시편 22편은 리워야단을 직접 언급하지는 않지만, 매우 중요한 본문을 이룹니다. 시편 22편은 예수께서 십자가에서 하신 외침, 곧 "나의 하나님, 나의 하나님, 왜 나를 버리셨습니까?"로 시작합니다. 12-13절은 베헤못과 리워야단을 직접 언급하지는 않더라도 괴물들을 언급합니다. "무수한 황소가 나를 에워싸고, 바산의 황소들이 나를 에워싸며, 사자들이 나를 향해 입을 벌리니, 으르렁대며 먹이를 찢는 사자 같습니다." 저는 예수께서 십자가에서 인용하신 이 시편에 괴물들이 나온다는 사실이 매우 의미가 깊다고 믿습니다. 예수께서는 괴물들에게 공격을 받으시는데, 하나님이 이들의 힘을 제한하십니다. 이게 전부가 아닙니다. 이 구절은 계시록에 나오는 짐승과 용을 떠올립니다(계 12, 13, 19장). 용은 하늘에서 아들을 삼키려고 기다리며, 짐승은 땅에서 일어나 아들을 지배하려 합니다. 그러나 용과 짐승 둘 다 정복되고 제거됩니다. 창조 세계의 역사 내내 하나님은 악의 범위를 제한하시고, 결국 모든 것이 승리로 끝나리라고 약속하십니다. 그러나 만약 이 승리가 하나님의 능력만의 승리라면, 우리에게는 전혀 낯선 승리일 것입니다. 바꾸어 말하면, 만약 욥의 이야기가 여기서 끝나고 우리가 그의 이야기에서 예수 그리스도에 관한 예언을 보지 못한다면, 그저 하나님이 괴물들보다 더 강하다는 것을 배우는 것이 전부일 것입니다. 그러면 우리는 그림에서 완전히 제외됩니다. 반대로 용과 짐승이 예수 그리스도에게 정복되었다는 것을 욥기가 우리에게 계시한다면, 하나님과 인간의 연합이 이 승리를 가져오는 것입니다. 이 경우, 우리는 그림에 완전히 들어맞습니다. 그리고 우리가 동료 인간 존재로서 예수의 승리에 참여하기 때문에, 이 승리는 우리와 깊은 연관이 있습니다. 이 모든 것은 계시록 12-13장을 읽어보면 아주 분명해집니다. 이제 이 때문에 인간이 완전히 위로를 받으리라는 점이 분명합니다.

이 모든 것은 바빌로니아 신화들과 극명하게 대조를 이룹니다. 바빌로니아 신화들에서 인간은 선한 힘과 악한 힘 사이에 벌어지는 싸움의 대상입니다. 그러나 인간은 이 싸움에서 아무 역할도 하지 못합니다. 이와는 대조적으로, 짐승과 용은 스스로 성육하신 하나님, 인간이 되신 하나님에게 정복당합니다. 여기서 우리는 욥기에 나오는 예수 그리스도에 관한 세 번째 예언을 만납니다. 그래서 욥기의 이 두 장은 매우 중요합니다.

여러분의 질문에 답해보겠습니다. 저는 비록 괴물들이 창조 세계의 일부지만, 하나님의 피조물 가운데 첫째라고 말하는 베헤못을 제외하면, 성경은 어디서도 하나님이 이들을 창조하셨다고 말하지 않는다는 점을 강조하고 싶습니다. 그러나 모든 것이 물질로 축소되어 물질의 지배를 낳을 때, 악이 모습을 드러냅니다. 아담은 흙과 하나님의 영으로 창조되었지만, 단지 흙덩이에 지나지 않는 존재가 될 때 악이 나타납니다. 혼돈은 하나님의 피조물 가운데 하나가 아닙니다. 그러나 모든 것이 다시 혼돈으로 돌아갈 위험이 있습니다. (우리에게는 우스꽝스러워 보이는) 레위기의 모든 금지 규정들, 리넨 실과 양모 실을 섞어 짜지 말라는 것을 비롯해 혼합을 금지하는 규정들이 있는 것은 바로 이런 이유 때문입니다. 밑바닥에 깔린 개념을 섞기 시작하면 혼돈이 시작된다는 것입니다.

마찬가지로, 우리는 진정한 정의를 행하는 것이 불가능하다는 사실을 점차 깨달았습니다. 감옥을 경험하면서 우리는 형벌 집행이 훨씬 큰 형벌을 낳을 때가 많다는 것을 깨달았습니다. 그래서 우리는 딜레마에 빠졌고, 하나님의 은혜 외에는 여기서 빠져나올 길이 없습니다. 누군가를 감옥에 보내는 것은 악을 가하는 것이기도 합니다. 악을 행한 누군가를 벌할 때 우리 자신이 정의롭다고 결코 생각할 수 없습니다. 사회는 법을 어긴 자를 벌할 수밖에 없습니다. 그러나 우리는 형벌의 의미에 대해 환상을 가져서는 안 됩니다. 형벌은 필요악입니다.

리워야단은 혼돈의 힘이며, 이것은 세상 질서가 사실상 깨지기 쉽다는 뜻입니다. 이것은 하나님이 이러한 혼돈을 창조하셨다는 뜻이 아니라 이러한 혼돈에서 하나님이 살아 있고 살기에 좋은 것을 끌어내신다는 뜻입니다. 그러나 혼돈이 이것을 계속 위협합니다. 바꾸어 말하면 생명은 기적이고, 또 하루의 삶은 기적이며, 우리가 사는 세상은 기적입니다. 어떤 의미에서 이것은 평범한 것이 아닙니다. 한편으로 하나님은 자신이 창조한 것에 극단적으로 의문이 제기되지 않게 하십니다. 다른 한편으로 하나님은 우리에게 이러한 위협을 알고서 살아가라고 요구하십니다. 우리의 책임은 모든 것이 혼돈으로 돌아가지 않게 하는 것이며 여기에는 우리의 자유가 포함된다는 것입니다. 이와 비슷하게, 하나님은 물질을 창조하셨습니다. 이것은 출발점이었습니다. 그러나 만약 모든 것이 여기로 되돌아간다면 끔찍할 것입니다. 바꾸어 말하면 우리는 물질의 힘이나 다시 흙이 되는 것에 결코 만족할 수 없습니다. 우리는 하나님의 창조 세계에 살고 있으며 이 세계는 그 자체로는 악하지 않지만, 우리가 이 세계를 악하게 만들 수 있습니다. 여기에 우리의 문명이 직면하는 어려움이 있습니다. 우리의 문명은 기술 덕분에 물질적 힘을 갈수록 크게 축적하지만 여기에 영적 성숙이 동반되지는 않습니다.

모든 세대는 악의 공포와 맞닥뜨려야 합니다. 예를 들면 중세 문명은 1349년에 페스트를 만났는데 그때 유럽 인구의 3분의 1이 죽었습니다. 1347년에 프랑스 리모주Limoges의 인구는 약 천 명이었는데, 그 가운데 겨우 여섯 명만 전염병에서 살아남았습니다. 이들은 한 해 사이에 나머지 모든 주민이 죽는 것을 보았습니다. 그러니 이들이 받은 정신적 충격이 어떠할지 도저히 상상할 수 없습니다. 이것은 절대적 악의 공포이며, 원자폭탄이 투하된 후 우리도 목격했던 공포입니다. 한 세대가 악의 공포에 직면해 할 수 있는 최악의 대응은 그 공포를 부정하거나 적당히 설명하고 넘어가는 것입니다. 사실, 이것이 욥의 친구들이 저지른 끔찍한 잘못입니다. 이들은 악을 합리화했습니다. 선페스트는 하늘의 신호였는지도 모릅니다. 그렇더라도 쥐들이 베니스와 제네바의 무역선들에 올랐다는 사실이 축소되지는 않습니다. 현재 우리의 물질적 수단들이 인간 역사에서 가장 강력하다는 사실은 우리의 책임이 훨씬 크다는 뜻입니다. 하나만 더 말하겠습니다. 제가 이스라엘에서 선민選民이라고 하는 유대인들과 토론할 때, 그들은 하나님의 백성이라는 사실이 2천 년 동안 박해받고 대량학살을 당한다는 뜻이라면 그들은 더 이상 하나님의 백성이고 싶지 않다고 대답했습니다. 이 공포 또한 매우 진지하게 받아들여야 합니다.

10. 욥의 회심(42장)

뒤이어 욥의 두 번째 고백이 나옵니다. 첫 번째 고백에서 욥은 얻어맞았으나 설득된 것 같지 않습니다. 이제는 상황이 매우 달라졌습니다. 욥은 이제 자신을 초월한 알지 못하는 존재, 자신이 이해하지 못했던 놀라운 것들이 있다는 점을 인정합니다. 그는 하나님에 관한 말을 들었는데 이제 그에게 그것은 다른 의미를 갖게 되었습니다. 바꾸어 말하면, 욥이 하나님이 더 세다고 인정했던 첫 번째 고백과 놀라며 자신이 회개해야 한다고 인정하는 두 번째 고백 사이에 어떤 변화가 일어났습니다. 마이요Maillot를 비롯한 사람들이 지적했듯이, 그 어떤 변화의 경우와 마찬가지로 이 역시 변화가 일어난 이유를 설명할 수 없습니다.[1] 그렇더라도, 이 회심에는 우리가 탐구해볼 수 있는 몇 가지 요소가 있습니다.

욥의 첫 번째 고백은 하나님이 자신의 작품들을 내보이신 데 대한 반응이었습니다. 하나님은 욥에게 이 작품들에 관해 말씀하시고 자신의 창조 세계에서 가장 깊은 신비들을 계시하셨습니다. 모든 변화는 여기에서 비롯됩니다. 하나님이 욥에게 말씀하신다는 사실이 욥의 마음을 돌려놓은 것 같습니다. 카를 바르트는 욥을 회개로 이끈 신비는 계시의 신비, 곧 이스라엘의 선택받음과 역사, 십자가, 예수 그리스도의 부활에 담긴 신비와 같다고 말합니다. 바꾸어 말하면 하나님이 말씀하실 때, 그분의 말씀his Word이 있을 때, 이 모든 일이 일어납니다. 요한복음 1장 1-2절을 살펴보면 이것이 더 분명하게 보이는데, 거기서 우리는 그 말씀the Word이 이미 태초에 계셨다는 것을 알게 됩니다.

바르트는 만약 욥이 하나님의 작품들을 통해 가장 탁월한 작품, 곧 하나님의 말씀을 묵상할 수 없었다면, 우리가 욥의 회심과 회개와 이 통찰을 도대체 어떻게 이해할 수 있겠느냐고 덧붙입니다. 욥은 스스로 그것을 발견하지 못했고 그의 친구들도 그가 그것을 발견하도록 도울 수 없었습니다. 바르트의 말은, 하나님은 말씀하실 때 자신의 계시 전체를 말씀하시며, 따라서 이 말씀이 우리를 전체 구원의 역사 속에 둔다는 것입니다. 저는 우리가 성경 어느 본문을 읽고 함께 묵상하든 간에, 이것이 근본적인 사실이라고 믿습니다.

욥은 모든 것을 포함하는 이 말씀을 들을 때, 우리가 하나님에 관해 아무것도 알 수 없음을 깨닫습니다. 우리는 하나님을 전혀 알 수 없을 뿐만 아니라 진정한 철학이나 신학도 가질 수 없습니다. 욥은 다른 사람들이 하나님에 관해 하는 말을 듣는 것으로는 부족하다는 것을 깨닫습니다. 우리는 본문을 연구하고 철학이나 신학을 공부할 수는 있습니다. 설령 이 모든 연구와 학문이 우리에게 진실이라 하더라도, 하나님이 친히 개입하지 않으시면 사람의 말은 아무 가치가 없습니다. 회심을 일으키려면, 하나님이 친히 우리에게 내려와 자신을 계시하셔야 합니다. 이런 인격적 만남이 없으면 아무 일도 일어나지 않습니다. 뒤이어 욥은 이제 자신의 눈으로 하나님을 본다고 외칩니다. 하나님을 본 사람이 없기 때문에, 이는 다소 놀라운 선언입니다. 예를 들면, 시내 산에서 하나님은 친구에게 하듯 모세에게 말씀하셨지만 둘 사이에 구름이 있어 모든 것을 감추었습니다. 모세가 두 번째 만남에서 자신이 하나님을 볼 수 있느냐고 하나님께 물었을 때, 하나님은 불가능하다고 대답하십니다. 그러나 하나님은 모세를 바위틈에 두시고, 자신이 지나갈 때까지 손으로 그를 가리십니다. 엘리야는 동굴에서 하나님과 말할 때, 하나님을 보지 않으려고 겉옷으로 자신의 얼굴을 가립니다.

욥은 하나님의 작품에서 하나님이 투영된 것을 보았습니다. 예전에는 다른 사람들이 하나님에 관해 하는 말을 들었는데, 욥은 이제 하나님과 직접적인 관계를 맺습니다. 이제 참되고 인격적인 지식이 있지만, 이것은 훨씬 많은 것을 의미합니다. 성경은 듣기와 보기를 겨루게 합니다.[2] 보기는 마지막 때를 가리킵니다. 그때, 실재와 진리가 재결합하기 때문에 우리는 진정으로 보게 될 것입니다. 성경에서 보기는 우리를 실재에 이르게 하지만, 듣기는 우리를 하나님의 말씀이 낳는 진리에 이르게 합니다. 우리가 사는 세상에서 실재와 진리는 화해될 수 없습니다. 이 두 영역은 뚜렷이 다릅니다.

이 둘을 혼동하지 않도록 주의해야 합니다. 과학에서는 자주 실재를 진리로 여깁니다. 그러나 과학은 실재의 현상에 접근할 뿐입니다. 우리가 아이에게 진실을 말하라고 할 때, 일상생활에서도 똑같은 혼동이 일어납니다. 우리가 실제로 알고 싶은 것은 아이가 무엇을 했는가 하는 점인데, 이것은 진리가 아니라 실재를 말합니다. 오직 말만이 진리의 영역에 속하며, 이 진리의 반대는 거짓말입니다. 이 세상에서 실재와 진리가 함께한 유일한 때가 예수 그리스도 안에 있을 때였습니다. 성육신에서 말씀이 육신이 되었는데, 이런 이유로 요한서신뿐만 아니라 요한복음도 사람들이 그 말씀을 보았다고 주장합니다. 진리가 실재 속에서 보였던 것은 이때뿐입니다. 다른 어느 때라도, 보기에 관한 언급은 언제나 종말론적 성격을 띠며, 마지막 때를 가리킵니다. 예를 들면, 에스겔은 스랍, 바퀴, 지진과 더불어 하나님을 볼 때, 마지막 때에 관한 환상을 봅니다. 계시록은 요한이 보는 것에 관해 말할 때, 마지막 때를 말합니다. 하나님을 본다는 것은 언제나 마지막과 연결되며, 우리를 최후 심판과 부활이 일어나는 상황에 둡니다. 이것이 욥기 42장에서 말하는 보기의 의미이기도 합니다.

욥은 말씀을 알고 하나님의 계시를 알게 되자 회개하며 겸손해지는데, 조금 전까지만 해도 이렇게 하길 거부했습니다. 더욱이 욥은 회개를 하지 않고는 계시를 받을 수 없다는 점을 이해하기 시작합니다. 성경에는 이와 관련된 예가 많습니다. 요한은 제자들이 빈 무덤에 이르렀을 때 첫 번째 사람이 몸을 구부렸다고 말합니다(요 20:11). 이것은 단순히 무덤에 들어가려고 몸을 숙이는 문제가 아니라 하나님의 진리 앞에 자신을 낮추는 문제였습니다. 욥은 어떻게 하나님이 그에 대한 사랑으로 그를 베헤못과 리워야단에게서 보호하셨는지 깨닫게 되자, 자신의 죄책을 발견합니다. 본문은 이 죄책의 정확한 성격을 설명합니다. 욥은 자신의 주장을 거두어들이고 누그러지며, 왜 하나님이 이것이나 저것을 하셨느냐고 끊임없이 물음으로써 자신의 힘으로 하나님의 신비를 벗기려 했던 것을 회개합니다. 욥은 하나님에게 그분이 이런 일을 하는 동기를 설명하라고 요구했었습니다. 우리는 모두 하나님이 어떤 일을 하시는 이유를 이해하려고 끊임없이 애쓰며, 하나님은 어떤 조건에 들어맞지 않는 분이라는 하나님에 대한 키르케고르의 정의를 받아들이기 어려워합니다. 키르케고르의 정의는 하나님이 그 무엇에 의해서도 정의되지 않는다는 뜻입니다. 하나님은 스스로 존재하시는 분입니다. 우리가 이것을 받아들이기는 거의 불가능합니다.

이것이 전부가 아닙니다. 하나님의 뜻을 꿰뚫어보려는 것은 정확히 예수께서 겪으신 유혹과 같습니다. 마귀는 예수께 하나님의 진리를 덮은 베일을 벗기라고 계속 제안합니다. "그대가 하나님의 아들이라면, 이것이나 저것을 해보지 그래?" 예수께서는 언제나 "기록되었으되"라고 대답하십니다. 예수께서는 아버지께 설명해 달라고 요구함으로써 아버지의 뜻을 꿰뚫길 거부하시고, 기록되어 있는 것에 자신을 제한하십니다. 이것이 무슨 뜻인지는 사람들이 예수께 기적을 요구할 때 그분이 하시는 일에서 더 분명하게 드러납니다. 예수께서는 요나의 기적 외에 그 어떤 기적도 주지 않으리라고 대답하십니다. "요나의 기적에 관해 기록되어 있는 것을 믿든지, 안 믿든지 둘 중 하나를 선택하라. 후자의 경우, 나는 너희가 요구하는 어떤 기적이라도 행할 수 있지만, 그리한다고 너희의 믿음이 지금보다 조금이라도 커지지는 않을 것이다." 같은 이유로, 예수께서는 십자가에서 하신 질문 외에는 절대로 아버지께 어떤 질문도 하지 않으십니다. 예수께서는 묻지 않고 순종하십니다. 십자가에서 예수께서는 자신의 아버지가 왜 자신을 버렸는지 물으십니다. 그러나 우리는 예수께서 시편 22편에 기록된 것을 인용하실 뿐임을 기억해야 합니다. 이 말씀을 하신 후, 예수께서는 이 질문을 하는 것을 포함해 모든 것이 성취되었다고 말씀하실 수 있었습니다. 그 후 예수께서는 자신의 영혼을 하나님의 손에 맡기십니다. 여기서 우리는 욥에게로 돌아갑니다. 욥은 이해하며, 겸손해지고, 자신을 하나님의 손에 맡깁니다.

탈굼Targum(아람어로 번역된 구약성경—옮긴이)은 42장 6절의 "내가 거두어들이고 누그러집니다"에 관해 두 가지 주목할 만한 말을 합니다. 이러한 해석은 욥이 그 자신을 정죄하는 것이 아니라, 어떤 의미로는 그가 가진 것을 정죄한다는 것을 암시합니다. 따라서 탈굼은 욥이 자신의 모든 부富를 정죄한다고 말합니다. 물론, 저는 이것이 번역이 거의 불가능한 것에 대한 하나의 해석일 뿐임을 인정합니다. 탈굼은 또한 욥이 자녀들의 티끌과 재에 앉아 회개한다고 결론 내리는데, 욥이 (지금은 티끌과 재일 뿐인) 죽은 자녀들에 관해 자신을 위로한다는 뜻입니다. 탈굼은 다섯 페이지에 걸쳐 주석한 후에 이 결론에 이르는데, 욥의 회개가 얼마나 진지하고 깊이 있는지 보여줍니다. 욥은 자신이 잃어버린 것을 하나도 잊지 않았지만,

부를 거부하고 자녀들에 관해 자신을 위로합니다. 한 해석에 따르면, 이것은 욥이 잃어버린 모든 것을 다시 나타나게 한다는 장점이 있습니다. 욥이 비록 새 자녀들을 얻었지만, 이전 자녀들은 죽었습니다. 탈굼의 이 해석에 따르면, 욥이 자녀들에 관해 위로를 받는다고 말할 수 있는 까닭은 그가 하나님을 보았기 때문입니다. 이러한 해석은 극도로 철저하며, (글자 하나하나를 비롯해) 본문의 문법적 구조까지 세세한 부분을 빠짐없이 살피는 히브리 연구 방식의 좋은 예입니다.

여러분의 질문에 답해보겠습니다. 엘리야가 바알 선지자들 앞에서 행한 놀라운 기적은 아무도 설득하지 못했습니다. 유대인들을 설득하지도 못했습니다. (사도행전에서 보듯이) 기적은 성령의 능력이 드러나는 현현으로서 하나님의 말씀을 수반하는 것이 사실입니다. 그러나 기적 그 자체는 아무런 가치나 의미가 없습니다. 예수께서 기적을 행하시는 까닭은 마주친 특정한 인물에게 연민을 느끼셨기 때문입니다.

하나님의 말씀을 전하는 자들은 인간 역사에서 중요한 역할을 합니다. 이들이 하나님의 은혜와 용서를 선포하지 않으면, 사람들은 용서하고 은혜를 베푸시는 하나님이 있는지 알지 못할 것입니다. 이런 까닭에, 하나님은 수많은 증인과 한 민족과 한 교회를 택하십니다. 하나님과 하나님을 탐구하고 질문하는 모든 사람들 사이에서 중재자를 두기 위해서입니다. 따라서 저는 중요한 질문은 자신에게 믿음이 있느냐 없느냐가 아니라, 말씀을 받았는지 여부이며, 이것이 자기 삶에 뭔가 새로운 것을 창조했는지 여부라고 믿습니다. 그러나 하나님이 자신을 계시하지 않으실 때, 그분에게 질문하는 것은 인간의 위대함이요 특권입니다. 우리가 알다시피, 어느 시점에서도 욥은 하나님에게 질문했다고 정죄를 당하지 않습니다. 이제 살펴볼 테지만, 욥의 친구들은 욥이 던진 모든 질문의 해답을 안다고 주장했기 때문에 정죄를 받습니다.

11. 화해(42장)

이제 욥기의 마지막 단락에 이르렀습니다. 이 단락은 산문입니다. 하나님의 대답이 나오고, 뒤이어 일어난 일에 관한 기사가 나옵니다. 우리는 곧바로 욥의 친구들을 향한 하나님의 진노를 접하는데, 하나님은 이들이 진실을 말하지 않았다며 이들을 받아들이지 않으십니다. 이들이 진실을 말하지 않은 까닭은 욥이 던진 여러 질문의 해답을 자신들이 안다고 믿었기 때문이라고 생각합니다. 이들은 하나님의 뜻에 담긴 신비를 자신들이 설명할 수 있다고 생각했습니다. 성경적으로 말하면, 해답을 제시하기보다 질문을 하는 쪽이 낫습니다. 성경은 우리에게 질문하기 위해 있지, 해답이나 안전을 제시하려고 있는 것이 아닙니다. 예를 들면, 전도서에서 저자는 자신의 지혜를 가치 있게 할 만한 것을 하나도 찾지 못했습니다. 지혜는 결국 그에게 아무런 유익도 주지 못했습니다. 루터는 이것을 잘 표현했습니다. 그는 하나님의 정의를 우리 자신의 정의 개념으로 설명할 수 있다는 주장이 하나님을 불의하게 만든다고 했습니다. 바꾸어 말하면, 우리가 정의를 설명할수록 정의를 모호하게 만듭니다. 욥의 친구들이 바로 이렇게 하고 있었습니다.

그러나 단지 하나님의 신비를 소유했다고 주장하는 문제가 아닙니다. 훨씬 중요한 것이 있습니다. 친구들이 하나님의 사랑을 증언하지 못한다는 것입니다. 하나님이 사랑이라면, 이들은 그분에 관해 진실을 말하지 않았으며, 더 나쁘게는 그분에 관해 거짓말을 했습니다. 이들은 결국 하나님이 정죄하시지 않은 욥을 정죄했습니다. 사랑 없는 과학적 사고에 대한 중요한 교훈이 여기에 있습니다. 이 모든 깨달음은 이런 질문을 하게 만듭니다. 왜 욥은 진리를 말한 것일까요? 먼저 욥은 자신의 삶과 고난으로, 예수 그리스도의 존재를 선언하는 선지자였습니다. 더욱이 욥은 전적으로 정직했으며 마음이 나뉘지 않았습니다. 우리 시대의 표현을 빌리자면, 욥은 진국이었습니다. 욥은 자신이 사는 대로 말했습니다. 욥은 오직 하나님만 자신에게 답할 수 있으며, 그분은 살아 계신 분이라는 것을 알았습니다. 바꾸어 말하면, 욥은 하나님을 신학적, 철학적, 또는 도덕적 범주에 가두지 않았습니다. 그뿐 아니라 욥은 하나님을 하나의 개념이나 이론으로 개조하지 않았습니다. 욥은 자신과 하나님의 관계는 삶이 수반되는 관계라는 것을 알았습니다.

하나님이 욥의 친구들에게 내리신 판결은 모든 그리스도인과 관련된 문제, 곧 옳음과 그름의 문제를 일으킵니다. 성경적으로 사고하자면, 어느 누구도 늘 옳지는 않습니다. 어떤 교회 일에서든 이것을 반드시 기억해야 합니다. 우리는 옳고 나머지는 틀렸다고 말할 수는 없습니다. 무엇이든 하나님을 사랑하고 이웃을 사랑하는 사랑의 관계라는 맥락에서 해야 하기 때문입니다. 따라서 누군가에 맞서면서 옳기란 불가능합니다. 제가 누군가에 맞서 옳다면, 저는 그 사람을 사랑하지 않는 것입니다. 제가 상대방이 틀렸다고 말한다면 그 사람을 사랑하지 않는 것입니다. 여기 모든 비그리스도인의 지혜와 정확히 반대되는 것이 있습니다. 이것은 아름다운 라틴어 표현으로 잘 요약됩니다. "카토(주전 1세기 로마 정치가—옮긴이)는 내 친구지만, 진리는 그것보다 훨씬 중요하다." 그리스도인들에게는 정확히 반대입니다. "나는 진리를 사랑하지만, 타인들을 향한 사랑이 훨씬 중요하다. 나는 상대방을 진리보다 더 사랑해야 한다." 또는 더 정확히 표현하자면, "하나님에 대한 사랑과 상대방에 대한 사랑이 없으면 진리란 없다는 것을 알아야 한다." 따라서 이웃에 관해서는 옳고 그름의 문제가 있을 수 없습니다.

하나님은 욥을 중재자요 중보자로 삼으십니다. 친구들은 욥을 찾아가야 하고, 욥은 이들을 위해 희생 제사를 드려야 합니다. 그리고 하나님의 종으로서, 욥은 이들을 중보해야 합니다. 욥은 자신을 하나님에게서 떼어놓으려 함으로써 자신에게 마귀 역할을 했던 친구들을 용서해야 합니다. 이런 점에서, 이들은 욥의 고난을 크게 더 했습니다. 따라서 욥 자신이 용서받은 것처럼 욥이 이들을 용서하는 것은 필수적입니다. 하나님에게 용서받은 결과가 친구들에게 돌아갑니다. 그래서 욥은 하나님의 종이라 불리는데, 이것은 욥이 세상에서 하나님의 뜻을 가진 자라는 말이기 때문에 매우 중요합니다. 욥은 이사야서에 나오는 고난받은 종의 이미지입니다.

친구들은 수소 일곱 마리와 숫양 일곱 마리로 희생 제사를 드려야 합니다. 이 제사는 성경에서 여러 차례 나오는데, 에스겔서에서 유월절을 회복하며 드린 제사를 예로 들 수 있습니다. 유대인들은 흩어졌을 때, 유월절을 더 이상 지킬 수 없었습니다. 유대인들이 고국으로 돌아온 후, 예루살렘에서는 유월절이 회복되었고 그들은 똑같은 제사를 드렸습니다. 이것은 우연의 일치일 수 없습니다. 욥은 이 제사에서 제사장으로 등장하며, 하나님은 욥의 이름으로 친구들을 용서하십니다. 본문은 이 부분에서 매우 구체적입니다. 다음으로, 하나님은 욥이 친구들을 위해 드리는 기도에 응답하십니다. 여기서도 고난받는 종이요, 중보자이며, 희생 제물을 드리는 제사장이신 예수 그리스도의 이미지가 나타납니다.

이것은 우리를 마지막에 일어나는 일로 이끕니다. 저는 이 결말을 상징적으로 읽어야 한다고 믿습니다. 그리고 어쨌든 지금껏 다른 만족스런 설명을 찾지 못했습니다. 예를 들면, 제가 자주 비판하는 슈타인만의 설명에 따르면, 사람들은 욥이 장차 부자가 될 것을 기대하며 안심하게 됩니다.[1] 저는 그의 설명이 이 본문 전체의 핵심을 완전히 놓치고 있다고 생각합니다. 제가 인정하는 주석의 저자 롤랑 드 퀴리까지도 욥기는 헛되이 하나님 섬기기에 관한 책이라고 내내 주장했기 때문에 매우 어색한 상황에 처합니다.[2] 그런데 마지막에 그는 (헛되이 하나님을 섬겼던) 욥이 이제 모든 것을 다시 받는다는 사실을 다뤄야 합니다. 그는 일단 욥에 대한 시험이 끝나

자 하나님이 욥에게 축복을 다시 한 번 쏟아부을 권리를 갖는다는 결론을 내림으로써 난제를 해결하려 합니다. 저는 하나님이 그분을 사랑하고 따르는 자들에게 상을 줄 권리가 없다고 주장하고 싶지는 않습니다. 그러나 저는 이것이 매우 불만족스럽고 약한 결론이라고 생각합니다. 이유는 분명합니다. 이것은 정확히 욥의 친구들이 제시했던 논리이며 이들이 욥에게 되풀이했던 말입니다. "회개하면 모든 게 다 잘될 거야!"

저는 마지막 부분을 상징적으로 해석할 필요가 있다고 믿습니다. 최후 심판과 부활을 암시하는 듯이 보이는 10절에 특히 주목해야 합니다. 사실, 히브리어 본문은 매우 복잡하고 번역이 거의 불가능합니다. 문자적으로 옮기면 "야웨께서 욥의 것이길 그친 것을 모으신다"입니다. 이것을 우리말로 깔끔하게 다듬으면 의미가 사라집니다. 본문은 죽음 통과하기와 재창조를 말하는 것으로 보입니다. 탈무드가 이런 해석을 뒷받침하는데, 탈무드는 욥기의 이러한 결말은 욥이 죽은 후 일어난다고 결론짓습니다. 따라서 탈무드에 따르면, 욥기의 결말은 부활에 관한 것입니다. 히에로니무스와 아우구스티누스에게도, 정확히 똑같은 것을 의미했습니다. "욥은 죽은 후에 하나님의 선물들을 받았다." 특히 히에로니무스의 경우, 히브리어 본문을 직접 연구했기 때문에, 이 구절이 부활 자체를 다룬다고 보는 것은 얼마든지 가능했습니다. 바꾸어 말하면, 몇몇 전통은 욥기의 결말 부분을 물질적 성공이 아니라 부활 선언으로 해석했습니다.

마찬가지로, 유월절이 회복되었을 때 드렸던 희생 제사를 욥의 친구들이 드렸다는 것은 앞에서 이미 말씀드렸습니다. 따라서 그것은 부활의 제사였습니다. 물론 이 모든 것은 해석이며, 이것이 정확히 본문이 말하는 것이라는 보장은 없습니다. 그러나 우리가 제대로 짚은 것 같습니다.

이러한 부활 개념의 또 다른 면은 용서입니다. 하나님이 모두를 용서하실 때, 화해가 이뤄집니다. 이것은 욥과 친구들 사이의 화해이고, 욥과 하나님 사이의 화해이며, 하나님과 친구들 사이의 화해입니다. 이런 일이 일어날 때 부활은 확실히 일어납니다. 이것은 하나님이 모두와 하시는 화해이며, 모두가 모두와 하는 화해이기 때문입니다. 따라서 창조되고 욥에게 주어진 것(낙타, 양 등)은 상이 아니라 그의 부활과 풍부함을 나타내는 하나의 상징입니다.

이것이 전부가 아닙니다. 용서에는 좀처럼 고려되지 않고 우리가 받아들이기도 어려운 또 다른 면이 있습니다. 욥은 하나님을 용서했습니다. 욥은 자신의 모든 고난이 하나님에게서 왔다며 끝없이 불평했습니다. 욥은 하나님 앞에 엎드려 회개하고 항의를 그쳤을 때, 사실 하나님을 용서했습니다. 저는 이것이 우리와 하나님 관계에서 근본적인 부분이라고 믿습니다. 우리는 늘 하나님에게서 용서를 기대합니다. 그러나 하나님도 (성육신의) 연약함 가운데 대가 없는 우리의 사랑, 곧 우리의 용서를 기다리십니다. 우리가 하나님이 불의하다고 생각할 때라도, 하나님이 우리를 박해하신다고 생각할 때라도, 그분이 우리의 용서를 기다리고 그분을 우리가 의롭다 여기기를 기다리신다는 게 훨씬 더 중요합니다. 하나님이 옳은 것은 욥 때문입니다. 우리가 하나님의 옳음에 기여할 수 있다고 믿기란 쉽지 않습니다. 그러나 하나님과 사탄 사이에 내기가 있었고, 하나님이 옳은지 그른지는 욥에게 달려 있었습니다. 이런 의미에서 욥이 하나님을 의롭게 합니다.

이러한 완전한 연합의 마지막 신호는 모두가 욥의 집에 와서 식사를 하는 것입니다. 이것은 유월절 희생의 계승이며, 교제의 식탁(성찬)임이 분명합니다.

나머지, 곧 자녀들과 가축은 순전히 축복의 상징들일 뿐입니다. 세 딸의 이름이 특히 흥미롭습니다. '여미마'는 비둘기를 뜻하고, '긋시아'는 계피를 뜻하며, '게렌합북'은 두 가지로 번역될 수 있습니다. 화장 막대(눈가에 바르는 검은 가루)를 의미할 수도 있고, 홍옥(밝은 붉은색 보석)의 광채를 의미할 수도 있습니다. 거의 모든 사람들은 이들의 이름이 상징적이라는 점에 동의합니다. 드 퓌리는 비둘기가 분명히 하나님의 영을 나타내고, 계피는 성도들의 기도를 상징하는 향이며, 아가서에 나오는 것처럼 화장 막대는 신랑을 기다리는 신부의 장신구를 상징한다고 생각했습니다. 탈무드에서도 이들의 이름이 갖는 의미가 정확히 똑같은 것은 아닙니다. 비둘기는 화해의 상징입니다(노아 방주의 비둘기를 근거로 합니다). 계피는 특별한 의식에만 사용되고 하나님이 친히 성별하신 향료를 말하는 시편 45편과 연관이 있습니다. 이것은 향료들 중의 향료입니다. 셋째 딸의 이름에 관해, 탈무드는 두 번째 번역인 홍옥의 광채를 선택하는데, 이것은 이집트의 빛입니다. 서로 어떤 차이가 있든 간에, 이름들에 대한 이 모든 해석은 신성Divinity의 이미지를 띠고 있고, 하나님을 가리킵니다.

욥의 딸들은 자기 몫의 유산을 받는데, 그 시대와 문화에서는 명백한 스캔들은 아니더라도 생각할 수도 없는 일이었습니다. 이것은 여자가 새 창조와 하나님의 진리에서 자신의 자리를 완전히 회복하리라는 뜻입니다. 저는 이것이 절대적으로 필수적이라고 믿습니다. 이 자리가 더없이 중요하기 때문입니다. 저는 어떻게 사람들이 숱한 세대를 내려오며, 성경에서 반여성적인 신학을 도출할 수 있었는지 전혀 이해할 수 없습니다. 의심할 여지없이 반여성적인 문화의 틀을 통해 성경을 읽은 결과입니다.

욥은 140년을 살았는데, 140은 7에 7을 더해 10을 곱해 나온 수입니다. 7은 완전수인데, 완전수에 완전수가 더해져 10을 곱한 데서 보듯이, 절대적 완전을 나타냅니다. 성경에서 수는 언제나 상징적이라는 것을 기억해야 합니다. 욥은 4대까지 후손을 직접 보는데, 4는 창조의 수입니다. 욥은 창조 전체에 자리하며, 자신에게서 나온 네 세대에서 이것을 봅니다.

마지막으로, 욥은 하나님의 빛을 입고, 하나님의 일을 완전히 이룹니다. 또한 욥은 서서히 중재자, 종, 중보자로 등장합니다. 그러므로 이것은 메시아 예언입니다. 욥기의 이러한 결말은 욥을 장차 오실 메시아의 형상으로 계시합니다.

욥기 공부를 마무리하면서, 궁극적으로 욥기는 다른 시각을 갖도록 우리를 인도한다는 점을 덧붙이고 싶습니다. 하나님과 세상을 우리 자신의 지성으로 본다면, 스캔들과 부조리와 이해할 수 없는 것들만 보입니다. 욥의 온 삶은 우리의 삶과 이 세상에서 사물을 보고 하나님의 신비로운 임재를 인식하는 방식을 바꿔야 한다는 것을 보여줍니다. 신비는 전능한 분인 동시에 이 전능함을 이용하지 않는 분이신 하나님에게서 비롯됩니다. 이것은 단순히 하나님이 자신의 능력을 욥에게 사용하지 않으신다는 문제가 아니라, 베헤못과 리워야단을 비롯해 악의 세력들에게도 이렇게 하지 않으신다는 문제입니다. 하나님은 이들을 제한하실 뿐, 결코 자신의 능력을 완전히 사용하지 않으십니다. 대신에 하나님은 욥이 그분을 의롭다 하고 용서하길 기다리십니다. 저는 이것이 우리 신앙에 근본적이라고 믿습니다.

여러분의 질문에 답하면서 덧붙이고 싶은 것이 있습니다. 성경은 늘 질문의 책이지 우리를 안심시키려고 거짓 해답을 제시하는 책이 아닙니다. 대대로 정통주의자들은 성경을 이런저런 종류의 안전 담요로 바꾸는 경향을 보였습니다. 예를 들면, 개신교 전통에서 카를 바르트의 신학은 끊임없이 질문하는 신학에서 정반대의 신학으로, 모든 것을 설명할 수 있는 닫힌 체계로 바뀌었습니다. 저는 이러한 종류의 변환이 기독교 내에서 가장 큰 추문이라고 생각합니다. 자신을 낮추고 심지어 십자가에 못 박히도록 자신을 내어주시는 하나님을 믿는 믿음이, 타인들을 뭉개는 수단은 아니더라도, 타인들을 대적하는 일종의 무기로 변해버렸습니다. 이것은 겉과 속을 바꾸고 위아래를 뒤집는 가장 무서운 방법입니다.

마태복음

ON
FREEDOM,
LOVE,
AND
POWER

JACQUES ELLUL

유대교의 절정: 사랑의 나라

3

12. 서론

율법과 선지자를 아는 사람들에게 한 가지 부족한 면이 있었는데, 천국에 관한 가르침이었습니다. 천국은 구약성경이라 불리는 곳에서는 선포되지 않았으나 예수의 방향과 가르침을 통해 계시되었습니다. 선포된 것은 다윗 왕권이 이 땅에서 승리하리라는 것이었고, 이것을 믿는 분파들에게 하나님나라는 마지막 때에 세워질 것이었습니다. 예수께서 자신의 가르침에서 계시하신 것은 세상에 숨겨진 천국이었습니다. 그때껏 왕권에 관한 유대교의 시각에는 이런 개념이 전혀 없었습니다. 그렇더라도 천국은 유대인들이 이미 아는 것의 완결판이었습니다. 우리는 천국이 예수와 함께 땅에 나타났다고 배웁니다. 나중에 살펴볼 테지만, 천국은 그 왕을 위해 있으며, 왕이 태어날 때까지는 존재하지 않습니다. 유대인들이 말씀과 교리로 알고 있는 모든 것이 이제 실현되고 있지만, 숨겨진 방식으로 실현되고 있습니다. 승리할 다윗 왕권이 이제 세상에 있지만 뚜렷이 보이지는 않습니다. 또한 마지막 때에 올 하나님나라가 이제 도래했으나, 숨겨진 천국으로 왔습니다. 바꾸어 말하면, 우리가 구약성경에서 보는 왕권과 왕국의 두 측면이 예수의 현존을 통해 실현되고 있습니다. 하나님나라는 여전히 종말론적이지만, 현재 숨겨진 채 존재합니다. 다윗의 왕권이 하나님의 아들의 섬김을 통해 승리합니다. 이러한 성취 때문에 이 본문들의 저자들은 보화, 곧 하나님의 사랑을 다시 발견하는데, 이들이 이중 왕권에 관해 선지자들을 통해 이미 알고 있고, 이러한 예언들을 성취하는 천국을 이미 알고 있기 때문입니다. 선포되었던 것이 이제 성취되었습니다.

이 메시지는 근본적인 오해에 부딪힙니다. 율법은 결코 어떤 행동을 명령하거나 강요하기 위한 것이 아니었습니다. 대신에 율법은 이중적 측면이 있었습니다. 율법은 삶과 죽음의 한계를 추적함으로써 경고하는 역할을 했습니다. "너희가 율법 안에 있으면 살고, 율법을 넘어서면 죽을 것이다." 율법은 또한 분리를 암시했는데, 분리는 거룩의 질서에 대한 것입니다. 제가 말하는 것은 산상설교뿐만 아니라 십계명을 포함하는 모든 율법입니다. 하나님은 사람들과 그들의 삶을 거룩한 것으로 분리하셨습니다. 이러한 율법 안에서 사랑으로 살도록 말입니다. 바꾸어 말하면, 율법은 결코 글자 그대로 시행되기 위한 것이 아니었습니다. 율법을 이렇게 시행한다면, 안식일에 전화 통화를 하는 것이 합법적이냐는 문제처럼 해결이 불가능한 온갖 문제가 생겨날 것입니다. 사람들이 이 길로 내려가기 시작할 때, 유대교 내부의 완전히 도덕적이고 신학적인 해석에서 분명하게 드러나듯이, 탈출구가 없습니다. 천국 비유들이 우리에게 주는 가르침은 율법을 무한히 해석하고 또 해석하는 데서 벗어나 의도된 사랑의 방향을 재발견하라는 것입니다.

천국과 하나님나라

천국과 하나님나라를 분명히 구분해야 합니다. 마태복음만이 천국을 말합니다. 마가복음과 누가복음은 본질적으로 하나님나라만 말합니다. 그렇다고 마태복음이 마가복음, 누가복음과 정반대라고 생각하면 안 됩니다. 마태복음도 하나님나라를 말하지만 비유를 통해 말하지는 않습니다. 이것이 핵심입니다. 예를 들면, 산상설교는 먼저 하나님나라와 그 의를 구하면 나머지 모든 것을 주시리라고 말합니다. 마태복음에는 이런 종류의 본문이 여럿 있지만 그중 하나도 비유에 들어 있지는 않습니다. 비유에서는 언제나 천국만 등장합니다.

마가복음과 누가복음에는 하나님나라에 관한 비유들이 나오지만, 마태복음에 나오는 병행 본문들은 천국을 말합니다. 예를 들면, 마가복음 10장 15절은 "누구든지 어린이와 같이 하나님나라를 받아들이지 않는 사람은 거기에 들어가지 못할 것이다"라고 말합니다(새번역). 거의 같은 구절이 마태복음 18장 3절에 나옵니다. "너희가 돌이켜 어린아이들과 같이 되지 아니하면 결단코 천국에 들어가지 못하리라." 마태복음이든, 마가복음이든, 누가복음이든 간에, 어디서나 하나님나라가 나오면 언제나 세상 마지막이나 예수 그리스도의 재림이나 최후의 심판과 관련이 있으며, 언제나 '마지막'이란 면을 갖습니다. 이와는 대조적으로, 천국은 언제나 현재와 관련이 있습니다.

하나님나라와 천국 둘 다 하나님이 왕이라는 사실을 확인해줍니다. 그렇더라도 둘은 엄연히 다릅니다. 하나님나라의 경우, 창조자와 성부 하나님의 왕권이 하늘 높은 곳에서 하나님나라 그 자체를 단언하며, 시작과 마지막을 의미하는 영원과 연결됩니다. 천국은 성육신해 땅 위에 사는 우리에게 내려오신 성자 하나님의 나라입니다. 따라서 땅 위에 성자 하나님의 나라는 현존합니다.

창세기를 공부할 때 하늘은 전적 타자이며 우리와는 절대적으로 다른 하나님의 거처였다는 것을 떠올리면 도움이 됩니다. 또한 하늘은 땅과 분리되며, 이따금 천사의 중재를 통하는 것을 제외하면, 둘 사이에 그 어떤 영구적 접촉이나 관계도 있을 수 없다는 것도 배웠습니다. 예수의 경우, 완전히 새로운 점은 이제 하늘이 이 세상에 존재한다는 것입니다. 이것이 '천국'이라는 말의 뜻입니다. 전적 타자였고 저 너머에 있었던 것이 이제 이 세상에 존재하며, 다른 세상의 중심에 계시는 분이 왕으로 여겨집니다. 천국은 천국 왕이 지상에서 있는 기간과 연결되고 또한 그분의 승천과 재림 사이의 기간과 연결되며, 따라서 일시적입니다. 많은 본문이 천국은 역사 속의 시간에 속하며 마지막에 하나님나라로 변하리라는 것을 암시합니다.

골로새서가 설명하듯이, 그리스도의 왕권은 과거에 능력과 권세에 거둔 승리에 기초합니다. 골로새서 1장 13절은 하나님이 우리를 어둠의 지배에서 건져내어 사랑하는 아들의 나라로 옮기셨다고 말합니다. 과거의 행위, 곧 우리가 그분의 아들의 나라에 있을 수 있게 한 행위에 대한 이러한 계시는 성육신에서 부딪히는 것들과 비슷한 숱한 어려움을 일으킵니다. 하늘이 땅에 현존한다는 말이 무슨 뜻일까요? 현실 속에 숨겨진 이 진리는 무엇일까요? 왜 우리는 볼 수 있는 현실과 오직 믿음을 통해 분별할 수 있는 것을 끊임없이 혼동할까요? 예를 들면, 천국과 교회는 어떤 관계일까요? 하나님나라와 천국의 뚜렷한 몇 가지 차이를 살피기 시작할 때, 이러한 종류의 문제들이 곧 표면화될 것입니다. 하나님나라와 천국의 차이는 이렇게 표현될 수 있습니다. 하나님나라는 약속된 것과 그것이 성취된 것의 질서입니다. 따라서 하나님나라는 선포되며, 좋은 소식의 주제입니다. 반대로 천국은 현존하며, 섬김과 참여와 책임과 희망의 질서입니다. 이 모든 것은 그리스도인의 삶을 구성하는 매우 다른 두 측면을 나타냅니다.

역사의 이 기간에 현존하는 천국이 하나님나라가 됩니다. 그렇더라도 우리는 전자에 이어지는 후자를 시간적 연속성으로 해석해서는 안 됩니다. 이것은 직선적인 것이 아니며, 따라서 '전'과 '후'가 없습니다. 시간과 영원의 관계를 이해하려 할 때도 똑같은 어려움에 부딪힙니다. 우리가 영원한 분을 말할 때, 영원을 '후'라고 생각해서는 안 됩니다. 이를테면 이것을 과거에서 미래로 옮겨가는 것으로 생각해서는 안 됩니다. 그 움직임은 반대 방향에 있기 때문입니다. 어떤 본문들이 그 나라가 오고 있다거나 그리스도께서 오고 계신다고 말할 때, 우리는 그 나라와 그리스도께서 미래에서 오고 계시며 현재를 향해 움직이고 계신다는 것을 알아야 합니다. 그 움직임은 우리가 참여하고 있다고 생각하는 방향과는 정반대입니다. 다시 말해, 우리는 현재 상황에서 하나님나라에 들어가는 상황으로 이동하고 있는 게 아닙니다. 정반대입니다. 하나님나라가 우리가 있는 현재를 향해 옵니다. 하나님나라가 우리에게 오는 것이지, 우리가 그 나라를 향해 가는 게 아닙니다. 천국이란 하나님나라가 이렇게 우리를 향해 이동하는 것이라고 말할 수도 있습니다. 우리는 이런 식으로 생각하는 걸 매우 어려워합니다. 우리 자신이 매년 마지막 때에 한 걸음 더 가까워지고, 따라서 하나님나라에도 그만큼 가까워진다고 생각하며 사는 데 매우 익숙해져 있기 때문입니다. 그렇더라도 성경적 시각에서 보면, 천국의 현존은 이미 세워졌고 우리의 시간 속으로 들어오고 있는 하나님나라의 현존입니다. 따라서 마지막 때는 이미 현존합니다. 이것이 매우 복잡하지 않다면, 우리는 하나님나라와 천국의 관계를 이해하는 출발점에 있는 것일 뿐입니다.

하나 더 묻겠습니다. 왜 마태복음만 천국을 말하는 걸까요? 왜 마태복음은 비유에서만 천국을 말할까요? 주석의 관점에서 하나님나라와 천국의 차이를 설명할 수 있습니다. 세 공관복음 중에 마태복음이 맨 마지막에 기록되었습니다. 따라서 기타 문헌을 비롯해 마가복음과 누가복음을 활용했다고 여겨집니다. 예수 그리스도의 재림이 뜻밖에 지체되었기 때문에 본문이 재해석되었으리라는 주장이 널리 받아들여집니다. 어떤 해석자들은 예수께서 마지막 때가 매우 빨리 오리라 믿었기에 이 문제에 한몫했고, 이것을 자신의 제자들과 추종자들에게 물려주었을 거라는 주장을 하기도 합니다. 인간의 역사가 예상보다 오래 계속되었기 때문에, 초대교회 공동체는 이 문제로 위기에 빠졌습니다. 이러한 지체는 거의 이해되지 않았던 것 같습니다. 예수께서 마지막 때가 왔으며 자신에게서 모든 것이 성취되었다고 친히 말씀하셨기 때문입니다. 이 설명에 따르면, 이런 상황을 설명하려고 몇몇 초기 본문이 재해석되고 수정되었습니다. 여느 때처럼 많은 역사가들은 이런 본문들이 해명에 지나지 않으며, 따라서 거의 가치가 없다고 봅니다. 초기 그리스도인들이 세상의 끝을 보지 못해 좌절했고, 그래서 이런 상황에 대한 일종의 심리적 적응으로 이런 상황을 설명하기 시작했다는 것입니다. 이것이 사실이라면, 마가복음과 누가복음은 하나님나라를 최종적 나라로 말할 뿐입니다. 그 나라가 거의 곧바로 올 것이기 때문입니다. 마태복음이 기록될 무렵, 그 나라는 여전히 오지 않았고, 그래서 '하나님나라가 너희 가운데 있으며 자신이 다시 올 때가 언제인지 자신도 모른다'는 예수의 단언들에 주목했습니다. 마태는 분명히 완전한 하나님나라가 아닌 지속적인 현 상태enduring presence와 장차 올 것이 다를 가능성을 직시해야 했습니다. 이런 상황에서 천국의 개념이 생겨났습니다.

이런 일이 일어났을 법했다는 것을 받아들인다면(개인적으로, 이런 가능성은 저를 당혹스럽게 하지 않습니다. 이런 가능성을 배제할 수 없기 때문입니다), 진짜 질문은 이것입니다. "어떤 본문들이 '원본'이 아니라는 것이 문제인가?" 신앙의 관점에서 볼 때, 저는 마태복음이 천국에 관해 계시하는 모든 것은 구약성경과 놀랍도록 정확히 일치한다고 말하고 싶습니다. 천국에 관한 비유들은, 예를 들면 역사 속에 나타나는 하나님의 행위들에 관해 동일한 해석과 시각과 이해를 보여줍니다. 이 부분은 본문들을 연구할 때 살펴보겠습니다. 따라서 이 비유들은 문제 상황을 설명하려는 '불필요한' 것이 아닙니다. 왜냐하면 우리가 이것들의 기원에 대해 어떤 설명을 선호하든 간에 이 본문들은 구약성경의 계시와 정확히 일치하며, 따라서 예수 그리스도에게서 이루어진 그 성취와 일치하기 때문입니다. 이것이 제가 가장 먼저 말씀드리고 싶은 점입니다. 이 본문들을 어느 정도 자세히 살펴보면 이 부분이 분명해지리라 믿습니다. 그다음으로 말씀드리고 싶은 점은, 신자로서 저는 성령께서 역사하시고(성령께서 문자 그대로 본문들을 구술하셨다는 뜻이 아닙니다), 요한복음에 약속되었듯이 이 성령께서 우리를 온전한 진리로 이끄신다는 것을 인정합니다. 모든 진리가 예수 그리스도 안에 있다면, 우리는 단번에 즉시 그 진리를 알 수는 없을 게 분명합니다.

전체 상황을 이렇게 해석해야 합니다. 예수 그리스도의 재림이 지체되고, 이런 상황을 통해 하나님은 믿는 자들에게 질문하십니다. 이것은 하나님이 우리의 믿음 시험이라고 부르시는 것의 일부입니다. 이 질문과 시험에 응답하는 것은 우리의 책임입니다. 우리는 이런 상황에 직면할 때, 하나님이 곧바로 우리에게 해답을 주시리라 기대해서는 안 됩니다. 응답하는 것은 우리의 책임이며, 사도들을 비롯해 첫 세대 그리스도인들의 경우도 전혀 다르지 않았습니다. 숱한 도전에 대한 이들의 응답은 천국 비유들에 잘 나타납니다.

먼저 마태복음과 다른 복음서 사이의 몇 가지 차이를 살펴봄으로써 하나님나라와 천국의 차이를 설명하겠습니다. 그다음으로, 하나님나라와 천국의 관계를 살펴보겠습니다. '서론'이라는 제목이 붙은 이 장에서 그다음으로 말씀드릴 것들은 하나의 조직으로도, 한계나 경계로도 특징지어지지 않는 천국과 관련이 있습니다. 천국은 무엇보다도 천국 왕의 현존으로 특징지어집니다. 구약성경에서와 마찬가지로 왕이 없는 왕국은 있을 수 없습니다. 그 나라가 존재하는 이유는 예수 그리스도께서 왕으로 계시되기 때문입니다. 그분이 계시는 곳에 그 나라가 있습니다. 다른 곳에는 그 나라가 없습니다. 그 나라는 예수 그리스도를 따르는 사람들로 구성됩니다.

예수의 현존은 다른 질문들을 불러일으킵니다. 예수께서 성육신에 숨어 계시듯이, 그분의 나라도 같은 종류의 현존을 택합니다. 여기서 다시 한 번, 우리는 앞서 언급한 것들과 다르지 않은 많은 어려움에 부딪힙니다. 우리가 줄곧 부딪힐 한 가지 어려움은 천국과 교회의 관계와 이 둘의 대립입니다. 대립이 존재하는 까닭은 천국은 제도적 성격이 없으며 아무런 힘도 주장하지 않을 뿐만 아니라 행사하지도 않기 때문입니다. 천국과 교회의 관계에 관한 한, 저는 이 관계가 천국과 신자들의 몸의 관계라고 믿습니다. 신자들의 몸이 교회와 동일시될 수 없기 때문입니다. 천국처럼 (모든 신자들로 구성되는) 그리스도의 몸은 그리스도께서 한때 땅에 존재하셨던 것 같은 그분의 현존 방식입니다. 그리스도의 몸으로서 천국은 그분의 주 되심lordship을 말하는 숨겨진 증언입니다. 이 몸의 구성원들에게 이것은 그 몸에서 담당해야 하는 책임과 역할을 암시합니다. 바울은 이 책임을 아주 잘 설명합니다.

한 기관이 구성원과 비구성원을 분리하는 방식으로, 이 몸을 이루는 구성원의 자격을 제한하는 것은 결코 있을 수 없습니다. 이것은 언제나 예수 그리스도께서 현존하셨던 방식으로 세상에 현존하는 문제입니다. 그래서 우리는 왕의 성육신을 이해하려 할 때 만나는 숱한 어려움으로 돌아가야 합니다. 왕의 성육신은 신자들로 구성된 그분의 몸의 현존을 이해하는 것과 직접적인 관련이 있기 때문입니다.

마지막으로, 천국에 대한 비유들을 계속 연구하다 보면 몇 가지 특징을 발견할 것입니다. 첫째, 천국은 작동하고 있는 힘a force in action입니다. 천국은 우리가 들어앉을 수 있는 장소나 일종의 영토가 아닌 게 분명합니다.

둘째, 이미 말했듯이 천국은 숨겨진 힘a hidden power이며, 따라서 일종의 약함을 암시합니다. 셋째, 천국은 하나님의 행위와 사람의 행위가 결합된 것입니다. 그러나 이러한 결합은 극도로 복잡합니다. 이것은 단순히 양쪽의 협업이 아닙니다. 양쪽 행위의 합이나 결합이 아닙니다. 하나님이 인간의 행위나 무엇이든 그와 같은 것을 이용하시는 것도 아닙니다. 비유들이 분명하게 설명하는 방식으로 하나님의 행위와 사람의 행위가 함께하는 것입니다. 넷째, 천국은 천국이 세우는 정의와 사랑의 관계입니다. 앞으로 볼 테지만, 이것은 상당히 근본적인 질문들을 불러일으킵니다. 다섯째, (아마도 이것이 천국에 관한 비유들에서 가장 놀라운 특징일 것입니다) 천국의 '법'은 세상의 법과 정반대입니다. 이러한 특징들은 제가 이들 비유에서 가장 중요하다고 믿는 바를 요약해주지만, 다른 것들도 분명히 있습니다.

여러분의 질문들에 답해, 왜 이원론을 받아들일 수 없는지 다시 간략하게 살펴보겠습니다. 성경은 이원론적이지 않습니다. 예를 들면, 성경은 선한 세력과 악한 세력이 싸우는 일종의 무대로 중립 지대를 제시하지 않습니다. 이런 해석은 완전히 반성경적입니다. 우리에게 주어진 것은 (중립적이거나 거룩한) 세계가 아니라 역사입니다. 이 역사는 상호작용하는 힘들의 앙상블로 구성되며, 이러한 힘들 중에는 그리스도의 몸인 천국이 작동하는 힘, 곧 사람들이 가진 하나님의 말씀이 있습니다. 이것은 다른 모든 힘들과 별개로 작용하지 않습니다. 천국은 세상에 현존할 때만 의미를 가지며 세상의 역사와 관련이 있고 나머지 힘들과 함께 세상의 역사가 만들어지도록 돕습니다. 한편에 역사를 만들고 세속 도시를 건설하는 공산주의자들이 있고 그 반대편인 천국에 우리가 있다는 생각은 틀린 것입니다. 반대로 우리 그리스도인들이 역사를 만들고 나머지는 결국 사라지고 아무것도 남지 않을 이 세상의 왕국과 관련이 있다는 믿음도 똑같이 틀린 것입니다. 성경은 역사를 천국 맺기bearing와 관련된 능력을 비롯해 사람들이 일으키는 요소들 간의 상호작용으로 계시합니다. 이 요소는 다른 사람들에게 숨겨지고 알려지지 않지만, 그렇더라도 전체 앙상블이 기능하는 데 필수적입니다. 이것은 누룩과 반죽의 비유에서 매우 분명하게 나타납니다. 반죽이 없으면 누룩은 아무 기능도 하지 못합니다. 교회가 이 역사를 구성하는 인간적인 한 요소라는 것은 말할 필요도 없습니다.

이 역사에는 믿음으로만 분별할 수 있는 힘들도 있습니다. 우리가 실재를 다루는 방식으로는 이것들을 설명하거나 파악할 수 없습니다. 이것들은 진리의 질서지만, 그렇다고 나머지와 분리될 수 있다는 뜻은 아닙니다.[1] 이것은 예수에게서 무엇이 인성이고 무엇이 신성인지 결정하려는 것만큼이나 헛된 시도입니다. 이 문제를 두고 수 세기 동안 논쟁이 벌어졌으나 지금껏 아무런 성과도 없는 이유는 질문 자체가 잘못되었기 때문입니다.

하나님이 역사에서 취하시는 행위 중 하나는 어떤 사람들을 선택하는 것입니다. 그러나 이것은 구원이나 영벌을 위한 선택이 아니라 특정한 사명을 수행하기 위한 선택입니다. 바꾸어 말하면, 이 선택은 출발점입니다. 이 선택으로 '막다른 골목에 몰린' 사람이 천국의 어떤 일을 맡습니다. 어느 누구도 그 일을 맡으려 하지 않기 때문입니다.[2] 우리가 반드시 알아야 할 것이 있습니다. 그리스도인은 구원받았거나 타인들보다 낫거나 비슷한 어떤 이유에서 타인들보다 우월한 특권을 가진 사람이 아닙니다. 그리스도인은 하나님이 특정한 기능과 역할을 맡긴 사람일 뿐이며, 그리스도인이 다른 사람들과 다른 점은 이것뿐입니다. 그리스도인들은 다른 사람들보다 유리한 위치에 있지 않습니다. 사실, 그리스도인들은 무엇인가를 받았기 때문에 훨씬 더 많은 것을 요구받습니다. 바로 이런 까닭에 심판은 교회에서 시작됩니다.

신비로서의 천국

예수께서 천국을 비유로만 말씀하신다는 사실은 이 본문들을 해석하는 데 중요합니다. 대신에 예수께서 하나님나라를 말씀하실 때는 비유로 말씀하지 않고 아주 공개적으로 말씀하십니다. 앞서 보았던 마태복음 6장 33절로 돌아가봅시다. 여기서 예수께서는 먼저 하나님나라와 그 의를 구하라고 하시는데, 비유를 사용하지 않으십니다. 마태복음 19장 24절에서도 마찬가지입니다. 예수께서는 낙타가 바늘귀로 들어가는 것이 부자가 하나님나라에 들어가는 것보다 쉽다고 말씀하시는데, 역시 비유를 사용하지 않으십니다. 제 생각에, 예수께서 비유를 사용하지 않고 하나님나라를 공개적으로 말씀하시는 까닭은 우리가 그 나라의 도래를 기다린다는 사실 외에 그 나라에 관해 알 수 있는 것이 전혀 없기 때문입니다. 하나님나라는 약속된 것과 성취될 것의 질서일 뿐입니다. 하나님나라나 낙원에 관한 기술은 전혀 없습니다. 우리가 알아야 할 것은 하나님이 '모든 것 안의 모든 것'이라는 사실뿐입니다.

반대로 천국은 현존하는 예수의 나라로, 우리는 이 나라에 참여하도록 요청받습니다. 이렇게 한다는 말은 천국을 따라 산다는 뜻이며, 이것은 우리가 천국을 좀 더 알아야 한다는 뜻입니다. 문제는 천국을 직접 알 수는 없다는 것입니다. 천국에 관한 본문들은 천국이 신비라고 여러 차례 말합니다. 제자들이 왜 사람들에게 비유로 말씀하시느냐고 묻자, 예수께서는 천국의 신비(비밀)를 아는 일이 제자들에게만 허락되었다고 대답하십니다. 천국이 신비로 계시되기 때문에, 그 나라를 직접 말하기란 불가능합니다. 이것은 그리스도인들이 뭔가를 설명할 수 없을 때마다 그것을 신비라고 말한다며 (아주 정당하게) 질책을 받는 것과 무관합니다. 성경에서는 어떤 것이 직접 합리적으로 설명할 수 없을 때만 신비라고 말합니다. 이것은 이해를 모색하고 그것에 관해 말할 수 있는 모든 것을 알려고 시도할 다른 방법들이 있다는 뜻입니다. 이런 시도들이 신화적 사고에서 나타나는데, 신화적 사고는 이성적으로 파악될 수 없더라도 인간의 삶에 지극히 근본적인 것들을 다루기 때문입니다. 바꾸어 말하면, 신화적 사고는 체계적 가르침의 주제일 수 없는 신비를 늘 표현합니다. 그렇더라도 신화적 사고는 매개물을 통해 어떤 종류의 지식을 전달합니다. 예를 들면, 일종의 비교를 포함하는 비유에 관한 지식 말입니다.

이러한 비유들을 각 단어의 숨은 의미를 찾으면 풀 수 있는 일종의 수수께끼로 취급해서는 안 됩니다. 많은 주석가들이 한 비유의 이야기는 단 하나의 핵심을 제시하며, 이런 의미에서 하나의 진리를 계시하는 단 하나의 목적을 갖는다고 지적했습니다. 이것은 해석과 관련해 중요한 의미를 내포합니다. 비유는 어떤 실재를 묘사하지 않으며 도덕적 교훈을 주지 않습니다. 예를 들면, 지옥은 거의 비유에만 나오지만, 어떤 비유도 지옥에 관한 가르침을 담고 있지 않습니다. 그럼에도 불구하고, 어떤 해석자들은 지옥에 대한 비유에서 실제 지옥의 객관적 존재를 추론했습니다. 어떤 비유도 지옥과는 무관하며, 각 비유는 서로 완전히 다른 것을 드러내려 하는데도 말입니다. 그러므로 이들 비유 가운데 어느 하나의 경우라도 지옥에 관한 가르침을 끼워 넣어 읽는다면, 그 비유가 제시하려는 핵심을 놓치는 것입니다.

하나의 비유를 알레고리처럼 해석하는 것도 똑같이 불가능합니다. 알레고리의 경우, 모든 단어나 용어는 그 의미의 출처가 되는 다른 무엇과 연결됩니다. 어떤 교부敎父들은 비유를 이런 식으로 해석하려 했고, 그럼으로써 이 본문들을 완전히 왜곡했습니다. 궁극적으로, 이들 본문은 거의 무엇이든 말할 수 있게 되었습니다.

비유들은 핵심이 단 하나인 분명한 이야기를 갖는다는 점을 강조할 때 간과하지 말아야 하는 사실이 있습니다. 종합적으로, 비유들은 하나의 전체적 의미를 갖는다는 것입니다. 비유들은 예수께서 교육적 가치 때문에 선택하신 아름다운 시적 이미지가 아닙니다. 비유들은 이 계시가 어떻게 진척되는지에 관해 매우 근본적인 것을 계시합니다. 비유는 베일을 벗기는 동시에 씌움으로써 이렇게 합니다. 그리고 이러한 상호작용이 이들 비유의 흐름과 전개의 중심에 자리합니다. 사실, 하나님에 관한 계시 전체는 다음과 같은 의미에서 베일 벗기기와 씌우기를 포함합니다. 사람들은 자신만의 방식으로 하나님의 형상을 만들어냅니다. 이렇게 만들어진 하나님의 형상은 수없이 많지만, 모두 거짓 형상입니다. 어쨌든 하나님이 하나님이라면 인간은 자신이 마음껏 이용할 수 있는 그 어떤 수단으로도 하나님을 이해하거나 파악할 수 없습니다. 설령 우리가 하나님을 완전히 파악할 수 있다고 확신하더라도 말입니다. 사실, 우리가 파악한 것은 하나님에 대한 우리 자신의 생각에 지나지 않습니다. 성경에 따르면, 하나님은 자신을 우리에게 계시하실 때, 자신이 그 누구도 알 수 없는 분이라는 것을 보여주십니다. 아무도 발음할 수 없는 이름부터 시작해서 말입니다. 우리는 그 어떤 방법으로도 하나님을 파악하거나 알 수 없습니다. 따라서 우리와 하나님 사이에 가능한 관계는 믿음과 신뢰와 사랑의 관계뿐입니다. 하나님이 마침내 자신을 계시하실 때 욥이 어떻게 하는지 떠올려보십시오. 욥은 자신이 하나님을 안다고 생각했으나 이제 자신이 틀렸다는 것을 깨달았다고 말합니다. 여기서 우리가 분명하게 깨닫는 사실은, 자신에 관해 우리에게 계시하시는 하나님은 숨은 하나님이라는 것입니다. 우리는 우리의 지적 수단을 동원하면 하나님을 설명할 수 있다고 줄곧 생각합니다. 그러나 숨은 하나님의 진정한 계시를 접하는 순간, 더 이상 이런 생각을 하지 않게 됩니다. 우리는 하나님과 그분의 계시가 표현할 수 없는 것임을 알게 됩니다. 따라서 성경 본문들과 우리가 거기서 받을 수 있을 계시 사이에 거리가 생깁니다. 우리는 이들 본문을 읽고 분석하며 이해할 때, 반드시 계시를 받는 게 아닙니다. 본문이 우리에게 계시가 될 때, 우리는 무슨 일이 일어났는지 설명할 수 없습니다. 우리는 이것을 증언하고, "와서 보라"고 사람들을 초대할 수 있을 뿐입니다(요 1:46).

비유들에 관해 우리의 지성이 할 수 있는 일은, 언급된 것으로 부정 신학negative theology을 구성하는 것뿐입니다. 우리의 지성은 '무엇이 하나님이 아닌지'를 가려낼 수 있을 뿐이라는 뜻입니다. 사도들의 증언에서 두드러지듯이, 유일한 다른 신학은 예수 그리스도 안에서 자신을 계시하시는 하나님의 신학인데, 여기에는 비유가 포함됩니다. 인간은 혼자서 이 계시를 이해할 수 없습니다. 비유는 가리는 동시에 계시하고, 계시하는 동시에 가립니다. 어떤 비유가 무엇인가를 계시할 때, 이것은 어떤 기사 안에서 이루어집니다. 그런데 말씀하시는 예수에게 온전히 집중하지 않으면, 그 기사가 우리를 사로잡을 수도 있지만 우리를 지루하게 만들기도 할 것입니다. 예를 들면, 어떤 해석자들은 비유들에 대해 가능한 숱한 알레고리적 해석에 흥분했지만, 결국 남은 것은 무의미였습니다. 또 어떤 해석자들은 비유들의 사회적, 정치적 함의에 관심을 가졌으나 결과는 비슷하게 실망스러웠습니다. 저에게 이 모든 것은 씌움과 벗김의 과정을 암시합니다. 오직 믿음을 통해 천국의 신비를 듣고 믿을 수 있습니다.

이것은 비유로 천국을 표현하는 것이 옳지 않다는 뜻입니까? 비유가 일종의 보호막을 친다는 의미에서 저는 정반대라고 믿습니다. 비유는 믿음을 향해 말할 뿐입니다. 이 말씀은 믿음으로 받아들일 때, 살아 있는 진리가 됩니다. 믿음으로 살지 않는 사람들이 이 말씀을 이해하지 못한다는 점은 중요합니다. 그들이 말씀을 이해한다면, 천국에 참여하라는 초대를 거절할 수 없을 것입니다. 비유는 사람들을 이러한 위험에 노출되지 않도록 보호해줍니다. 저는 이것이 핵심이라고 믿습니다. 이것은 특권을 가진 사람들이 있고 배제된 사람들이 있다는 사실과는 아무런 상관이 없습니다. 믿음으로 경청하고 이 말씀을 받아들이며 천국에 참여하는 사람들이 있습니다. 그 외 모든 사람에게 이 메시지는 위험합니다. 이 메시지가 이들 앞에 불가능한 선택을 둘지 모르기 때문입니다. 들어갈 것인지 말 것인지의 선택 말입니다. 하나님은 결코 누구에게도 이 선택을 요구하지 않으십니다. 하나님은 우리를 너무나 사랑하기에 그 누구도 이런 상황에 두지 않으십니다. 그래서 저는 비유야말로 사람들이 계시를 거부하지 못하도록 메시지를 계시하는(벗기는) 동시에 그것을 숨길(씌울) 필요를 해결하는 유일한 수단이라고 믿습니다. 이러한 비유들은 천국이 모두를 위해 작동한다는 것을 가르쳐주지만, 소수만이 섬기도록 부름을 받았기 때문에 이것을 압니다. 비유는 하나님의 말씀이 새로운 무언가를 창조하는 상황의 일부입니다. 비유에서 하나님은 자신의 피조물에 대한 사랑 때문에 그들에게 상당한 자율을 줍니다.

물론 천국 비유들에 관해 할 수 있는 말이 아직도 많습니다. 그러나 여기서는 제가 가장 본질적인 질문이라고 믿는 것들에 관해서만 말씀드렸습니다.

13. 처음 세 가지 비유(마태복음 13:1-43)

천국 비유들은 자주 쌍으로 나옵니다. 첫 쌍은 천국을 좋은 씨를 뿌리는 사람과 겨자씨에 비유합니다. 이어지는 세 번째 비유는 천국을 누룩에 비유합니다. 세 번째 비유가 두 번째 비유와 연결된다는 것이 곧 분명해집니다. 두 비유 모두 천국을 사물에 비유하기 때문입니다. 각 쌍은 하나님의 행위와 함께 또 다른 형태의 행위를 제시하는데, 하나님의 행위와 인간의 행위 간의 상호 관계를 나타내는 것으로 보입니다. 천국은 왕과 백성이 만나는 곳이고, 하나님의 행위와 인간의 행위가 서로 스며드는 곳이며, 후자가 전자를 확대하는 곳입니다.

첫 번째 비유로 시작해 분리된 두 본문이 나옵니다. 첫 번째는 비유 자체이며(3-9절), 두 번째는 18절에서 시작되는 설명입니다.

이 설명은 여러 가지 어려움을 안겨줍니다. 첫째, 설명은 알레고리 형태입니다. 이를테면 좋은 씨를 뿌리는 자는 사람의 아들(인자)이며, 밭은 세상이고, 좋은 씨는 천국의 자녀들이며, 원수는 마귀라는 것입니다. 몇몇 교부들을 비롯해 여러 사람들이 비슷한 경우를 찾으려고 이러한 설명 방식을 사용했다는 것은 이미 말씀드렸습니다. 많은 사람이 이것은 비유를 해석하는 좋은 방법이 아니라고 믿는다는 것도 언급했습니다. 각각의 비유는 (알레고리적 설명이 본문에서 찾아내는 것들처럼) 세상의 전반적인 파노라마가 아니라 구체적인 가르침에 초점을 맞추기 때문이라고 했습니다. 사실, 이 설명을 비유 자체와 비교해보면, 양쪽이 썩 잘 맞지 않습니다. 비유는 천국을 가르치지만, 이에 반해 그 설명은 성급한 판단을 경고하며 마지막 심판 때까지 그대로 두라고 말합니다. 비유는 천국과 관련이 있을 뿐, 그 설명에서 굉장히 자주 말하는 마지막 심판과는 무관합니다. 이런 이유들 때문에, 어떤 사람들은 이 알레고리적 설명이 예수께서 말씀하신 것이 아니라 제자들이나 1세대 그리스도인이 제시했을 법한 후대의 해석이라고 믿습니다. 마태가 (처음에는 일종의 각주로) 이것을 자신의 복음서 본문에 넣었을 것입니다. 이것이 어떤 독자들에게는 충격일 테지만, 우리가 마주해야 하는 몇 가지 어려움이 있습니다.

알레고리적 설명에서는 비유의 메시지가 의도하는 바가 완전히 사라졌습니다. 천국에 관한 가르침도 없고 인내하고 판단하지 말라는 권면도 없습니다. 게다가 언어학적 문제들도 있는데, 이를테면 두 번째 비유의 알레고리적 설명에서 사람의 아들의 천사들이 언급됩니다(13:41). 이 부분은 예수께서 하신 말씀이 아니었을 것입니다. 예수께서 사용하신 '사람의 아들'이라는 용어는 하나님의 인성人性뿐만 아니라 하나님이 하나님-사람God-man으로 성육하신 것을 가리키기 때문입니다. 따라서 사람의 아들의 천사들에 대한 모든 가능성이 배제됩니다. 이와 마찬가지로, 사람의 아들의 나라에 관한 언급도 불가능합니다. 완전히 다른 천국이 나옵니다. 이러한 알레고리적 설명이 예수의 입에서 나왔으리라고 생각되지 않는 문법적 이유들도 있습니다. 흥미롭게도, 최근에 상당한 관심을 끄는 도마복음에는 단어까지 거의 똑같은 비유가 나오는데 알레고리적 설명이 없습니다. 이 모두를 말했으니, 아주 분명히 하고 싶은 것이 있습니다. 마태가 알레고리적 설명을 덧붙였을 가능성이 있지만, 그렇다고 우리가 이 부분을 진지하게 받아들이지 않아도 된다는 뜻은 결코 아닙니다. 설령 이 설명이 예수께서 직접 말씀하지 않으신 것이거나 예수의 비유 해석에 들어 있지 않았더라도, 우리는 1세대 그리스도인들의 진짜 증언을 보여주고 하나님의 말씀이 될 수 있는 본문을 여전히 보게 됩니다. 결국 이런 증언은 예를 들어 바울 서신이나 요한 서신과 전혀 다르지 않습니다. 우리는 복음서 안이나 신약성경 안에서 부분마다 각기 다른 수준의 권위를 부여해서는 안 됩니다.

이러한 어려움을 기억하면서 첫 번째 비유에서 네 가지 주된 가르침을 도출하려 합니다. 첫째, 천국은 자신의 밭에서 일하는 사람에 비유되는데, 자신의 나라에서 일하는 왕과 아주 비슷합니다. 바꾸어 말하면, 첫 번째 비유는 밭에서 일하는 사람이나 자신의 나라를 다스리는 왕과 관련된 힘을 말합니다. 따라서 천국을 결정과 개입을 포함하는 행위로 묘사합니다. 천국은 장소가 아니고, 모이는 지점이 아니며, 국경이 열려 있는 나라도 아니고, 지지자들을 받는 정당도 아닙니다. 저는 이렇게 천국을 그 나라에서 일하는 왕과 동일시하는 것이 매우 중요하다고 믿습니다.

둘째, 이 비유는 세상에 개입하는 두 행위를 제시합니다. 하나는 이 세상 임금의 개입이며, 하나는 천국 주인의 개입입니다. 그리스도인들이 세상을 사탄의 나라로 생각하는 동시에 예수 그리스도를 주님으로 여길 때, 여기에는 일종의 이원성이 있습니다. 이것은 현상을 제도적 형태의 견지에서 해석하려는 경향에서 비롯됩니다. 예를 들면, 정치 영역에서 우리는 미스터 스미스가 어느 나라의 대통령이라면 미스터 존스가 그 나라 대통령일 수 없다는 사실을 받아들입니다. 또는 우리는 왕과 강력한 독재자를 동시에 가질 수 없습니다. 천국에 대한 비유는 우리에게 제도화된 두 권세가 벌이는 일종의 경쟁을 제시하는 것이 아닙니다. 이 비유는 두 행위가 세상에 개입하는데 세상에서 섞인다고 간주합니다. 제가 볼 때, 이 비유는 이 부분을 아주 분명히 합니다. 알곡을 뿌리는 자가 있고 가라지를 뿌리는 자가 있습니다. 세상이 천국이 아니라는 것도 분명합니다. 이것은 알레고리적 해석을 구성하는 요소와 잘 들어맞는데, 이 해석에서 천국은 세상에 개입하는 자로 설명됩니다. 이것은 또한 천국이 이 세상과 따로 떨어져 존재할 수 없다는 뜻이기도 합니다. 천국은 하늘에 있지 않고, 영적인 나라가 아니며, 추상적이거나 이론적인 것도 아닙니다. 이 모든 것이 두 번째 비유에서 확인됩니다.

천국이 세상에 현존한다는 사실은 두 가지 측면을 갖습니다. 씨를 뿌리는 사람이 있을 뿐 아니라 그 사람의 종들이 있는데, 이들은 주인을 대신해 깨어 있어야 하지만 잠이 들고 말았습니다. 종들이 잠들었을 바로 그때 악이나 천국이 아닌 것이 생겨났다고 말할 수 있습니다. 이것은 늘 깨어 있어 경계하라는 요청을 떠올리게 합니다.

셋째, 이 비유는 무엇이 사탄의 영역이고 무엇이 천국의 영역인지 분명하게 구분할 수 없다는 사실을 가르쳐줍니다. 우리는 이 둘을 판단해 분리하려 해서는 안 됩니다. 설령 성령께서 우리에게 알곡과 가라지를 구분할 능력을 주셨더라도, 우리는 심판을 예상하고 수확을 해서는 안 됩니다. 이것은 네 가지 사실을 암시합니다. 첫째, 우리들 각자 속에 알곡과 가라지가 있으며 어느 누구도 완전히 알곡이거나 완전히 가라지는 아닙니다. 이 비유는 알곡과 가라지가 완전히 섞여 있어 어느 누구도 둘을 분리할 수 없다고 말합니다. 팔레스타인과 중동의 가라지는 우리가 주위에서 흔히 보는 가라지를 전혀 닮지 않았다는 사실을 기억해야 합니다. 팔레스타인과 중동의 가라지는 그 씨가 독성을 띤다는 것 외에는 겉모양이 알곡(밀)과 거의 똑같습니다. 알곡과 가라지가 섞여 있을 때, 뿌리들이 서로 심하게 엉켜 있어 가라지만 뽑기란 불가능합니다. 둘째, 이것은 개개인뿐만 아니라 세상에도 적용됩니다. 하나님의 말씀과 죽음의 일이라 불러도 좋을 것이 너무나 밀접하게 얽혀 있습니다. 각각의 제도와 상황을 비롯해 모든 것이 하나님의 사랑에서 오는 정의를 품을 뿐 아니라 이것과 분리될 수 없도록 엮인 악도 품습니다. 셋째, 우리의 행위와 개입이 복음서와 완전히 일치하는 기독교 질서를 가져다주거나 이상 사회를 낳으리라고 희망할 수는 없습니다. 마지막으로, 우리는 혼자 힘으로 선한 사람들과 악한 사람들을 나눌 수 없으며, 알곡과 가라지를 가르는 마지막 심판의 역할을 할 수 없습니다. 오직 하나님만 이렇게 하실 수 있으며, 이것은 교회에 골치 아픈 교회론적 문제를 안겨줍니다. 교회는 결코 자신과 세상 사이에 울타리를 치고 이쪽 사람들에게 '속한 자들'이라 말하고 저쪽 사람들에게 '속하지 않은 자들'이라 말할 수 없습니다. 순전한 교회를 만들기란 불가능합니다. 이것은 믿는 자들에게 주신 비유라는 것을 기억하십시오.

넷째, 이 비유는 마지막 심판에 관해 가르칩니다. 이 비유는 마지막 심판을 암시만 할 뿐 직접 말하지는 않으며, 하나님의 주권에 맡깁니다. 반대로 알레고리적 설명은 심판을 직접 다루며, 이로써 41-43절이 마지막 심판이 있으며 악을 행한 자들은 지옥에 간다고 단언하느냐는 문제를 불러일으킵니다. 이 본문들을 이해하려면, 무엇보다도 이 비유가 지옥이 아니라 천국에 관한 가르침이라는 점을 기억해야 합니다. 따라서 지옥을 말하는 본문들은 어떤 의미에서 주변적이며, 어떤 경우에도 우리에게 지옥 묘사가 아니라 경고를 제시합니다. 41절에 대한 일반적 번역은 이렇습니다. "사람의 아들이 자신의 천사들을 보낼 것인데, 이들이 그의 나라에서 화나게 하는 모든 것과 악을 행하는 모든 자를 뽑아 이글거리는 불에 던져 넣으리니 거기서 울며 이를 갈 것이다." 이것은 전혀 그리스어 본문이 말하는 것이 아닙니다. 본문은 먼저 화나게 하는 것을 말하는데 그것을 중성中性으로 말합니다. 따라서 그것은 사람이 아니라 사물을 가리킵니다. 더욱이 본문은 악을 행하는 자들을 말하지 않습니다. 문자적으로 번역하면, 본문은 '아노미아*anomia*'를 일으키는 자들을 말하는데, '아노미아'는 법의 부재를 뜻합니다(개역개정은 '불법을 행하는 자들'이라고 옮겼다—옮긴이). 그 시대 그리스의 대중적 사고에서 이것은 무정부 상태나 무질서가 아니라 그 어떤 형태의 의미도 없는 삶의 상황을 의미합니다. 사람들은 법이 인간의 삶에 의미를 줄 거라고 기대했습니다. 따라서 법의 부재는 삶에서 의미를 빼앗아가고 사람들이 자신의 삶을 살지 못하게 합니다. 실존적으로 이것은 짙은 안개에 갇혀 자기 삶에서 좋은 방향을 찾을 수 없는 상태와 같습니다. 이것이 노모스*nomos*의 부재가 의미하는 것입니다. 이러한 삶의 상황으로 말미암아 사람들은 그 누구도 신뢰할 수 없고 따라서 인간관계가 불가능해집니다. 분명 일반적 번역은 믿을 수 없을 정도로 피상적입니다. 저는 스토아 철학자들이 이러한 삶의 상황을 설명한 글을 다시 읽었을 때, 이 상황이 믿음과 소망과 사랑과는 정반대라는 사실에 충격을 받았습니다. '아노미아'(우리는 흔히 '아노미'라고 합니다) 상태에 처하면 우리는 그 누구도 신뢰할 수 없으며, 이것은 믿음과 정반대입니다. 이것은 삶이 아무런 의미도 없고 따라서 미래에 대한 그 어떤 가능성도 없는 상황이며, 소망과 정반대입니다. 마지막으로, 이것은 그 어떤 진정한 관계도 불가능하게 만들고, 사랑과 정반대입니다. 그리스어 본문에 따르면, 천국에서 뽑히는 것은 다름 아닌 아노미를 일으키는 자들입니다. 저는 이것이 이러한 삶의 상황을 일으키는 사람들을 가리킬 가능성이 있다고 믿지 않습니다. 그러기에는 아노미가 너무나 깊이 이르기 때문입니다.[1]

이 모든 것은 계시록에 계시된 것과 일치합니다. 이 부분은 다른 곳에서 비교적 자세히 다루었기 때문에,[2] 이러한 본문들에서 지옥이 마귀와 그의 천사들을 위해 준비된 것이지 사람들을 위해 준비된 것이 아니라는 점만 지적하겠습니다. 그러므로 우리는 번역의 문제에도 불구하고, 천국에서 제거될 것은 화나게 하는 모든 것, 사람들에게 덫이나 '걸림돌'을 놓는 모든 것, 믿음과 소망과 사랑이 없는 모든 종류의 삶이라고 꽤 확신할 수 있습니다. 인간을 구원받은 자들과 저주받은 자들로 분리할 수는 없습니다.

이런 사실을 분명히 보여주는 또 하나의 본문은 고린도전서 3장 11-17절입니다. 이 단락은 태워버릴 가라지와 하나님 앞에서 천국의 자녀인 우리를 분리할 때 심판이 우리의 삶 전체를 관통한다는 것을 보여줍니다. 우리는 역사와 삶이 있는 사람들입니다. 이 삶을 가리켜 우리의 행위works라고 합니다. 우리의 삶은 우리가 하는 숱한 행위를 통해 세워지기 때문입니다. 우리의 행위(공적)는 도덕성과 무관합니다. 마지막에 우리는 우리의 삶이 어떠했는지, 우리의 삶이 서는지 그러지 못하는지 보게 될 것입니다. 바꾸어 말하면, 우리가 행했거나 생각했거나 가치 있게 여겼거나 살았던 모든 것이 하나님의 심판과 그분의 사랑의 불을 통과할 수 있는지 보게 될 것입니다. 이 불을 통과하지 못하면, 우리 삶의 그 무엇도 남지 않습니다. 그렇더라도 우리 자신은 구원받을 것입니다. 하나님이 구원하시는 것은 우리에 관해 그분만이 아시는 것입니다. 이러한 시각은 부활에 관한 많은 전통적 질문을 상관없는 것으로 만듭니다. 예를 들면 이것은 첫 남편과 사별한 후 재혼했다면, 영원에서 누구의 아내가 되느냐는 문제가 아닙니다. 하나님만 아시는 '우리'가 있으며, 하나님은 그 우리를 사랑하고 구원하십니다. 나머지에 관해 본문은 매우 분명하게 말합니다. 우리 삶의 그 무엇이라도 하나님의 사랑과 심판의 불을 견뎌낸다면, 놀라운 일일 것입니다. 그렇다면 그것은 우리가 영원에 편입될 자격이 있는 그 무엇을 성취했기에 받는 상일 것입니다. 기억하십시오. 계시록은 하나님이 자신의 피조물을 존중하신다고, 모든 인간 역사에서 비롯되어 '생명에 이르는' 것은 무엇이든 새 창조에 편입될 만큼 존중하신다고 아주 분명하게 말합니다.

이 본문들을 비롯해 성경 본문에서 불이 언급될 때, 그것이 무엇을 말하는지는 그 시대 사람들에게 매우 분명했을 것입니다. 금을 불에 녹여 불순물이 겉으로 나오게 하면 금의 순도가 높아집니다. 이렇게 하면 불순물을 제거하고 순수한 금만 취할 수 있습니다. 현대에서 이와 비슷한 이미지를 찾으라면 환자의 몸에서 암 조직을 마지막 한 조각까지 제거해 환자의 생명을 살리는 외과 의사를 들 수 있습니다. 이런 이유에서 심판의 불은 하나님의 사랑의 불이기도 합니다. 이것은 '죽음에 이르는' 모든 것을 제거해 우리를 구원하기 때문입니다. 어떤 것이 이 불을 통과해 영생에 편입될 자격을 얻는다면, 이것이 바울이 말하는 상급입니다.

두 번째 비유와 세 번째 비유에서 천국은 더 이상 사람에 비유되지 않고 씨앗과 누룩에 비유됩니다. 그러나 이전의 비유처럼 이것들도 일합니다. 씨앗은 자라고, 누룩은 반죽을 부풀립니다. 다시 한 번 천국은 힘에 비유됩니다. 여기에 중요한 연결 고리가 또 하나 있습니다. 첫 번째 비유에서는 주인이 씨를 뿌리는데, 두 번째 비유에서는 씨가 뿌려져 있습니다. 두 행위는 천국에 관해 뭔가 다른 것을 보여줍니다. 왕과 그의 행위, 성령the Spirit과 그 담지자들이 하나가 되며 분리될 수 없습니다. 예를 들면 성경에서 그 담지자들과 따로 떨어진 하나님의 영이란 없습니다. 이 모두가 함께 천국을 가리킵니다.

많은 해석자들이 이 두 비유가 종말론적 성격을 갖는다는 점에도 견해를 같이합니다. 예를 들면, 공중의 새들이 나뭇가지에 둥지를 튼다는 표현은 오래된 문헌들뿐만 아니라 당시의 많은 문헌에도 나오는데, 말하는 바는 언제나 같습니다. 이교도들이 하나님의 백성에 편입된다는 것입니다. 이것은 분명히 종말론적 견해입니다. 이러한 종말론적인 면을 보여주는 것이 또 있습니다. 겨자나무의 크기를 엄청나게 과장합니다. 사실 겨자나무는 2미터 이상 자라지 않으며, 실제로 전혀 큰 나무가 아닙니다. 같은 종류의 과장이 가루 서 말이라는 표현에도 나타납니다. 사실 이 정도 양이면 백 명이 먹을 빵을 만들기에 충분합니다. 여자 혼자 이렇게 많은 반죽을 자신의 그릇에다 치대기란 불가능합니다. 그 시대 누구라도 이것을 알았을 것입니다. 따라서 이 표현은 본문에 일종의 종말론적 깊이를 더하려고 의도적으로 과장한 것입니다.

두 번째 비유와 세 번째 비유에 관해 네 가지를 언급하겠습니다.

첫째, 우리는 은밀히 작동하는 힘을 봅니다. 씨앗은 땅속에 있고 누룩은 반죽 속에 있어 이들의 행위는 밖에서 보이지 않습니다. 그러므로 기독교가 2천 년 동안 그다지 발전하지 못했다고 주장하는 비그리스도인들의 주장은 꽤 이해가 됩니다. 우리는 역사가 진행되는 동안 천국이 일종의 발전을 이루리라 기대할 수 없습니다. 천국이 얼마나 잘 작동하는지 그 효율성을 도저히 가늠할 수 없습니다. 씨와 누룩 둘 다 훨씬 큰 것 속에 숨겨져 있고 은밀하게 작동합니다.

둘째, 누룩이 반죽을 바꾸려 하듯이 천국은 세상을 바꾸려 합니다. 천국은 세상에 침투하려 하지 않으며 특정 숫자의 사람들을 세상에서 빼낸 후 세상을 멸하려 하지도 않습니다. 겨자씨 비유와 누룩 비유가 분명히 보여주듯이, 세상은 마지막 심판을 향해 가고 있지 않습니다. 두 비유는 우리에게 씨앗이 싹트고 나무로 자라며 누룩이 반죽을 부풀리길 기다리라고 가르칩니다. 이것은 이어지는 구절들이(마 13:41-43) 세상의 멸망을 향해 가는 움직임을 가리킨다는 그 어떤 해석과도 모순됩니다. 이것은 반죽이 멸망하는 문제가 아니라 반죽과 누룩이 발효 과정을 거쳐 새로운 것으로 함께 변모하는 문제입니다. 그러나 이것은 과정이 완료된 후에야 분명해집니다. 마찬가지로 천국 일도 세상의 변화를 낳는 것으로 마무리됩니다. 이것은 신학적으로 폭넓은 의미를 내포합니다. 하나님의 역사가 따로 있고 인간의 역사가 따로 있을 수 없으며, 구원의 역사가 따로 있고 나머지 역사가 따로 있을 수 없습니다. 천국이 저절로 하나님나라가 되는 것이 아닙니다. 천국은 모든 것을 새롭게 하는 과정에 인간 세계를 동반합니다. 천국은 예수 그리스도를 따르는 자들을 일컫는 세상의 소금과 같은 이미지입니다. 반죽이 부풀고 빵을 굽는 과정에서 누룩 자체는 사라지며, 자신의 목적을 이루는 과정에서 소금 자체도 사라집니다. 카를 바르트는 우리에게 하나님나라에는 더 이상 교회가 없다는 사실을 자주 일깨웁니다. 나머지는 다 있지만 교회는 없습니다. 교회는 나머지 모든 것을 새롭게 하는 과정에서 자신의 역할을 완수할 것이기 때문입니다.

셋째, 두 비유는 천국이 비록 아주 조그맣게 시작되더라도 마지막에는 어마어마해진다는 점을 아주 분명히 합니다. 가장 작은 씨앗이 큰 나무로 자라거나 아주 적은 양의 누룩이 큰 반죽을 부풀려 빵을 만들 수 있게 하듯이, 천국의 시작과 끝이 대비됩니다. 이러한 대비의 의미를 온전히 파악하려면, 서양의 사고와 동양의 사고가 근본적으로 어떻게 다른지에 주목해야 합니다. 서양의 사고는 어떻게 그렇게 작은 시작이 그토록 엄청난 결과를 내는지에 집중하며 변화의 중간 단계들을 이해하려 합니다. 이것은 서양 과학의 방향에서 분명하게 드러나는데, 서양 과학은 어떻게 씨앗이 나무가 되는지 알고 싶어 합니다. 이들 비유에 반영된 동양의 사고에서는 이것이 중요하거나 흥미로운 것이 전혀 아닙니다. 정말 중요한 것은 시작 지점과 완성 지점입니다. 그 사이의 것들은 그다지 중요하지 않습니다. 따라서 시작과 끝의 대조는 매우 다른 두 실체의 하나입니다. 이런 종류의 접근은 다른 본문에서도 나타납니다. 예를 들면, 바울은 썩도록 태어났으나 썩지 않을 것으로 부활하는 몸을 말할 때 바로 이 씨앗의 이미지를 사용합니다. 반드시 죽어야 하는 씨앗에 관한 유명한 본문들도 있습니다. 각각의 경우, 씨앗이 사라지는 시작 지점과 여기서 나오는 나무가 대조를 이룹니다. 이것은 죽음과 생명의 대조를 나타내는 이미지입니다. 요한과 바울에게 씨앗은 부활의 상징이며 따라서 공통점이 없는 두 상황을 대비합니다. 우리는 흔히 부활이 정확히 어떻게 일어나는지 궁금해 합니다. 그러나 이런 호기심은 성경의 시각이 전혀 아닙니다. 서로 다르고 정반대되는 두 실체가 있을 뿐입니다. 두 비유에서 시작(예수의 약함과 무권력)과 결과(하나님나라가 세상에서 인간의 역사 전체를 포함할 때)가 대비됩니다. 바꾸어 말하면, 두 비유는 우리가 성공을 기준으로 판단하면 거의 분명히 실수할 것이라고 가르칩니다. 힘이나 지위나 권세나 이런 유의 그 무엇도 가지지 않은 예수는 자신과 천국을 변화시키는 분이며 만물을 새롭게 하실 분입니다. 둘은 완전히 대비되며 전자에서 후자로 넘어가는 그 어떤 연결점이나 중간 단계도 없습니다.

이것을 이해한다는 말은 우리가 하나님나라를 약속으로 받을 수 있을 뿐이라는 뜻입니다. 우리는 이것을 믿을 수 있을까 하는 믿음의 문제에 직면합니다. 믿을 수 있다면, 그에 맞는 방향과 시각을 갖고 살아야 합니다. 우리는 세상에서와 같이 훌륭한 결과는 가장 훌륭한 수단을 통해서만 얻을 수 있다는 믿음으로 판단해서는 안 됩니다. 오히려 하나님나라의 실현은 수단의 부재에 근거한 선택과 불가분의 관계가 있음을 알아야 합니다. 우리는 예수처럼 가장 작은 씨앗과 적은 양의 누룩을 선택해야 합니다. 이렇게 하려는 결정을 내리는 것은 믿음에 기초할 때만 가능합니다. 가장 약한 것과 아무 힘도 없는 수단을 선택하는 것은 희망의 표현입니다.

넷째, 예수께서는 두 비유를 선택하실 때, 그 당시의 전통적 이미지와 전형을 완전히 뒤집으셨습니다. 유대인의 사고에서 큰 나무는 정치권력을 상징했습니다(이것의 한 면을 다니엘서에서 볼 수 있습니다). 또한 당시 모든 유대 문헌에서 누룩은 모든 악한 것을 상징했습니다. 따라서 예수께서는 부정적인 두 가지 이미지를 선택해서 참된 권력은 정치권력이 아니라 천국의 종말론적 측면이라는 것을 보여주십니다. 이와 비슷하게, 예수께서는 (악을 상징하는) 누룩을 사탄의 권력에서 떼어내고 천국과 연결해 다시 정의하십니다. 이런 근본적 방식의 뒤집기는 당시 사람들을 너무나 불쾌하게 만들었기에 예수와 같은 권위를 가진 사람만이 이렇게 할 수 있었습니다. 이런 까닭에, 저는 이 비유들이 예수 자신이 아닌 다른 누군가에게서 나왔으리라고 생각하지 않습니다.

14. 두 번째 비유들(마태복음 13:44-50)

많은 주석가들은 천국을 밭에 숨겨진 보화에 빗대는 비유와 천국을 매우 아름다운 진주를 발견한 상인에 빗대는 비유가 본질적으로 같다고 결론 내렸습니다. 저는 카를 바르트까지 이러한 결론에 이르렀다는 사실에 조금 움찔했으나 그가 본문의 독일어 번역에 영향을 받았으리라고 믿습니다. 이 논증에 따르면, 첫 번째 비유는 보화를 발견한 사람을 묘사하고 두 번째 비유는 아름다운 진주를 발견한 상인을 묘사하는데, 둘은 대략 같은 것입니다. 그러나 이것은 본문이 말하는 바가 아닙니다. 이번에도, 우리는 두 비유가 천국에 관한 계시에서 쌍을 이룬다는 것을 알게 됩니다.

첫 번째 비유는 천국을 세상에 숨겨진 보화에 비유합니다. 이 보화는 눈에 보이지 않습니다. 그런데도 어떤 사람이 아주 평범한 일상적인 상황에서, 즉 밭에서 이 보화를 발견합니다. 바꾸어 말하면 이 보화는 특별한 장소에서, 특별한 기관에서 또는 지정된 사람에게서 얻을 수 있는 것이 아닙니다. 예를 들면 교회에 간다고 해서 반드시 천국을 만나는 것은 아닙니다. 일터에서 또는 밭으로 대표되는 일상의 상황에서 이 보화를 발견할 법합니다. 이 보화는 특별한 자리가 없고 우리가 일하며 사는 곳에 숨겨져 있는데도 지금껏 발견되지 않았지만, 발견되는 순간 모든 것이 달라집니다.

보화 발견은 한 사람과 천국 주인의 특별한 만남처럼 매우 개인적입니다. 이런 까닭에, 보화를 발견한 사람은 보화가 자신의 삶에 엄청난 기쁨을 불러일으켰는데도 그 보화를 다른 사람들에게는 숨깁니다. 저는 모든 소유를 팔아 그 밭을 사는 거래가 아니라 이것이 근본 핵심이라 믿습니다. 많은 주석가들이 그랬듯이, 전자를 강조하는 것은 이렇게 하는 게 매우 어렵고 어쩌면 희생이나 의무를 수반한다는 것을 암시합니다. 이럴 경우, 본문이 말하는 기쁨, 나머지 모든 것의 가치를 상대적으로 떨어뜨리는 기쁨이 없습니다. 바꾸어 말하면, 예수께서는 여기서 결단을 요구하지 않습니다. 결단을 끌어내는 것은 발견하는 기쁨입니다. 이러한 핵심은 신약성경에서 거듭거듭 나옵니다. 우리가 기쁘고 자유롭게 복음을 살지 않으면 복음은 곧 제약이나 의무나 율법 같은 정반대의 것이 되어버립니다. 누군가 천국이 지금껏 만난 그 무엇보다 중요하고 아름답다는 사실을 경험하는 순간, 나머지 모든 것이 다르게 보입니다. 여기에는 소유, 이데올로기적 신념, 영적 방향, 그 외에 우리의 일상을 구성하는 모든 것이 포함됩니다.

그렇더라도 모든 소유를 다 팔아 그 밭을 사는 거래는 몇 가지 중요한 의문을 일으킵니다. 예를 들면, 천국을 얻으려면 어떻게든 값을 지불해야 할까요? 이것은 천국에 들어갈 자격을 갖추려면 특정한 양의 선을 행해야 한다는 선행 신학을 정당화해줄까요? 두 가지를 말씀드리고 싶습니다. 첫째, 천국을 지키는 자가 값을 요구한다는 말이 없을 뿐만 아니라 지키는 자가 있다는 말도 없습니다. 본문은 보화를 발견한 자가 그것을 마음대로 할 수 있다고 말할 뿐이며, 따라서 이것을 가능하게 하는 사전 행위prior act를 암시합니다. 왕은 아무것도 요구하지 않습니다. 보화를 발견한 자가 그것을 얻으려고 나머지 모든 것을 기쁘게 포기하는데, 이것을 지불해야 할 값이라 할 수는 없습니다.

둘째, 이 비유는 보화를 발견한 사람이 보화를 산 것이 아니라 보화가 묻힌 밭을 샀다고 분명하게 말합니다. 바꾸어 말하면, 천국을 찾은 사람은 천국을 사는 것이 아니라 천국이 숨겨져 있는 세상을 삽니다. 밭의 값은 하나님이 아니라 이 세상 임금에게, 사탄이나 맘몬에게, 하나님나라가 숨겨져 있는 세상의 한 부분을 얻기 위해 지불됩니다. 이것은 천국을 얻기 위해 세상을 거부하는 문제가 아닙니다. 세상과 천국 가운데 하나를 선택해야 한다는 이러한 시각은 계속해서 기독교 공동체를 잘못 인도합니다. 이것은 하나님이 세상을 너무나 사랑한 나머지 자신의 외아들을 주셨다고 말하는 유명한 본문을 비롯해 다른 많은 본문과도 상충합니다. 이 비유는 세상을 거부할 그 어떤 가능성도 배제합니다. 보화가 바로 세상에서 발견되기 때문입니다. 세상을 거부하는 대신, 우리는 보화를 찾으러 세상 속으로 들어가야 합니다. 요한복음에도 똑같은 취지의 본문이 나오는데, 예수께서는 제자들을 세상에서 데려가시길 기도하지 않는다고 말씀하십니다(요 17:15). 거의 모든 시대에 일어나는 일에도 불구하고, 이 말씀이 그리스도인들에게 의미하는 바는 분명합니다. 우리는 세상에서 벗어나 외떨어진 천국에 피신해서는 안 되며, 대신에 천국이 세상과 계속 연결되도록 보화가 발견된 세상의 부분들을 '되사야' 한다는 것입니다. 이러한 가르침은 우리가 씨앗의 비유와 누룩의 비유에서 이미 배운 것을 보충하고 강화합니다. 씨앗을 땅에서 제거해서는 안 되며, 누룩을 반죽에서 제거해서도 안 됩니다. 천국은 세상에서 벗어남으로써 얻을 수 있는 것이 아닙니다. 이 비유는 이 부분을 더없이 분명히 합니다. 보화를 발견한 자는 보화를 캐내 밭에서 다른 데로 옮기지 않습니다. 분명히 보화의 가치는 상품화될 수 없습니다. 그는 밭을 거기 묻힌 보화와 함께 삽니다. 이것은 하나님이 천국을 세상과 연결하시는 것과 정확히 일치합니다. 이것은 구속의 일이지만, 우리 자신과 우리가 관심을 가지는 몇몇 사람들을 구속하는 일이 아니라 온 세상을 구속하는 일입니다. 로마서 8장 같은 본문들의 경우처럼 말입니다. 그리스도인들은 세상을 세상 임금에게서 야금야금 되사는 이러한 구속의 일에 참여해야 합니다. 구체적으로 예를 들면, 때가 악하기 때문에 우리는 시간을 속량해야 합니다(엡 5:16). 세상을 되사는 일에 참여하기 위해서는 우리의 이기주의를 비롯해 모든 것을 포기해야 합니다.

두 번째 비유에서 천국은 상인에, 다시 말해 세상에 개입하는 활동적인 힘active power에 비유됩니다. 창조 세계의 모든 것 중에 값비싼 진주는 하나님이 사랑하시는 인간입니다. 이보다 귀한 것은 없습니다. 그래서 하나님은 인간을 위해 기꺼이 모든 것을 버리려 하십니다. 하나님이 지불하신 값은 그분이 가진 가장 귀한 것, 다시 말해 그분의 아들 예수 그리스도입니다. 특히 4세기에 그리스 신학자들은 인간이 사탄에게 사로잡혀 있었는데 하나님이 사탄에게 자신의 아들을 값으로 지불해 그와 일종의 거래를 함으로써 인간을 되사셨다고 생각했습니다. 다만 사탄은 그 아들을 계속 붙잡아둘 만큼 강하지 못했고, 그래서 그 아들은 탈출했습니다. 우리들 대부분은 이러한 거래 개념을 매우 불쾌하게 여길 것이며, 이 개념은 분명히 앞뒤가 맞지 않습니다. 그렇더라도 이런 거래 개념은 두 가지를 분명히 하려 합니다. 첫째, 하나님이 모든 것을 포기하기로 하신다는 것입니다. 둘째, 사탄이 인간의 값을 요구한다는 것입니다.

두 비유의 관계가 이제 분명해집니다. 첫 번째 비유에서 하나님은 값진 진주인 인간을 얻으려고 모든 것을 포기하십니다. 두 번째 비유에서 사람들은 천국 때문에 모든 것을 포기합니다. 사람들이 자신들을 향한 하나님의 어마어마한 사랑을 발견할 때, 다른 모든 것은 이에 비하면 초라해집니다. 모든 것을 버릴 수 있는지는 우리가 이 사랑을 얼마나 이해했는지를 가늠할 수 있는 잣대입니다. 키르케고르가 말한 것이 바로 이것입니다. "무엇인가를 내려놓기 어렵다면, 하나님이 우리를 얼마나 사랑하시는지 아직 제대로 이해하지 못한 것이다." 이것은 우리가 어느 정도까지 하나님의 사랑으로 살 수 있는지 가늠하는 잣대입니다. 하나님과 인간 사이의 사랑을 회복하기 위해 치르는 희생에 관한 두 비유 사이에는 놀라운 관계가 있습니다.

짚고 넘어가야 할 것이 또 있습니다. 두 비유 다 값이 사탄에게 지불된다는 것입니다. 한편으로 사람들은 세상의 한 부분을 되사려고 엄청난 값을 지불합니다. 다른 한편으로 하나님은 인간을 구속하려고 그 값을 지불하십니다. 저는 이것이 매우 상징적이라고 생각합니다. 왜냐하면 하나님과 사탄에 대한 완전히 상반된 접근을, 서로 다른 두 경륜economies이라 불릴 만한 것을 강조하기 때문입니다. 사탄이 판매자입니다. 두 번째 비유에서 사탄은 사악한 맘몬으로 불립니다. 왜냐하면 모든 것에 대해 값을 지불해야 하고, 그 무엇도 값없는 선물일 수 없기 때문입니다. 성경에서 돈의 세계가 그토록 중요한 이유이며, 돈의 세계가 사탄과 마귀와 맘몬의 상징인 것도 바로 이런 이유 때문입니다. 돈은 중립적일 수 없습니다. 결국 돈은 매매를 위한 교환 수단이며, 따라서 값없는 선물의 모든 가능성을 배제합니다. 이와는 반대로, 하나님이 우리에게 주시는 모든 것이 선물이기 때문에 하나님은 모든 것이 공짜인 곳으로 인도하십니다. 하나님은 값없이 사랑으로 주시는 것의 대가로 결코 아무것도 요구하지 않으십니다. 저는 이것이 두 비유를 연결하는 두 번째 고리, 두 비유가 서로를 보완하는 쌍을 이루게 하는 고리라고 믿습니다.

천국을 고기잡이 그물에 비유한 것은 비교적 문제가 적습니다. 천국은 세상에 있고 역사의 과정에 꼭 필요하며, 세상에서 우리가 불의한 자들일 뿐만 아니라 의로운 자들이라고 판단할 만한 것을 발견하지만, 결국은 모두가 그 나라에 속합니다. 어떤 경우든 대부분의 사람들은 완전히 한쪽에 속하거나 다른 한쪽에 속하지 않습니다. 이것은 인간을 교회 다니는 사람들과 다니지 않는 사람들로, 그리스도인과 이교도로, 구원받은 사람과 저주받은 사람으로 나누는 문제가 아닙니다. 어쨌든 이 비유는 스스로를 신자로 여기는 사람들을 겨냥하는 게 분명합니다. 하나님의 심판이 우리에게 당연히 고통스러우리라는 경고가 주어집니다. 앞서 논의한 고린도전서 본문은 하나님의 심판과 사랑의 불을 말하는데, 이 불은 우리가 행하고 살았던 모든 것을 관통하고 우리의 삶에서 선과 악을 분리합니다. 따라서 이것은 먼저 제자들에게 주어졌지만 모든 신자들과 관련이 있는 경고입니다. 곧 이 심판이 우리 모두를 기다린다는 경고입니다. 이번에도 이것은 폭넓은 의미를 내포합니다.

안타깝게도 교회는 계속해서 지옥과 영벌을 전파하면서 사람들에게 다가갑니다. 이러한 접근은 이 비유에서 나타나는 방식과 정반대입니다. 심판에 관한 설교는 성령과 은혜로 사는 자들에게 주는 경고로 교회 안에서만 행해져야 합니다. 이들만이 다가오는 마지막 심판에 관한 경고를 진지하게 받아들일 수 있습니다. 왜냐하면 이들만이 하나님이 자신들을 얼마나 사랑하시는지 발견할 수 있는 위치에 있기에 이런 메시지를 들을 수 있기 때문입니다. 이것은 세 개의 비유를 완벽하게 연결합니다. 그리스도인들만이 하나님의 심판의 불을 거쳐야 한다고 경고하는 계시를 이해하고 실존적으로 받아들일 수 있습니다. 무슨 일이 일어나든 간에, 이들은 하나님이 자기 외아들을 포기하기까지 자신들을 사랑하신다는 것을 알기 때문입니다. 확실히 이들은 아주 값진 진주입니다. 그러나 이 진주를 발견한 상인은 이것이 정말 그렇게 값진 진주인지 확인하기 위해 아주 세밀하게 살핍니다. 아직 자신들이 사랑받고 있음을 깨닫지 못한 사람들에게 지옥과 영벌을 전하는 것은 파괴적인 자살 행위입니다. 이것은 회개하라는 요청일 수 없고, 사람들의 두려움과 연약함을 이용하는 것일 뿐이며, 하나님의 사랑이라는 복된 소식을 전하는 것과는 정반대입니다. 저는 이것이 세 개의 비유가 내포하는 근본 의미라고 생각합니다.

세 개의 비유는 우리와 관련 있는 메시지를 선포해 우리 삶에 어떤 방향을 제시한다는 의미에서 윤리적 성격도 갖습니다. 우리는 사랑받습니다. 우리는 우리가 사랑받는다는 것을 깨닫습니다. 우리는 세상을 구속하는 일에 참여합니다. 우리는 하나님이 특별한 약속을 통해 세상을 얼마나 깊이 사랑하시는지 발견합니다. 그리고 우리는 이에 상응하는 세상의 일부를 되삽니다. 이 비유들은 이렇게 우리가 취해야 할 행동의 방향을 제시할 뿐만 아니라 메시지를 선포합니다.

마지막으로, 흔히 비유는 시적 형태를 띠지 않으면 이해할 수 없을 내용을 분명히 하기 위한 짧은 시적 이야기라고 합니다. 실제 사람들이라면 결코 이 비유들의 등장인물처럼 행동하지 않을 것 같습니다. 예를 들면, 우리가 밭에서 보화를 발견한다면 모든 소유를 팔아 그 밭을 살 것 같지 않습니다. 누구나 그냥 그 보화를 취하고 싶은 유혹을 느끼기 때문입니다. 일상생활에서 도출한 것들은 어느 정도 방향이 재설정되고 가능성이 적어지며 다소 개연성이 없어지기까지 합니다. 천국이 우리의 일상 세계에 속하고 일상 세계에 들어오지만 일상 세계와는 방향이 다르다는 점에서, 이것은 '천국은 이와 같다'라는 메시지와 잘 맞아떨어집니다. 천국은 다소 이상한 행동으로, 우리의 일반적인 예상과는 다른 행동으로 이어집니다. 저는 이것이 이 비유들에 등장하는 사람들의 평범하지 않은 행동이 의미하는 바라고 믿습니다.

15. 빚진 자의 비유(마태복음 18:23-35)

먼저 예비 문제 네 가지로 시작하겠습니다. 첫째, 이번에도 천국이 우리의 세상과 역사에 개입하는 활동적인 힘으로, 자신의 종들에게 회계를 요구하는 왕의 형태로 제시됩니다. 둘째, 이 비유는 천국에서 정의와 사랑의 관계 문제를 다소 강하게 제시한다고 생각합니다. 정의로운 왕이 자신의 권리를 행사할 때의 결과는 사랑을 보여줄 때와 정반대로 나타나는데, 이런 의미에서 정의와 사랑은 분명하게 충돌합니다. 사랑으로 정의를 뛰어넘는 것이 해결책으로 보입니다. 여기서 예수께서는 당시 유대교의 관습과 정반대되는 방향을 제시하십니다. 랍비들은 하나님에게는 세상을 다스리는 두 잣대, 곧 자비와 정의가 있다고 가르칩니다. 하지만 이 세상은 마지막 심판을 통해 바뀌는데 그때 정의가 다스리고 자비가 사라진다고 가르쳤습니다. 예수께서는 하나님의 심판을 자비의 문제로 봄으로써 이러한 가르침을 뒤집으십니다. 왕은 은혜를 베풀어 빚을 전부 탕감해주며, 사람들이 서로에게 똑같이 하길 기대합니다. 이것은 정의와 정반대입니다. 그리고 이것은 이제 살펴볼 테지만, 폭넓은 결과를 낳습니다. 사랑으로 정의를 뛰어넘으려면 왕이 직접 개입해야 합니다.

셋째, 이 비유는 천국의 특정 논리나 방식을 소개하는데, 이 논리나 방식은 천국에 관한 이어지는 모든 비유에도 나타납니다. 이 비유는 빚진 자가 빚을 탕감받는 데서 시작하는데, 이것은 또 다른 빚진 자에게 영향을 미칩니다. 사람들과 사회가 일반적으로 이 논리에만 입각해 작동하고 살아가지 않는다는 것은 말할 필요도 없습니다. 넷째, 이 비유는 왕의 주권적 독립을 강조합니다. 왕은 빚을 탕감해주기로 결정하고, 다른 사람들을 불쌍히 여기지 않는 종을 벌하기로 결정합니다. 하나님이 무엇을 하실지에 대해서는 하나님만 결정하십니다.

비유에 등장하는 몇몇 역사적인 부분에 주목해주십시오. 이것들은 유대가 아니라 이집트에서 왔을 가능성이 매우 큽니다. 예를 들면, 일반적으로 '종servants'으로 번역되는 원문 단어는 실제로 왕의 관리들을 가리키는데, 이집트에서 발견되는 부류의 관리들을 가리킵니다. 또한 당시의 유대 법은 채무자를 팔도록 허용했으나 채무자의 아내나 자녀는 팔지 못하게 했습니다. 이집트 법은 채무자의 아내와 자녀를 팔도록 허용했기 때문에 이 비유는 유대가 아니라 이집트에서 일어날 법한 상황을 말합니다. 마지막으로, 만 달란트는 당시의 유대에서는 가장 큰 은행가라도 생각하지 못할 만큼 큰 금액이었으나 이집트 최고위 관리들이라면 가능했을 금액입니다. 이러한 역사적인 부분들을 고려해, 어떤 해석자들은 인물들이 이집트인들이거나, 어쨌든 이교도들인 것은 거의 분명하다고 결론 내렸습니다. 그러나 저는 이것들이 부차적인 문제라고 믿습니다.

이 비유가 다루는 핵심 문제 세 가지는 빚과 빚의 탕감, 탕감이 타인들에게 미치는 영향, 심판입니다. 이미 살펴보았듯이, 천국은 이 세상에 있습니다. 이 비유에서 이것은 회계할 대상이 왕이라는 뜻입니다. 이것을 누가복음 19장에 나오는 비슷한 비유(므나 비유—옮긴이) 및 마태복음 25장의 두 번째 비유(달란트 비유—옮긴이)와 혼동해서는 안 됩니다. 마태복음에서는 한 사람이 재산을 (달란트의 형태로) 종들에게 맡기고 외국으로 떠났는데, 이것은 마지막 심판과 하나님나라에 관한 비유입니다. 이 부분은 나중에 살펴보겠습니다. 그러나 마태복음 18장의 비유는 우리가 세상에 사는 동안 회계할 책임이 있다는 점을 다루는데, 우리는 주님이 가르쳐주신 기도를 하면서 우리의 빚(죄)을 사하여달라고 할 때마다 이것을 인정합니다.

이 비유가 말하는 빚이란 무엇일까요? 천국에 들어갈 때, 우리가 그 나라 왕에게 무엇을 빚졌는지 알게 됩니다. 이 빚이 야기한 심판도 알게 됩니다. 창세기를 공부할 때, 인간은 하나님의 창조 세계에서 하나님을 영화롭게 하도록 창조되었다는 것을 배웠습니다. 이것이 찬송 부르기나 예배 참석하기와 아무 관련이 없다는 것도 보았습니다. 인간은 하나님이 누군지 드러냄으로써 하나님의 창조 세계에서 하나님을 영화롭게 합니다. 여기에 담긴 의미가 예수 그리스도에게서 완전히 계시되었는데, 오직 예수 그리스도만이 완전한 하나님의 영광이기 때문입니다. 오직 예수 그리스도만이 하나님의 전체를 온전히 드러내십니다. 바꾸어 말하면, 우리가 하나님께 빚진 것은 그분의 형상으로 존재하는 것입니다. 그러나 우리는 하나님의 형상으로 존재하지 못하고 오히려 인간 조건에서 소외되었습니다. 소외의 문자적 의미는 하나님의 형상으로 존재하지 못하고 비인간화됨으로써 인간 조건에서 배제되는 것입니다. 이것은 결코 경제나 착취의 문제에 불과한 것이 아닙니다. 따라서 우리는 천국에 들어갈 때, 이러한 상황을 알게 되고 우리가 그 나라 왕에게 무엇을 빚졌는지 알게 됩니다.

우리는 천국에 들어갈 때, 그 나라 왕의 종이 됩니다. 우리는 그 나라 왕에게 설명해야 할 책임을 지게 되고, 우리가 그 어떤 방법으로도 그 왕의 형상으로 존재할 수 없는 위치이기 때문에 우리의 빚을 갚을 수 없다는 것을 알게 됩니다. 정의는 우리가 종의 자리를 잃고 팔리도록 요구합니다. 우리는 팔리면 노예가 되는데, 인간 조건에서 소외되고 배제된다는 뜻입니다. 이 시점까지 왕은 인간의 정의에 완전히 필적하는 정의를 행합니다.

정죄당한 종은 왕 앞에서 자신을 항변하며 빚을 갚을 테니 시간을 더 달라고 간청합니다. 이 기도에 대한 반응으로, 왕은 심판을 하지 않고 도리어 자신의 권리를 완전히 포기함으로써 상황을 완전히 뒤바꿉니다. 왕의 이러한 행위는 정죄당한 종이 간청한 것을 훨씬 넘어섰습니다. 즉, 종이 요구한 좀 더 많은 시간과 자신에 대한 왕의 신임 회복보다 훨씬 큰 은혜였습니다. 이것은 하나님은 우리가 기도하며 구하는 바를 늘 주시지는 않지만, 언제나 훨씬 더 많이 주신다는 뜻입니다. 이 경우, 용서는 내려진 판결을 없앱니다. 이런 일은 우리가 기도를 통해 그 왕을 만날 때 우리의 삶에서 거듭해서 일어납니다. 이번에도 여기에는 마지막 심판이 없습니다. 우리는 천국을 발견한 후, 온 삶으로 그 나라를 더 많이 알게 되고, 그러면서 우리의 삶에서 천국 왕의 형상으로 존재하는 것과는 거리가 멀다는 사실과 그 왕이 선언한 심판을 알게 됩니다. 그러나 이 모든 것은 그 나라를, 하나님의 사랑과 용서와 구원을 지속적으로 발견하는 가운데 일어납니다. 예수 그리스도의 죽음과 부활을 통한 하나님의 개입으로 우리는 빚을 탕감받았습니다. 따라서 더 이상 아무것도 빚지지 않은 종의 신분으로 회복됩니다. 이 비유에서 종의 상황이 변했듯이, 우리 역시 더 이상 소외 상황에 처하지 않게 됩니다. 저는 이것이 이 비유가 계시하는 첫 번째 주제라고 믿습니다.

두 번째 주제는 왕의 개입이 그의 모든 종에게 미치는 영향을 다룹니다. 우리는 이러한 개입이 내포하는 의미를 정말로 파악했을까요? 이 비유에 따르면, 두 가지 반응이 가능해 보입니다. 한편으로, 우리는 하나님의 용서가 우리를 진정한 인간의 상태로 회복시켰다는 것을 압니다. 이것은 우리가 이 사랑의 하나님이 누군지를 세상에 드러냄으로써 하나님을 영화롭게 한다는 뜻입니다. 하나님의 용서에 대한 두 번째 반응은 하나님의 용서를 멋진 거래로 여기는 것입니다. "나는 실제로 아주 멋진 거래를 했고, 더 이상 빚이 없어!" 이것은 기독교 내에서 아주 흔한 반응입니다. 우리는 용서받았으므로 문제에서 벗어났으며 더 이상 너무 열심히 노력할 필요가 없다는 것입니다. 예를 들면, 이것은 루터가 제시한 은혜 신학에 대해 있을 수 있는 반응입니다. 하나님의 용서를 멋진 거래로 여기는 시각은 전혀 달라지지 않았습니다.

두 가지 반응 다 하나님이 우리를 위해 하신 일을 우리가 이해하는 방식이 우리의 행위와 그 행위가 맺는 열매로 표현되리라는 것을 보여줍니다. 이 비유는 빚을 탕감받은 종의 반응에서 이것을 분명하게 보여줍니다. 그는 동료 종 하나가 자신에게 빚진 돈을 갚지 못할 때, 자신의 권리를 행사합니다. 그는 악을 행한 것이 아닙니다. 단지 동료에게 자신에게 빚진 돈을 갚으라고 함으로써 정의를 요구했을 뿐입니다. 비록 그가 왕에게 빚졌던 금액에 비하면 훨씬 적지만, 동료가 그에게 빚진 금액도 적지는 않습니다. 그래서 그는 동료 종에게 중요한 권리를 주장합니다. 비록 그가 자신의 주인에게 빚졌던 것에 비할 바는 아니더라도 말입니다. 문제는 이 종은 그저 왕이 자신과 '좋은 거래'를 했다고 생각할 뿐, 왕이 한 일을 제대로 이해하지 못한다는 것입니다.

이 비유가 다루는 두 번째 주제는 사람을 통해 천국을 확장하는 것이 어렵다는 것을 보여줍니다. 앞에서 보았듯이, 천국은 겨자씨와 누룩과 아주 비슷하게 숨겨진 방식으로 성장합니다. 그런데 이 비유는 천국이 어떻게 성장하는지 언뜻 보여줍니다. 하나님이 한 사람의 삶에서 하신 행위가 그의 동료 인간에게 영향을 미치며, 이 과정에서 인간의 중개가 필요합니다. 하나님이 이 세상에 들어와 천국을 한 단계씩 직접 건설하시는 것이 아닙니다. 이를테면 하나님은 공을 하나 굴리시고, 그러면 그 공이 다른 공들을 칩니다. 그러나 이것은 사람들이 자신들의 수준에서 자신들의 수단으로 하나님이 하신 일을 재생산할 때만 가능합니다. 우리에게는 그 이상도 그 이하도 요구되지 않습니다. 우리는 그러고 싶어도 인간의 문제들을 떠맡을 수 없습니다. 오직 하나님만 인간과 우리 역사의 짐을 지실 수 있습니다. 우리는 우리 삶에서 다른 사람들과 더불어 우리의 수준에 맞게 우리의 수단으로 일해야 합니다. 이 비유는 두 빚의 금액이 엄청나게 다르다고 말함으로써 이것을 아주 분명히 보여줍니다. 기도가 우리가 요청받은 일의 근본적인 부분이라는 것도 분명합니다. 그러므로 여기서 이 비유가 천국의 성장에 관해 무엇을 계시하는지 드러납니다. 하나님이 우리를 위해 하신 일을 우리가 재생산하는 것입니다.

이것은 천국의 성장이 반反법률적 성향을 갖는다는 것을 암시합니다. 저는 천국에서는 정의와 법이 가장 큰 불의를 대변하며, 어떤 의미에서 악 그 자체를 대변한다고까지 말하고 싶습니다. 어떤 주석가는 법을 악마적이라고까지 말하는데, 저도 이 의견에 반대하지 않습니다.[1] 물론 제 말은 법을 연구하거나 만드는 사람들이 악마적이라는 뜻은 아닙니다. 이미 말했듯이, 법은 순전히 실용적이며, 사회가 기능하기 위해서는 꼭 필요합니다. 어느 사회도 법 없이 존재할 수는 없습니다. 그러나 천국은 사회가 아닙니다. 우리는 천국 왕의 결정을 접할 때, 성경적 정의는 사회가 만든 법이나 정의와 공통점이 전혀 없다는 것을 알게 됩니다. 바꾸어 말하면, 제 빚이 탕감되었기 때문에 저는 다른 사람이 제게 진 빚을 탕감합니다. 저는 제 이웃을 정의와 법의 방식으로 대하지 않고, 대신에 사랑과 용서의 방식으로, 배상이나 변제 없이 거저 탕감하는 방식으로 대할 것입니다. 이러면 모든 것이 뒤집어집니다. 인간사에서 법과 탐욕과 돈의 지배를 빼면 아무것도 남지 않기 때문입니다. 이 모든 것이 사회에 너무나 근본적인 것이기 때문에 철저한 사랑과 은혜의 선포는 그 어떤 혁명 운동보다 훨씬 위협적입니다. 저는 예수께서 십자가에 죽을 수밖에 없었던 것은 그 어떤 정치적 위협 때문이 아니라 바로 이 때문이었다고 믿습니다. 몇몇 지도자들은 예수의 가르침에서 분명 이러한 더 깊은 위협을 감지했을 것입니다.

제 빚이 탕감되었다고 완전히 확신한다면, 다른 사람들에게 모든 것을 거저 줄 수 있을 뿐입니다. 이 비유는 이 점을 아주 분명히 합니다. 제가 만 달란트를 빚졌고 팔릴 위기에 처했다면, 제가 받을 다른 이의 빚을 모조리 회수하는 방법 외에 다른 선택이 없습니다. 따라서 제가 예수는 모범적 인간이나 우리에게 제시된 일종의 이상형일 뿐이라고 믿는다면, 제가 탕감받았다는 확신은 아무런 실체도 없고 저는 다른 사람들을 천국의 방식으로 대할 수 없게 됩니다. 예수께서는 틀림없이 모든 빚을 지불하셨습니다. 제가 빚에서 자유로워져서 타인들의 빚을 탕감해줄 자유를 갖게 하기 위해서입니다. 아무리 선하고 모범적이더라도, 그 어떤 인간도 이렇게 하지 못합니다. 그 왕만이 이렇게 할 수 있습니다.

이제 이 비유의 세 번째 주제, 곧 왕의 심판을 살펴볼 차례입니다. 지금까지 이 비유는 천국에 속한다는 말은 그 나라의 법을 적용한다는 뜻이라는 것을 보여주었습니다. 즉, 모든 게 공짜여야 한다는 뜻입니다. 우리는 교회에도 이것을 기대해야 합니다. 사람들 사이에 완전히 새로운 (그리고 이상하기까지 한) 관계가 세워집니다. 이로써 모든 빚이 완전히 탕감되는 것을 기초로 하는 전혀 새로운 사회가 생겨납니다. 왕이 이 사회를 구상했는데, 그의 개입으로 이런 사회가 가능해졌습니다. 따라서 타인들을 용서하고 그들의 빚을 탕감하며 모든 것이 공짜gratis가 되게 할 때, 우리는 천국을 세우게 됩니다. 이것을 토대로, 우리는 천국이 어디 있으며 그 나라를 어떻게 볼 수 있느냐 하는 물음에 답합니다. 그만큼 이것은 근본적인 요소입니다. 인간이 용서하거나 완전히 거저 주는 그곳에 천국이 있습니다. 그 반대도 똑같이 사실입니다. 제가 이러한 은혜의 법을 따라 살지 않을 때, 천국에 속하지 않은 것입니다.

이 비유가 첫머리에서 하는 말이 우리의 상황을 완전히 바꿔놓습니다. 문제는 우리가 하나님께 빚을 갚을 수 있느냐, 우리가 은혜를 받을 자격이 있느냐가 아닙니다. 이제 문제는 받은 은혜의 선물로 우리가 무엇을 했느냐는 것입니다. 이 선물이 우리가 천국의 증인으로서 용서와 베풂으로 다른 사람들을 대하도록 우리의 삶을 바꿔놓았습니까? 이러한 우리의 증언 덕분에, 다른 사람들이 천국을 이해하고 그 나라에 들어가게 되었습니까? 이런 방식으로, 천국이 성장합니다. 이것은 다른 사람들이 우리가 은혜의 선물로 한 일의 증인이 된다는 것을 암시합니다. 이들은 우리가 그들을 사랑하고 용서했는지, 값없이 후하게 베풀었는지 증언할 것입니다. 하나님 앞에서 이들은 우리가 그들에게 이런 방식으로 행동했는지 아닌지를 증언할 것입니다. 이 비유는 이것을 매우 분명히 합니다. 그리고 여기에 비추어, 우리는 다른 본문들을 자신이 한 말과 행동에 따라 심판을 받으리라는 뜻으로 이해해야 합니다. 우리가 다른 사람들을 사랑하고 용서하지 못했으며 그들에게 값없이 후하게 베풀지 못했다면, 이 모든 것을 그들에게 보류한 것입니다. 그 결과, 이 모든 것을 우리 자신에게도 보류한 것입니다. 이런 상황에서 은혜를 보류한 것은 하나님이 아니라 우리 자신입니다.

왕이 우리에게 내리는 판결은 우리가 한 일에 대한 숨김없는 결정입니다. 이런 면에서 하나님의 방식은 언제나 같습니다. 우리는 하나님이 이 세상을 끝내고 마지막 심판을 시작하시리라는 생각에 너무 익숙해져 있습니다. 그래서 하나님이 홍수를 내린 후 다시 물로 세상을 심판하지 않겠다고 약속하셨다는 것을 잊어버렸습니다. 사실 이제 우리는 이 세상을 끝낼 힘을 가졌다는 점이 분명해지고 있습니다. 계시록은 인간이 바로 이렇게 할 거라고 공개적으로 말합니다. 이 경우에도, 하나님은 실제로 무슨 일이 일어날지 결정만 하시는 것으로 보입니다. 우리가 더 이상 사랑과 은혜의 담지자가 아니라면, 우리는 다른 사람들을 그 사랑과 은혜로부터 차단하고 우리 자신을 심판합니다. 그리스도인으로서 우리에게 주어진 것은 경고일 뿐, 최후의 심판이나 지옥 형벌에 대한 기술이 아닙니다. 우리는 다른 사람들에게 은혜를 베풀어야 합니다. 그리고 우리는 율법과 돈의 지배로 되돌아가면 우리를 무너뜨릴 뿐인 끝없는 갈등에 다시 빠지게 된다는 경고를 받습니다. 이 경고는 다른 경고들, 이를테면 검으로 살면 검으로 죽는다는 경고와 비슷합니다. 선택은 우리의 몫입니다. 이번에도 지옥을 말하는 것이 아닙니다. 이 비유는 하나님나라가 아니라 천국을 다루며, 따라서 역사의 끝이 아니라 역사를 다룹니다.

16. 일꾼의 품삯 비유(마태복음 20:1-16)

먼저 이 비유에 관한 전통적 해석들을 간략히 소개하는 예레미아스Jeremias의 주석[1]을 토대로 몇몇 개괄적인 부분을 언급하고 넘어가겠습니다. 로마 가톨릭 전통에서, 이 본문은 사순절을 시작하는 전례에 자주 사용되었습니다. 사순절은 예수의 수난과 십자가 죽음으로 이어지는 회개의 기간을 말합니다. 섬기게 하는 데 목적이 있는데, 저는 이것이 아주 적절하고 충실하다고 믿습니다.

어떤 해석자들은 이 비유에서 새로운 일꾼들을 다섯 차례 부른 것을 토대로 알레고리적 해석을 제시했는데, 이 다섯 차례가 아담 이후의 구원의 역사에 상응한다고 보았습니다. 예수 이전에 이런 부름이 세 차례 있었고, 예수가 네 번째이며 성령이 다섯 번째로, 이 다섯 차례의 부름이 구원의 역사에서 다섯 시대를 이룬다는 것입니다. 또 어떤 해석자들은 다섯 차례의 부름이 온전한 그리스도인이 되는 영적 발전의 다섯 단계에 해당한다고 보았습니다. 이것은 품삯의 분배와 모두가 같은 금액을 받았다는 점을 다루는 이 비유의 핵심과 아무런 관계도 없기 때문에 이 모든 주장이 약간은 재미있습니다.

일반적으로 개신교 전통에는 크게 두 가지 해석이 있습니다. 16세기 설교들은 하나님께 순종하라고 자주 강조했고, 하나님의 정의에 대해 투덜댐으로써 자신의 구원을 위태롭게 하지 말라고 자주 경고했습니다. 반면에 19세기 설교들은 모두에게 미치는 은혜의 성격을 강조하는 경향이 있었습니다. 이 비유의 핵심은 품삯이 공정하지 못했다는 것이 아니라 일을 덜한 일꾼들이 다른 모든 일꾼과 똑같은 금액을 받았다는 것이며, 저는 이런 의미에서 두 해석 다 틀렸다고 믿습니다.

이 비유는 예수께서 하신 일을, 특히 예수께서 세리들과 창녀들과 갈릴리 사람들과 이방인 등을 부르셨기 때문에 유대인들이 혹독하게 비난했던 일을 설명하고, 옳다고 말하고 있습니다. 이 비유에서 예수께서는 이것이 하나님의 행동 방식이며, 자신은 자기 마음대로 행동하고 있지 않다고 대답하십니다. 예수께서 제십일시(오후 5시)가 되도록 이스라엘의 일에 참여하지 않는 자들을 부르신 까닭은 하나님이 이런 방식으로 행동하시기 때문입니다. 예수께서 이 비유에서 다루는 대상은 그분의 일에 맞서고 그분의 일을 거부하는 바리새인들과 서기관들이라는 것이 암묵적이었습니다. 그러나 초대교회 때부터 일반적으로 이 비유는 그리스도인들을 향한 비유로 해석되었습니다.

본문 자체를 살펴봅시다. 이 비유는 우리가 앞에서 살펴본 마태복음 18장의 달란트 비유와 평행을 이룹니다. 달란트 비유도 하나님의 사랑과 정의의 관계를 다루지만, 둘 사이에는 중요한 차이가 있습니다. 마태복음 18장의 달란트 비유에서, 하나님의 사랑이 그분의 정의를 초월한다는 가르침은 우리와 타인들의 관계라는 문맥에 위치합니다. 반면에, 이 비유에서는 이러한 가르침이 우리와 하나님의 관계라는 문맥에 위치합니다. 이야기를 살펴본 후, 이 본문에서 도출되는 그 나라의 '법'에 관해 앞에서 말했던 부분으로 눈을 돌리겠습니다.

이번에도 이 비유는 천국을 작동하는 힘에 비유합니다. 천국은 그 나라의 왕과 동일시됩니다. 천국에 속한다는 말은 그 나라의 왕을 섬기는 일을 시작했다는 뜻인데, 이것이 그의 포도원에서 일하도록 부름을 받는 품꾼에 비유됩니다. 자주 사용되는 '제십일시 일꾼들의 비유'라는 제목과는 반대로, 이야기는 품꾼들이 아니라 지주地主를 중심으로 펼쳐집니다. 이야기의 주제는 지주와 그의 사랑과 선이 분명합니다.

품꾼들의 섬김을 특징짓는 요소가 두 가지 있습니다. 첫 번째, 품꾼들이 일을 하라고 부름을 받는다는 것입니다. 품꾼들이 하나님의 일을 하겠다고 스스로 나서는 게 아니라 하나님이 품꾼 하나하나를 각자의 시간에 부르십니다. 이것은 은혜의 문제입니다. 이것이 내포하는 의미는 매우 중요합니다. 우리는 자신이 원할 때 자신이 원하는 곳에서 그것이 진정한 소명(호감을 잃은 용어를 사용하자면)

이라는 자신의 생각과 열망과 바람을 따라 하나님을 섬길 수 있는 것이 아닙니다. 사실 저는 소명이란 용어를 이런 맥락에서만 말할 수 있다고 믿습니다. 다시 말해, 교수나 의사나 변호사 같은 일반적인 방식의 소명으로 사용할 수 없다고 믿습니다. 단 하나의 진정한 소명은 복음 전하는 일에서 하나님을 섬기는 것입니다. 언제 어디에 부름을 받든 간에, 제십일시에 부름을 받더라도, 포도원에는 할 일이 있습니다. 일하려고 기다리는 자는 누구든지 부름을 받습니다. 바꾸어 말하면, 하나님은 자신이 부를 때 개입하시며, 사람들은 그때가 오면 할 일이 있으리라는 것을 알고 인내하며 부름을 기다려야 합니다. 섬기라는 부름을 구원과 동일시하지 않는 것, 모두가 부름을 받지는 않았다는 사실을 제한적인 구원으로 해석하지 않는 것이 매우 중요합니다. 소명을 기다리는 자는 누구나, 제십일시에라도 부름을 받을 것입니다. 주도권은 하나님에게 있으며, 우리는 인내하며 그분의 부름을 기다려야 합니다.

두 번째, 품삯이 지불된다는 것입니다. 몇몇 품꾼들의 경우, 품삯이 미리 결정됩니다. 그러나 다른 품꾼들의 경우, 지주는 합당한 품삯을 지불하겠다고 약속합니다. 그런데 모두가 품삯을 받고 보니, 금액이 모두 똑같습니다. 바꾸어 말하면, 하나님이 주시는 품삯은 일한 양에 비례하지 않습니다.

이것을 이런 시각으로 봅시다. 이것이 꼭 필요한 일이 아니었음을 기억하는 게 아주 중요합니다. 우리는 이 비유를 읽을 때 이 부분을, 특히 마지막에 품삯을 받은 품꾼들이 항변하는 부분을 쉽게 잊어버립니다. 이것은 꼭 필요한 일이 아닙니다. 왜냐하면 천국은 사람들의 도움 없이도 저절로 커지는 힘을 가진 능력이기 때문입니다. 천국은 하나님의 능력이기 때문에 하나님은 사람들을 필요로 하지 않지만 은혜의 한 행위로 사람들을 부르십니다. 이것은 종들이 쓸모없다는 뜻입니다. 그러나 종들은 자신들의 일을 다 끝냈을 때에야 이렇게 말할 수 있습니다. 우리는 그 일이 아무 목적에도 기여하지 않기 때문에 그 일을 하는 것은 아무 의미가 없다고 미리 추론할 수 없습니다. 우리가 해야 할 모든 일을 다 마쳤을 때에야 우리는 "저는 불필요한 종입니다"라고 말할 수 있습니다. 우리가 일을 많이 했든 적게 했든 간에, 그 일은 똑같이 불필요하며 가치 있는 것을 생산하지 않습니다. 그러므로 우리는 그 대가로 받을 것이 전혀 없습니다. 바꾸어 말하면, 하나님은 사람들을 부를 때 자신의 은혜를 그들에게 확대하십니다. 하나님은 아무도 부르지 않고 세상에서 자신의 일을 성취하고, 그러면서도 구원을 이루며, 인간의 미래를 확실히 하고, 새 예루살렘이 오게 하실 수도 있었습니다. 그러나 하나님은 그러지 않고, 사람들을 계산에 넣고, 몇몇을 자신의 일에 부르며, 그럼으로써 사랑으로 자신의 은혜를 확대하십니다. 우리는 이 일을 하는 것이 그분의 사랑에 대한 반응이라는 것을 이해해야 합니다. 이것은 하나님이 부과하신 의무가 아니라 우리에게 베푸시는 사랑을 받아들이는 것입니다. 따라서 우리는 하나님에게 요구할 아무 권리도 없습니다. 은혜로 하나님은 우리를 자신의 일에 끌어들이고, 그 일을 유효하게 하십니다. 우리는 아무 권리도 주장할 수 없습니다.

하나님이 주시는 상은 한 일이 아니라 그분의 부름에 대한 사람들의 반응에 관한 것입니다. 저는 이것이 이 비유의 이 부분을 이해하는 열쇠라고 믿습니다. 하나님이 부르신 품꾼들이 각자 자신의 시간에 왔고, 하나님은 이들이 왔기 때문에 품삯을 주십니다. 이것을 하나님의 정의라 불러도 좋습니다. 이것은 또한 이 정의에 관한 새로운 두 가지 요소를 제시합니다. 구약성경에서 하나님의 정의란 하나님이 자신의 말씀을 성취하시는 것을 말합니다. 그리스식 정의 개념에 깊이 젖어 있는 우리에게 이것은 낯선 개념입니다. 그렇더라도 구약성경이 하나님의 정의를 말할 때, 이것은 하나님이 자신이 말하는 대로 하신다는 뜻입니다. 이것을 하나님이 성취하시는 일이 그분의 약속과 일치하는 정도라고 해도 좋습니다. 둘이 정확히 일치할 때 정의가 이루어집니다. 이 비유는 그 좋은 예를 제시합니다.

유대인들은 이 부분에서 예수를 매우 잘 이해했음이 분명합니다. 지주는 이런저런 것들을 약속하고 자신의 약속을 이행하며, 따라서 이것은 정의롭습니다. 그러나 예수께서는 여기서 더 깊이 들어가십니다. 지주가 합당하게 지불하리라는 약속이 다소 불확실하고 구체적이지 않기 때문입니다. 이번에도 하나님의 사랑은 그분의 정의를 초월합니다. 하나님은 기대보다 훨씬 많이 주십니다. 사람들을 부르신 것도 은혜인데, 하나님은 여기에 선물의 은혜를 더하십니다.

하나님은 맨 먼저 부름을 받은 자들, 자신의 나라를 섬겼고 이해한 자들도 기쁨으로 자신의 사랑과 선에 참여하길 바라십니다. 그러나 이들은 다른 사람들을 판단하고, 그럼으로써 이러한 환경들에서 자신들이 천국을 제대로 이해하지 못했음을 드러냅니다. 이들은 천국에서는 사랑과 정의가 일치한다는 것을 이해하지 못했기 때문에 이에 따라 판단을 받습니다. 그러나 왕은 이들을 배척하거나 정죄하지 않고 친구라고 부르며, 자신이 이들에게 잘못한 것이 없음을 상기시킵니다.

몇몇 주석가들은 마태복음에서 친구라 불리는 것은 책망 듣기와는 연결된다고 지적했습니다. 예를 들면, 마태복음 22장 12절에서 누군가 친구라 불린 후 예복을 입지 않고 혼인잔치에 참여했다고 책망을 받습니다.

이 비유에서 나오기 시작하는 것을 천국의 법이라 불러도 좋을 것 같습니다. 천국의 법은 이 세상의 법과 정반대이기 때문입니다. 사실 하나님이 이 비유에서 취하시는 행동들은 우리가 보기에 불의합니다. 우리의 정의 개념은 평등과 비례에 기초하기 때문입니다. 이와는 반대로 하나님의 정의는 그분의 주권적 자유에 기초하며 그분의 사랑으로 시행됩니다. 그러므로 천국의 법을 이해하려면, 그 나라의 법이 이 세상의 법과 정반대라는 사실을 받아들여야 합니다. 이것은 특히 산상설교에서 분명하게 드러나는데, 산상설교 중에서 팔복은 천국의 법이라 불립니다. 예를 들면, 이 세상의 시각에서 보면, 울며 깊이 낙담한 자들이 위로를 받을 것이므로 지금 행복할 수 있다는 말은 생각할 수도 없습니다. 그러나 이것이 천국의 법 가운데 하나입니다.

천국의 기본법 가운데 하나는 값없이 거저 주는 것입니다. 여기서 우리는 상기해야 합니다. 천국에서 하는 일은 불필요하며 보상을 목적으로 이루어지지 않습니다. 은혜에 답하는 섬김입니다. 이것은 우리를 욥기 첫머리에 제시된 근본적인 물음으로 되돌립니다. "우리는 하나님을 거저 섬기는가?"("욥이, 아무것도 바라는 것이 없이 하나님을 경외하겠습니까?" 욥 1:9, 새번역). 대답은 "그렇다"입니다. 우리는 대가 없이 하나님을 섬깁니다. 하나님은 값없이 은혜를 베푸시며, 따라서 우리도 값없이 섬겨야 합니다. 우리는 일반적으로 이러한 이중 선물, 곧 완전히 공짜이며 조건도 붙지 않는 선물을 잘 이해하지 못합니다.

전형적인 반응은 이런 것입니다. 하나님이 자신의 은혜를 우리에게 확대하시며 따라서 우리도 우리가 할 수 있는 뭔가를 함으로써 무엇인가를 되돌려드려야 합니다. 우리가 진정으로 은혜에 들어갔다면, 하나님과 이웃을 향한 우리의 반응도 공짜여야 합니다. 공짜로 모든 일을 한다는 것은 우리가 받아들이기 가장 어려운 것입니다. 3시에 일하러 온 자들의 유일한 덕은 자신을 하나님의 은혜에 거침없이 맡겼다는 것입니다. 이들은 단지 자신들이 뭔가를 받을 거라는 말만 듣고 일하러 갔습니다. 바꾸어 말하면, 이들은 합당한 것이 무엇인지를 하나님이 자유롭게 판단하시게 해드렸습니다. 몇몇 주석가들이 지적하듯이, 바로 이것이 예수께서 다리 저는 자들, 눈 먼 자들, 몸을 파는 여자들, 세금 징수원들, 가난안 사람들 등을 용서하실 때 하신 일입니다. 이들은 예수께 와서 자신은 아무 권리도 없으며 그분의 자유로운 결정에 자신을 맡긴다고 말하는 사람들입니다. 이들은 그 무엇이든 받아들일 준비가 되어 있습니다. 이들은 첫 번째 그룹 다음에 고용된 모든 품꾼들과 똑같이 행동합니다.

결국 모두가 똑같이 대우받습니다. 이것을 이해하려면, 이 비유의 작은 부분에 주목해야 합니다. 첫 번째 그룹의 품꾼들에게 약속한 품삯이 한 데나리온이었다는 사실 말입니다. 한 데나리온은 당시 노동자의 전형적인 하루치 품삯일 뿐만 아니라 하루에 필요한 생필품을 확보하는 데 꼭 필요한 금액이었습니다. 당시의 경제를 세밀하게 분석해보면, 이것을 아주 분명하게 알 수 있습니다. 바꾸어 말하면, 하루에 한 데나리온이 못 되게 받는 것은 굶으라는 판결이나 마찬가지입니다. 그러므로 이 금액은 품삯이라기보다 생명의 선물입니다. 이것을 알면, 지주가 맨 먼저 부름을 받은 품꾼들에게 했던 대답의 깊은 의미를 이해하는 데 도움이 됩니다. 그의 대답을 문자 그대로 옮기면 이렇습니다. "너희가 악한 눈으로 내가 선하다고 보느냐?" 이 말은 이런 뜻을 내포합니다. "너희는 내가 이 사람들을 굶어 죽게 두길 원하느냐? 저들도 살아야 한다." 의미는 분명합니다. 하나님은 처음 부른 품꾼들에게 생명을 약속하셨고, 나중에 부른 모든 품꾼에게도 생명을 주셨습니다. 모두가 똑같이 대우받습니다. 왜냐하면 사느냐 죽느냐 둘 중 하나이기 때문입니다. 생명은 비례해서 측정될 수 없으며, 생명보다 더 많이 줄 수도 없습니다. 하나님은 모두에게 생명을 주십니다.

어떤 주석가들은 "꼴찌들이 첫째가 되고, 첫째들이 꼴찌가 될 것이다"(16절, 새번역)라는 결론이 이 비유에 어울리지 않으며, 따라서 나중에 추가되었을 거라고 주장합니다. 저는 정말 그런지 잘 모르겠습니다. 맨 먼저 부름을 받고 한 데나리온을 약속받은 사람들은 자신들이 부활과 영생이라는 하나님의 은혜를 받으리라는 것을 내내 알았습니다. 일하는 내내, 이들은 이 은혜를 확신했습니다. 이들이 꼴찌가 되는 이유는 이들이 평생 이러한 보증과 확신을 가졌기 때문입니다. 그래서 이들은 영적으로 부자였습니다. 저는 이것이 아주 중요하다고 믿습니다. 교회에서 하나님의 말씀을 확고하게 믿는 사람들은 부자들인데, 이들은 다른 사람들이 갖지 못한 확신과 희망을 가졌기 때문입니다. 이것을 알면, 예수께서 찾아온 젊은 부자 관원을 만난 후 낙타가 바늘귀를 통과하기가 부자가 천국에 들어가는 것보다 쉽다고 하시자, 제자들이 "그러면 누가 구원을 얻을 수 있습니까?"라고 물었던 이유를 더 잘 이해할 수 있습니다(마 19:25). 경제적으로 부유하지 못했던 제자들은 예수께서 자신들에 관해 말씀하고 계신다는 것을 매우 잘 알았습니다. 예수와 함께 있었기에, 이들은 부자가 되었습니다. 어떤 의미에서 이들은 자신들이 언약에 속했고 부활을 약속받았다는 등등의 사실을 알았기 때문에 권리가 있었습니다.

마지막으로 고용된 품꾼들은 가난한 자들이었습니다. 이들은 상당 기간 고용되지 못했고 무지와 어둠 속에서 불확실한 삶을 살았습니다. 이들 가난한 자들이 첫째가 되는 이유는 이들이 그동안 가난했고 따라서 확신과 위로가 가장 필요하기 때문입니다. 복음서 전체가 보여주고 특히 예수의 탄생 기사가 보여주듯이, 가난한 자들은 다른 모든 자들 앞에 자리합니다. 이런 까닭에, 저는 이 비유가 이러한 핵심에 상당히 기여한다고 믿습니다. 우리는 언약에 속하고, 신자들의 몸을 이루는 구성원이며, 천국에서 일할 때 권리를 가진 사람의 태도를 띨 수밖에 없습니다. 하나님에 관해 어떤 생각에 갈수록 깊이 빠진 우리는 하나님이 그분의 은혜를 모두에게 베푸실 때, 특히 그들이 우리보다 앞서게 될 때, 쉽게 기뻐할 수가 없습니다. 부자들의 이러한 태도를 완전히 피하고 하나님이 우리가 예상하지 못한 사람들을 우리보다 앞세우실 때 기뻐할 수 있기란 거의 불가능합니다.

이 주제에 관해 세 가지를 말하고 싶습니다. 첫째, 어떤 형태든 간에 우리가 판단할 여지가 없다는 것입니다. 우리는 사람들을 첫째나 꼴찌로 분류할 수 없습니다. 누가 무슨 행동을 하든 간에, 누가 하나님과 소원해졌든 간에, 우리는 결코 너무 늦었다거나 모든 게 끝났다는 결론에 이를 수 없습니다. 그뿐 아니라, 우리는 내가 하는 일과 다른 누군가 하는 일을 어떤 식으로든 비교해서도 안 됩니다. 이 비유는 이러한 종류의 태도와 행동을 완전히 배제합니다.

이 비유는 지금껏 교회에서 너무나 흔했던 그 어떤 종류의 거짓 계산, 이를테면 "당신이 하고 싶은 대로 하고 살고 마지막에 회개하면 됩니다"라는 식의 계산도 똑같이 배제합니다. 이렇게 한다면, 우리는 제십일시에 고용된 품꾼들과 같을 것이며 모든 게 잘 풀릴 것입니다. 임종 순간의 마지막 고백은 어느 정도 이러한 태도에 근거합니다. 선하게 죽기만 하면, 살아온 나머지 삶은 전혀 중요하지 않다는 것입니다. 저는 이것이 심각한 오류라고 믿습니다. 왜냐하면 모든 것은 지금 하나님의 은혜를 받아들임으로써 그 은혜에 참여하려는 자신의 결정에 달려 있는 것이 아니라 소명에 달려 있기 때문입니다. 그 무엇도 죽어가는 사람이 마지막 15분 동안 하나님의 말씀과 소명을 받으리라고 보장하지 않습니다. 결정하는 주체는 이 사람이 아니라 하나님입니다. 이런 이유로 이것은 거짓 계산입니다. 하나님의 부름이 있었는지에 대해서는 알 수 있으며, 따라서 우리 마음대로 연기하지 못합니다. 만약 우리가 이런 계산을 한다면, 우리가 밖에 있음을 보여주는 것일 뿐입니다.

마지막으로, 이것은 이스라엘이라는 매우 어려운 문제를 낳습니다. 분명히 이스라엘은 한 민족으로서 언약 형태로 계약을 맺어 맨 먼저 고용된 품꾼들입니다. 그러나 예수 그리스도와 천국에 관해서라면, 이스라엘은 맨 먼저가 아니며 거부당했다고 여겨질 법합니다. 이런 시각에서 보면, 지금 천국의 일을 하고 그에 수반되는 모든 어려움을 감내하는 것은 (모든 신자들의 몸인) 교회입니다. 밭에서 일하면서 시대의 문제들을 견디는 것은 교회입니다. 맨 먼저였던 이스라엘은 천국의 일을 하지 못했다는 의미에서 거부당했고 맨 나중이 되었습니다. 이 때문에 그리스도인들은 신자들의 몸으로서 마지막 때에 이스라엘이 맨 먼저 부름을 받고 교회보다 앞서고 약속된 것보다 많이 받으리라 기대할 수 있습니다. 이스라엘은 특별한 약속과 함께 맨 먼저 부름을 받았으나, 그런 후 거부당해 일에서 제외되었고, 이제 다른 이들이 수반되는 모든 어려움을 견디면서 그 일을 합니다. 그러나 신자들의 몸은 둘째가 될 것입니다. 왜냐하면 신자들의 몸은 역사가 진행되는 내내 하나님의 충만한 은혜를 알았기 때문입니다. 계시록이 말하는 것처럼, 이스라엘이 마지막 심판 때 첫째가 됩니다. 이들은 14만 4천이며, 교회의 허다한 무리가 이들을 뒤따릅니다. 바꾸어 말하면, 예수께서 들려주신이 비유는 이스라엘과 관련해 이중 의미를 갖습니다.

천국에 대해 유대인들이 가진 생각이 예수께서 가진 생각과 어떻게 정반대인지를 멋지게 설명하는 부분이 하나 있는데, 깜빡하고 넘어갔습니다. 3세기에 이 비유와 기본적으로 똑같은 본문이 유대교의 어느 모음집에서 발견되었습니다. 이 비유는 다음과 같이 변형되었습니다. 빼어난 일꾼 하나가 밭에서 일을 많이 하고 있었습니다. 두 시간 후, 지주는 이 일꾼을 찾아가 저물도록 그와 대화를 나누었습니다. 해가 저물자, 지주는 그에게 나머지 일꾼과 똑같은 품삯을 주었습니다. 나머지 일꾼들이 항의하자, 지주는 이렇게 물었습니다. "너희가 왜 항의하느냐? 이 일꾼이 너희보다 훨씬 나았다. 이 사람은 너희가 열 시간에 하는 일을 두 시간에 다 한다." 이 버전에서는 은혜의 요소가 완전히 제거됩니다. 이것이 이 버전의 특징입니다. 문제의 일꾼은 훨씬 더 효율적이었고, 그래서 더 나은 결과를 얻었고 더 많은 품삯을 받을 자격이 있었습니다. 예수의 비유는 유대인들의 근본적인 방향을 분명히 거부합니다.

On Freedom,
Love,
and Power

17. 혼인 잔치의 비유(마태복음 22:1-14)

대부분의 신학자는 이 비유를 일종의 구원의 역사로 이해하는데, 내용은 대략 이렇습니다. 아들의 혼인 잔치는 예수 그리스도에게서 성취된 구원입니다. 초대받은 첫 하객들은 유대인들이며, 그 다음에 초대받은 하객들은 교회입니다. 교회 안의 어떤 이들은 무자격자로 드러나 쫓겨납니다. 교회는 최후의 심판으로 끝나고 선택된 자들은 구원을 받습니다. 이렇더라도 예수께서 신학적 비유를 드셨을 가능성은 매우 희박합니다. 나머지 모든 비유처럼, 예수께서는 선포하시는데, 우리는 그 방향을 다시 발견해야 합니다.

이 선포의 핵심은 모두 준비되었다는 것이며, 이는 큰 기쁨을 암시합니다. 여기서 매우 바빠 시간이 없는 사람들과 (모든 게 준비되었고 때가 되었다는 의미에서) 혼인 잔치 때가 되었음을 인식하지 못하는 자들을 구분하는 약간의 신학이 도움이 됩니다. 신학적으로 볼 때, 이것은 시간과 관련된 두 개념을 암시합니다. 그리스어 '크로노스*kronos*'는 흘러가며 일상에서 셀 수 있는 시간을 말합니다. 반면에 '카이로스*kairos*'는 적절하거나 예외적인 시간, 즉 크로노스에서 일어나는 일종의 단절을 의미합니다. 카이로스의 예를 들면, 예수께서는 자신의 때가 아직 오지 않았다고 하시거나, 자신의 때가 왔다고 하시면서 정상적인 시간 흐름을 뚫고 들어오는 예외적 개입을 말씀하십니다. 이 비유에서 이러한 두 종류의 시간이 분명하게 대비됩니다.

처음에 초대된 하객들은 삶이 바쁘고 스케줄이 빡빡합니다. 크로노스에 깊이 잠긴 나머지, 모든 것을 바꿔놓는 사건이 분열을 일으키는데도 알아채지 못합니다. 이러한 예외적 순간이 선포될 때, 우리는 어떤 자세를 취해야 합니다. '나는 그 순간이 왔다는 것을 인정할 것인가?'

누가복음에서 이 비유는 예수께서 예루살렘에 입성하시는 종려주일 근처에 위치합니다. 예수께서는 예루살렘을 보고 울면서 "네가 방문을 받은 때를 알았더라면"이라고 말씀하십니다. 이것이 카이로스입니다. 바꾸어 말하면, 적절한 순간이 왔을 때 예루살렘은 알아채지 못했습니다. 우리의 삶에도 이런 순간이 갑자기 찾아와 시간을 조각내지만, 우리는 알아채지 못할 때가 있습니다. 이것이 이 비유의 중심 이슈입니다. 말씀이 우리에게 주어질 때, 우리는 그것을 카이로스, 곧 모든 것을 부수는 순간으로 인식할까요?

어떤 해석자들은 예수께서 모두가 잘 아는 유대인들의 비유를 이번에도 전혀 다른 방향으로 사용하신다고 지적합니다. 본래 이것은 어느 부자의 이야기였습니다. 그의 장례식은 하나님이 축복하실 만했습니다. 그가 생전에 정말로 특별한 일을 했기 때문입니다. 그가 큰 잔치를 열었으나 중요한 하객들이 초대를 거절했습니다. 그러자 그는 이들 대신 모든 가난한 자를 초대했습니다. 그는 이렇게 가난한 자들을 배불리 먹임으로 선한 일을 했습니다. 이 유대인들의 비유는 자신의 장례식이 하나님이 축복하시는 장례식이 될 수 있도록 비슷한 선행을 행하라며 모두를 독려하는 것이 목적이었습니다. 예수께서는 이 이야기를 빌려왔으나 전혀 다른 취지로 들려주십니다.

서론적으로 몇 가지 더 언급하겠습니다. 종려주일에 예수께서는 유대인들에게 환영받으실 때 두 비유를 통해 (포도원 소작인들의 비유와 이 비유를 통해) 바로 이 사람들이 하나님의 일에서 제외되고 그분의 백성으로 남지 않으리라고 선언하십니다.

이번에도 이 비유는 천국을 왕에 비유합니다. 따라서 하나님 자신을 말하고 세상 속에서 그분의 현존을 말하며 사람들 사이에서 이뤄지는 그분의 일을 말합니다. 우리는 이 비유 전체에서 하나님의 주권적 능력을 접합니다. 하나님은 준비하고 선택하며 부르고 메신저를 보내며 한데 모으고 심판하며 배제하지만, 하늘이 아니라 이 세상 사람들 가운데서 이렇게 하십니다. 또한 천국은 왕의 아들의 혼인 잔치와 연결됩니다. 이것은 우리가 이미 들었던 말을 반영합니다. 하나님이 역사 속에 일하는 신적 능력divine power으로서 천국에서 사람들과 함께하신다는 것을 반영합니다. 혼인 잔치 이미지는 그래서 있는 것입니다. 천국은 예수 그리스도를 위해 준비되는 것이지, 우리의 개인 용도를 위해 준비되는 것이 아닙니다. 천국은 교제를 통해 완전하게 표현됩니다.

이 비유를 개괄해보았으니, 본문 자체를 들여다봅시다. 이야기는 혼인 잔치 준비와 첫 번째 초대, 밖에 있는 자들을 위한 두 번째 초대, 예복을 입지 않은 자를 쫓아냄, 이렇게 세 부분으로 구성됩니다. 첫 번째 부분(22:3-7)에서 저는 맨 먼저 초대된 사람들이 단지 유대인뿐만이 아니라고 생각합니다. 부름을 받았으나 거절한 모든 사람입니다. 달리 말하면, 이 비유는 포도원을 일구어 소작인들에게 세를 주고 외국에 나간 지주 이야기를 반복하고 있는 것이 아닙니다. 이 비유는 분명히 유대인들과 관련이 있습니다. 우리에게 주어진 경고가 분명히 보여주듯이, 이 비유는 우리에게 주는 것이기도 합니다.

혼인 잔치를 앞두고, 하나님은 천국에 참여하도록 초대할 사람들의 명단을 작성하십니다. 다시 말해, 자신이 불러 천국의 일을 맡길 사람들을 선택하십니다. 첫 번째 초대는 혼인 잔치에 부를 사람들을 선택하는 형태로 하나님의 뜻을 나타냅니다. 모든 준비가 끝났을 때, 첫 번째 그룹의 종들이 앞서 초대받은 사람들을 부르지만, 이들은 오지 않으려 합니다. 두 번째 그룹의 종들을 보내지만, 결과는 같습니다. 물론 전통적 설명에 따르면, 첫 번째 그룹의 종들은 선지자들이고 두 번째 그룹의 종들은 사도들입니다. 잔치가 준비되었기 때문에, 연기하는 것은 불가능하며 초대받는 자들은 올지 말지 결정해야 합니다. 모두가 오길 거부합니다. 이것은 인간 역사 내내 인간이 하나님의 말씀을, 그분의 일에 참여하라는 하나님의 초대 등을 거부할 자유가 있다는 뜻입니다. 사람들은 '예' 또는 '아니오'라고 말할 선택권이 있으며, 이번에도 이것은 이들의 구원 문제가 아니라 이들이 하나님의 일에 참여하는 문제입니다.

저는 이것이 인간은 해야 할 다른 일들이 있으며, 따라서 우선순위의 문제를 의미한다고 믿습니다. 이들은 땅이나 소를 샀거나 처리해야 할 사무가 있습니다. 그런데 하나님이 덜 중요해 보이고 덜 대단해 보이는 일을 하라며 이들을 초대하십니다. 이들은 나쁜 사람이 아닙니다. 이들은 다른 일로 바쁠 뿐입니다. 따라서 이것은 도덕성의 문제가 아닙니다. 이러한 핵심을 찌르며 랍비가 들려주는 재미있는 비유가 있습니다. 왕이 구체적인 시간을 명시하지 않은 채 사람들을 연회에 초대합니다. 지혜로운 사람들은 언제든 부르면 가려고 준비합니다. 반면에 어리석은 자들은 일하러 가고, 그래서 부를 때 준비되어 있지 못하게 됩니다. 저는 이 비유가 핵심을 아름답게 설명해준다고 생각합니다. 부름은 우리가 일하느라 바쁠 때 와서 우리를 다른 종류의 일에 참여시키려 합니다.

참석을 거절하는 것은 매우 심각한 문제입니다. 초대가 하나님 앞에서 인간이 어떤 태도를 취하도록 만들기 때문입니다. 이것은 매우 심각합니다. 이것이 우리의 영원한 구원과 관련된 문제이기 때문이 아니라 우리가 정말로 누군지를 보여주기 때문입니다. 이것은 크로노스와 카이로스의 차이를 들어 설명했던 것과 같은 문제입니다. 천국의 도래는 우리 삶에서 일어나는 일종의 단절인데, 견딜 수 없는 충돌을 일으키며 초대장을 들고 온 종들을 죽이게 만들기도 합니다. 이것은 단지 초대에 대한 과민반응이 아닙니다. 관련된 사람들은 자신들의 거절이 얼마나 받아들이기 어려운지 느끼며, 거절을 통해 자신이 실제로 누군지를 드러냅니다. 천국이 선포되면 우리의 일상에 감당할 수 없는 격변이 일어납니다. 그래서 폭력적인 반응이 나오고 살인까지 일어납니다. 하나님이 요구하시는 절대적 헌신과 직면하면 이들은 똑같이 절대적 반응, 곧 절대적 거부를 보입니다. 이들의 이러한 반응에 왕도 거부로 답합니다. 분명히 왕의 거부는 역사에서 보듯이 일시적입니다. 도시에서 똑같은 움직임을 볼 수 있는데, 도시의 영적 의미는 하나님을 배제하는 곳을 만들려는 시도입니다.[1]

다음으로, 왕은 종들을 보내어, 보이는 사람마다 초대하게 합니다. 초대받을 사람들의 수는 제한이 없습니다. 하나님에게는 미리 정해둔 하객 명단도 없으며 일종의 예정론일 가능성도 없습니다. 예수 안에서 모두가 선택되고 모두가 부름을 받으며 아무 차별도 없습니다. 도덕적 자격도 없습니다. 본문에 따르면, 선한 사람들과 악한 사람들이 똑같이 초대됩니다. 사람들은 도덕적 자격 때문에 선택되는 것이 아닙니다. 단 한 사람만이 마지막에 거부당하지만, 도덕적 자격 때문이 아닙니다.

본문은 맨 먼저 초대받았으나 오길 거부한 사람들에 관해 이들이 자격이 없었다고 말합니다. 이게 무슨 뜻일까요? 이것은 이들의 지성이나 선행 같은 자질이나 성품의 문제가 아니라 이들이 오길 거부했다는 사실의 문제입니다. 이들은 모든 것을 바꿔놓는 초대보다 자신의 크로노스에 더 깊이 매달렸고, 그래서 자신의 상황을 바꾸려 들지 않았습니다. 그러므로 자격이 있느냐 없느냐를 미리 결정할 수 없습니다. 초대가 있을 때까지, 어떤 사람이 천국에 들어갈지 가지 못할지를 알 수 없습니다. 자라서 거대한 나무가 되는 겨자씨 비유 같은 여러 비유에서 이미 보았듯이, 천국은 무한히 성장하기 때문에 채워질 것입니다.

끝없이 문제를 일으키지만 이 비유의 누가복음 버전(눅 14:15-21)에만 나타나는 것으로 보이는 중요한 부분이 있습니다. 이 부분만 빼면, 누가복음 버전과 다른 버전이 별반 다르지 않습니다. 22절에서 두 번째 그룹의 하객들을 초대한 후, 종들은 왕에게 명령대로 했지만 아직도 자리가 있다고 보고합니다. 왕은 종들에게 큰 길과 산울타리로 가서 강제로 사람들을 데려오라고 말합니다. 라틴어로는 '강제로 들어오게 하다*compelle eos intrare*'라는 뜻입니다. 아우구스티누스는 도나투스파와 싸울 때 이 마지막 몇 단어를, 이단자를 강제로 교회에 들어오게 해야 한다는 뜻으로 해석했습니다.[2] 칼뱅도 교회가 무력을 사용해 사람들이 기독교 신앙을 고수하게 해도 좋으며 국가가 무력을 사용해 사람들이 기독교를 믿게 하고 교회에 들어가게 해도 좋다고 믿었다는 점에서 같은 시각이었습니다. 세 라틴어 단어가 십자군 전쟁, 종교전쟁, 종교재판 등을 정당화하는 데 이용되었습니다. 이 모든 폭력이 세 단어에 근거했습니다! 이것은 제가 매우 위험하다고 믿는 행위, 제가 그렇게도 자주 경고했던 행위, 몇 단어를 문맥에서 분리해 어떤 신학 전체의 근거로 삼는 행위를 보여주는 대표적인 예입니다. 이것이야말로 진짜 이단이라고 생각합니다.

이 특별한 경우와 관해서 심각한 해석의 오류가 있습니다. 첫째, 누가복음에서 이것은 하나님나라의 문제인데, 하나님나라는 결코 교회와 동일시될 수 없습니다. 성경은 그 어디서도 하나님나라와 교회를 동일시하지 않습니다. 둘째, 강제로 사람들을 데려오라고 명령받은 종의 신분을 살펴보면, 믿기 어려운 또 다른 신학적 오류가 분명하게 드러납니다. 예를 들면 이렇게 명령하는 존재가 세상의 왕이라면, 이것은 국가 같은 물리적 수단의 문제입니다. 그러나 이렇게 명령하는 존재가 하나님이라면, 메신저는 영적 사절, 곧 천사입니다. 후자는 전통적인 해석일 뿐만 아니라, 이것이 하나님나라에 관한 것임을 고려할 때 불가피한 해석입니다. 천사가 우리를 강제로 들어가게 하는 것과 국가가 무력을 사용해 들어가게 하는 것은 전혀 다른 문제입니다. 지금껏 국가가 천사에 비유된 적은 한 번도 없습니다. 오히려 국가는 완전히 다른, 일종의 영적인 힘입니다. 이 비유는 하나님나라를 말하며, 따라서 누가복음 버전은 영원한 구원 문제를 말하지 않습니다. 여기서 저는 이렇게 말하고 싶습니다. 은혜가 모두를 그 나라에 들어가게 해야 한다면 그렇게 되기를! 하나님의 은혜가 우리 모두를 그분의 나라에 들여보낼 것입니다. 분명히 본문이 의미하는 바는 이것입니다. 본문은 사람들을 강제로 회심시키는 것과는 전혀 무관합니다. 이 끔찍한 역사적 이단은 세 단어를 문맥에서 분리해 그 위에 신학을 세웠기 때문에 생겨났습니다. 모든 성경 본문은 전체 성경의 문맥에서 해석되어야 합니다.

비유의 셋째 부분은 11절에서 시작됩니다. 여기서 왕은 잔치가 무르익을 무렵 모습을 드러내는데, 당시의 관습을 따른 것입니다. 왕은 심판을 하는데, 전통적 해석에 따르면 혼인 잔치에 모인 것은 교회이므로 심판은 교회를 향한 것입니다. 심판은 예복을 입지 않은 사람에게 내려집니다. 먼저 예레미아스의 설명을 소개할 텐데, 그의 설명은 완전히 실증주의적이지만 꽤 재미있습니다.[3] 그의 논지는 본문에 두 비유가 섞여 있다는 것입니다. 하나는 초대받은 하객들에 관한 비유이고 다른 하나는 예복에 관한 비유입니다. 초대교회는 다음과 같은 문제 때문에 이 둘을 하나로 섞었습니다. 교회가 요청하는 모든 사람에게 세례를 베푼다면 선한 자와 악한 자가 모두 똑같이 교회에 들어올 것입니다. 이것은 이제부터 교인들이 그 어떤 심판도 받지 않는다는 뜻일까요? 일단 세례를 받으면 아무래도 괜찮다는 뜻일 테지만, 실제는 그렇지 않은 것이 분명합니다. 그렇다면 교회는 세례를 받았지만 복음을 따라 그리스도인다운 삶을 살지 않는 사람들을 어떻게 해야 할까요? 예레미아스는 이런 몇 가지 이유에서 교회가 사람들에게 혼인 잔치 자리에 들어왔다고 모든 게 반드시 다 잘되지는 않는다는 것을 경고하려고 예복에 관한 마지막 부분을 덧붙였다고 주장합니다.

두 본문이 혼합되었을 가능성이 꽤 있습니다. 그러나 저는 그 동기에 관한 설명에 동의하지 않습니다. 제가 믿는 것처럼, 만약 모든 게 준비되었다는 기쁨이 이 비유의 핵심이라면 문제는 도덕적인 것이 아니라 기쁨과 관련이 있습니다. 모든 것이 준비되었으므로 오는 하객들이 혼인 잔치의 기쁨에 참여할까요? 이들이 예수 그리스도와 교제하게 될까요? 저는 이 교제가 절대 필수적이라고 믿습니다. 교제가 없으면, 성육신의 잔치에 참여하는 것이 아니기 때문입니다.

또 다른 주석가에게 이 본문은 거침돌로 보입니다. 어떤 사람이 너무 가난해 예복을 사지 못했기 때문에 잔치에서 쫓겨납니다. 이것은 교회에 발을 붙이지 못하는 가난한 사람들에게 큰 관심을 보이던 때에 기록되었습니다. 그러나 실제로 예복이 요구되지 않는다는 것을 알아차리는 것이 매우 중요합니다. 혼인 잔치에 참여함으로써 옷이 예복이 됩니다. 사실, 옷은 하나님이 직접 준비하십니다. 계시록에서 계속해서 말하듯이, 하나님은 우리에게 새 옷을 입혀주실 것입니다.

다음으로, 본문은 부름을 받은 사람은 많지만 택함을 받은 사람은 적다고 말합니다. 이 구절도 성경 문맥에서 분리되어 예정론을 세우는 데 이용되었습니다. 저는 성경 메시지의 전체 방향은 모든 사람이 초청받겠지만 소수만 선택되어 하나님나라(구원)에 들어가리라는 그 어떤 개념과도 정반대라고 믿습니다. 예를 들면, 예수께서는 모든 사람을 자신에게로 부르겠다고 말씀하십니다. 바울은 디모데전서에서, 예수께서는 모든 사람이 구원받길 원하신다고 말합니다. 로마서는 부르심과 구원을 동일시합니다. 계시록의 전체 방향이 이를 뒷받침합니다. 계시록은 권세들powers만 지옥에 던져진다고 구체적으로 기술합니다.

따라서 이 구절에 대한 전통적 설명은 불가능합니다. 칼뱅도 자신이 주장한 예정론에서 이 본문을 이렇게 단순하게 해석하지 않았습니다. 칼뱅은 이 구절이 적은 수가 선택되지만 오직 한 사람만 혼인 잔치에서 쫓겨난다고 분명하게 말한다고 지적합니다. 더 나아가 예수께서는 다수가 배제되리라고 말씀하고 계시지 않은 게 분명하다고 말합니다. 따라서 이것은 앞으로 일어날 일에 대한 묘사일 수 없습니다. 오히려 이것은 경고가 분명합니다. 칼뱅의 표현을 빌리자면, 외적인 신앙 고백만으로는 부족합니다. 삶의 회심이 요구됩니다. 바꾸어 말하면, 한 사람의 삶에서 진정한 변화가 전혀 일어나지 않은 채 순전히 겉으로, 말로만 신앙을 고백하는 경우가 있을 수 있습니다.

카를 바르트가 이 본문에 관해 말한 중요한 두 가지를 요약하며 마무리 짓겠습니다. 첫째, 구체적인 수는 없으며 많고 적음이 있을 뿐입니다. 여기서 진짜 문제는 모든 사람이 하나님나라에 들어갈 고결한 자질을 충분히 갖췄다는 믿음입니다. 이것은 인간이 하늘에 오를 수 있거나 인간 본성이 그렇게 하는 데 필요한 것을 갖췄다는 믿음입니다. 그러나 본문은 하나님나라에 들어가느냐는 하나님만 결정하신다는 것을 분명히 합니다. 바르트에게 이것은 부름받음과 택함받음의 차이입니다. 하나님이 모두를 부르신 목적이 '분류'하기 위해서일 리는 없습니다.

바르트의 두 번째 견해는 하나님의 뜻은 모든 인간을 구원하는 것이라는 점입니다. 하나님의 능력은 모두를 구원하기에 충분합니다. 하나님은 모든 사람을 똑같이 사랑하십니다. 그러나 우리는 자신을 그분의 뜻에 맡겨야 하며, 우리가 그분의 뜻을 바꿀 수는 없습니다. 하나님의 뜻이 그분의 뜻을 유지하며, 하나님만 결정하십니다. 그러나 하나님은 자비를 따라 결정하십니다. 바꾸어 말하자면, 바르트가 즐겨 쓰는 용어로 우리는 여기서 '불가능한 가능성the impossible possibility'을 만납니다. 우리를 거부하는 것이 하나님의 뜻일 가능성이 남아 있으며, 우리는 이 가능성을 인정해야 합니다. 시편은 이렇게 노래합니다. "주께서 나를 정죄하시더라도, 주의 판단에는 흠이 없습니다"(시 51:4). 하나님이 우리를 정죄하시더라도 그분이 옳습니다. 그러나 이것은 '불가능한 가능성'입니다. 하나님의 사랑은 무한하기 때문입니다. 그 결과, 이 구절은 (칼뱅의 개념을 빌리자면) 우리가 하나님의 뜻에 (그 뜻이 무엇이든 간에) 복종해야 한다고 경고합니다. 이 본문이 얼마나 많은 사람이 구원받을 것인가 하는 문제와 전혀 관련이 없다는 뜻입니다.

여러분의 질문에 답해보겠습니다. 인간의 삶을 그 어떤 논리적 시각이나 합리적 시각에서 본다면, 결국 죽음으로 끝납니다. 하나님이 은혜를 확대해 생명을 주신다면, 우리가 처음에 좋아하든 좋아하지 않든 간에 하나님은 이렇게 하십니다. 이 생명의 선물이 우리를 하나님나라에 둡니다. 이것은 하나님의 결정입니다. 문제는 이 모든 것은 누군가에게 가르치기 매우 어렵다는 점입니다. 교회는 사람들이 무슨 짓을 하든 어쨌든지 구원받으리라고 말할 때 일어날 도덕적 결과가 무서워 지금껏 대놓고 이렇게 가르치지 못했습니다. 공동체나 사회에게 이것은 전혀 생각할 수 없는 일입니다. 여기서 알아야 할 중요한 사실이 또 하나 있습니다. 하나님은 그분에 대한 어떤 종류의 순종을 부과하시지 않습니다. 하나님은 생명을 주실 뿐입니다. 성경 전체에서 생명의 핵심은 자유입니다. 이 자유는 생명을 주시는 하나님과의 관계를 포함합니다.

여기에는 또 다른 쟁점이 있습니다. 하나님이 모든 사람에게로 확대하시는 은혜는 생명의 은혜와 그분의 사랑입니다. 그러나 우리는 우리 삶의 과정에서 이 말씀을 들을 때, 카이로스 때문에 결정을 내릴 필요가 있습니다. 그 순간, 우리는 하나님의 뜻을 발견합니다. 우리는 하나님과 어떤 관계에 들어가고, 그 관계 속에서 무슨 일이 일어나든 그분의 뜻이 선하다는 사실을 깨달아야 합니다. 말하자면, 이것은 믿음과 확신의 길에서 내딛는 두 번째 걸음입니다. 이 비유는 전부 이 점에 관한 것입니다. 초대를 받을 때, 음식이 마음에 들지 않을 가능성을 두고 오랜 토론을 벌이겠습니까? 아니면 누가 요리를 하고 무슨 음식을 내어놓든 간에 모든 것이 좋을 거라고 믿겠습니까? 어떤 의미에서 이 비유는 전부 이것에 관한 것입니다. 그런데도 상황은 매우 어렵습니다. 우리가 일하고 사는 방식이 이러한 카이로스의 가능성을 배제하기 때문입니다. 그렇더라도 저는 이것이 갑자기 들이닥치는 영원에 관한 문제가 아니라, 우리 삶에서 일어나는 파열에도 불구하고 찾아오는 큰 기쁨의 순간에 관한 문제라고 믿습니다.

제가 누가복음의 본문을 근거로 했다면, 이 비유를 이런 식으로 해석할 수 없었으리라는 점에 전적으로 동의합니다. 현대 해석자들이 지적하듯이, 예를 들면 누가에게는 부자와 가난한 자의 서로 다른 행동양식을 통해 얻은 사회적 인식이 있었습니다. 누가복음에서는 크로노스와 카이로스가 대비되지도 않고 하나님나라와 천국이 서로 다르지도 않습니다. 마태와 누가는 같은 이야기를 서로 다른 시각에서 봅니다.

18. 열 처녀 비유와 달란트 비유(마태복음 25:1-30)

마태복음 25장에 세 가지 비유가 나오는데, 세 번째 비유는 천국이 아니라 열방에 대한 심판이 주제이기 때문에 여기서 다루지 않겠습니다. 세 비유가 마태복음에서 어디에 위치했느냐는 상당히 중요합니다. 바로 앞에 나오는 24장은 세상의 마지막을 다루는데, 그때 전쟁이 일어나고 전쟁의 소문이 들리며 지진과 기근이 있고 큰 고난이 시작될 것입니다. 이런 까닭에 마태복음 24장을 흔히 마태복음의 묵시록이라고 합니다. 이어지는 26장에서는 대제사장들이 예수를 잡아 죽이려 결정하면서 예수의 고난이 시작됩니다. 그러므로 세 개의 비유를 특히 중요하게 다뤄야 합니다. 세 비유는 함께, 요한복음에 나오는 예수와 제자들 간의 마지막 담론과 대략 일치하기 때문입니다. 세 비유도 같은 위치에 자리하며, 예수께서 제자들에게 주시는 마지막 경고를 대표합니다.

열 처녀 비유는 24장 36-44절의 가르침으로 돌아가고, 달란트 비유는 24장 45-51절의 가르침으로 돌아갑니다. 달리 말하면, 두 비유는 24장에 나오는 두 개의 가르침, 곧 세상의 마지막에 관한 예수의 말씀에 이어지는 가르침입니다. 신중함과 빈틈없음과 깨어 있음의 중요성에 관한 이러한 가르침이 너무나 중요하기 때문에 마태는 이것들을 처음에는 직접, 그다음에는 비유 형태로 반복합니다.

두 비유와 관련해 몇 가지를 짚고 넘어가겠습니다. 첫째, 두 비유는 우리가 이미 접한 여러 가지를 재차 다룹니다. 천국은 마치 열 처녀와 같고 종들을 불러 회계하는 주인과 같습니다. 이번에도 천국은 땅에서 사람들을 통해 태어나고 활동합니다. 이 사람들이 모두 같지는 않은데, 어떤 사람들은 자기 과제를 수행하고 어떤 사람들은 그러지 못합니다. 과제를 수행하는 사람들은 다양한 수준의 헌신과 신실함을 보입니다. 천국이 인간 역사에 현존하는 동안, 이들은 모두 이렇게 어둠 속에서 기다립니다. 이런 모습이 바로 교회에서 나타나는데, 온갖 불신앙이 난무하고 구성원들의 진정성도 가지각색입니다. 이것을 판단해서는 안 됩니다. 그렇더라도 이런 사람들이 교회 안에 있다는 것은 인정해야 합니다. 이번에도 천국이 하나님나라로 바뀌는 단락이 있는데, 이것은 예수께서 신실한 교회를 만나시는 혼인 잔치로 표현되고, 이들이 행하고 말한 전부를 밝혀 이들이 정말로 누군지 드러내실 주님의 재림으로도 표현됩니다. 이번에도 한 사람만 심판을 받습니다.

둘째, 두 비유는 천국의 역할에 관해서도 특별한 가르침을 줍니다. 첫째, 천국은 예수 그리스도께서 세상에 없을 때 그분의 빛이 세상을 계속 비추게 합니다. 이 역할은 이미 마태복음 5장에서 선언되었는데, 거기서 예수께서는 "너희는 세상의 빛이라"고 하셨으며 등불을 켜서 말 아래 두어서는 안 된다고 하셨습니다. 저는 이 빛이 하나님의 말씀이라고 믿는데, 하나님의 말씀은 사람들을 매개로 세상에 태어나야 합니다. (예수께서 말씀하시듯이) 사람들이 침묵하면, 돌들이 마땅히 외칠 테지만 말씀은 선포되지 않을 것입니다. 이것이 핵심 문제입니다. 우리는 하나님의 말씀을 말하는 책임을 다른 사람들에게 미뤄서는 안 됩니다. 교회는 등불을 올려놓는 등경입니다. 교회가 빛은 아닙니다. 사람들은 하나님 말씀의 담지자일 뿐입니다. 하나님의 말씀은 빛입니다. 하나님의 말씀은 사람들이 어둠 속에서 살아갈 수 있게 하며 세상을 비추기 때문입니다. 저는 이것이 하나님 말씀의 이중 역할이라 믿습니다. 그런데 이 역할이 지금까지 자주 잊혔습니다. 경건주의 전통이 하나님의 말씀의 입을 막고, 하나님의 말씀이 마음과 영혼과 감정 등을 향해 말하게 했기 때문입니다. 이와는 반대로, 하나님의 말씀은 차원이 다른 행동의 길잡이입니다. 그뿐 아니라 하나님의 말씀은 추상적 진리나 신학적 진리가 아닙니다. 하나님의 말씀은 우리에게 세상을 다르게 보라고 가르침으로써 세상의 실재를 다루기 때문입니다. 이런 방식으로 빛을 계속 비추는 것이 천국과 그 나라로 부름을 받은 자들의 첫 번째 임무입니다.

두 번째 천국의 역할에 대한 새로운 시각은 예수 그리스도의 재림을 준비한다는 것입니다. 신랑이 오며, 우리는 신랑을 맞을 준비가 되어 있어야 합니다. 이러한 준비는 세례 요한의 준비와 같아야 합니다. 세례 요한은 예수께서 첫 번째 오셨을 때 그분을 알아보았습니다. 24장에서 다루는 어려움도 마찬가지입니다. 전통적 해석은 예수께서 신분을 숨기고 오셨으나 영광으로 다시 오신다고 주장합니다. 그러나 저는 이것이 더없이 분명한지 모르겠습니다. 예를 들면, 24장은 큰 기적을 행할 거짓 그리스도와 거짓 선지자에 대해 말하는데, 예수께서는 누군가 자신이 광야나 다른 어딘가에서 왔다고 말하더라도 그곳에 가지 말라고 미리 경고하십니다. 분명히 그렇게 분명하지 않을 것입니다. 예수께서 처음 나타나셨을 때, 그분에게서 선지자들이 예언한 분을 보기 위해서는 세례 요한의 통찰력이 필요했습니다.

마태복음은 예수께서 오실 때 큰 불확실성이 있으리라고 말합니다. 지혜로운 다섯 처녀가 주님을 맞으려고 기다립니다. 이들은 그분을 알아볼 수 있기 때문입니다. 그분을 영접하려면 이러한 지속적인 능력이 필요합니다. 이것은 세상에서 믿음을 보겠느냐는 너무나 중요한 질문과 연결됩니다. 이 질문으로 기름을 나눠주길 거부한 지혜로운 처녀들의 다소 이기적인 반응이 부분적으로 설명될 것입니다. 이들 모두 기름이 떨어진다면 관련된 모두에게 재앙일 테고, 예수 그리스도께는 더더욱 그러할 것입니다.

우리는 이 문제를 숱한 형태로 접합니다. 예를 들면, 최근에 어느 프랑스 사제가 예수 그리스도와 혁명 중에 하나를 선택해야 한다면 혁명을 택하겠다고 했습니다. 이것은 가능하지 않습니다. 단지 이데올로기적 이유들 때문만이 아니라 예수 그리스도와 관련해서도 가능하지 않습니다. 그리스도께서 다시 오실 때, 우리는 거기 있어야 합니다. 결코 다른 사람들과의 결속을 위해 우리의 믿음을 포기해서는 안 됩니다.

천국에 대한 세 번째 새로운 시각은 예수께서 이 땅에서 시작하신 일을 계속한다는 것입니다. 두 번째 비유가 이것을 분명히 보여줍니다. 우리는 예수께서 자신의 일을 통해 나눠주신 달란트를 반드시 활용하고 불려야 합니다. 천국은 예수께서 시작하신 일이 자라나는 것입니다. 이 부분에 관해 다양하고 분명하게 말할 수 있습니다. 예수 그리스도께서 세상에 계시지 않을 때, 이 일은 우리의 몫입니다. 하나님이 우리를 위해 이 일을 하시거나 성령께서 우리를 대신해 행동하시리라고 기대해서는 안 됩니다. 이 일은 우리의 결정과 행동에 달렸습니다.

이 비유에서 하나님이 주시는 수단은 달란트로 표현됩니다. 달란트는 단순히 영적 덕목이 아닙니다. 자유주의 개신교가 주장할 법하게도, 하나님이 우리 속에 두시는 그 무엇도 아닙니다. 예를 들면, 지성은 달란트지만 유전과 문화가 낳은 인간의 자질일 뿐입니다. 우리는 이런 자질들에 대해 하나님께 감사할 수 있지만, 하나님을 이런 자질을 나눠주는 착한 요정으로 만들어서는 안 됩니다. 따라서 하나님이 주시는 선물과 순전히 인간적인 자질은 근본적으로 다릅니다. 이러한 차이는 인간의 행동에도 적용됩니다. 예를 들면, 지혜로운 처녀들이 가서 기름을 살 때, 이것은 하나님이 결정해서 나눠주시는 선물이 아니라 인간의 행위입니다.

또 하나 분명한 것은 천국에서 인간 행동의 발전과 성장이 하는 역할입니다. 우리는 자신이 하는 일의 중요성에 관해 그 어떤 환상도 가져서는 안 됩니다. 우리가 하는 일은 하나님이 하시는 일에 비하면 너무나 보잘것없기 때문입니다. 그렇지만 앞서 보았듯이, 하나님의 일은 인간의 참여 없이는 이루어지지 않을 것입니다. 예를 들어, 빵과 물고기를 엄청난 곱절로 늘린 기적을 떠올려보십시오. 예수께서는 무에서 이렇게 하신 것이 아닙니다. 첫째, 제자들이 빵과 물고기를 구해 예수께 가져왔습니다. 그런데 턱도 없이 부족했습니다. 그러나 사람들이 내딛은 첫걸음이 없었다면, 아무 일도 일어나지 않았을 것입니다. 우리를 하나님의 동역자라고 했던 바울의 말이 정확히 이런 뜻입니다. 제가 따르는 카를 바르트의 신학 같은 초월적 신학이라도 인간의 행위를 결코 배제하지 않습니다.

두 비유에 따르면, 천국에 대한 네 번째 새로운 시각은 천국이 시험받는 시간이라는 것입니다. 예수께서 계시지 않는 동안, 사람들은 이러한 기다림의 시간에 어떻게 살까요? 사람들은 이제 혼자 남겨졌고, 그래서 이들의 깨어 있음과 노력과 헌신이 시험받습니다. 첫 번째 비유는 이 부분에서 다소 비관적으로 보입니다. 열 처녀 모두 잠이 듭니다. 더 넓은 성경 문맥에서 보면, 예수께서 겟세마네 동산에서 기도하실 때 제자들도 잠이 들었습니다. 그와 동시에, 이것은 우리에게 아주 위안이 되기도 합니다. 우리는 우리가 잠들 때라도 은혜가 계속된다는 것을 알게 됩니다. 이것은 매우 중요합니다. 따라서 천국에 속하고 그 나라에 참여하는 것은 우리가 누구며 무엇에 부름을 받았는지에 대한 시험입니다.

두 개의 비유가 천국의 역할에 관해 무엇을 가르치는지 살펴보았으니, 이제 그것들이 제시하는 권고로 눈을 돌리겠습니다. 두 개의 비유는 앞선 비유들과 성격이 조금 다른데, 앞선 비유들은 이를테면 좀 더 독립적이었습니다. 앞선 비유들은 진주를 찾는 상인이나 밭에서 보화를 발견한 사람 등을 말했습니다. 여기서 살펴보는 두 개의 비유는 천국에 있는 사람들에게 기대되는 자질들을 다룬다는 점에서 권고의 성격이 훨씬 두드러집니다. 첫 번째 자질인 깨어 있음과 그 중요성은 이미 살펴보았습니다. 하나님이 침묵하시는 기간(아직 오지 않은 신랑과 외국에 나간 주인으로 표현됩니다)은 밤입니다. 깨어 경계하며 세상을 위해 빛을 비추는 것은 우리의 몫입니다. 저는 이것이 완전히 방향을 잃은 이 시대의 모든 교회에게 특히 중요하다고 믿습니다. 우리는 세상의 방식으로 말하고, 세상에 동화되며, 따라서 더 이상 하나님이 누구신지를 나타내는 신호로 존재하지 않기를 바라는 유혹을 받습니다. 우리의 준거점은 예수 그리스도께서 먼 과거에 세우신 것뿐입니다. 우리는 그분이 이곳이나 저곳에서 기적을 통해 분명하게 자신을 드러내고 계신다고 주장할 수 없습니다. 우리가 가진 거라고는 2천 년 전에 예수께서 죽은 후에 다시 살아나셨다는 터무니없는 주장이며, 이런 주장은 지금도 변함이 없습니다. 우리는 이제껏 아주 오래 기다렸습니다. 그렇다고 이것은 이제 조금만 더 기다리면 된다는 뜻이 아닙니다. 저는 이것이 두 비유의 핵심 요소라고 봅니다.

두 번째 자질은 지혜인데, 두 비유에서 지혜로운 처녀들과 받은 달란트로 일을 잘한 종들로 표현됩니다. 이런 지혜는 타고난 지능이나 철학자들이 말하는 지혜와는 전혀 관련이 없으며, 도덕적 방향과도 분명히 관련이 없습니다. 성경에서 지혜가 무엇을 의미하는지는 아주 분명합니다. 지혜는 우리를 향한 하나님의 기대라는 면에서 하나님의 뜻을 분별하는 것을 말합니다. 지혜는 철학적이거나 도덕적인 것과는 아무 관련이 없습니다. 이러한 하나님의 뜻은 하늘에서 떨어지지 않으며, 우리가 분별해야 합니다. 열 처녀는 자신들이 등불을 계속 밝혀야 한다는 것을 알았고, 종들은 자신들이 받은 돈으로 일해야 한다는 것을 알았습니다. 이들이 분별해야 했던 것은 단순해 보일지 모릅니다. 그러나 물론 이것은 비유입니다.

우리가 대면하는 상황은 훨씬 복잡합니다. 그러나 저는 하나님의 뜻을 분별하는 것은 더없이 간단하다고 믿습니다. 우리 삶의 매 순간에 하나님의 뜻을 분별하는 것을 말하는 것이 아닙니다. 하나님의 뜻을 분별하는 게 어려운 것이 아니라 그 뜻을 살아내는 게 어렵습니다. 하나님은 우리가 따르도록 초대받은, 예수 그리스도가 중심을 이루는 계시라는 구체적인 방법을 선택하셨습니다.

이 두 비유에서 세 번째 자질은 실행하는 능력입니다. 이것은 단순히 무엇을 할지 아는 문제가 아니라 실제로 그것을 행하는 문제입니다. 바꾸어 말하면, 이것은 우리의 행위의 문제입니다. 문제는 이것이 너무나 자주 도덕적이고 하찮은 것으로 바뀌었다는 것입니다. 그러나 (헤겔적 사고나 마르크스적 사고에서처럼) 우리가 이것을 실천praxis으로 생각할 때는 그렇지 않습니다. 예를 들면, 예수께서는 자신의 말이 하나님에게서 왔는지 어떻게 알 수 있느냐는 물음에, 자신의 말을 행하면 자신의 말이 하나님에게서 왔음을 알게 된다고 대답하십니다. 우리는 일종의 지적 체계나 어떤 철학이 아니라 실천을 통해 이것을 알 수 있습니다. "이것을 실천하라. 그러면 너희가 알리라."

믿음이 행위로 자신을 표현할 때, 여기에는 전통적으로 표현된 것보다 훨씬 많은 게 포함됩니다. 야고보서는 행함 없는 믿음이란 없다면서 이것을 아주 분명히 합니다. 믿음과 행위는 분리될 수 없습니다. 둘을 분리해 심각한 신학적 오류에 빠진 경우들이 있습니다. 예를 들면, 가톨릭교회는 행위가 모든 것을 시험한다고 가르쳤으며, 이에 답해 루터는 모든 것은 믿음의 문제라고 했습니다. 그러나 루터의 대답은 틀렸습니다. 모든 것이 믿음의 문제는 아닙니다. 행함이 없으면 믿음도 없기 때문입니다. 이 과정을 이전에 끝없이 논쟁되었던 것에 어느 정도 비유할 수 있을 것입니다. 먼저 생각이 있고, 그 후에 이것이 말로 표현됩니까? 생각과 말은 철저히 상호작용을 한다고 믿습니다. 저는 믿음과 행위의 관계도 이와 비슷하다고 믿습니다. 믿음은 행위 없이 존재하지 못하고, 행위도 믿음 없이 존재하지 못합니다. 믿음 없는 실천은 존재하지 않습니다. 두 비유는 이러한 근본적인 관계를 드러냅니다.

네 번째 자질은 희망입니다. 두 번째 비유는 종들의 주인이 오랜 후에야 돌아왔음을 강조합니다. 우리가 이미 접한 설명들은 흔히 이 부분을 대수롭지 않게 여깁니다. 예수께서는 세상의 마지막이 임박했다고 생각하셨는데, 초대교회는 세상의 마지막이 예상처럼 빨리 오지 않자 이러한 부분들을 덧붙였다는 것입니다. 저는 이것이 매우 나쁜 해석이라고 생각합니다. 이 해석은 초기의 그리스도인들이 이런 부분을 여기저기에 덧댐으로써 스스로를 위로할 수 있다고 생각할 만큼 어리석었음을 암시합니다. 이러한 해석 방법과 관련해, 저는 19세기 말에 유행한 단 하나의 역사적 이론을 어떤 해석의 근거로 삼아서는 안 된다고 생각합니다. 예수 그리스도의 재림이 지체되어 하나의 온전한 신학이 생겨났다는 이론 말입니다. 저는 이 해석을 전혀 신뢰하지 않습니다. 설령 예수께서 이렇게 믿으셨더라도 상황이 달라질 때를 대비하셨을 것이기 때문입니다. 요한복음의 경우, "너희가 어려움에 빠지지 않도록 내가 너희에게 이것들을 이르노라"라는 예수의 경고는 사실상 매우 이른 시기의 말씀이며 그것이 원본이리라는 점을 부정하기 어렵습니다. 예수께서 여기서 하시는 말씀은 자신이 다시 오기까지 매우 오래 걸리더라도 너희가 계속 희망을 갖고 살아야 한다는 것입니다. 이러한 희망의 자질이 근본적입니다. 저는 개인적으로 그 일이 오래 걸릴 수도 있다는 예수의 경고는 다소 미숙한 가설과는 달리 덧붙여진 것이 아니라 예수께서 친히 하신 말씀이라고 확신합니다.

방금 살펴본 것을 토대로, 어리석은 다섯 처녀가 받은 심판도 분명하게 알 수 있습니다. 이들은 남겨졌고, 따라서 더 이상 빛의 담지자가 아니며, 밖에 있습니다. 희망은 매우 오래 기다릴 수 있어야 합니다.

종이 받은 심판이 이 모든 주장을 한층 더 뒷받침하는데, 종은 주인이 뿌리지 않은 데서 거두는 굳은 사람이라는 것을 자신이 알았다고 설명합니다. 주인은 정확히 종의 판단과 말 그대로 행동합니다. 이것은 주인이 실제로 굳은 사람이냐는 문제가 아닙니다. 이 말은 이런 뜻입니다. "너는 나를 굳은 주인이라고 판단했다. 따라서 나는 그런 주인이다." 이 반응은 구약성경 전체와 일치하는데, 구약성경에서 하나님은 사람들이 믿는 바로 그런 분입니다. 우리가 하나님에게 무엇인가를 부과하는 것이 아니라, 랍비가 가르쳤듯이 하나님이 우리에게 맞게 자신을 드러내십니다. 바꾸어 말하면, 우리가 하나님이 선하다고 확신하면 그분은 우리를 선하게 대하실 것입니다. 우리가 하나님이 사랑이라고 확신하면 그분은 우리를 사랑하십니다. 반대로, 우리가 하나님이 잔인하고 굳은 분이라고 믿는다면 그분을 그런 분으로 만날 것입니다(하지만 우리가 그분을 그런 분으로 만든 것입니다). 우리는 이것을 성육신에서 가장 분명하게 봅니다. 하나님이 사람이 되십니다. 복음서에 묘사된 그대로 연약하고 가난하며 고난받는 사람이 되십니다. 전능하지 않기에, 이런 환경에는 하나님이 없다고 말할 만한 그런 사람이 되십니다. 우리는 당연히 이렇게 물을 수 있습니다. "이것은 객관적인 하나님이 없다는 뜻인가?" 표현에 주목해야 합니다. 객관적인 하나님의 존재란 무엇을 의미할까요? 이런 하나님은 객체가 제한되는 방식으로 제한된다는 의미일 것입니다. 우리가 이런 방식으로 객관화하는 하나님은 (아마도 가운데 십자가가 있는) 하나의 삼각형으로 구름을 타는 친절한 아버지나 우리가 좋아하는 그 무엇으로든 표현할 수 있는 그런 하나님입니다.

우리는 하나님과의 관계에 들어감으로써 하나님을 하나의 객체처럼 취급하는 걸 그쳐야 합니다. 그러지 않으면, 이 모든 제한된 생각에서 벗어날 수 없습니다. 사랑이신 하나님을 믿는다면, 우리는 그분과 어떤 관계를 맺고 있는 것이며, 그분은 사랑입니다. 더 이상 우리가 하나님을 어떻게 생각하고 상상하느냐는 문제가 아닙니다. 더 이상 허구나 환영이 아닙니다. 성경은 하나님은 사랑이라고 말합니다. 하나님은 우리가 기대하는 바로 그런 분이기 때문입니다. 그러나 종이 자신의 주인이 굳고 불의하며 매정하다고 판단하면, 종과 주인의 관계는 사랑의 관계가 아닙니다. 저는 이것 외에 다른 심판은 없다고 생각합니다. 저는 이것이 예수께서 "너희가 너희 **말**을 따라 심판을 받으리라"고 하셨을 때 의미하신 바라고 믿습니다(눅 19:22). 예수께서는 "너희의 **행위**를 따라 심판을 받으리라"고 하지 않으셨습니다. "너희는 너희가 하나님에 관해 하는 말을 따라 심판을 받을 것이다."

마지막으로, 예레미아스가 제시한 이 비유들에 대한 설명을 잠시 살펴보겠습니다. 예레미아스는 이 비유들의 본래 방향이 무엇이었는지와 교회사의 한 결과로 이 방향이 무엇이 되었는지를 흥미롭게 구분합니다. 예수께서 이 비유들을 들려주실 때 그분은 유대 종교 지도자들과 자신의 대적들을 겨냥하셨음이 분명합니다. 이런 이유에서 이 비유들은 예수께서 이들의 손에 체포되고 고난을 받으신다는 기사 앞에 위치합니다. 따라서 이 비유들은 이제 일어날 위기를 선언합니다. 그 위기는 재앙일 것입니다. 그래서 마태복음 24장이 이에 대한 묵시적 서술을 포함합니다. 이 비유들은 하나의 권고를 이룹니다. "위기가 다가오고 있으니, 너희는 굳게 서야 한다." 두 비유가 예수에 관한 것이든 아니든 간에, 이것은 호소입니다. 예레미아스에게 이것은 이 두 비유의 핵심입니다.

예레미아스에 따르면, 초대교회 시대에 이들 비유의 방향이 유대인 지도자들과 예수를 반대하는 사람들을 겨냥하는 데서 교회 지도자들뿐만 아니라 평범한 그리스도인들을 겨냥하는 쪽으로 옮겨갔습니다. 이들이 달란트를 받았고 예수의 재림을 기다리고 있었기 때문입니다. (저는 이런 분석이 대체로 옳다고 믿습니다.) 그 결과, 이 비유들은 예수 그리스도의 재림을 말하는 알레고리가 되었습니다. (이것은 제가 앞에서 제시한 해석과 대체로 일치합니다.) 더 이상 바로 지금 결정하라고 권고하지 않습니다. 깨어 경계를 늦추지 않음으로써 오랜 기다림에 반응하라고 권고합니다. 따라서 두 비유를 두 단계로 해석하는 것이 가능하며, 저는 두 해석 다 옳다고 믿습니다. 이것은 이 둘을 비롯해 다른 본문들의 내용이 결코 닫혀 있지 않음을 다시 한 번 보여줍니다.

19. 천국에 관한 그 밖의 언급들

앞에서 살펴본 비유들 외에 마태복음에는 천국에 관한 언급들이 더 있습니다. 이러한 언급들은 5장 3, 10, 19, 20절(산상설교), 7장 21-27절, 18장 1절 이하에 나옵니다. 5장의 구절들부터 살펴보겠습니다. 예수께서는 이렇게 선포하십니다. "가난한 자들은 행복하다. 천국이 그들의 것이기 때문이다." 이것은 일종의 자연 진리 때문이 아니라 예수께서 이렇게 선포하시기 때문임이 분명합니다. 이것은 산상설교 전체에서 나타납니다. 본문을 읽는 가장 최근의 방법들 덕분에, 우리는 어떤 말이 참된 이유는 그 말을 하는 사람 때문이라는 것을 더 잘 이해할 수 있습니다. 따라서 이 말씀을 예수 그리스도에게서 분리할 수 없습니다. 그분은 자신의 나라를 다스리는 왕이며, 따라서 그분의 선포는 설령 우리의 경험에서 그런

식으로 이루어지 않은 것처럼 보일 때라도 참됩니다.

천국에 관해 우리는 이미 살펴본 많은 것들을 다시 만납니다. 첫째, 천국은 현존합니다. 본문은 천국이 심령이 가난한 자들과 의를 위하여 박해를 받는 자들의 것이라고 (현재 시제로) 분명하게 말합니다(5:3, 10). 나머지 본문들은 미래 시제입니다. "그들이 위로를 받을 것이며, 그들이 땅을 상속할 것이며, 그들이 하나님을 볼 것이며" 등등입니다. 이 모든 말씀은 미래에 하나님을 만날 것을 가리키는데, 그때 약속들이 성취될 것입니다. 심령이 가난한 자들과 정의를 위해 박해를 받는 자들의 경우, 이들은 바로 지금 이 땅에서 천국에 있으며, 그것은 자신들이 이것을 알지 못할 때라도 그러합니다. 이들은 천국의 첫 구성원입니다.

천국에 관한 또 하나의 가르침은 우리가 이미 접한 것인데, 이들이 행복하다는 선언에서 비롯됩니다. 천국은 기쁨으로 살고 이 기쁨과 더불어 전진합니다. 마지막으로, 천국은 숨겨져 있으며 사람들이 인지할 수 없습니다. 천국은 예수께서 말씀하시는 그대로일 뿐입니다.

심령이 가난한 자들은 하나님이 자기 삶의 핵심 가치나 재산이라는 것을 아는 자들입니다. 이들은 자신이 이것을 갖지 못했기 때문에 가난하다는 것을 알며, 자신이 이것을 구해야 한다는 것도 압니다. 이들은 이 점과 관련하여 자신이 갖지 못한 것을 기준으로 자신의 가난을 측정합니다. 천국이 이들의 것인 이유는 이들이 천국의 왕, 곧 가난한 왕과 소통함으로써 그 나라에 들어갔기 때문입니다. 예수는 완전히 가난하십니다. 빌립보서 2장이 설명하듯이, 그분은 완전히 낮춰지신 동시에 자발적으로 낮아지셨기 때문입니다.

정의를 위해 박해받는 자들이란 인간적 정의나 사회정의를 구하는 자들이 아니라 천국의 정의를 구하는 자들입니다. 이들은 천국의 정의 때문에 박해를 받습니다. 우리는 제십일시(오후 5시) 품꾼들의 비유에서 이러한 종류의 정의를 이미 접했습니다. 이것은 인간 공동체들이 만들어내는 정의와 정반대입니다. 11절에서 분명히 하듯이, 이것은 천국 왕 자신의 정의입니다. 이 정의를 추구하는 자들은 그 왕을 위하여 박해를 받습니다. 바꾸어 말하면, 이 정의를 위해 박해를 받는 것은 그 나라 왕을 위해 박해를 받는 것과 일치합니다. 예수께서 친히 이 정의를 온전히 체현하셔서, 그분은 자주 우리의 정의라 불리십니다. 그래서 심령이 가난한 자들의 경우처럼, 박해를 받는 종과 주인 사이에 완전한 교제가 있어야 합니다. 왕이 박해를 받듯이, 그의 종들도 박해를 받습니다.

되짚어볼 만한 점이 있습니다. 천국과 관련해 그리스도인들이 박해를 받는 것은 정상입니다. 요한복음 15장 18-25절에서 이 점을 분명히 하는데, 이 단락은 박해가 그리스도인의 삶을 이루는 한 부분이라는 것을 보여줍니다. 이미 보았듯이, 기독교는 세상에 가장 근본적이고 중요한 것에 의문을 제기하는 것일 수밖에 없습니다. 우리가 이 세상에 위협이 되지 않는 방식으로 이 세상에 도전한다면, 박해를 받을 일이 없을 것입니다. 이 세상이 위협을 받는 것은 이 세상의 임금이나 이 세상의 영에 정복과 지배의 과정이 아니라 이 세상에 맞서는 것의 존재를 통해 의문이 제기될 때뿐입니다. 바꾸어 말하면, 중요한 것은 천국과 세상 사이의 모순입니다.

천국은 그 나라의 왕들과 교제하며 따라서 예수의 본을 따라 삶으로써 세상에 예수를 드러내는 자들로(심령이 가난한 자들과 그분의 정의를 위해 박해받는 자들로) 구성됩니다.

마태복음 5장의 이 두 분문은 또한 천국과 변화를 일으키는 그 나라의 능력이 작동하는 방식이 세상의 방식과 정반대라는 것을 가르쳐줍니다. 이러한 방식들은 겸손, 가난, 거저 주기 등을 포함합니다. 이것은 권세, 극적인 회심, 도약, 교회의 강력한 조직, 기적 또는 이러한 종류의 그 무엇일 수도 없습니다. 우리가 여러 비유에서 보았듯이, 천국은 효율적인 방법을 알지 못합니다. 천국은 세상의 그 어떤 힘과도 다르게 성장할 뿐, 효율적인 방식으로 성장하지 않는 게 분명합니다.[1] 심령이 가난한 자들과 정의를 위해 박해를 받는 자들의 나라에서 유일한 수단은 예수 그리스도와 교제하며 사는 이들의 삶입니다. 바로 있는 그대로의 그들 자신과 천국 그 자체의 일 사이에는 동질성이 있습니다. 저는 천국은 우리 자신이며, 천국이 "너희 가운데 있다"는 말씀이 바로 이런 뜻이라고 믿습니다. 천국은 예수 그리스도와 교제하는 자들의 삶입니다. 작동하는 천국을 구성하는 것은 그 어떤 특별한 행위가 아니라 있는 그대로의 그들 그 자체입니다.

예수께서는 그분의 나라에서 누가 가장 크냐는 질문을 받을 때 이 점을 아주 분명히 하십니다. 어린아이를 품에 안고, "너희가 어린아이 가운데 하나처럼 되지 않으면 천국에 들어가지 못한다"고 말씀하십니다. 우리가 하는 어떤 일이 아니라 우리 자신의 모습, 곧 겸손함과 연약함을 (무권력이란 의미에서) 가리키시는 게 분명합니다. 여기서 한 번 더 상기하는 게 중요합니다. 천국에 속한다는 것은 구원의 문제가 아니라 하나님의 일에 참여하는 문제입니다. 모든 것은 인간이 어떻게 되느냐에 달렸습니다. 이 모든 것은 어떤 사람들을 받아들이고 어떤 사람들을 배제하거나, 어떤 사람들을 구원하고 어떤 사람들에게 영벌을 주느냐 하는 문제가 아닙니다. 우리가 천국의 겸손에 참여하는 것이 그 나라의 진정한 위대함입니다. 예수께서 십자가에 달리셨을 때, 그분의 머리 위에 걸린 패에 뭐라고 적혀 있었는지 기억해보십시오. '나사렛 예수 유대인의 왕'이었습니다. 이 마지막 무너짐이 그 나라의 진정한 위대함입니다. 다른 것은 없습니다.

이 모든 견해를 받아들이기 어려울 것입니다. 우리는 늘 자신이나 교회를 위한 가장 효율적인 방법을 찾습니다. 사람들은 빌리 그레이엄 집회처럼 대규모 집회를 열고 텔레비전을 이용합니다. 그러나 이런 것들은 전혀 문제가 되지 않습니다. 이런 것들이 천국과 조금이라도 관련이 있다는 환상을 갖지 않는다면, 이런 것들을 사용해도 괜찮습니다.

7장으로 넘어가 21절을 보면, 이번에도 힘 있는 자들이 배제됩니다. 이 본문에서는 천국에 들어가는 것과 아버지의 뜻을 행하는 것이 동일시됩니다. 또한 천국에 들어가는 것은 놀라운 일들을 한 것에 대한 상급이 아닙니다.

이러한 예수의 말씀들은 매우 자주 잘못 해석됩니다. 왜 그런지 물어야 마땅합니다. 이러한 잘못된 해석들 중 하나는 천국에 들어가는 것이 선행에 대한 보상이라고 주장합니다. 이 본문을 앞뒤 본문의 문맥 속에서 살핀다면, 이런 해석은 받아들일 수 없습니다. 앞뒤 본문의 문맥은 모두 행위와 관련이 있습니다. '판단하지 말라, 거룩한 것을 개에게 주지 말라, 남들이 너희에게 해주길 바라는 대로 그들에게 그렇게 해주어라, 좁은 길로 가라, 거짓 선지자들을 조심하라, 그들의 열매로 그들을 알리라, 아버지의 뜻을 행함으로써 천국에 들어간다, 집 짓기는 삶의 상징이다.' 이 모든 본문은 삶의 행위를 다루며, 따라서 이러한 본문들 중간에 영원한 구원과 받을 보상을 다루는 본문이 위치할 수 없습니다. 주변 모든 본문처럼, 이 본문도 이 땅에서 살아가는 천국 안팎의 삶을 다룹니다. 이 본문은 낙원과 아무런 상관이 없으며, 우리가 이 땅에서 살아가는 삶과 관련이 있습니다.

이 본문은 또한 왜 본문에서 천국을 말하는지도 암시합니다. 아버지의 뜻을 행하는 자들은 지금 천국을 살고 있는 것입니다. 우리는 앞의 여러 비유에서 살펴본 부분으로 되돌아왔습니다. 천국을 하늘에서 내려온 하나님의 거처로 지칭할 때, 천국은 다름 아닌 창조 세계가 됩니다. 이것은 성육신이라는 엄청난 사건의 결과입니다. 이제 하늘(또는 세상이 아닌 것)이 우리가 사는 이 땅에 있습니다. 천국의 모든 특징을 이 사건과 연결해 이해할 수 있습니다.

이 본문에 대한 잘못된 두 번째 해석은 아무것도 성취하지 못하는 말과 일을 해내는 행동 간의 대립에 기초합니다. 전형적인 설교는 "주여, 주여…"라고 말하는 것으로는 부족하며 반드시 행동해야 한다고 역설할 것입니다. 이 모든 주장은 22절을 완전히 무시합니다. 22절은 단순히 "주여, 주여…"라고 말하는 것에 관해 말하는 것이 아니라 기적 행하기나 귀신 쫓아내기 같은, 그것도 예수 그리스도의 이름으로 이뤄지는 일련의 특별한 행위들에 관해 말합니다. 저는 이들을 그리스도인들이라 부를 수 있다고 믿는데, 이러한 그리스도인들은 모든 보증서를 다 꺼내놓지만 천국에 참여하지 못할 것입니다. 이유는 아주 분명합니다. 이들은 아버지의 뜻을 행하지 않습니다. 기적 등을 행하는 것으로는 부족합니다. 사탄도 기적을 행하고, 선한 기적까지 행하기 때문입니다. 예수 그리스도의 이름을 사용하는 것으로는 부족합니다. 우리 하나님의 이름을 헛되이 사용해서는 안 된다는 것을 기억해야 합니다. 바꾸어 말하면, 이 본문은 예수 그리스도의 이름이 무한히 헛되게 사용될 위험을 경고합니다.

본문에 따르면, 예수께서는 앞서 말한 행위에 참여한 사람들을 꾸짖으며 네 가지를 말씀하십니다. 첫째, 이들은 예수의 판결에 항의합니다. 예수께서는 이들이 천국에 들어가지 못하리라고 말씀하십니다. 그러자 이들은 자신들이 이 모든 놀라운 일들을 행했다며 이의를 제기합니다. 이들은 사실 예수가 정의롭지 못하다고 말하고 있는 것입니다. 자신들이 그분의 이름으로 놀라운 일들을 행했는데도 예수께서 자신들을 차단하셨기 때문입니다. 우리는 한 선지자가 한 말을 기억해야 합니다. 그 선지자는 사실 이렇게 말했습니다. "당신(하나님)께서 어떻게 결정하시든 간에, 당신의 선고는 정의롭고 당신의 판결은 흠잡을 데 없다는 것을 제가 아나이다"(시 51:4). 이 본문은 또 하나의 경고입니다.

둘째, 예수께서 말씀하시는 사람들은 자신들의 행위를 자랑합니다. 이들이 자신들의 영광을 드러낸다는 뜻인데, 겸손과는 정반대입니다. 예수께서 누가 천국에서 가장 크냐는 질문에 어린아이를 내세우며 답하시는 말씀과 정반대입니다.

셋째, 문제의 사람들은 예언과 기적처럼 눈에 확 띄는 능력의 수단들을 사용했습니다. 이들은 천국이 능력을 통해 오지 않는다는 것을 잊었습니다. 이렇게 말할 때, 이러한 본문들을 우리에게 기적을 행하지 못하는 것에 대해 안심하는 용도로 이용하지 말라고 우리 자신에게도 경고하고 싶습니다. 예를 들면, 우리 가운데 치유가 없다면, 우리가 성령을 따라 살지 않기 때문이 아닙니다. 이 본문이 우리에게 말하는 것은 치유를 비롯한 기적을 나머지 모든 것의 쐐기돌로 삼지 말라는 것입니다. 이것들을 수단 그 이상으로 삼는 것은 피해야 할 유혹입니다.

마지막으로, 예수께서 말씀하시는 사람들은 회개와 순종의 태도를 보이지 않습니다. 오히려 자신들이 예수 그리스도의 이름으로 큰일을 많이 했다고 여깁니다. 이것은 우리 모두에게 친숙한 태도인데, 우리는 누구나 성경 본문을 자신을 정당화하는 데 사용하고픈 유혹을 받기 때문입니다. 여기서 핵심은 보여주는 행위들을 하려 하지 말고 순종하라는 것입니다. 이러한 순종은 무권력과 비지배의 길을 따르는 것을 포함합니다. 본문은 이 점을 매우 분명히 합니다.

본문은 또한 겉보기에 교회와 세상에서 그리스도인의 일에 헌신된 사람들이 범할지 모를 잘못을 말해줍니다. 그리스도인들이 아버지의 뜻과는 전혀 다른 일을 하는 것으로 끝나버릴 수도 있습니다. 이것은 말과 행위를 맞세우는 문제가 아니며, 도덕적인 악의 문제도 아닙니다. 지배나 힘이나 화려함의 영에 사로잡히면, 주님과 천국의 일에 참여하고 있는 게 아닙니다. 엉뚱한 일을 하고 있는 것입니다.

저는 이 본문을 마태복음 23장 13절에 나오는, 바리새인들이 천국 문을 닫고 다른 사람들도 들어가지 못하게 한다는 본문과 연결해 이해해야 한다고 생각합니다. 이들은 자신들도 천국에 들어가지 않을 뿐만 아니라 들어가려는 사람들까지 막습니다. 이런 본문을 읽을 때, 바리새인들과 서기관들은 하나님의 말씀을 잘 알고 율법 아래서 가능한 모든 일을 용의주도하게 수행했던 매우 경건한 사람들이었다는 사실을 기억해야 합니다. 예수께서는 바로 이런 사람들에게 그들이 선행을 쌓고 있지만 천국의 문을 닫는다고 말씀하십니다. 이번에도 천국의 문을 닫는 것은 구원의 문제가 아닙니다. 구원은 하나님나라와 연결되기 때문입니다. 이들은 은혜의 삶과 거저 주는 삶이 하나님의 뜻인데도, 사람들이 그런 삶을 살지 못하게 막고 있습니다.

천국에서 누가 가장 크냐는 문제를 다루는 마태복음 18장 1절을 살펴보며 마무리하겠습니다. 이번에도 천국은 현재에 자리합니다. 예수의 대답은 더없이 분명합니다. 가장 큰 자는 가장 작은 자입니다. 바꾸어 말하면, 믿음으로든, 행위로든, 인간적인 자질로든, 지성으로든, 영적 자질로든 간에, 어떤 식으로도 자신이 가장 크다고 주장할 수 없는 자가 가장 큰 자입니다. 이것은 어린아이의 상태입니다. 그러나 이것은 분명 심리적 성향이나 도덕적 자질의 문제가 아닙니다. 어린아이라도 우쭐하고 자랑하며 전혀 겸손하지 않을 수 있기 때문입니다. 이것은 이들의 상태 문제입니다. 이들은 자신이 강하다고 생각하더라도 실제로는 강하지 않기 때문입니다. 어린아이들은 우쭐하더라도 그것에 아무 이유가 없습니다. 이들은 객관적으로 겸손한 상태입니다. 다시 말해, 이들은 약합니다. 예수께서 제자들과 우리에게 하시는 말씀은 겸손을 덕으로 여기지 말고, 오히려 우리 자신이 얼마나 연약한지 인식하라는 것입니다. 겸손하다는 말은 바로 이런 뜻입니다. 이것은 끝없는 교만의 문제입니다. 우리는 겸손하려고 교만과 맞서 싸울 때 무엇이 뒤따르는지 매우 잘 압니다. 우리는 성공해 뭔가 특별한 것을 할 때마다 자신이 얼마나 멋진지를 보며 놀랍니다. 그러면 우리는 교만으로 되돌아갑니다. 그러나 겸손은 이런 것이 아닙니다. 겸손은 교만의 반대가 아니라 자신의 무권력에 대한 깨달음입니다. 계시록에 나오는 교회들에게 쓴 일곱 번째 편지가 생각납니다. 이 편지에서 라오디게아 교회는 책망을 듣습니다. 그들은 자신은 부자이고 부족한 것이 전혀 없다고 생각하지만, 본문에 따르면 자신이 불행하고 비참하며 가난하고 눈이 멀었으며 벌거벗었다는 것을 깨닫지 못합니다. 예수 그리스도께서는 이 교회를 향해 자신에게서 불에 정련된 금을 사서 부유하게 되라고 하십니다. 겸손하다는 말은 우리가 얼마나 가난하며, 모든 면에서 얼마나 궁핍하고, 우리가 사용하는 수단과 상관없이 우리 자신이 실제로 얼마나 힘이 없는지 아는 것입니다. 우리는 천국에 들어가도록 부름을 받을 때에야, 그와 동시에 이러한 자신의 상태를 알 수 있습니다. 라오디게아 교회에 보내는 편지가 이 점을 분명히 보여줍니다. 누군가에게 자신의 진정한 상태를 깨닫게 하는 것은 그 사람을 자살로 이끄는 것입니다. 좋은 소식의 맥락에서만 이렇게 할 수 있을 것입니다. 겸손하십시오. 이 순간부터 당신은 천국에서 하나님의 일에 참여할 것이기 때문입니다. 둘은 뗄 수 없게 붙어 있어야 합니다. 다른 그 무엇도 재앙이 아닐 것입니다.

천국에서 누가 가장 큰가 하는 문제와 관련해 생각해볼 점이 하나 더 있습니다. 어떤 의미에서 우리는 내내 이 점을 접했습니다. 가장 큰 자는 예수 그리스도의 겸손에 가장 가까운 자입니다. 본문을 구조적으로 읽으면 이것을 밝히는 데 도움이 됩니다. 제자들은 이 질문을 예수께 가져옵니다. 예수께서는 제자들에게서 얼굴을 돌리고 어린아이를 하나를 불러 앞에 세우십니다. 이제 이 아이가 그분과 가장 가깝습니다. 그런 후, 예수께서는 제자들에게 이 아이가 천국에서 크고 그 나라의 왕과 가깝다고 대답하십니다. 여기서 우리는 이미 살펴본 부분으로, 크다는 것은 예수 그리스도를 본받는 쪽으로 방향을 잡는 것이라는 점으로 돌아갑니다. 그분은 온전히 순종하며, 무력을 쓰지 않고, 힘이 없으며, 은혜가 충만한 종입니다. 이것들이 천국을 구성하는 요소들입니다.

요한복음 1:1-2

ON
FREEDOM,
LOVE,
AND
POWER

JACQUES ELLUL

4
태초에 모두 다 있었다

20. 태초에 시작된 사랑

요한복음 1장 1-2절을 살펴볼 텐데, 먼저 서론적으로 세 가지를 말씀드리겠습니다. 이 본문은 의심할 여지없이 창세기의 한 본문과 직접 연결됩니다. 창세기 히브리어 본문의 첫 단어는 '처음**에***in* the beginning, 태초에'보다 '시작 **안에***within* the beginning'라고 번역하는 게 더 낫습니다. 근본 개념은 시작이 뒤따르는 영점point zero이 없이 긴 시작이 있었으며 그 안에서 다양한 일이 일어났다는 것입니다. 요한복음 1장 1절에 그리스어로 똑같은 표현이 나옵니다. "이 역사의 시작 **안에**." 히브리어를 이렇게 문자적으로 번역해놓았다는 것은 요한복음이 하나님이 이스라엘에게 주신 계시에 의존한다는 뜻입니다. 또한 말씀the Word이 본문을 창세기와 연결합니다. "이 시작 안에서 하나님이 말씀하시니…." 하나님이 말씀하십니다. 이것은 우리가 창세기 시작 부분에서 하나님에 관해 배운 것입니다. 그분은 로고스입니다. 그분은 그 이전에 관해서는 우리가 알아야 할 것이 없다고 말씀하셨습니다. 앞에서 말했듯이, 성경은 우리의 호기심을 채워주려고 있는 것이 아닙니다. 말씀이 언표되기 전에 무슨 일이 있었는지 물어봐야 아무 의미가 없습니다. 말씀이 언표되었다는 것만 알면 됩니다. 요한복음처럼 창세기에서도 시작 안에 로고스*logos*가 있었는데, 로고스는 우리에게 모든 것의 시작을 의미합니다.

히브리어 단어와 그리스어 단어를 로고스로 번역하는 것만으로는 부족합니다. 파우스트는 부활절에 교회 종소리를 듣고 이 본문을 떠올리며, 장엄한 독백을 하면서 말은 전혀 중요하지 않기 때문에 처음에 말씀이 있을 수 없다고 추론합니다. 그는 처음에 의미가 있었다고 번역하는 것이 더 낫다고 주장합니다. 하지만 사물들의 의미가 창조할 수 있을까요? 분명히 불가능합니다. 그래서 그는 처음에 힘이 있었다고 말하지만, 힘은 아무 가치도 없기 때문에 이것도 불가능하다고 주장합니다. 그러므로 파우스트는 처음에 행위가 있었다고 결론 내립니다. 이것이 괴테의 철학인데, 그는 모든 것을 행동의 가치로 단순화합니다.

저는 이러한 의미들 중에 어느 하나도 로고스나 말씀에 해당되지 않으며, 로고스는 훨씬 풍성한 의미를 내포한다고 믿습니다. 로고스는 유일한 직역인 '말씀'으로 번역하면 히브리어 단어 다바르에 상응합니다. 여기서 다바르의 여러 의미를 떠올려야 합니다. 다바르는 언표된 말일 뿐만 아니라 관련된 행동, 즉 그것이 낳는 사건을 뜻합니다. 따라서 성경이 "하나님이 말씀하셨다"고 할 때, 이것은 단순히 말의 문제가 아니고 행동의 문제이기도 합니다. 히브리인은 말과 행동을 구분하지 않습니다. 말은 행동이며 행동은 언제나 말에 포함됩니다. 하나님은 말씀하실 때 행동하십니다. 창세기는 하나님이 자신의 말씀으로 행동하신다는 것을 보여줍니다. 이 모두가 로고스(사건과 행동)에 포함됩니다. 그러나 이에 덧붙여, 히브리어 단어 다바르는 '창조하다'에 해당하는 히브리어 동사와 어근이 같습니다. 하나님이 그분의 말씀으로 창조하신다고 말할 때, 히브리어는 문자 그대로 이런 뜻입니다. 로고스도 이것을 암시합니다. 따라서 하나님은 말씀하실 때, 새로운 것을 창조하십니다.

더 나아가 말은 의미의 담지자입니다. 파우스트가 독백에서 이에 관해 하는 말은 틀리지 않습니다. 처음에 말씀이 있었다는 말은 의미 부여를 암시합니다. 말이 의미를 가지려면, 말하는 자가 자신을 분명하게 표현해야 합니다. 예전에 명예가 여전히 가치 있었을 때, 사람들은 바로 이런 뜻으로 "약속합니다I give you my word"라고 말했습니다. 그 어떤 맹세도 요구하지 않았습니다. 이 말에 사람들은 자신을 완전히 표현했기 때문입니다. 이 점은 조금 후에 다시 살펴보겠습니다.

마지막으로, 소통이 이뤄지려면 말이 누군가를 향해야 합니다. 따라서 처음 안에 말씀이 있었다는 확언은 그 말씀을 받는 누군가 있었다는 확언이기도 합니다. 하나님은 아무도 없는 상태無人나 무無를 향해 말씀하시는 게 아닙니다. 저는 하나님이 토후 와보후에 질서를 부여하기 전에, 그분의 말씀을 듣고 받아들일 '귀'를 창조하신다고 생각합니다. 그러나 진정한 말은 더 많은 것이 요구됩니다. 언어를 공부하면 알듯이, 언어를 이해하려면 메타언어가 있어야 합니다. 서로를 이해하는 것은 단지 어휘나 문법을 공유하기 때문이 아닙니다. 우리는 미리 확립된 일련의 '개념'도 공유합니다. 말하자면 그 개념은 화자와 청자가 공유하는 선이해로 작용합니다. 그러므로 이것은 화자가 더욱 자신의 말 **안에** 있어야 할 필요성을 강화합니다.

이제 요한복음 1장 1-2절이 창세기 1장 맨 앞에 나오는 몇 구절과 어느 정도나 잘 맞는지 살펴보겠습니다. 우리가 여기서 가진 것이 하나님을 정의한다는 뜻은 아닙니다. 이것은 하나님에 관한 모든 것을 아는 출발점으로 이용될 수 없습니다. 우리는 로고스 또는 말씀이 하나님에 관해 계시해주는 것만 알 수 있습니다. 우리는 이것을 초월할 수 없습니다. 이 계시는 우리가 하나님의 말씀을 받고 이해할 수 있으며 그분이 우리와 함께 계신다고 말합니다.

다음으로, 요한복음 1장 1-2절이 일으키는 신학적 난제 두 가지를 다루겠습니다. 첫째는 삼위일체와 예수의 신성에 관한 문제입니다. 예수에 대한 요한의 증언이 서론에 곧바로 이어지기 때문입니다. 저는 이 본문을 토대로 삼위일체를 이해하는 것이 매우 중요하다고 믿습니다. '유일신론'은 절대적으로 아무것도 의미하지 않는다는 것을 알아야 합니다(어떤 이들은 이 말에 불쾌해하리라는 것도 압니다). 제가 이렇게 말하는 이유는 다신론으로 간주되는 거의 모든 종교에는 나머지 신들보다 높은 신이 있고 그 신에 관해 별로 말이 없지만 그 신이 유일하기one and only 때문입니다. 예를 들면, 크로노스가 이런 신입니다(제우스를 비롯해 그리스 만신전에 있는 나머지 신들보다 앞섭니다). 더욱이 진짜 문제는 신이 하나인지 여럿인지를 아는 것이 아니라 그 신이 누군지 아는 것입니다. 서로 모순되는 유일신론들이 있을 수 있기 때문입니다. 예를 들면, 이슬람의 유일신론은 유대교의 유일신론과 모순됩니다. '신'이란 용어는 예를 들면 라마크리슈나Ramakrishna, 1836-1886, 힌두교의 신비사상가, 이시스Isis, 이집트의 풍요의 신, 토르Thor, 북유럽 신화에 나오는 천둥의 신 같은 많은 것에 사용될 수 있습니다. 신이란 용어는 그 자체로 아무 의미가 없습니다. 그러므로 저는 유일신론이란 용어가 도움이 되지 않는다고 생각합니다.

중세 신학자들이 제시한 해답은 한 하나님이 아버지와 아들과 성령의 세 위three persons로 계신다는 것이었습니다. 고백하건대, 이 설명은 제게는 전혀 도움이 되지 못했습니다. 저는 이러한 인격화가 무엇에 상응하는지 이해하지 못하기 때문입니다. 저는 위位, person나 (화체설의 경우처럼) 본질 같은 신학적 개념은 중세 철학에 속하며, 따라서 성경에서는 낯선 사고라고 생각합니다.

성경 계시 전체에서 하나님을 가리키는 단어는 자주 복수(엘로힘)로 표현됩니다. 이름(신성한 사자신명을 발음하지 않기 위해 사용된 이름), 말씀, 지혜, 이렇게 세 요소가 있습니다. 이 세 히브리어 단어는 유일한 하나님에게 필수적인 것을 가리킵니다. 따라서 여기에 인격체는 없습니다. 카를 바르트는 하나님의 존재에 대한 세 가지 표현이라면서 이것을 아주 잘 표현합니다. 이런 의미에서 인격체 또한 말과 지혜와 지성을 갖지만, 하나의 존재one being입니다. 그러나 하나님의 경우, 각 표현은 온전히 충만하고 완전합니다. 따라서 예수는 하나님의 말씀과 하나님의 지혜로서 하나님과 다르지 않습니다. 로고스는 말씀하시는 하나님 자신입니다. 바티칸 도서관 고문서 보관소에서(귀중한 히브리어 성경 사본이 여기 보관되어 있습니다) 발견된 기원전 1세기의 어느 문헌이 이것을 다소 놀라운 방식으로 확인해줍니다. 이 문헌은 창세기 1-3장을 다루는데, 하나님을 가리키는 히브리어 단어(엘로힘 또는 YHWH) 대신 '말씀'을 사용합니다. 여기서 우리는 당시 히브리인들에게 하나님과 말씀은 같은 것이었다는 결론을 내릴 수 있습니다. 하나님 안에 있는 다른 위격들 사이에 복수성은 없으며, 자신을 예수나 성령으로 달리 표현하는 한 하나님이 있을 뿐입니다.

이것은 신학적인 두 번째 문제로 이어지는데, 첫 번째 문제보다 훨씬 난해합니다. 우리는 흔히 예수께서 잉태되는 순간 하나님이 오신 것이 성육신이라고 생각합니다. 하나님은 하늘에 계셨고 인간은 땅에 있었는데, 성육신이 일어나는 순간에 말씀을 통해 둘이 연합되었다는 것입니다. 이것은 특히 11-12세기 독일 조각들에서 흥미로운 방식으로 나타납니다. 또 다른 개념은 예수께서 입양 의식으로 세례를 받는 순간 하나님과 인간 예수의 연합이 일어났다는 것입니다. 입양 의식은 복음서에 선포로 기록되어 있습니다. "이는 내 사랑하는 아들이다."

살펴보는 본문은 지금껏 끝없는 논쟁의 대상이 되고 있는 다른 논지로 이어졌습니다. 이 논지는 매우 오래되었고 11세기까지 거슬러 올라가지만 계속해서 되살아나는데, 가장 최근에는 카를 바르트가 이 논지를 신학적으로 지지했습니다. 이 논지는 예수 자신이 로고스라고 주장합니다. 이 견해에 따르면, 인간 예수로 성육신한 신적 그리스도는 없으며 하나님 안에 있었던 인간 예수가 있을 뿐입니다.

이것은 요한복음의 프롤로그가 인간 예수를 말하는 동시에 영원한 로고스를 말한다는 뜻입니다. 언뜻 보면, 2절은 이미 1절에서 말한 것을 되풀이하는 것처럼 보입니다. 그러나 일반적으로 '바로 그the same'(예를 들면, 2절 첫 부분 '후토스'는 일반적으로 He로 번역되는데 KJV은 The same으로 옮겼다—옮긴이)로 번역되는 그리스어 단어는 7절에서도 사용되는데, 요한은 '바로 그'를 증언합니다. 여기서 이 그리스어 단어는 예수를 가리키는 것이 분명합니다. 15절에서 똑같은 그리스어 단어가 한 번 더 나오는데, 여기서도 요한은 '바로 그'를 증언합니다. 이번에도 이 단어는 예수를 가리킵니다. 따라서 이 그리스어 단어가 세 차례 반복되는데, 그중에 두 번은 의심할 여지 없이 예수를 가리킵니다. 그러므로 2절에서 '바로 그'로 번역된 그리스어 단어 역시 예수를 가리킨다고 보아도 무리가 없습니다. 이제 2절은 우리에게 처음 안에서 예수께서 하나님과 함께 계셨고, 따라서 아담이 창조되기 전에 사람이 하나님과 함께 있었다는 놀라운 계시를 줍니다. 그러므로 프롤로그는 처음 안에서 예수는 로고스였고, 로고스는 하나님과 함께 있었으며, 로고스는 하나님이었고, 예수는 처음에 하나님과 함께 있었다고 말하려는 것입니다. 2절은 이제 1절과 매우 다릅니다.

이것은 다른 두 가지를 설명해줄 것입니다. 빌라도는 예수를 내보이며 가능한 최대의 의미를 담아 "그 사람이다Here is the man"(개역개정은 '보라, 이 사람이로다'—옮긴이)라고 말합니다. 하나님의 형상이 하나님 안에 있는 예수라면, 이것도 자신의 형상으로 아담을 창조하는 하나님과 들어맞습니다.

이 해석은 성육신에 대한 다른 견해를 제시합니다. 예수는 영원부터 로고스라는 것입니다. 따라서 성육신은 아주 처음부터 하나님의 창조 사역의 필수적인 부분입니다. 우리 모두가 알지만 대충 넘어가는 많은 본문이 이것을 확인해줍니다. 바울은 골로새서 1장 16절에서 "만물이 그분(예수) 안에서 창조되었다"고 말합니다. 17절은 "그분이 만물보다 먼저 계시고 만물은 그분 안에서 창조되었다"고 말합니다. 요한일서 2장은 "우리가 태초부터 계신 이를 알았다"고 말합니다(13절). 이것들을 비롯한 본문들은 예수의 인성人性이 실재라고 말합니다. 훨씬 더 근본적인 본문은 빌립보서 2장 5절 이하인데, "예수께서 하나님의 형체form(개역개정은 '본체'—옮긴이)이셨으나 하나님과 동등됨을 고수하지 않고 자신을 비워 종의 형체와 사람의 형체를 취하셨다"고 말합니다. 이번에도 이 본문은 **그** 그리스도*the* Christ가 아니라 예수 그리스도를 말합니다.

따라서 역사적 예수와 신앙의 그리스도를 분리하려는 모든 시도는 어처구니없는 오류입니다. 둘을 분리하는 것은 절대 불가능합니다. 태초부터 인간 예수는 하나님 안에 계신 그리스도였습니다. 빌립보서 2장 5절은 예수 그리스도라고 분명하게 말합니다. 우리는 여기서 바울 학파와 요한 학파 사이의 교리적 연합을 봅니다.

이 모든 결과는 그리스 철학이 로고스에 관해 하는 말과 전혀 다른 무엇인가를 확증해주며, 그것과의 완전한 단절을 보여줍니다.

로고스는 창조 전에 계셨던 인간 예수입니다. 그러므로 저는 요한복음 프롤로그가 인간 예수와 영원한 로고스를 동시에 말한다고 생각합니다. 이것은 요한복음에서 가장 모호한 부분에 속합니다. 이것으로 포괄적인 프롤로그에서 세례 요한에 관한 놀라운 언급을 하면서 나중에 그에게로 다시 돌아가는 이유가 설명이 됩니다. 세례 요한의 의미는 순전히 예수와의 관계에서만 해석됩니다. 프롤로그가 예수와 로고스를 동시에 말한다면, 이 모두는 완벽하게 앞뒤가 맞습니다. 중간에 끼어든 것처럼 보였던 부분이 이제 이 본문과 완벽하게 앙상블을 이룹니다.

이 계시는 유난히 어렵다는 것을 재차 강조하고 싶습니다. 아들 예수는 영원히 하나님 안에서 아들입니다. 따라서 하나님은 아버지입니다. 하나님은 하나님이자 아버지입니다. 이것은 불필요한 말이 아닙니다. 하나님이 아버지인 까닭은 그분 안에 아들이 있기 때문인데, 그 아들은 다름 아닌 예수입니다. 인간 예수와 하나님의 아들a divine Son 사이에는 어떤 차이도 없습니다. 둘은 같습니다. 로고스는 하나님 안에 있는 그 사람the man입니다. 따라서 이 로고스는 필연적으로 인간이 창조될 때 인간을 향했던 말씀the Word입니다. 하나님 안에 있는 인간 예수는 인간을 향해 하나님이 표현된 실체입니다. 세상이 시작되었을 때 하나님이 계셨는데, 그분은 아버지인 동시에 인간, 곧 대화로 모든 생명에 참여하려고 창조 세계를 향했던 로고스였습니다. 분명히 매우 난해한 신학 문제입니다. 그러나 이렇게 설명하지 않는다면, 이 프롤로그에 불확실하고 이해할 수 없는 요소들이 스며들 것입니다. 이런 설명이 우리가 받아들이는 기존의 많은 개념을 뒤집는다는 것도 압니다.

여러분의 질문에 답하면서 몇 마디 덧붙이겠습니다. 저는 성령을 아버지와 아들의 관계로 이해합니다. 따라서 이것은 하나님과 인간의 관계입니다.

"하나님은 죽었다"는 신학과 관련해 이 신학을 주창하는 자들은 하나님이 십자가의 예수 그리스도 안에서 죽었다고 주장합니다. 예수께서 아버지께 "어찌하여 나를 버리셨나이까?"라고 부르짖으실 때 하나님은 없었으며, 예수께서 "모든 게 다 이루어졌다"고 하시며 자신의 영혼을 하나님의 손에 맡길 때까지 그러했다는 것입니다. 이것은 "하나님은 죽었다"는 신학의 옳은 부분 가운데 하나입니다. 예수께서 모든 게 다 이루어졌다는 것을 아신 이유는 악의 한 결과로 유대인들에게 선언된 모든 재앙이 끝났기 때문입니다. 이를테면 하나님은 자신의 존재를 지불하셨습니다. 그 후 온 말씀이 성취되었기 때문에 하나님은 새롭게 "존재하십니다." 카를 바르트는 "하나님은 죽었다"는 신학을 어떻게 생각하느냐는 질문에, 하나님은 예수 그리스도 안에서 죽었다고 대답했습니다. 하나님이 죽을 때, 무질서, 토후 와보후, 어둠이 다시 나타납니다.

이러한 어려운 문제들과 씨름할 때, 우리의 믿음은 우리에게 달려 있지 않다는 것을 인식하는 게 중요합니다. 우리의 믿음은 끊임없이 의심에 빠지며, 이런 식으로 성장합니다. 의심의 위협을 만나지 않는 믿음이란 불가능합니다.[1] 우리가 성경을 이해하려는 과정에서 바로 이 성경이 우리의 믿음을 비롯해 많은 것을 의심하게 만듭니다. 그러나 우리 믿음의 한계를 알아가는 이러한 과정을 우리의 믿음을 잃는 것과 혼동해서는 안 됩니다. 오히려 정반대입니다. 우리는 이 과정을 통해 한걸음 더 나아가도록 요청받기 때문입니다. 첫 번째 계명을 기억하십시오. "네 마음을 다해 하나님을 사랑하라." 또 하나 분명히 해두고 싶은 것이 있습니다. 저는 이 문제들과 씨름한 적이 없으며 따라서 이 문제들을 다룰 수 없는 사람들에게 이것들을 말하는 게 아닙니다. 여기서 저는 단지 온 마음으로 하나님을 사랑한다는 말의 의미와 씨름하고 있을 뿐입니다. 이 점에 있어, 지적 배경이 거의 없는 사람들과 엄청나게 많은 공부를 한 사람들을 비롯해 온갖 종류의 사람들에게 성경이 말하는 방식이 아주 놀랍습니다. 우리는 자신의 이해와 자양분을 찾아야 합니다. 더 많이 이해할수록 더 크게 경배하게 됩니다. 확실히 단언컨대, 저의 삶에서 더 많이 이해할수록 이 계시가 더 놀라워집니다.

에필로그

역사와 화해

_빌렘 반더버그

• 이 글은 엮은이가 엘륄의 《요한계시록 주석》의 내용을 요약해 소개한 것이다.

지금까지 자크 엘륄의 강의를 들었다. 그의 계시록 연구를 소개하면서 이 책을 마무리 짓는 것이 가장 적절할 것 같다.[1] 계시록이 친숙하지 않은 독자들을 위해, 이 놀라운 책을 맛보기로 조금 소개하겠다. 계시록은 5부로 구성된 궁극적인 사랑 이야기다. 각 부는 하나의 상징으로 특징되는데, 이 상징이 일곱 차례 반복되면서 계시되는 내용의 다양한 면을 드러낸다. 교회에 보내는 일곱 편지가 있고, 두루마리의 내용을 드러내기 위해 반드시 떼야 하는 일곱 봉인이 있으며, 가장 중요한 사건들을 알리는 일곱 나팔이 있고, 담긴 내용물을 쏟는 일곱 대접이 있으며, "그리고 내가 보았다"는 일곱 확언이 있다. 7이라는 숫자는 매우 상징적이다. 창조 세계의 수(4)와 하나님의 수(3)가 합쳐진 전체인데, 이것은 하나님과 그분의 창조 세계 간의 재연합이라는 궁극적인 좋은 소식이 이 계시의 주제라는 것을 말해준다.

1부에서 천국은 (자주 부적절하게) 교회에 의해 모든 신자의 공동체로 태어난다. 1부를 통해 2부를 이해할 수 있다. 두루마리는 인간 역사의 의미를 드러내는데, 봉인을 하나씩 뗄 때마다 핵심 구성 요소들이 차례로 드러난다. 처음 네 요소는 네 마리 말과 그 말을 타는 자들로 상징된다. 첫 번째는 하나님의 말씀을 말하고, 언약의 표시로 승리의 관을 쓰며, 활(무지개를 상징한다)을 갖는다. 말과 말을 탄 자의 색은 흰색인데, 정결과 신성함을 상징한다. 주어진 관冠과 정복 행위는 '이미(영원 가운데 이미 얻은 승리)'와 '아직(인간 역사에서 나머지와 함께 살기)'의 변증법을 말한다.

두 번째 봉인을 떼자 붉은 말을 탄 자가 나타난다. 이것은 국가의 형태로, 정의를 증진하는 것이 아니라 전쟁을 위해 칼을 사용하는 정치권력을 상징한다. 그러나 붉은 말을 탄 자는 단지 눈앞에 보이는 국가의 현실이 아니라 그 이상을 말한다. 역사 속에 작동하며 역사를 통해 드러나는 더 깊은 정치권력을 말한다.

세 번째 봉인을 떼자 검은 말을 탄 자가 나타나 판매하고 배급하려고 부피와 무게를 잰다. 한 데나리온은 하루치 품삯이며 밀 한 되는 한 사람이 하루를 생존하는 데 꼭 필요한 양이다. 따라서 말을 탄 자는 생필품을 주무르는 권력을 말한다. 포도주와 기름이 제외됨으로써 이러한 품목이 제한된다. 바꾸어 말하면, 검은 말을 탄 자는 인간 역사의 경제권력을 말한다.

네 번째 봉인을 떼자 청황색 말을 탄 자가 나타나는데, 인간 역사에서 작동하는 질병과 죽음의 힘을 말한다. 붉은 말과 검은 말과 청황색 말을 탄 자들의 힘이 미치는 범위는 땅의 4분의 1로 제한된다.

흰 말을 탄 자는 힘의 한계가 없으므로 창세기에 계시된 하나님의 현존을 상징하는데, 창세기에서 하나님은 혼돈과 소멸의 힘의 한계를 정하고 빛과 어둠을 분리하신다. 이 네 말 탄 자들의 결합된 행위들은 의로운 자들과 불의한 자들 모두에게 영향을 미친다. 더불어 이 네 말 탄 자들은 인간의 역사를 엮는다. 우리는 인간 역사가 완전히 하나님의 통제 아래 있거나 우연의 지배를 받는다고 해석하는 경향이 있다. 우리가 역사적 사건들의 '인간적 원인'을 이해한다고 믿을 때라도, 우리가 이해할 수 없는 무엇인가가 늘 있다는 이 계시를 떠올려야 한다. 우리는 인간이 자신의 역사를 만든다고 믿을지도 모른다. 그러나 우리가 의도했던 바와 전혀 다른 상황들에도 대비해야 한다. 좋은 소식은 어린양 예수 그리스도께서 처음 네 봉인을 떼실 때 이 모든 것이 작동하고 그분의 이름의 정의로 부서지며 사형 선고를 받는다는 것이다. 그러나 예수 그리스도께서 이 권세들을 정복하신 목적은 이것들이 두려움과 절망을 일으키지 않으면서 우리에게 계시되게 하기 위해서다.

다섯 번째 봉인을 떼자 대부분에게 충격적일 법한 일이 일어난다. 인간 역사의 결정적 요소는 일어나는 일을 자신의 생명까지 내어놓으며 (재판에서처럼) 증언하는 자들의 기도다. 누가 아직도 기도가 큰 영향을 미칠 수 있다고 믿겠는가? 우리가 기도를 다른 무엇으로, 즉 영적 쇼핑 리스트를 작성해 하늘의 슈퍼마켓에 주문해 집으로 배달시키는 일로 변질시켰기 때문이다. 다섯 번째 봉인은 기도와 증언으로 인간 역사가 완성을 향해 더 빨리 나아갈 수 있음을 보여준다. 하나님의 정의가 승리함으로써 복수가 요구된다. 다시 말해, 권세들을 멸하고, 죽음에 이를 것과 생명에 이를 것을 판결하고 분리하며, 새 창조에서 하나님과 인간을 화해시킬 것이 요구된다. 이 모든 것은 그다음에 분명해질 것이다. 증인들은 인간 역사의 '반죽'에 존재하는 천국의 '누룩'을 증언한다. 불의한 자들에 대한 일종의 복수를 말하고 있을 가능성은 없다. 의인들은 스스로 의로운 것이 아니다. 의인들은 (흰옷으로 상징되는) 자신들의 의를 어린양에게서 받는다. 엘리후가 욥기에서 하나님의 길을 준비했듯이, 이들은 어린양의 재림을 준비해야 한다.

로마 제국에서 재판 때 증인이 하는 역할을 모두가 알았다. 증인들은 정의를 심의하는 과정에 참여하지 않았다. 증인들은 재판에 개입해 법정 밖에서 일어난 사건들을 증언한 후 사라졌다. 이와 마찬가지로, 다섯 번째 봉인의 증인들은 역사 밖의 사건들, 오직 믿음으로만 이해할 수 있는 사건들을 증언함으로써 인간 역사에 개입한다. 증인들은 역사를 예상치 못한 방식으로 단절하는 무언가를 소개하는데, 이것이 모든 것을 바꿔놓을 것이다.

여섯 번째 봉인을 떼자 동일한 것의 두 가지 면이 나타난다. 일련의 재앙이 일어날 뿐만 아니라 하나님의 사람들이 나타난다. 인간 역사에 관한 이 계시가 없다면, 우리는 무서운 일들이 일어나는 것을 볼 뿐이다. 그러나 큰 고요도 있는데, 하나님의 백성이 모두 자유로워질 때까지 그 무엇도 이 고요를 깨뜨리지 못한다. 이로써 죽음에 이르는 모든 것이 '수술'로 제거되는데, 여기에는 온갖 아픔과 고통이 수반된다. 이것은 인간 역사에서 일어나는 천국의 신비로운 사역인데, 이 역사는 먼저 유대인들을 자유하게 하고 뒤이어 신자들의 무리를 자유하게 한다. 상징이 더없이 강조된다. 유대인들의 수는 12에 12를 곱하고 여기에 다시 1천을 곱한 것으로(하나도 빠짐이 없는 전체다), 전체의 전체를 상징한다. 그다음은 신자들의 무리가 나오는데, 그 수를 셀 수 없을 만큼 많다. 이들은 자신들의 왕이나 장수들이나 부자들의 행위 때문에 정죄를 받은 나라들을 비롯해 모든 나라에서 나온다. 이렇게 하나님의 백성이 나타나는 것은 마지막 심판의 한 요소가 아니라 인간 역사의 한 요소라는 것을 기억해야 한다. 그러므로 이것은 천국의 숨은 사역으로, 순교자들이 이 사역이 촉진되도록 기도한다.

이러한 종류의 계시는 언제나 유대교와 기독교의 종교 기관들을 자극했다. 천국 비유들에서 매우 분명하게 나타나듯이, 하나님의 길은 우리의 길과 다르다는 것을 기억해야 한다. 그러나 이러한 천국의 '법'은 우리에게 그다지 실제적이지 못하다고 말할 수도 있다. 구성원들과 비구성원들을 구분하지 않고 어떻게 종교 단체를 운영할 수 있겠는가? '안에' 있는 자들과 '밖에' 있는 자들이 있다. 따라서 이러한 구분을 해야 하는 사회적 필요성 때문에 '안에 있는 자들'은 의롭고 구원받았으나 '밖에 있는 자들'은 불의하고 영벌을 받았다는 추론으로 이어지기 일쑤다. 이러한 철저한 분리는 궁극적으로 정당화되는데, 자기 정당화와 마찬가지다. 창세기 처음 몇 장에서 하나님의 길은 종교나 도덕과는 전혀 관련이 없다는 것을 보여주며 하나님을 계시하기 시작하는데도, 이런 방식으로 계시가 종교나 도덕으로 변질된다. 하나님의 일꾼들은 모두 똑같이 생명을 품삯으로 받고, 그분의 누룩은 반죽 전체를 바꿔놓고 나서 자신은 사라진다. 은혜는 언제나 죄보다 빠르게 확산된다. 목자는 양 떼를 두고 잃은 양 한 마리를 찾아 나선다. 우리는 판단하지 말고 사회적, 제도적 필요들을 채우기 위해 사람들을 분리해야 한다는 말을 듣는다. 그러나 이렇게 할 때, 우리는 계시를 반대로 뒤집고 큰 분리자Divider의 일에 가담하는 것이다.

정치권력들은 이러한 사회적 필요들을 이용하기 일쑤다. 이들은 곤경에 처한 가난하고 힘없는 자들을 손가락질하는 전통적인 기독교 공동체들의 경향을 강화한다. 만약 이들이 도덕적이고 부지런한 신자들처럼 부자였다면 이런 상황에 처하지 않았으리라는 것이다. 이런 식으로 이들은 또다시 좋은 소식을 종교와 도덕으로 한층 더 변질시키고, 천국으로 가는 길을 차단한다. 주일 아침 거의 모든 교회가 대부분의 '외부인들'에게 천국은 그들을 위한 것이 아니라는 확신을 심어주려 할 것이다.

이 모두는 이 계시에서 분명해진다. 하나님의 백성은 구원이 자신들에게서가 아니라 하나님에게서 온다고 단언한다. 인간은 자신의 진정한 구원과 해방을 알게 된다. 이 구원은 예수 그리스도를 통해 온다. 따라서 이들은 마지막에 부활해 하나님나라에 들어가리라는 약속을 받는다. 하나님의 백성이 가진 이러한 비전은 역사적이고 예언적이며 희망으로 살아 있다. 이 땅에 믿음이 있는 한, 인간 역사는 계속될 수 있다.

일곱 번째 봉인을 뗐을 때는 인간 역사의 또 다른 요소가 나타나지 않는다. 갑자기 일곱 나팔 소리가 들리는데, 여기에는 역사의 궁극적 의미에 관한 계시도 포함된다. 이것은 우리를 이 계시의 세 번째이자 핵심 부분으로 인도한다.

이 부분은 예수 그리스도의 탄생과 삶과 죽음을 전반적으로 다루고, 성육신과 십자가 죽음을 구체적으로 다룬다. 그러나 이것은 또 다른 복음이 아니다. 예수께서는 교회의 주님이나(1부) 역사의 주님으로(2부) 계시되지 않는다. 여기서 우리는 빌립보서 2장의 예수, 즉 하나님이기를 포기하는 하나님을 보게 된다. 그 결과 그분에 관해 직접 말하는 것이 불가능하다. 이를테면 보좌에 앉은 하나님의 아들과 그분의 '세계(하늘)'가 없다. 일곱 번째 나팔이 울릴 때, 하나님의 신비(비밀)가 성취될 것이다. 이런 일이 일어날 때, 우리는 언약궤와 여자와 아이를 본다. 바꾸어 말하면, 이 부분은 성육신과 십자가 죽음의 결과로 하늘과 땅에서 일어나는 일을 계시한다. 땅에서 일어나는 무서운 일들과 모든 창조 세계의 대격변이 상징하듯이, 이러한 사건들이 일어나 모든 게 어지럽다. 하나님이 하나님이길 그치고 사람이 되며, 예수 안에서 죽고, 부활해 죽음과 권세들을 이기심으로써 하나님의 신비가 성취된다. 하나님이 더 이상 거기 없을 때, 하나님이 파괴의 권세들을 더 이상 제지하지 않으실 때, 혼돈과 심연이 다시 나타나고 창조 세계가 해체된다(8장). 하나님이 더 이상 거기 없어 인간을 보호하지 않으실 때, 죽음의 마병이 풀려난다(9장). 성육신과 부활로 인해 생길 수 있는 결과들보다 더 큰 환난은 있을 수 없다. 이것들은 본문이 말하는 세 가지 큰 환난이다.

인간 역사의 처음 여섯 봉인을 뗄 수 있는 것은 오직 성육신과 십자가 죽음과 부활 때문이다. 역사의 나머지 요소들은 이 사건들과 관련해서 의미를 갖는다. 일곱 번째 봉인을 뗄 때 하늘이 반시간쯤 고요한데, 이것은 큰 위기를 상징한다. 이것은 이중적 측면을 갖는다. 인간이 권세들과 아주 밀접하게 연결되어 있기 때문에, 인간을 권세들로부터 해방하는 하나님의 일은 인간을 위협하기도 한다. 따라서 인간은 이것을 자신의 역사를 훼방하는 행위뿐만 아니라 자신에 대한 공격 행위로 받아들인다. (믿음으로만 볼 수 있는) 나머지 한 측면은 이러한 사건들을 통해 이루어지는 인간의 해방과 구원이다. 죽음에 이르는 모든 것을 고통스럽게 제거하고 멸하지 않고서는 그 어떤 구원도 일어날 수 없다. 그럼에도 불구하고 우리는 교회 안팎에서 이런 주장을 끊임없이 듣는다. 하나님이 있고 하나님이 사랑이라면, 인간은 지금의 고통을 당할 필요가 없을 것이라는 이야기. 또는 어떻게 사랑의 하나님이 자신의 피조물들이 고통당하는데 가만히 지켜만 볼 수 있는가 하는 이야기 말이다. 이번에도 수술과 비교해보면 더 쉽게 이해할 수 있다. 수술 경험이 전혀 없는 사람들에게 칼을 든 의사는 살인자처럼 보인다. 반면에 수술을 신뢰하는 사람들은 그게 아니라는 걸 안다. 이와 마찬가지로, 수술이 익숙하지 않은 환자는 깨어났을 때 치명적인 암 덩어리가 제거되었다는 것을 모른 채 수술로 인한 통증만을 느낄지도 모른다. 물론 우리가 생산성만을 좇아서 일을 조직하거나 생명을 유지하는 생명권biosphere의 능력을 과소평가해 초래하는 고통도 적지 않다.

성육신은 생각할 수 없는 것을 성취한다. 하나님이 인간 속으로 들어오셨고 이제 인간과 분리될 수 없다. 하나님이 인간 문화 속으로 들어와 인간 문화의 법에 죽기까지 복종하셨다. 나팔 소리들은 이러한 우주적 사건들이 일어나는 내내 절대적 위엄의 선언과 도래와 현존이 있다는 것을 우리에게 일깨운다. 그분은 비록 자신의 신분을 드러내지 않고 오시지만, 그렇더라도 하나님이다.

하나님이 사람이 되실 때, 멸망과 심연의 세력이 더 이상 억제되지 않는다. 이 사건은 또한 새 창조의 시작으로 이해되어야 한다. 이 사건은 이러한 혼돈으로 시작하는데, 이것은 첫 번째 창조 세계가 재앙이 되었다는 것을 보여준다. 이런 이유로 홍수와 이집트의 재앙들을 떠올리게 하는 이미지들이 나타난다. 더 이상 인간을 멸하고 새로운 세상을 창조하는 문제가 아니며, 한 백성을 삶과 죽음이라는 이중적 고통의 땅에서 해방하는 문제도 아니다. 우리가 여기서 보는 것은 이를테면 서로 다른 종들의 특징들을 뒤섞는 것 같은 역창조다. 이러한 혼합은 하나님이 처음에 창조 행위를 통해 하신 분리를 무너뜨린다. 그러나 심연의 권세는 5개월로 한정된다(일년에서 은혜의 일곱 달을 제한 기간이다). 일곱 달은 하나님의 결정을 말하며, 나머지는 권세들과 혼돈이 풀려나는 것을 말한다.

두 증인은 예수 그리스도로 성육신한 하나님의 이중성을 말한다. 예수 그리스도와 하나님은 하나이며, 이것은 이들의 일치된 경험, 곧 예수의 경험에서 나타난다. 그러나 이러한 상징이 전부가 아니다. 계시록의 3부는 교회와 역사를 다루는 역사적인 부분들을 심판과 새 창조를 다루는 초역사적인 부분들과 합친다. 따라서 두 증인 가운데 하나는 역사를 향하고 나머지 하나는 역사를 초월한다. 이중성은 이러한 사건들을 예언한 이스라엘의 증인들과 관련이 있고 이 사건들을 증언한 교회의 증인들과도 관련이 있을 수 있다. 어쨌든 두 증인이 무엇을 상징하는지는 복음서 기사들을 통해 쉽게 확인할 수 있다.

성육신은 창조자와 그분이 창조한 세계의 관계를 근본적으로 바꿔놓는다. 둘은 이제 하나가 되었고, 더 이상 분리될 수 없다. 완전히 새로운 출발점이다. 용은 성육신이 내포하는 의미를 분명히 알고, 혼돈과 죽음이 자기 자리를 잃을 가능성도 분명히 안다. 그래서 아기를 삼킴으로써 이 모든 일을 막으려 한다. 용의 존재 자체가 여기에 달렸다. 성육신을 통해 창조자와 창조 세계 간의 거리가 없어지기 때문에, 더 이상 권세들과 죽음을 위한 그 어떤 자리도 없을 것이다. 여기에는 혼돈의 권세를 의미하는 바다 밑바닥의 용이 포함되고, 속이는 권세를 상징하는 뱀이 포함되며, (사랑의 반대로서) 사람들을 사람들과 분리하고 사람들을 하나님과 분리하는 권세를 상징하는 마귀가 포함되고, 사람들 사이에서 그리고 하나님 앞에서 고발하는 권세를 의미하는 고발자가 포함된다.

이 모든 것은 숱한 신화에 등장하는 선과 악의 싸움과 매우 다르다. 하나님은 자신과 인간의 완벽한 연합을 만들어내고 계신다. 그 결과, 이러한 권세들의 활동 장소인 하나님과 인간 사이의 '간극'이 제거되고 있다. 곧 혼돈과 사칭과 참소와 분리의 권세들의 자리가 없어질 것이다. 그동안 이러한 권세들은 생존을 위한 싸움을 벌이고 있지만 성육신이 일어나고 하나님나라가 도래하는 사이 마지막 때에 그 어떤 결정적인 역할을 할 만한 능력을 모두 잃어버렸다. 우리는 만약 하나님이 인간을 정죄하신다면, 사탄이 요구하는 그대로 하실 것이며 자신의 창조 세계를 무너뜨리실 것이라는 사실을 언제나 기억해야 한다. 대신에 하나님이 하시는 일은 이어지는 3부와 4부에서 계시된다. 죽음에 이르는 모든 것이 정화 과정을 통해 제거되고, 생명에 이르는 것을 그분의 새 창조에 모아들인다. 이 둘은 궁극적 사랑 이야기의 결말 부분이다.

이 복잡한 3부의 구조는 이렇게 요약할 수 있다. 두루마리의 일곱 번째 봉인을 뗌으로써 인간 역사의 궁극적 의미를 읽을 수 있게 된다. 일곱 나팔 소리가 상징하듯이, 하나님이 인간 속으로 들어오신다. 창조자가 창조 세계와 연합하기로 결정하고 그럼으로써 둘 사이의 거리가 사라져 창조 세계가 흔들린다(8:6-9 포함). 다음으로 (복음의 작은 두루마리로 상징되는) 이 좋은 소식이 꿈꾸는 자에게 주어지고, 따라서 그는 하나님의 결정을 알게 된다(10장). 이 두루마리의 내용은 두 증인인데, 이들은 예수 그리스도의 생명, 십자가형, 죽음, 부활, 영화를 상징한다(11:1-14). 일곱 번째 나팔은 성육신을 통한 하나님의 완전한 언약을 계시한다(11:15-19). 죽음과 부활에 이어 해산이 묘사되는데, 이것은 기독교 이야기가 단지 역사가 아니라 자신과 자신의 창조 세계를 완전히 재결합하려는 하나님의 계획의 일부라는 것을 말한다(12:1-6). 마귀가 내던져지는 것이 상징하듯이, 하나님과 그분의 창조 세계 사이에서 마귀의 자리가 제거되고 있다(12:7-17). 그러나 마지막 때가 성육신과 새 창조 사이에 남아 있다. 이 사이에 쫓겨난 권세들은 하나님의 주도권을 무너뜨리려 한다(13장). 3부는 죽임을 당했으나 승리한 어린양이 나타나면서 끝난다.

4부에서는 일곱 대접이 쏟아진다. 먼저 예언적 선언이 있고 심판이 준비된다(14:6-20). 뒤이어 인간에 대한 심판을 말하는 재앙들이 닥친다(15:5-16:21). 그다음으로 역사 내내 인간을 지배했던 권세들이 심판받고 멸망당한다(17-18장). 찬양과 예언의 노래가 있은 후, 하늘에서 활동했던 권세들이 영벌을 받는다(19:17, 21; 20장). 이러한 전개가 부활을 가능하게 한다.

예언적 선언은 모든 사람에게 전해져야 한다. 이 선언은 어린양의 승리와 그 백성의 구원을 선포하는 데서 시작된다. 이것은 영원한 좋은 소식의 기초인데, 이것이 창조 전에 있었고 창조를 초월해 실현된다는 뜻이다. 바꾸어 말하면, 그 어떤 사건도 이것을 망치지 못한다. 그제야 심판이 두려움과 절망을 일으키지 않은 채 선포될 수 있다. 무권력의 길이라는 이러한 복음이 바빌론을 이겼다. 궁극적으로 인간은 바빌론과 교제하든지 아니면 어린양과 교제하든지 둘 중 하나를 선택해야 할 것이다. 그러나 이러한 선택은 교회가 굉장히 자주 수용했던 강압을 받으면서 이루어지지는 않을 것이다. 사람들이 어린양 앞에서 ('영벌 받은 자들'과 자주 혼동되는) 고난을 겪는데, 이들이 어린양이 누구이며 자신이 누구이고 자신이 무엇이 되길 바라는지 알아가고 있다는 뜻이다. 하나님의 빛 가운데서 이들은 자신들이 언제나 보길 거부했던 것을 인식하기 시작하는데, 이로써 생명에 이르는 심판이 시작된다.

심판은 인간의 아들 예수께서 아버지의 명령을 따라 집행하신다. 진노에 이르는 심판은 예수가 아니라 한 천사가 역시 하나님의 명령을 따라 집행한다. 예수에게 말하며 구원의 수확을 명령하는 천사는 성전에서 나오며, 반면에 하나님의 진노의 포도주 틀을 밟으라고 명령하는 천사는 속죄 제사를 드렸던 제단에서 나온다. 둘이 심판에서 하는 역할은 분명히 다르다. 이것은 또한 성찬의 이중적 측면도 말해준다. 예수 그리스도께서 자신의 제자들과 성찬을 제정하신 후, 세상은 그분을 죽였다. 인간이 정의와 사랑의 하나님을 죽였는데도, 예수는 모든 인간을 대신해 정죄를 받으셨다. 그분이 십자가에서 흘린 피는 절대적으로 인간의 피로, 제한이 없다. 진노는 인간이 아니라 예수에게 쏟아졌다. 이제 제단에 다른 제물은 없을 것이다. 포도를 모아 밟는 것은 인간의 아들이 아니다. 왜냐하면 그분 자신이 모두를 위해 밟힌 포도이며 쏟아진 포도주이기 때문이다. 그분은 정죄당한 모든 인간을 위해 정죄를 받으셨다. 이것이 아주 분명해지면, 심판의 계시가 진척될 수 있다.

심판은 일곱 대접을 쏟는 특징이 있다. 일곱 대접을 쏟는 일곱 천사는 성전에서 나오고, 또한 성전으로부터 명령을 받는다. 메시지는 더없이 분명하다. 성전은 좋은 소식을 선포하고, 화해를 선포하며, 생명을 유지하는 하나님의 사랑을 선포하는 곳이다. 어떻게 이것이 부정적이고 파괴적인 심판을 상징할 수 있겠는가? 사람들이 고통을 당하지만, 이들을 죽이거나 이들에게 영벌을 내린다는 암시는 그 어디에도 없다. 17, 18장에서 이것은 결코 사람들에 관한 문제가 아니다. 사람들은 심판을 통과하면서 고통을 겪는다. 그러나 거부당하고 멸망당하며 소멸되는 것은 사람들이 아니다. 모든 사람이 불을 통과하는 동안 그 누구도 성전에 들어갈 수 없다. 성전이 새 창조로 대체되고 있기 때문이다.

여기서 묘사하는 재앙들은 8, 9장에 나오는 재앙들보다는 이집트의 재앙들을 훨씬 더 닮았다는 점을 주목해야 한다. 이집트에서 이 재앙들은 해방의 시작을 상징했다. 비록 그 시점에서 압제자들이 마음을 돌리길 거부했더라도 말이다. 더 나아가 해방된 자들이 하나님의 부름에 맞춰 살지도 않았다. 더 심오하고 근본적인 실재는 하나님의 피조물들을 노예로 삼고 소외시키며 물화物化하는 모든 것들을 멸망시킨다. 하나님이 자신의 구원 계획을 주권적으로 시행하실 때, 사람들은 하나님이 불의하고 악하다고 생각한다. 구약성경의 하나님은 폭군이고 예수 그리스도의 하나님만이 사랑이며, 하나님은 인간의 성장을 막으며, 하나님은 죽었다는 등의 온갖 결론을 계속 내린다. 재앙이 계속되는 내내, 아무리 고통이 따른다 해도 하나님은 정말로 인간을 해방하려 하신다는 것을 인간은 알려고 하지 않는다. 오히려 끊임없이 하나님을 판단함으로써 자신이 비인간화되고 노예가 되었다는 사실을 드러낸다. 인간은 기껏해야 하나님을 뿌리지 않은 데서 거두는 굳은 주인으로 본다. 이 모든 인간의 사고는 그저 인간이 자신을 정죄하면서도 실제로 무슨 일이 일어나고 있는지 전혀 모른다는 뜻이다. 아담과 하나님 사이의 단절보다 훨씬 깊어 보인다. 잠시 하나님은 인간이 스스로 선택한 방식으로 자신을 소외시키고 물화한 결과를 겪게 하신다.

다섯 번째 대접부터는 더 이상 인간만 심판받는 것이 아니라, 뭔가 새로운 것이 그림에 들어온다. 다섯째 대접은 짐승의 왕좌를 드러낸다. 여섯 번째 대접은 용, 짐승, 거짓 선지자를 드러낸다. 일곱 번째 대접은 큰 도시 바빌론을 드러낸다. 사실, 다섯 번째 대접은 짐승의 보좌에 쏟아지는데, 이 짐승의 나라가 갑자기 어두워져서 사람들이 큰 고통을 겪는다. 나중에 이것은 정치권력과 국가의 왕좌라는 것이 분명해진다. 이 권력은 심하게 눈이 멀어서 자신이 무엇을 하는지 더 이상 알지 못하게 된다. 이 권력은 그룹들과 사회들을 이끌 수 없게 된다. 분명히 이 권력은 이러한 그룹들과 사회들을 큰 고통에 빠뜨린다. 우리는 20세기에 이런 광경을 많이 보았으며, 21세기에는 더 많이 보게 될 것이다. 그런데도 인간은 계속 정치권력이 구원의 길이라 확신한다. 바꾸어 말하면, 인간과 권력들 사이에 결속이 드러나기 시작한다. 여섯 번째 대접이 쏟아졌을 때, 인간의 권력들과 악한 세력들이 손잡고 하나님과 정면으로 맞선다. 일곱 번째 대접이 쏟아졌을 때, 인간과 하나님을 거역하는 중심인 그 도시(바빌론) 간의 결속이 드러난다. 뒤이어 인간을 소외시키고 물화하는 이러한 권력들이 멸망당한다. 그러나 이것이 성취되려면, 인간을 이러한 권력들로부터 떼어내야 하고, 엄청난 고통이 수반되어야 한다. 인간을 삼키는 암이 제거되고, 이제 벌어진 상처와 욱신대는 통증과 항의가 남는다. 인간은 그 도시를 자신만의 영역으로 삼고 싶어 했는데, 이제 그 도시가 무너진 것을 보고 슬퍼한다. 인간은 그 도시가 소외와 물화의 중심이라는 것을 아직도 깨닫지 못한다.

17, 18장은 큰 창녀 바빌론의 정죄와 멸망을 말한다. 바빌론은 단지 역사적 도시와 특정한 정치적 제국 이상의 의미를 지녔다. 바

빌론은 정치권력이 역사적으로 현현하는 것incarnation을 대변할 뿐만 아니라 인간의 행위인 도시와 문화를 대변한다. 이 여자는 큰 창녀다. 성경 전체에서 이것은 결코 도덕과 성性의 문제가 아니다. 이것은 종교적, 영적 권세들과 그 사탄의 근원들 사이의 소통을 말한다. 여기에 수반되는 부도덕성은 순전히 부차적인 것일 뿐이다. 이것은 부정不貞의 표시, 곧 신뢰와 믿음과 사랑이 불가능하다는 표시이기도 하다. 신뢰와 믿음과 사랑이 뒷걸음질 쳐 방향을 바꾸어 돈과 교환과 권력의 영역으로 들어갔다. 하나님의 길과는 정반대 방향으로 갔다. 사랑은 하나님을 향한 신실함에 대한 끔찍한 패러디로 변질되었다. 창녀는 바빌론인데, 이것은 신들에게로 가는 문, 곧 인간 세상에 침투해 인간을 하나님에게서 멀어지게 하는 속이는 자들과 유혹하는 자들과 신이 아닌 것들non-gods에게로 가는 문을 뜻한다. 바빌론은 또한 이스라엘이 역사에서 실제로 사로잡혀 간 곳이기도 하며, 그렇기에 계시가 사로잡히는 것을 나타내는 상징이다. 바빌론은 세상이 하나님의 말씀을 부정하게 한다. 창녀는 금잔을 들고 하나님이 하시는 일, 곧 교제(성찬) 제정을 흉내낸다. 그러나 창녀의 경우, 이것은 자신의 타락과 나누는 교제다.

그다음으로 로마가 나타난다. 로마는 짐승의 정치권력 위에 세워지며, (그 왕들을 상징하는) 그 언덕들은 자신의 권력을 짐승과 그것이 상징하는 것에 넘기려 한다. 로마는 정치권력과 국가를 대표한다. 로마가 도시라는 사실은 깊은 영적 의미를 갖는데, 자크 엘륄은 성경 전체에 걸쳐 도시의 의미를 연구했다.[2] 로마는 경제권력을 비롯해 문화와 관련된 인간의 다른 모든 행위를 자신에게 집중시킨다. 이러한 인간 세상은 하나님과 그분의 길을 배제하며, 인간이 자신에게서 소외되고 자신을 잃게 만든다.

바빌론의 멸망에 관한 기사에서 (이 도시가 대변하는 모든 것을 포함해) 이 도시와 인간이 뚜렷이 구분되는데, 인간은 바빌론이 무너지는 광경을 밖에서 지켜보며 한탄한다. 바빌론으로 대변되는 권세들에게 일어나는 일이 사람들에게는 일어나지 않는다. 이러한 권세들과 나누던 교제가 이제 단절된다. 왕들이 권력을 잃었고, 상인들이 부를 잃었으며, 힘 있는 자들이 영향력을 잃었다. 그러나 비록 이들이 이것들을 잃고 한탄하더라도, 이들은 사람이기에 멸망을 받지 않는다. 멸망하는 것은 인간 역사의 영적 권세들이다. 다시 말해, 돈, 국가, 도시, 기술 등이다. 남은 것은 인간 자체다. 어떤 사람들은 일어난 일을 이해하지만, 어떤 사람들은 자신들이 잃은 것 때문에 여전히 애통해한다. 여기서 우리는 교제의 잔(대접)이 내포하는 이중적 의미를 본다. 이것은 하나님과 나누는 교제이거나 신이 아닌 것들 및 권세들과 나누는 교제다. 심판은 모든 사람의 삶이 어느 정도로 죽음과 생명에 이르는지 드러낼 것이다. 모두가 오직 하나님만이 살아 계신 분이라는 사실을 알게 될 것이다.

심판은 모두에게 임한다. 우리 삶의 많은 부분이나 모든 부분에서 지금껏 권세들과 교제했고 따라서 죽음에 이르는 교제를 했다는 것을 깨닫게 된다면, 극도로 고통스러울 것이다. 우리는 우리 삶의 많은 부분이나 전부를 헛되이 살았고, 이 귀한 선물의 많은 부분을 허비했다는 것을 깨닫게 될 것이다.

권세들이 역사적으로 나타난 형태들에 대한 멸망에 이어 권세들

자체에 대한 영벌이 나온다. 이것은 실제로 영벌에 관한 문제다. 이들 권세들은 하나님을 폐위하는 시늉을 했기 때문이다. 첫째, 짐승들이 멸망하고(19-20장), 뒤이어 용과 사탄 등이 멸망한다(20:10). 둘째, 죽음 자체가 멸망한다. 심판의 전체 구조가 이제 뚜렷해진다. 첫째, 인간이 심판을 받고 인간의 행위들이 '알곡과 가라지'로 분리된다. 이 심판은 이 행위들과 권세들이 역사에 나타난 형태들(예를 들면, 돈, 도시, 정치) 간의 얽히고설킨 관계를 드러낸다. 다음으로 이 심판은 이런 권세들이 '더 깊은' 권세인 짐승들과 권세들에게 힘과 권위를 준 용이 역사에 구체적으로 나타났다는 것을 드러낸다. 심판은 인간의 삶과 역사의 큰 동인으로 끝이 난다. 무의미, 곧 죽음으로 끝난다는 말이다. 이 죽음의 이름으로 용이 다스렸고, 죽음이 용의 기원이었다. 우리는 역사적이고 영원한 것들을 말하고 있기 때문에, 이 구조를 시간적 순서로 해석해서는 안 된다. 이것은 그러지 않으면 우리가 이해하지 못할 것을 이해할 수 있도록 도우려는 교훈적 목적을 갖는다. 우리는 모두 이 본문들이 왜곡되어온 것을 보았으며, 이렇게 왜곡된 본문들은 몇몇 정치 지도자들과 스스로 의롭다는 분파들의 공상을 비롯해 숱한 공상을 만족시키는 데 사용되었다. 이 계시는 우리가 아무리 그러고 싶은 유혹이 강하더라도 우리 자신의 목적에 사용할 수 있는 일종의 역사적 청사진이 아니다. 이것은 역사적인 동시에 역사를 초월한다.

너무나 자주 오용되는 이 단락들 가운데 몇 부분만 살펴보겠다. 짐승의 표를 가진 사람은 다 죽음을 맞는다. 본문은 이 죽음이 육체적인 것이라고 여섯 차례나 되풀이해서 말한다. 신약성경(복음서와 바울서신)에서 이 용어는 인간의 몸도 그 몸의 질료도 가리키지 않는다는 의미로 해석되어야 한다. 이것은 하나님에게서 분리되었을 뿐만 아니라 그분에게 적대적이며 행위가 죽음에 이르는 사람들을 지칭한다. 이것은 영과 관련이 있는 이 사람들의 존재 자체를 가리키지 않는다. 성경은 그 어디서도 인간은 육체일 뿐이라고 말하지 않는다. 육체적인 것, 하나님에게 반역하며 하나님을 거부하는 모든 것, 세상에 고착된 모든 것이 사람들에게서 제거된다. 이것은 가라지 뽑기인데, 죽음과는 매우 다르다. 이것은 그 나라에 들어가기 전에 이루어지는 정화다. 지날결에 말하자면, 새들은 모든 피조물 가운데 가장 약하고 겁이 많은데도 이 육체를 제거하는 일을 맡았다는 점을 주목할 필요가 있다.

20장에서 사탄이 맨 먼저 천 년 동안 결박되고, 그 후 풀려났다가 결국에는 멸망당한다. 이 본문들에 관해 우스꽝스런 주장이 많이 나왔는데, 대부분의 본문이 구체적인 역사의 한 시대를 묘사한다는 생각에 토대를 두었다. 본문은 내내 상징적이었고 역사적인 만큼이나 역사를 초월했는데, 갑자기 본문을 단지 역사적인 것으로 해석해야 할 이유가 어디 있겠는가? 이 단락들은 나머지 모든 단락들과 같은 방식으로 해석되어야 한다. 천 년은 매우 긴 시간을 말한다. 사탄을 결박하는 것은 인간에게 책임을 맡기는 것이다. 이로써 우리는 그것이 내가 아니라 다른 누구였거나 다른 무엇이었다고 말할 수 없게 된다. 이 고발은 창세기에서 아담이 하와를 탓하고 하와가 뱀뿐만 아니라 뱀을 지으신 하나님까지 탓할 때 이미 시작되었다. 이 모두가 이제 불가능하다. 인간은 자신의 행위에 책임을 져야 한다. 인간의 행위는 단순히 인간의 노동이 빚어낸 결과가 아니다. 왜냐하면 인간의 행위는 인간의 개별적이고 집단적인 삶 전체를 구성하기 때문이다. 천 년이 끝날 때, 이 행위가 완성될 것이다. 그때 고발자가 최종 심판의 전주곡으로 풀려난다. 그러나 마지막 싸움에 던져지는 것은 사람들이 아니라, 마태복음 25장에 나오는 것처럼 열방들nations이다. 이것은 개개인의 문제가 아니라 열방들과 문화들의 문제다. 큰 분리자요 나누는 자로서 사탄은 하나님을 거스르는 인간의 반역을 표현하는 모든 것을 선택하고 한데 모아 자신이 무너뜨리려는 분에게 맞선다. 이렇게 사탄이 인간의 행위를 분리하는 행위는 하나님이 창조 때 하신 분리와 심판 때 알곡과 가라지를 나누시는 분리와는 정반대다. 하나님의 분리는 모두 생명에 이르게 하기 때문이다. 이번에도 인간의 멸망이나 영벌에 관한 언급은 없다.

죽음 자체를 멸하기 전에, 그동안 죽음에 사로잡혔던 모든 자를 빼내 예수의 형상으로 일으켜야 한다. 일단 이렇게 되면 죽음과 그 거처를 멸할 수 있다. 이것이 둘째 사망, 곧 죽음의 죽음이다. 생명만 남는다.

인간의 전체 행위(인간이 맺은 모든 열매) 중에 죽음에 이르렀던 모든 것이 열방들의 멸망에서 제거되었다. 이런 방식으로 각 사람은 자신의 행위에 대해 심판을 받는다. 이 문맥에서 사탄이 결박되었던 천 년 동안 인간이 한 행위들을 기록한 책이 나타난다. 이러한 행위들은 이제 온전히 인간의 책임이다. 또한 두 주제의 혼합을 보여주는 생명의 책을 만나게 된다. 한편으로는 부활과 죽음의 끝이 있다. 다른 한편으로는 생명책에 기록되지 않은 자들이 있다. 이것은 그 행위가 부족하다고 드러난 자들을 가리킨다고 할 수 없다. 죽음에 이르는 모든 것이 파멸당했기 때문이다. 자신의 피조물을 향한 하나님의 사랑은 결국 제한적인가? 인간을 해방할 하나님의 능력이 다소 방해를 받는가? 하나님이 어떤 사람들에게는 결국 사탄이 요구한 것을 하실 것인가? 잃은 양 가운데 마지막 몇몇은 결국 찾을 수 없는가? 예수께서 바로 이 계시를 두려워하지 말라고 말씀하신 것은 실수였는가? 어떤 사람들에게 사랑의 승리, 곧 새 창조는 이 사랑을 거부하는 것과 양립할 수 있는가? 이 모든 것은 추측뿐인 가능성들이다. 오직 하나님만이 자신의 주권으로 은혜를 확대하거나 보류하신다. 제십일시 품꾼들의 비유, 값진 진주의 비유, 누룩의 비유, 소금의 비유 등을 기억하라. 분명히 생명책이 가르치는 바는 교훈적인 성격이 있다. 우리는 마지막에는 결국 모든 것이 잘될 거라고 생각하면서 여느 때처럼 자신의 일을 계속함으로써 하나님의 사랑을 당연하게 여기지 말아야 한다. 이 모든 것은 우리가 천국에 대한 비유들에서 배운 바를 강화해준다.

우리의 과학·기술 시대에 이 계시가 조금이라도 이해될 수 있는가? 권세들의 의인화는 종교적 실재들을 만들어내는 케케묵은 과정의 또 다른 예가 아닌가? 나는 정확히 반대로 주장하고 싶다. 예를 들면, 19세기와 20세기 초에 살았던 사람들보다 어쩌면 우리는 더 나은 위치에서 이 본문들을 이해할 수 있다. 한 사람의 개인적인 삶에 관해, 임사 체험들을 앞부분에서 언급했다. 임사 체험을 한 사람들은 자신의 삶을 되돌아보았다고 말한다. 그러나 이번에는 자신이 타인들과 자신에게 했던 일을 제대로 이해한다고 느낀다. 비록 이것이 절대적으로 아무것도 증명해주지 않더라도 말이다. 우리의 집단적인 삶과 관련해 심리학, 종교사회학, 문화인류학을 비롯해 다양하고 수준 높은 합동 연구들은 모든 인간의 문화가 신화에 의존한다는 것을 보여주었다. 이러한 의존이 우리 시대에도 계속된다는 징후가 넘쳐난다. 우리의 모든 지식과 행위, 우리의 제도와 가치관과 신념, 희망과 두려움이 신화에 닻을 내린다. 이러한 닻이 우리를 실망시킬 때, 우리 개개인과 집단의 삶은 혼란에 빠진다. 우리와 신화의 관계는 어떤 의미에서 물고기와 물의 관계와 비슷하다. 물고기가 다른 환경을 안다는 것은 곧 죽음을 뜻하며, 따라서 물고기는 다른 어떤 환경도 알지 못하고 물을 당연하게 여기고 산다. 인간 그룹들, 사회들, 문명들도 마찬가지다. 우리는 신화와 분리될 수 없는 문화를 통해 세상을 이해하고 세상에서 살아가는 상징적인 종species이다. 사회와 문명의 흥망은 그 문화와 신화가 인간의 삶에 궁극적 의미와 가치와 방향을 공급하는 능력에 달렸다.[3] 이 능력이 없으면 아노미가 덮친다.

이번에도 나는 인간의 삶과 사회에서 질서와 혼돈 사이에 일어나는 지속적인 변증법적 긴장에 대한 이러한 통찰들이 무엇인가를 증명한다고 말하려는 것이 아니다. 내가 말하고 있는 것은 이러한 통찰들이 계시록을 판단하는 데 너무나 자주 이용된 일종의 예단들을 약화시킨다는 것이다. 개인적으로 나는 신들의 창조에서 나타나는 엄청난 파괴적 성격과 인간 공동체에서 종교와 도덕이 하는 역할들에 대한 유대교 성경의 통찰에 늘 깜짝 놀란다. 이러한 신화들이 없다면, 개인의 삶과 집단의 삶이 참으로 세속적일 것이다. 결박에서 벗어날 것이다. 창세기 첫 장들을 살펴볼 때 이미 보았듯이, 해방에 대한 좋은 소식은 종교와 도덕과 마술과는 정반대되는 길을 선언한다. 후자는 우리의 자유를 희생해 채워야 하는 사회적, 문화적 필요들이다. 우리 시대의 교회는 이것을 이해할 때까지 좋은 소식을 계속 잘못 전할 것이다.

새 창조를 말하는 계시록 5부에 관해 짧게 몇 마디를 하고 마무리하겠다. 하나님과 그분의 창조 세계 사이에 일어나는 재결합의 절정으로서, 새 창조는 여러 종교에서 말하는 낙원에 관한 일반적인 묘사와는 전혀 관련이 없다. 심판은 새 창조가 일어나기 위한 필수 단계다. 하나님은 자신의 피조물을 매우 존중하기 때문에 인간의 행위들 가운데 생명에 이르는 것을 취하여 새 창조에 통합하신다. 새 창조는 동산이 아니라 도시다. 이 도시(새 예루살렘)에서 하나님은 모든 것 안의 모든 것이 되실 것이며, 따라서 궁극적인 사랑 이야기를 완성하실 것이다. 아멘이란 말 외에 더 할 말이 없다.

1부 도덕과 종교로부터의 자유

1. 서론

1 Marva Dawn의 *Sources and Trajectories*(Grand Rapids, MI: Eerdmans, 1997)에 인용된 Jacques Ellul의 "Innocent Notes on 'The Hermeneutic Question'"은 성경 읽기 방식을 이해하는 데 도움을 준다. 이와 관련해 독자에게 가장 좋은 자료는 다음 책의 3부일 것이다. Jacques Ellul, *What I Believe*, trans. Geoffrey W. Bromiley(Grand Rapids, MI: Eerdmans, 1989). 《세상 속의 그리스도인》(대장간, 2010).

2 자유에 관한 자세한 논의는 다음을 보라. Jacques Ellul, *The Ethics of Freedom*, trans. Geoffrey W. Bromiley(Grand Rapids, MI: Eerdmans, 1976) 유대교와 기독교를 이해하려는 시도에서 자유는 자크 엘륄의 핵심 주제다.

3 기독교 윤리의 불가능성과 도덕의 필요에 대한 자크 엘륄의 생각들을 살펴보면 도움이 될 것이다. 다음을 보라. Jacques Ellul, *To Will and To Do*, trans. C. Edward Hopkin(Philadelphia: Pilgrim Press, 1969). 그리스도인들은 기독교의 이런 면을 자주 오해했다. 다음을 보라. Jacques Ellul, *The Subversion of Christianity*, trans. Geoffrey W. Bromiley(Grand Rapids, MI: Eerdmans, 1986). 《뒤틀려진 기독교》(대장간, 2012). 특히 도덕 문제와 남녀 관계 문제를 다루며 이 둘을 하나로 엮는 4장을 보라.

4 Wilhelm Vischer, *The Witness of the Old Testament to Christ*, trans. A. B. Crabtree(London: Lutterworth Press, 1949).

5 J. Chaine, *Le livre de la Genèse*(Paris: Cerf, 1949).

6 실재reality와 진리truth의 구분은 자크 엘륄의 사상에서 절대적으로 중요하다. 그는 이 부분을 자신의 저서 *The Humiliation of the Word*(Grand Rapids, MI: Eerdmans, 1985)에서 아주 자세하게 다룬다[《굴욕당한 말》(대장간, 2014)]. 그는 이 책에서만 자신의 사회적, 역사적 통찰과 기독교적 통찰을 여러 장에서 번갈아 펼친다.

지금으로는, 서로 다른 문화와 서로 다른 시대의 안경을 쓰고 보면 하나님의 창조가 서로 다르게 보인다는 점을 인식한다면 도움이 될 것이다. 어느 특정 문화가 경험하는 바는 다른 모든 문화가 경험하는 바와 매우 다르고 심지어 양립할 수 없는 경우가 많다. 그러므로 한 공동체가 역사 여정에서 특정 시대에 알고 또 살아가는 실재(현실)와 이것을 초월하며 알려지지 않은 것을 구성하는 실재를 반드시 구분해야 한다. 그 결과, 어느 공동체든 보호받지 않으면 상대주의와 허무주의와 아노미의 위험에 노출된다. 이러한 보호는 아직 발견되지 않은 몇 가지 세세한 부분을 제외하고, 자신이 아는 실재를 실재 자체로 사는 법을 배운 모든 공동체에서 비롯된다. 알려지지 않은 것the unknown은 오히려 이미 알려졌고 사는 것으로 바뀌었기에 더 이상 위협이 아니다. 따라서 어느 공동체든 그 구성원들이 자신들이 알고 살아가는 실재가 실재 자체라고 완전히 확신하면서 살아갈 수 있다. 그게 무엇이든 '전적 타자'가 이들의 우주에서 제거되었는데, 문화인류학과 사회학과 종교사와 심층심리학에서 '신화'라 불리는 것이 이것을 제거했다. 공동체가 알고 살아가는 실재에 대한 이러한 '절대화'는 무엇이든 가장 가치 있고 본질적인 것을 포함한다. 그것 없는 삶과 세상을 상상할 수 없을 정도다. 이것을 가리켜 흔히 중앙 신화 또는 성스러운 것이라 부른다. 성스러운 것과 신화들은 문화와 생활방식에서 현실을 살아가기 위한 설계도가 된다. 생물학적 수준에서 이것들은 비문화적 삶을 위한 '청사진'으로서 DNA에 비교될 수 있다.

자신의 책 *The New Demons*(New york: Seabury, 1975)에서 자크 엘륄은 비록 신화들이 세속적 형태를 띠었더라도, 이른바 세속의 대중 사회들이 신화들에 사로잡혀 있음을 보여준다. 처음에 프랑스어로 출간된 이 책의 제목을 문자 그대로 옮기면 '새롭게 사로잡힌 자'다. 문화들이 산업화 이전에 인간의 삶에서 했던 역할에 관한 연구를 보고 싶다면(나는 자크 엘륄의 연구에 이 부분이 포함되어 있다고 믿는다), 내가 프랑스에서 자크 엘륄과 함께 연구하면서 준비했고 그가 서문을 써준 나의 책 *The Growth of Minds and Cultures*(Toronto: University of Toronto Press, 1985)를 참조하라.

유대교 성경, 곧 기독교의 구약성경은 자신의 신들을 창조하는 모든 문화를 다루고, 어떤 민족이 자신들의 기대를 결코 충족시켜주지 못할 대상을 신뢰할 때 따르는 위험을 자세하게 다룬다. 문화가 이러한 신들과 이 신들에 대한 종교들을 창조한다. 그러나 이것은 성경의 하나님께 받은 계시와 반드시 구별되어야 한다. 하나님이 인간과 소통하고, 이를 통해 그 무엇이 인간이 알고 살아가는 실재(현실) 속으로 들어온다. 그러나 이것은 문화의 창조 행위가 아니다.

엘륄은 내가 캐나다 공영방송(CBC)에서 그와 나눈 인터뷰의 4장을 토대로 출간된 *Perspectives on Our Age*(Toronto: House of Anansi Press, 개정판. 2004)에서 종교와 신앙의 이러한 구분을 발전시키는데, 이 책에는 기술과 문화에 관한 부록이 실려 있다[《세계적으로 사고하고 지역적으로 행동하라》(대장간, 2010)].

자크 엘륄은 성경을 읽을 때 우리가 아는 바를 집어넣어 읽지 않으려고 늘 조심했다. 계시는 언제나 우리의 이해를 초월하기 때문이다. 그가 이 주제에 관해 가장 즐기는 농담을 이 책에 소개했는데, 모든 본문은 일흔일곱 가지 의미 외에 한 가지 의미가 더 있다는 것이다. 이런 이유에서 자크 엘륄은 결코 우상과 신화를 동일시하지 않았다. 성경에는 신이라 불리는 것에 신화가 포함되지만 신화로 제한되지는 않는다는 것을 암시하는 자료가 분명 많이 있다.

다른 모든 민족처럼, 이스라엘도 자신의 문화를 의지했다. 그 결과, 살아 있는 하나님의 계시를 (문화) 종교로 바꾸려는 경향이 끊이지 않았다. 자크 엘륄은 자신의 책 *The False Presence of the Kingdom*(New york: Seabury Press, 1972)에서, 우리 시대에 여기에 상응하는 것들을 몇 가지 제시한다. 프랑스의 많은 예가 미국에서도, 정치화된 복음주의·근본주의 기독교에서도 나타난다. 캐나다도 다르지 않다.

사회가 우리의 실재를 구성한다는 개념은 받아들일 수 없다. 이유는 간단하다. 실재에 내린 우리의 뿌리들(신화들)을 드러내지 않고는 실재를 해체할 수 없기 때문이다. 실재는 하나님의 사랑 안에서만 실존적으로 감내할 수 있다.

7 Paul Ricoeur의 폭넓은 연구에 관한 개괄에 대해서는 다음을 보라. Charles E. Reagan, ed., *Studies in the Philosophy of Paul Ricoeur*(Athens,

OH: Ohio University Press, 1979).

8 이와 매우 비슷한 영어 번역들을 찾아내기는 했으나 이 자료의 정확한 출처가 어디인지는 모르겠다. 이런 까닭에, 자크 엘륄이 읽은 본문을 그대로 번역했다.

2. 첫 번째 창조 기사

1 Antoine Fabre d'Olivet (1767-1825), *La langue hébraique restituée* (Paris: Éditions de la Tête de Feuille, 1971), 25, 26.

2 말씀, 예수 그리스도, 인간 언어에 관한 자세한 논의는 다음을 보라. Jacques Ellul, *The Humiliation of the Word*, trans. Joyce Main Hanks (Grand Rapids, MI: Eerdmans, 1985).

3 J. Chaine, *Le livre de la Genèse*(Paris: Cerf, 1949).

4 André Chouraqui, *La Bible*(Paris: Desclée de Brouwer, 2003); *Entête* (*La Genèse*) (Paris: Jean-Claude Lattès, 1992). 독자는 이 책에도 관심이 있을지도 모르겠다. André Chouraqui, *Le destin d'Israel: Correspondances avec Jules Isaac, Jacques Ellul, Jacques Maritain et Marc Chagall; entretiens avec Paul Claudell*(2007).

5 내가 토마스 쿤Thomas Kuhn의 《과학 혁명의 구조(*The Structure of Scientific Revolutions*)》(Chicago: University of Chicago Press, 2nd ed., 1970)를 그에게 소개했을 당시, 이 책은 프랑스에 잘 알려져 있지 않았는데, 자크 엘륄은 이 책에 크게 놀랐다. 쿤은 과학을 사회적, 역사적 분석에 열려 있는 독특한 인간 행위로 다룸으로써 과학에 대한 우리의 사고를 완전히 바꾸어놓았다. 그는 과학 지식의 성장은 누적되지 않는다는 것을 보여주었다. 예를 들면, 서구에는 현재 해석(들)이 있기 이전에 물리적 실재physical reality를 해석하는 양립할 수 없는 세 가지 해석이 있었다. 아리스토텔레스의 견해, 뉴턴의 해석, 아인슈타인의 시각. 마치 누적의 시대에 과학자들이 물리적 실재에 관한 특별한 '지도'를 정교하게 만들었는데, 결국 거기에 들어맞지 않는 무엇인가를 발견한 것 같다.

이 부분에서 과학과 문화 사이에 어떤 유사점이 있다. 누적의 시대에, 과학자들은 아직 발견해야 하는 몇 가지 세세한 부분을 제외하고 자신들이 알게 된 물리적 실재를 실재 그 자체로 여겼다. 바꾸어 말하면, 사회 조직과 과학의 역사적 진화에 대한 쿤의 해석은 신화의 존재를 암시하는 것으로 받아들여질 수 있었다. 이것은 별로 놀라운 일도 아니다. 과학은 인간 행동이며, 인간 행동에는 신화에서 벗어나고 상대주의의 위협을 피할 수 있다고 말할 만한 것이 거의 없기 때문이다. 엘륄은 이런 부분들을 염두에 두고, 과학이 진화한다고 말했다고 믿는다.

6 André Chouraqui, *Entête*(*La Genèse*) (Paris: Jean-Claude Lattes, 1992).

7 정확히 어디를 인용했는지는 지금껏 알아내지 못했다.

8 André Chouraqui, *Entête*(*La Genèse*).

9 자크 엘륄은 다섯 권짜리 저서《제도의 역사(*Histoire des institutions*)》, (Paris: Presses Universitaires de France, 1-2: 1961, 3-4: 1962, 5: 1956)에서 서구 문명이 그리스의 철학과 로마의 법과 기독교의 계시라는 세 개의 '기둥' 위에 세워졌다고 설명한다. 이들 세 개의 '완성체perfections'는 전혀 양립할 수 없는 것으로 밝혀졌는데, 이것이 서구 문명에 내적 활력을 많이 불러일으켰다. 예를 들면, 그리스인들이 만들어낸 보편적인 지식과 이것이 인간이란 무엇인가에 관해 갖는 의미는, 인간이란 하나님의 피조물이며 따라서 인간의 모든 행동은 상대성을 갖는다는 유대인들의 시각과는 정반대다. 이를 근거로, 현재 우리의 보편 과학과 기술이 그리스인들로부터 직접 파생했다고 결론지어서는 안 된다. 이러한 활동들은 분리되어 따로 존재하지 않는 독특한 문화적 창조물인데, 여기서부터 이것들이 경험과 문화에서 분리되는 현재의 형태로 전환되는 과정은 복잡하고 요란스럽다. 나는 고인이 된 자크 엘륄에게 헌정한 나의 책《기술의 미로(*Labyrinth of Technology*)》(Toronto: University of Toronto Press, 2005)에서 이 부분을 다루었다.

10 하나님의 안식, 인간 역사, 화해에 관한 추가적인 고찰은 자크 엘륄의 저서 *What I Believe*, trans. Geoffrey W. Bromiley(Grand Rapids, MI: Eerdmans, 1989), 12장을 보라.

11 앞서 말했듯이, (유대교 문화를 포함해) 모든 문화는 궁극적으로 알 수 없는 실재(현실) 속에서 삶을 가능하게 하는 일련의 의미와 가치를 만들어내야 한다. 일련의 신화는 이러한 의미와 가치에 필수적이다. 왜냐하면 신화는 그 실재에

서 방향성을 가진 절대적 준거점 역할을 하기 때문이다. 그 결과, 인간의 삶은 소외된다. 하나님은 개입하실 때, 진정한 의미와 가치를 계시하시는데, 이것들은 소외된 문화의 의미와 가치와는 다르다.

3. 두 번째 창조 기사

1 사회질서에 도덕이 꼭 필요하지만 어째서 그것이 결코 하나님의 뜻을 표현할 수는 없는가에 관한 논의는 다음을 보라. Jacques Ellul, *To Will and to Do*, trans. C. Edward Hopkin(Philadelphia: Pilgrim Press, 1969). 《원함과 행함》(솔로몬, 2008).

2 다음을 보라. Jacques Ellul, "Meditation on Inutility," in *The Politics of God, the Politics of Man*, trans. Geoffrey W. Bromiley(Grand Rapids, MI: Eerdmans, 1972). 《하나님의 정치와 인간의 정치》(대장간, 2012).

3 이 문제들은 다음 두 책에서 논의되었다. Jacques Ellul, *The Humiliation of the Word*, trans. Joyce Main Hanks(Grand Rapids, MI: Eerdmans, 1985); *Propaganda*, trans. K. Kellen and J. Lerner(New york: Vintage, 1973). 《선전》(대장간, 2012).

4 다음을 보라. Jacques Ellul, "Lifelong Love," in *What I Believe*, trans. Geoffrey W. Bromiley(Grand Rapids, MI: Eerdmans, 1989), 66-86.

5 J. Chaine, *Le livre de la Genèse*(Paris: Cerf, 1949).

6 동성애에 관한 자크 엘륄의 언급은 문맥 속에서 신중하게 해석하지 않으면, 그가 이 책의 다른 곳에 하는 말과 모순되어 보인다. 동성애는 기독교 공동체 안팎에서 여전히 어렵고 고통스런 주제다.

자크 엘륄의 저작 중에 많은 부분이 우리가 사는 시대에 대한 사회적, 역사적 분석이다. 그는 우리는 누구이며 어디로 가는지를 이해하는 데 기여했다. 자크 엘륄은 인간 삶의 많은 부분을 주의 깊게 살핌으로써, 인간이 기술을 창조했으나 이제 우리가 기술에 행사할 수 있는 영향보다 기술이 우리에게 미치는 영향이 더 크다는 것을 보여준다. 바꾸어 말하면, 기술은 인간 역사에서 이 시대에 인간의 자유를 가장 크게 위협하고, 따라서 사랑하는 능력을 가장 크게 위협한다.

기술은 인간의 삶을 극도로 스트레스에 짓눌리고 어렵게 한다. 효율이 모든 것에 우선한다. 게다가 우리의 미래가 불안하다. 실직이 늘어나고, 테러와 전쟁의 위협이 커지며, 생태계가 무너질 가능성이 높아지고, 숱한 독毒이 우리의 먹이그물에 들어와 건강을 위협한다. 우리는 기술에 참여할 때 자신의 많은 부분을 남겨두어야 한다. 설상가상으로 기술은 인간의 경험과 문화를 탈상징화하며, 그와 더불어 인간의 삶을 견딜 만하게 하는 데 꼭 필요한 의미, 가치, 도덕적 방향, 종교적 지원, 미래에 대한 희망까지 탈상징화한다. 항우울제가 널리 사용된다는 사실은 기술 아래서 우리의 삶이 어렵다는 하나의 증상일 뿐이다. 이 모든 것에 직면한 우리는 탈출구를 찾는다. 지난 반세기 동안 온갖 방식의 성행위가 폭발적으로 증가했다는 것은 이러한 고투를 보여주는 가장 중요한 징후 가운데 하나다. 아주 단순하게 말하면 이렇다. 우리 내면 깊은 곳에서 우리는 우리의 사회-문화적 존재가 기술의 노예가 되어 있고, 그 결과 자유를 향한 갈망이 우리의 생물학적 존재를 통해 도전받고 있음을 깨닫는다. 그러니 탈출구를 찾을 때, 성행위를 통한 것보다 나은 방법이 어디 있겠는가? *The New Demons*(New york: Seabury, 1975)에서, 자크 엘륄은 성이 기술의 거룩성을 침해하게 되었다고 설명한다. 거룩한 것의 창조는 더러운 것의 창조도 포함한다는 점에서, 엘륄은 문화인류학과 종교사를 따른다. 이 더러운 것을 회복하려고, 거룩한 침해가 일어나 이 역할을 수행한다. 자신의 책 *The New Demons*에서, 엘륄은 우리 문명에서 모든 종류의 성행위로 구성되는 거룩한 침해가 기술의 세속적 거룩을 수반한다고 설명한다. 이런 이유로 (특히 1960년대, 1970년대, 1980년대에) 광고에서 포르노그래피와 성적 상징이 폭발적으로 늘어났다.

우리 가운데 이성애자들을 위해, 먼저 기술이 성과 관련된 모든 것에 계속 미치는 엄청난 영향을 살펴보자. 이것은 그러지 않으면 우리의 생각에 들어오지 않을 온갖 것들을 좋아하게 만든다. 예를 들면, 이것은 실제 사람들의 실제 필요에 상응하는 것으로 보이는 '가벼운' 포르노가 왜 늘 있는지 설명해준다. 이것은 세속적이고 종교적인 섹스 컬트가 되었다. 우리 중에 이 컬트에 영향을 받지 않는 사람이 있는가? 이러한 '문화적' 영향들 외에 기술은 강한 생물학적 압박도 가한다. 우리의 먹이그물에 들어오는 것이, 우리의 면역 체계를 약화시키는 데서 시작해 성적 기능을 비롯한 숱한 기능을 제어하는 호르몬들에 영향을 미치는 데까지, 가장 기본적인 방식으로 우리의 몸에 영향을 미치고 있다. 우리가 경험하는 자신이 육체적인 우리 자신과 일치하지 않기 때문에 삶에서 더 큰 단절에 부딪히는 사람들이 있다고 해도 전혀 놀랄 일도 아니다.

1960년대에 기술의 영향이 느껴지기 시작할 때, 많은 사람이 다양하고 새로운 자유를 반겼다. 우리는 헤어스타일을 자신이 원하는 대로 꾸미고 자신이 원하는 대로 옷을 입을 수 있었으며, 누구든지 원하는 사람과 잠자리를 함께할 수 있었고, 게다가 그 시대의 종교를 가질 수 있었다. 하나같이 자축自祝에 빠져, 우리는 우리가 근본적으로 실수했다는 것을 깨닫지 못했다. 전통 사회에 살았다면, 이러한 것들은 실제로 엄청난 자유였을 것이다. 그러나 우리는 갈수록 기술의 지배를 받는 사회에 살았다. 우리의 행동과 관련된 이 모든 세세한 부분은 새롭게 출현하는 기술 질서에 전혀 맞지 않았다. 우리가 새로운 기술에 부지런히 복종하는 한, 우리의 일과 놀이에 최신 기술을 적용하는 한, 이것들은 전혀 중요하지 않았다. 엘륄의 언급들을 여기에 비추어 이해해야 한다. 온갖 방식의 성행위가 폭발적으로 늘어나는 현상은 새로 발견한 자유가 모습을 드러내는 것이라고 자랑하는 사람들은 기술에 완전히 사로잡혀서 자유와 노예 상태를 혼동한다. 이것은 인간이 이 땅에서 의미 있고 책임 있게 살려고 노력하면서 범할 수 있는 최악의 오류다.

그리스도인들이 우리의 시대를 해석하면서 이런 오류를 범할 때, 그 결과는 훨씬 참담하다. 창세기에서 하나님은 남자와 여자라는 우리 존재 안에 자신의 사랑의 형상을 드러내신다. 한 남자와 한 여자가 사랑 안에서 서로를 보완하며 서로의 인성humanity을 더 풍성하게 해주기 때문이다. 하나님과 단절되었을 때, 우리는 상대주의, 허무주의, 아노미에 맞서 자신을 지키려고 다른 신들과 세상에서 이에 상응하는 것들에 눈을 돌렸다. 이러한 단절 때문에 우리의 삶과 공동체가 뒤틀렸다. 그리고 유대교와 기독교 성경 전체는 성이 이러한 버둥질의 얼마나 많은 부분을 차지했는지 보여준다. 우리가 성을 통해 침해하는 우리의 거룩한 기술에 짓눌려 버둥댈 때, 성경 메시지의 이러한 부분을 받아들이기는 무척 어렵다. 이런 맥락에서, 나는 동성애와 관련해 오늘의 교회 안팎에서 나타나는 그 어느 입장도 취하거나 받아들일 수 없다. 예외 없이, 이것들은 우리의 성적 절망에 담긴 실제 의미를 알지 못하기 때문에 피상적이고 심지어 위선적이다. 자크 엘륄은 동성애에 대한 우리의 태도를 날카롭게 비판한다. 특히 우리의 단절된 삶에서 이 부분이 다른 무엇으로 해석되는 것을 비판한다. 성경이 일부다

처제, 간음, 근친상간, (이성애자인 남성이 서로에게나 소년들에게 행하는) 동성애를 비롯해 우리가 성과 벌이는 싸움에 관한 이야기를 많이 포함한다는 사실을 기억하는 것이 중요하다. 예수께서 간음 중에 잡힌 여인을 대하시는 장면에서 기억해야 할 사실이 있다. 우리가 기독교 공동체로서 성이라는 영역에서 하나님의 용서와 사랑으로 가능해진 우리의 자유를 행하는 부분에서, 가야 할 길이 멀다는 사실을 기억해야 한다. 타인의 눈에서 티끌을 제거하려 들기 전에 우리의 눈에서 들보를 제거하라는 예수의 조언을 따르는 것이 더 지혜롭다. 나 자신의 제한된 경험으로 볼 때, 기독교 공동체는 보수적일수록 성적으로 더 자주 탈선한다. 우리가 하는 모든 행동과 말은 예수께서 가르치셨듯이 세상 속에 있어야 하는 우리의 과제와 비교되어야 한다. 자크 엘륄은 3부에서 이 부분을 해석한다. 우리 시대의 정치적으로 옳은 모든 형태에 사로잡혀 있기보다, 성의 영역에서도 그리스도인으로서 우리가 해야 하는 과제 쪽으로 나아가자. 자크 엘륄은 *Les combats de la liberté*(Paris: Le Centurion/Labor et Fides, 1984, 우리말로는 《자유의 투쟁》으로 번역되었다)와 *The New Demons*(New york: Seabury, 1975)에서 이 주제를 가장 폭넓게 다룬다.

7 Emmanuel Levinas, *Du sacré au saint: Cinq nouvelles lectures talmudiques*(Paris: Éditions de Minuit, 1977).

8 남자와 여자의 관계 및 도덕에 관한 논의는 다음을 보라. Jacques Ellul, *The Subversion of Christianity*, trans. Geoffrey W. Bromiley(Grand Rapids, MI: Eerdmans, 1986), 69-94.

4. 하나님과 인간의 단절

1 Jacques Ellul, *Apocalypse*, trans. George W. Schreiner(New york: Seabury, 1977).《요한계시록 주석》(한들출판사, 2000).

2 Jacques Ellul, *Hope in Time of Abandonment*, trans. C. Edward Hopkin(New york: Seabury, 1973).

3 Jacques Ellul, *The Meaning of the City*, trans. Dennis Pardee(Grand Rapids, MI: Eerdmans, 1970). 이 책은 창세기 뒷부분에 관해 주목할 만한 해석

들을 내놓는다.《머리 둘 곳 없던 예수》(대장간, 2013).

4 이 주제에 주의 깊게 집중해야 한다. 종교, 마술, 도덕은 인간의 제도들이다. 최선의 경우, 이것들은 인간이 서로를 착취하고 서로에게 폭력을 행사하는 끝없고 무분별한 행위에 가담하지 않도록 우리가 질서 있게 살게 해준다. 최악의 경우, 이것들은 독재나 전체주의가 된다. 그리스도인들과 비그리스도인들은 더 정의롭고 개방적인 사회와 사회 제도들을 만들어나가도록 함께 노력할 수는 있다. 그러나 결코 이 제도들이 하나님의 뜻을 구현하지는 못한다. 유대교와 기독교는 제도화된 종교가 되지 말고 서로 협력하며 믿음으로 살아야 한다. 다음을 보라. Jacques Ellul, *The New Demons*, trans. C. Edward Hopkin(New york: Seabury, 1975); Jacques Ellul, "Faith or Religion," in *Perspectives on Our Age*, ed. Willem Vanderburg(Toronto: House of Anansi, 2004), 69-90.

5 W. H. Vanderburg, ed., *Perspectives on Our Age: Jacques Ellul Speaks on His Life and Work*(Toronto: House of Anansi, 1997) 4장, "Faith or Religion?"을 보라.

6 Gerhard von Rad, *Genesis: A Commentary*, trans. John Marks (Philadelphia: Westminster Press, 1972).

7 Jacques Ellul, *The Humiliation of the Word*, trans. Joyce Main Hanks (Grand Rapids, MI: Eerdmans, 1985).

8 Charles E. Reagan, ed., *Studies in the Philosophy of Paul Ricoeur* (Athens, OH: Ohio University Press, 1979).

9 정확히 어디서 인용했는지 찾을 수 없었다.

10 Charles E. Reagan, ed., *Studies in the Philosophy of Paul Ricoeur*.

11 Jacques Ellul, *The Humiliation of the Word*.

5. 하나님과 인간의 단절이 낳은 결과

1 Charles E. Reagan, ed., *Studies in the Philosophy of Paul Ricoeur* (Athens, OH: Ohio University Press, 1979).

2 Jacques Ellul, *Apocalypse*, trans. George W. Schreiner(New york:

Seabury, 1977).

3 Charles E. Reagan, ed., *Studies in the Philosophy of Paul Ricoeur.*

4 같은 책.

5 다음을 보라. Jacques Ellul, *The Meaning of the City*, trans. Dennis Pardee(Grand Rapids, MI: Eerdmans, 1970).

6 Jaques Ellul, *Apocalypse.*

7 André Chouraqui, *Le livre de l'Alliance*(Paris: Éditions du Bibliophane, 2003).

8 Karl Barth, *Church Dogmatics*, vol. 4: *The Doctrine of Reconciliation*, trans. G.W. Bromiley(Edinburgh: T. & T. Clark, 1956).

9 귀신에 관한 논의는 다음을 보라. "Politics: The Realm of the Demonic," in *Living Faith*, trans. Peter Heinegg(San Francisco: Harper & Row, 1983), 234-248.

2부 우리를 찾는 사랑

6. 서론

1 불행히도, 자크 엘륄의 욥기 강의 가운데 1부와 2부는 녹음이 되지 않았거나 녹음 테이프가 분실되었다.

7. 엘리후

1 Jacques Ellul, *The Humiliation of the Word*, trans. J. M. Hanks(Grand Rapids, MI: Eerdmans, 1985).

2 Jacques Ellul, *The Politics of God and the Politics of Man*, trans. G. W.

Bromiley(Grand Rapids, MI: Eerdmans, 1972). 《하나님의 정치와 인간의 정치》(대장간, 2012).

3 Jacques Ellul, *The Humiliation of the Word*.

10. 욥의 회심

1 Alphonse Maillot, *Pour rien … Prédications sur le livre de Job*(Lyon: Cahiers de Réveil et Éditions SNPP, 1966).

2 Jacques Ellul, *The Humiliation of the Word*, trans. J. M. Hanks(Grand Rapids, MI: Eerdmans, 1985).

11. 화해

1 Jean Steinmann, *Le livre de Job*(Paris: Éditions du Cerf, 1955).

2 Roland de Pury, *Hiob, der Mensch in Aufruhr*, 1957. 바르트는 이 주석의 매우 흥미로운 단락을 이렇게 기록한다. "이 책(욥기)에 관해 주목할 만한 점이 있다. 욥은 전장戰場에서 하나님의 진노라는 포화를 맞으며 꼼짝도 못할 뿐더 나은 하나님을 향해 단 한걸음도 내딛지 못한다. 하나님은 욥을 적으로 대하지만, 그렇더라도 욥은 캄캄한 밤과 심연을 지나면서 흔들리지 않고 또다시 불평하지도 않으며 친구들의 하나님에게 호소하지도 않고, 자신을 부수는 이 하나님에게 요청한다. 욥은 자신이 고발하는 하나님에게로 달아난다. 욥은 자신에게 환멸을 주었고 자신을 절망에 빠뜨린 하나님을 신뢰한다. … 자신의 무죄와 하나님의 적대감을 거칠게 주장하길 멈추지 않은 채, 욥은 소망을 고백하고, 자신을 심판하는 분을 자신의 변호자로 여기고, 자신을 감옥에 던지는 분을 자신의 해방자로 여기며, 자신의 철천지원수를 자신의 친구로 여긴다"[Karl Barth, *Church Dogmatics*, vol. 4, part 3, first half (Edinburgh: T. & T. Clark, 1961), 424].

3부 유대교의 절정: 사랑의 나라

12. 서론

1 자크 엘륄은 실재와 진리의 복잡한 여러 관계를 다음 저서에서 다룬다. *The Humiliation of the Word*, trans. Joyce Main Hanks(Grand Rapids, MI: Eerdmans, 1985).

2 자크 엘륄은 자신의 삶에서 이러한 선택을 경험했는데, 하나님이 개입하신 결과였다. 그는 이에 관한 책을 썼으나 죽기 전에 폐기했다.

13. 처음 세 가지 비유

1 자크 엘륄은 보르도 대학 법학부에서 박사 과정을 지도하면서 인간 역사에서 법 제도들이 하는 역할을 다루기 시작했다. 실질적으로, 이 과정은 어떤 인간 사회든지 반드시 극복해야 하는 어려움들에 대한 하나의 대응인 법 제도의 보편성을 이해하는 데 목적이 있었다. 자크 엘륄은 이 과정에서 했던 강의의 일부만 출판했는데, 문화와 개인의 역할 및 집단적 인간의 삶에 대한 나의 분석과 아주 잘 맞아떨어졌기 때문에, 그의 허락을 받아 이 과정(나는 보르도에 5년간 머물면서 이 과정을 밟았다)을 요약해 나의 책 *The Growth of Minds and Cultures* (Toronto: University of Toronto Press, 1985), 272-278쪽에 실었다.

신학적 함의는 분명하다. 인간의 법은 정의와 거의 또는 전혀 관계가 없다. 대신에 사람들이 한 공동체 안에서 생활할 수 있게 하는 것과 관련이 있다. 이와는 반대로, 하나님의 법은 인간 법의 범위와 의도를 완전히 뛰어넘어 인간의 마음을 판단한다.

2 Jacques Ellul, *Apocalypse: The Book of Revelation*, trans. George W. Schreiner(New York: Seabury, 1977).

15. 빚진 자의 비유

1 법이 인간 사회에서 하는 역할과 법이 다루는 필수불가결한 일들에 관한 자크 엘륄의 연구를 알지 않고는 그의 평가를 이해할 수 없다. 나는 이러한 그의 연구를 요약해 앞에서 인용했다.

16. 일꾼의 품삯 비유

1 Joachim Jeremias, *The Parable of Jesus*(New York: Scribner's Sons, 1955).《예수의 비유》(분도출판사, 1974).

17. 혼인 잔치의 비유

1 Jacques Ellul, *The Meaning of the City*, trans. Dennis Pardee(Grand Rapids, MI: Eerdmans, 1970).

2 도나투스파는 흠 없이 사는 사람들만 교회에 속할 수 있다고 믿었다.

3 Joachim Jeremias, *The Parable of Jesus*(New York: Scribner's Sons, 1955).

19. 천국에 관한 그 밖의 언급들

1 자크 엘륄은 여러 저서에서 우리의 문명이 힘이나 효율성의 방식에 의존한다는 것을 언급한다. 예를 들면, 다음 저서들을 보라. *The Technological Society*, trans. John Wilkinson(New york: Alfred A. Knopf, 1973); *The Technological System*, trans. Joachim Neugroschel(New york: Continuum, 1980).《기술체계》(대장간, 2013); *Propaganda*, trans. Konrad Kellen and Jean Lerner(New york: Vintage Books, 1973); *The Political Illusion*, trans.

Konrad Kellen(New york: Vintage Books, 1972). 《정치적 착각》(대장간, 2011); *The Technological Bluff*, trans. Geoffrey W. Bromiley(Grand Rapids, MI: Eerdmans, 1990) 외 다수.

4부 태초에 모두 다 있었다

20. 태초에 시작된 사랑

1 Jacques Ellul, *Living Faith: Belief and Doubt in a Perilous World*, trans. Peter Heinegg(San Francisco: Harper & Rowe, 1983).

에필로그

1 Jacques Ellul, *Apocalypse: The Book of Revelation*, trans. George W. Schreiner(New york: Seabury, 1977).

2 Jacques Ellul, *The Meaning of the City*, trans. Dennis Pardee(Grand Rapids, MI: Eerdmans, 1970).

3 신화들과 더불어 문화들은 지금껏 인간의 삶과 사회의 배후에서 너무나 쉽게 작동했다. 그래서 기술이 문화를 탈상징화해 더 이상 당연하게 여겨지지 않게 되는 20세기 초까지 사실상 인식되지도 않았다. 나는 이러한 통찰이 자크 엘륄의 저작들을 이해하는 데 필수적이라고 믿는다. 다음 일화가 이 핵심을 설명해줄 수 있다. 나는 자크 엘륄과 함께하는 시간이 끝나갈 무렵, 그에게 나중에 *The Growth of Minds and Cultures*(Toronto: University of Toronto Press, 1985)로 나온 책의 초고를 그에게 주었다. 초고를 읽은 후, 그는 자신이 이 주제를 자신의 저작들에서 이미 다뤘다고 생각했다. 나는 그 모든 저작을 다 읽지 못했기 때문에, (조금은 두려운 마음으로) 그럴 수 있다고 인정했고, 적절한 참고

문헌을 소개해달라고 부탁했다. 그는 그러겠다고 했고, 며칠 후 우리는 다시 만났다. 그는 이제 자신이 이 개념을 어디서도 전개하지 않았다는 결론에 이르렀다고 했다. 나는 안도하며 그에게 감사했으나, 내가 초기에 인간의 삶과 사회에서 문화가 차지하는 중요한 역할에 관해 가졌던 통찰들은 그의 강의를 듣고 그의 저작들을 읽은 데서 나온 것이 거의 분명하다고 인정했다. 그는 그의 견해들을 설명하는 내 책의 서문을 써주겠다고 동의했다.

자유, 사랑, 능력에 관하여

자크 엘륄 지음
빌렘 반더버그 엮음
전의우 옮김

2017년 4월 25일 초판 1쇄 발행

펴낸이 김도완
펴낸곳 비아토르
등록 제406-2017-000014호(2017년 2월 1일)
주소 경기도 파주시 문발로 197 102호(우편번호 10881)
전화 031-955-3183
팩스 031-955-3187
전자우편 viator@homoviator.co.kr

편집 최은하, 강영특
디자인 정지현
제작 제이오
인쇄 민언프린텍
제본 정문바인텍

ISBN 979-11-88255-00-9 03230

이 도서의 국립중앙도서관 출판예정도서목록(CIP)은 서지정보유통지원시스템 홈페이지(http://seoji.nl.go.kr)와 국가자료공동목록시스템(http://www.nl.go.kr/kolisnet)에서 이용하실 수 있습니다.(CIP제어번호: CIP2017009196)